람 다스의 "바가바드 기타" 이야기:
내 안의 빛, 내 안의 신성을 살기

KB191642

PATHS TO GOD: Living the Bhagavad Gita

Original Copyright © Ram Dass, 2004

람 다스의

바가바드 기타 이야기

내 안의 빛, 내 안의 신성을 살기

● 람 다스 지음 / 이균형 옮김

올리브
나무

람 다스의 "바가바드 기타" 이야기

—내 안의 빛, 내 안의 신성을 살기

펴낸날 ‖ 2024년 2월 21일 초판 발행

지은이 ‖ 람 다스

옮긴이 ‖ 이균형

표지화 및 디자인 ‖ 김천정

펴낸곳 ‖ **올리브나무** 출판등록 제2002-000042호

경기도 고양시 일산동구 정발산로 82번길 10, 705-101

전화 031-905-8469, 070-8274-1226, 010-7755-2261

팩스 031-629-6983   E메일 yoyoyi91@naver.com

인스타그램 olive.tree.books

펴낸이 | 유영일   대표 | 이순임   기획이사 | 유지연

ISBN 979-11-91860-32-0 03270

값 19,800원

옮긴이의 말

　'80년대 풋내기 구도자 시절에 인도의 영적 고전이라는 『바가바드 기타』를 읽어보려고 애쓰다가 도중하차했던 적이 있다. 편역자의 복잡하고 심각한 해설을 따라가느라 끙끙대다가 끈질기지 못한 성미에 금방 흥미가 떨어져버렸던 것이다. 물론 때가 일렀던 탓도 있었겠지만…….

　그로부터 20여 년의 세월이 흘러 잠시 인도에서 살고 있던 때 다시 『바가바드 기타』를 손에 들게 되었는데, 어느 한 구절에서 가슴을 찌르는 감동이 있어서 책을 내려놓은 채 한동안 울었던 기억이 아직도 생생히 남아 있다. 한 권의 두꺼운 책으로 축약된 『마하바라타』의 일부였는데, 『바가바드 기타』는 그 전체 서사 속에서 짤막한 한 토막 이야기에 지나지 않는다는 사실에 놀랐다. 이전에 읽었던 책과는 달리, 그 책은 인도인인 역자가 간결한 문체의 영어로, 해설도 주석도 없이 이야기책처럼 옮겨놓은 것이라서 단숨에 읽을 수 있었다. 그 경험은 언제고 『바가바드 기타』를 제대로 다시 읽어보아야겠다는 소망을 품게 했지만, 고전의 감동은 그처럼 '약식略式의' 경로를 통해 찾아오기도 한다는 것을 깨닫게 했다.

　그러다가 우연히 이 책의 번역을 맡게 됨으로써 『기타』(흔히 줄여서 이렇게 부른다)를 다시 만나게 되었다. 독자에게 이 책은 『기타』를 읽는 매우 색다른 방법이 될 것이다. 사실 이것은 『기타』의 원문에 대한 해설이 아니라 『기타』를 공부한 사람이 들려주는 '이야기'를 듣는 것이어서 원문을 직접 읽는 것과는 느낌이 사뭇 다를 테지만, 오히려 이것은 아주 깊숙한 장소에서 『기타』를 만나도록 인도해 줄 흥미로운 후밋길이 될 수도 있을 것이다.

이 책은 다른 점잖은 해설서들과는 달리, 정색하고 심각하게 앉아서 읽을 필요가 없다. 저자가 자신의 수행 과정에서 겪었던 흥미진진한 에피소드를 심심찮게 곁들여가며 펼치는 강론을 재미있게 읽다 보면 저절로 『기타』를 한눈에 조망하는 시야가 열리고 그 깊은 의미가 와닿아서, 어려워 보이기만 하던 『기타』가 어느새 성큼 친숙하게 다가와 있는 것을 깨닫게 될 테니까.

게다가 이것은 히말라야 동굴 속의 요기들이나 붙들고 있을 법한 케케묵은 '고대의' 수행법들 속에 숨겨진 깊은 의미를 현대를 사는 우리의 삶 한가운데로 가져와 되살려놓는 신선하고도 심오한 담론이어서, 『기타』 읽기가 머릿속의 철학적 유희에서 그치도록 버려두지 않는 람 다스 식 실용주의 힌두이즘을 제대로 맛보게 해준다.

이 책에 대해서 람 다스는 이렇게 말한다. "정확하게 말하자면 이 책은 『기타』가 근거하고 있는 밑바탕 개념들에 관한 이야기로서, 『기타』의 수행법을 우리 각자의 영적 삶 속으로 가져올 수 있는 몇 가지 방법들에 관한 사색이다."

본문에 언급되는 수많은 인도 성자들과 기타 인명은 대부분 본문 속에서 간단하게 소개되었거나, 그렇지 않은 경우에도 전체 문맥의 이해에 지장이 없으므로 설명을 생략했다. 하지만 저자와 그의 영적 편력의 에피소드에 등장하는 주요 인물에 대해서는 여기서 미리 소개를 하는 것이 좋겠다.

저자 람 다스는 60년대 히피 물결의 영적 기수 역할을 한 인물로서, 지금도 가장 존경받고 있는 미국 태생 구루의 원조다. 1960년대에 하버드 대학교의 심리학 박사 리처드 앨퍼트였던 그는, 동료 티모시 리어리와 함께 LSD 등의 일부 환각제가 인간 의식에 미치는 작용을 인류의식 진화의 디딤돌로 활용할 방법을 연구하는 급진적이고 야심 찬 실험을 벌이다가 결국은 학계의 이해를 얻어내지 못하고 교수직을 박탈당했다. 반문화운동의 대부였던 티모시는 이에 굴하지 않고 공공연히 환각제 예찬론을 설파하며 체제에 저항하는 전위적 활동을 펼치다가 체포와 수감과 탈옥과 망명생활의 우여곡절을 겪으면서도 수많은 저술을 남기고 1996년에 죽었다.

한편 티모시와는 반대로 주의를 내면으로 돌렸던 리처드는, 환각제를 복용하지 않고도 깊은 정신적 경지를 노니는 수행자들이 살고 있다는 인도로 구도여행을 떠났다가 북인도의 위대한 스승 님 카롤리 바바(1900년생)를 만났다. 흔히 '마하라지'라고 불렸던 님 카롤리 바바는 무수한 기사이적奇事異蹟의 일화를 남기며 북인도를 종횡하다가 1973년에 몸을 떠난 매력적인 풍모의 성자이다. 그는 자신의 초월적인 면모를 깊은 박애와 지극히 소탈하고 유머러스한 인간적 면모 뒤에 늘 감추고 있었다. 그는 리처드에게 헌신의 길인 박티 요가를 가르치면서 람 다스('신의 종')라는 이름을 지어주었고, 그를 따라 몰려든 파란 눈의 히피족 구도자들을 새로운 세계로 인도했다.

람 다스는 미국으로 돌아와서 동서양의 다양한 수행 전통을 섭렵하며 봉사재단을 설립하고 강연과 저술 활동을 펼쳤다. 1997년에 뇌졸중을 겪은 후에도 오히려 그것을 노화와 죽음의 의미를 배우고 전파할 기회로 삼고 건강이 허락하는 한 여행과 강연을 계속하며 봉사하는 삶을 살았다. "나는 내 수행을 위한 하나의 방법으로서 사람들을 돕는다. 그리고 사람들을 돕기 위해서 수행을 한다… 나에게는 이것이 내 앞에 펼쳐지고 있는 게임의 의미이다."

그는 2019년에 마우이 섬의 거처에서 88세를 일기로 몸을 벗었다.

이처럼 이 책의 배후에는 수천 년을 관통하는 인도의 요가 전통과 60년대 히피 운동이 상징하는 폭력적 물질문명에 대한 정신의 저항과 환각체험을 통한 서양의 영적 입문, 그리고 뒤따라 일어난—그리하여 작금의 뉴에이지 사상으로까지 이어지게 된—동서의 교류와 영적 전통의 현대적 부흥 등 다채로운 시대적 배경이 겹쳐 있다.

그리고 또 그 배후에는 그와는 무관하게 변함없는 그것, 크리슈나가 노래하는 브라흐만이 있다. 브라흐만에 이르는 길은 여러 갈래이고 이 책은 그 길들과, 현대를 사는 우리의 삶과 그 길들 사이의 관계를 이야기한다. 이 책을 읽는 것은 자체가 하나의 영적 여행이 될 것이다. 그냥 즐겁게 여행을 떠나보시길. 그다음은 크리슈나, 곧 내면의 '그것'이 알아서 하시도록 맡기고….

옮긴이 **이균형**

* 저자의 글만 읽는 것과 그의 육성을 눈빛과 함께 접하는 것은 사뭇 다른 경험이다. 아래 링크에서 람 다스가 책에서도 자주 내뱉는 감탄사 '아~'를 함께 느껴보시길.

　　(* 본문에 등장하는 힌두 용어들의 의미는 대개 문맥 속에서 드러나므로 특별한 경우가 아니면 주를 달지 않았지만 정확한 의미를 알고자 하는 독자는 용어해설을 참고하시기 바란다.)

차례

편집자의 말

이 책은 흥미로운 사연을 가지고 있다. 이 책은 람 다스가 1974년 여름에 열었던 "『바가바드 기타』 속의 요가"라는 제목의 워크숍을 기반으로 한다. 그는 콜로라도주 볼더에 당시 새로 세워진 나로파 인스티튜트*의 여름학기 교과목의 하나로서 이 워크숍을 열었다.

나로파 인스티튜트는 티베트인 툴쿠**이자 바즈라야나(티베트 밀교) 스승인 초걈 트룽파 린포체 Chögyam Trungpa Rinpoche에 의해 설립되었다. 트룽파는 티베트 불교의 두 계보—카규파 Kargyu와 닝마파 Nyingma—의 철학과 명상 전통을 배웠고 서양에 티베트의 수행법을 최초로 소개한 스승들 중 한 분이다.

나로파의 목표는 동양 종교전통의 가르침을 서구의 엄격한 학문적 환경 속에서 탐구해보려는 것이었다. 나로파 여름학기 프로그램은 이렇게 선언했다. "나로파 인스티튜트의 목적은 동서양의 지적 전통의 상호

---

* Naropa Institute: 현재의 나로파 대학교(Naropa University) (역주: 이하 '원주' 표시가 없는 주석은 모두 옮긴이가 덧붙인 것이다.)

** Tulku: 티베트 불교에서 의도적으로 환생한 존재를 이르는 말.

교류를 통해 그 수행법들이 교수와 학생들의 생활과 개인적 경험 속에 뿌리내릴 수 있게끔 하는 환경을 제공하는 것이다. 모든 교직원들은 심리적, 영적 성장과 관련된 다소간의 수행법을 실천한다. 이런 직접적인 경험이야말로 세속의 삶을 보완해 줄 지적, 감각적, 직관적 접근법들을 통합해가는 데 든든한 바탕이 될 수 있기 때문이다."

달리 말하자면, 나로파는 나름으로 서양학문의 편제를 따라 정규인가를 받고 학위를 수여하는 고등교육 기관이 되는 것을 목표로 했다. '불교 연구, 자아와 사회 탐구, 그리고 이 둘의 문화 간, 종교 간 결합' 등과 같은 분야에서 학위를 주는 학교로 성장하고 싶어 했다. 교과목에는 인문학, 사회과학과 자연과학 등의 지적인 학문뿐만 아니라 명상, 감각 일깨우기, 춤, 태극권, 연극, 미술, 음악 등도 포함되었다. 그래서 예컨대 람 다스의 워크숍에 참석한 것으로 학점을 받을 수도 있었다.

람 다스는 나로파 인스티튜트의 설립을 후원했다. 이런 기관들이 뜻하는 실험에 관심을 가지고 있었기 때문이다. 하지만 그보다도 람 다스는 트룽파 린포체의 가르침과 전통을 존경했고 그것이 서구에서 뿌리를 내리도록 돕고 싶어 했다. 그래서 그는 1974년 6월과 7월에 나로파 인스티튜트의 첫 여름학기 교수진으로 합류했다.

나로파 인스티튜트의 그해 여름학기 교수진은 화려했다. 람 다스와 트룽파 린포체 외에도 앨런 긴즈버그, 그레고리 베이트슨, 호세 아르구엘레스, 잭 콘필드, 벤 위버, 그 밖에도 십여 명이 더 있었다. 람 다스의 조교들만 해도 크리슈나 다스, 조셉 골드슈타인, 라메슈와 다스, 미라바이 부시, 폴 고어만이 있었고, 람 데브 미라바이는 그해 여름의 나로파를 동양의 영성이 서양의 토양에 뿌리내리게 할 '가르침의 씨앗주머니'라고 표현했다. 티베트 불교와 테라바다 불교(남방 소승불교), 산스크리트어와 몽골어, 탄트라 문학과 일본미술, 심지어는 1974년 당시로서는 분명히 최첨단 학문인(!) 인공지능에 관한 강의까지 있었다. 그 여름학기에 참석했던 한 학생은 그것을 '힌두-불교의 우드스탁'*이라고 불렀다.

그해 여름학기 프로그램에는 '자아탐사의 방식들'이라는 제목 아래 람 다스의 강연 '『바가바드 기타』 속의 요가'가 들어 있었다. 코스의 안내문은 이랬다. "『바가바드 기타』(신의 노래)는 인도의 가장 신성한 책이자 요가의 가장 심오한 가르침 중 하나다. 서양에서는 많은 사람들이 카르마 요가야말로 가장 적합한 수행법이라고 느끼는바, 『바가바드 기타』는 바로 이 깨어 있는 섬김의 요가에 관해 비할 데 없는 가르침을 준다. 경전 원문과 크리슈나 프렘Krishna Prem, 간디Gandhi 등의 주석을 음미함으로써 우리는 일상의 경험을 해탈의 도구로 변화시켜줄 인식의 틀을 개발할 수 있다."

람 다스의 워크숍은 볼더 중심가 펄 스트리트의 한 빌딩에서 열렸다. 당시의 사진과 비디오는 밋밋하고 하얀색의 시멘트 블록조 빌딩을 보여준다. 람 다스의 회고에 의하면 커다란 무대가 설치됐고, 그 위에는 프로그램 중에 수시로 연주될 음악을 위해 여러 명의 악단이 배석했다. (이 워크숍을 위해서 인도에서 온 비범한 키르탄 가수인 K. K. 샤**도 있었다.)

나로파 인스티튜트는 람 다스에게 워크숍의 주제를 마음대로 선정하도

---

* Woodstock festival: 1969년 뉴욕주 우드스탁 부근에서 3박 4일 동안 열렸던 히피 반체제문화운동의 역사적, 상징적 의미를 지닌 대규모 록 페스티벌.

** K.K. 샤는 님 카롤리 바바의 평생 제자였고, 람 다스가 마하라지를 처음 만났던 자리에도 있었다. K.K. 샤는 람 다스가 마하라지를 처음 만난 날 그를 나이니탈에 있는 자기 집으로 데려가서 재워줬다. 키르탄은 힌두교와 시크교 전통의 찬송가를 뜻한다. (원주)

록 했다. 그러면 그는 왜 『기타』를 가르치기로 마음먹었을까? 람 다스는 말한다. "마하라지는 언제나 두 종의 책을 사람들에게 나눠줬어요. 『라마야나』와 『바가바드 기타』가 그것이었지요. 그가 그 두 책을 가장 중요하게 여기는 것 같아서 나는 당연히 그것을 최대한 열심히 공부해야겠다고 생각했지요. 마하라지 주변을 얼쩡거리면서 그의 사원에서 오랜 세월을 보내고 나니 『라마야나』에 대해서는 최소한 어느 정도는 공부가 됐다고 느꼈습니다. 나로파에서 이 강연을 맡게 된 것은 다른 책인 『기타』를 좀더 깊이 파고들 좋은 기회로 생각했기 때문이지요."

람 다스에게는 『기타』에 주목하게 된 또 다른 동기가 있었다. 코스의 안내문이 말하듯이, 그는 그것이 서양 문화권에 특히 잘 어울린다는 것을 알고 있었다. 『기타』의 철학은 우리 서구인들에게 특히 적합해 보인다. 왜냐하면 그것은 우리로 하여금 세상에 등을 돌리게 만들지 않고, 속세의 삶을 영적 수행으로 바꿔놓기 때문이다. 우리 사회는 탁발승이나 동굴에서 수행하는 사두(고행자)들을 대접하지 않는다. 우리는 '행위자'의 문화에 젖어 있어서, 코스 안내문처럼 '많은 사람들이 카르마 요가야말로 가장 적합한 수행법이라고 느낀다'.

람 다스는 세미나를 위해 열심히 준비했다. 그는 캠핑 트레일러처럼 꾸민 고물 스쿨버스*를 가지고 있었는데, 워크숍이 시작되기 전에 그것을 타고 사막에 나가서 혼자서 두 달을 지내면서 『기타』에 몰입했다. 그는

---

* 결국 이 스쿨버스는 뉴멕시코주 타오스 교외의 산중에 있는 영적 공동체인 라마 재단에 영구 주차해서 이 공동체의 유일한 전화기가 놓인 사무실 공간으로 쓰이게 되었다. 1996년에 이곳을 휩쓸고 간 맹렬한 산불에도 완전히 파괴되지는 않았던 몇 안 되는 구조물이었지만, 산불이 난 쪽 면은 검게 타버렸고 반대쪽은 그대로 남아서 그 기구한 내력의 흥미로운 상징적 결말을 장식하고 있다. (원주)

『기타』를 읽고 그것에 대해 명상하고 주석을 연구하면서 시간을 보냈다. 그는 『기타』의 대여섯 가지 다른 번역본을 가지고 있었는데 그것들을 모두 읽고 또 읽었다. 그는 『기타』의 원문을 타이프로 치고, 행간을 넓게 해놓은 빈 공간에 그 구절에 대한 자신의 해설을 적어 넣었다. 그는 애리조나의 오르간 파이프 선인장 국립 유적지에 잠시 머물다가 그다음에는 캘리포니아의 조슈아 트리 국립공원에서 머물렀다. 그는 말했다. "버스 주변을 기웃거리는 산토끼들 앞에서 『기타』의 첫 강연을 했었지요."

나로파에서 람 다스의 강연은 트룽파 린포체가 가르치는 '티베트 불교의 길'이라는 제목의 강연과 하루씩 번갈아가면서 저녁마다 열렸다. 람 다스와 린포체는 서로를 깊이 존경했지만 그들의 강연은 스타일이나 접근법 면에서 많이 달랐다. 트룽파의 가르침은 정확한 범주화와 엄밀한 정의定義 체계를 갖춘 자신의 전통에 뿌리박고 있었지만, 람 다스의 가르침은 열정적으로 가르쳤지만 직관에서 나온 것이어서 짜임새가 그리 치밀하지는 않았다. 람 다스는 말했다. "트룽파는 명상과 공空에 대해서 가르치고 있었고 나는 헌신과 스승에 대해서 가르치고 있었으니까, 학생들은 마치 테니스 시합에 와 있는 기분이었을 거예요!"

람 다스의 워크숍에는 천 명 이상의 학생이 등록했다. 학생들은 트룽파나 람 다스의 강연 중 하나에 등록하도록 되어 있었지만 양다리를 걸친 학생들도 많았다. 그들 중 대부분은 그저 람 다스가 무슨 말을 하는지를 듣고 싶어서 왔지만, 일부는 람 다스를 찔러보러 온 트룽파의 열성당원들도 있었다. 그래서 한번은 람 다스가 강연 중에 "여러분에게서 저에 대한 질적인 판단이 담긴 편지를 많이 받습니다"라고 말한 적도 있다.

이 두 스승 사이에는 아무런 나쁜 감정이 없었다. 사실 여름학기가 끝나고 트룽파는 람 다스에게 나로파의 교수직을 주었다. 트룽파는 그런 식의 다양성은 학생들에게 좋다고 말했다. 하지만 학생들의 분위기는 다소간 당파적으로 흘러갔다. 그 갈등은 나로파 주변에서 '성전聖戰'으로 알려지게 되었다.

흥미롭게도 이런 주변 상황들이 결과적으로 람 다스의 워크숍을 위해서는 특히 운 좋은 일이 돼버렸다. 라메슈와 다스는 이렇게 썼다. "그해 여름 볼더에서 일어난 불교와 힌두교와 미국문화의 합류는 혼돈을 야기했지만 심오한 차원에서 합일을 가져다주었다. 트룽파와 람 다스가 강단에서 서로를 조롱한 것이 유쾌한 유머와 가벼운 분위기를 선사했고, 불교의 지적 선명함과 박티(헌신)의 가슴이 이렇게 명쾌하게 조명되고 대비된 것은 유례가 없었다." 그 상황은 람 다스의 가르침에 좀더 엄격한 표현기술을 요구했다. 워크숍 준비가 람 다스의 『기타』에 대한 '이해'를 깊게 해주었다면 워크숍을 이끌어가는 일은 그 이해를 '형태화'하는 기술을 연마시켜 주었다.

『기타』 강의를 통해 람 다스는 인도 문화에서 가장 심오하고 영향력 있는 책을 탐사하고 있었다. 마하트마 간디는 『기타』에 대해 이렇게 썼다. "의심이 나를 괴롭힐 때, 좌절이 내 얼굴을 들여다보고 있을 때, 지평선에 희망의 빛이 떠오를 기미가 보이지 않을 때 나는 바가바드 『기타』를 펼쳐 나를 위안해줄 구절을 찾는다. 그러면 나는 즉시 슬픔의 구덩이 속에서 미소를 되찾는다. 『기타』를 명상하는 사람은 그로부터 날마다 신선한 기쁨과 새로운 의미를 길어낼 것이다."

『기타』의 영향은 인도에만 한정되지 않았다. 서구의 영혼들도 흔들어놓았다. 헨리 데이비드 소로는, 『기타』에 비기면 "우리의 현대세계와 그

문학은 허약하고 초라해 보인다"고 했다. 랄프 왈도 에머슨은 그것을 "최상의 책…… 고대 지성의 소리"라고 했다.

『바가바드 기타』는 기원전 1천 년 동안의 어느 시점엔가 쓰였다. 그리고 나중에 그보다 훨씬 더 방대하고 아마도 훨씬 더 오래된 책인 『마하바라타』의 일부가 되었다. 정확히 말하자면 『베다』나 『우파니샤드』와는 달리 『마하바라타』는 힌두 경전이 아니라 '푸라나'라 불리는 인도의 20여 가지 대서사시 중 하나이다. 푸라나는 신의 다양한 화신들의 생애에 관한 이야기로서, 예를 들자면 브라흐마 푸라나, 가루다 푸라나, 링가 푸라나 등이 있다. 그리고 그중에 두 개의 '마하'푸라나, 곧 '위대한' 푸라나가 있는데, 그것이 『마하바라타』와 『라마야나』이다. 이 두 개의 마하푸라나는 인도의 문화와 삶과 사상 속에 너무나 깊게 얽혀 있어서 어떤 판디트(경전학자)는 "『마하바라타』와 『라마야나』는 곧 인도"라고 했다.

이 『마하바라타』의 유장한 이야기 가운데 '힌두 사상의 핵심'이라고 불리는 『바가바드 기타』가 있다. 역사적으로 말하자면 사실 『기타』는 당시 인도의 사상에 갈수록 큰 영향을 미치기 시작하던 불교의 특정 사상에 대한 힌두교의 대응으로서 제시된 것이다. 『기타』는 특히 신께로 가는 중요한 길로서 속세를 멀리할 것을 강조했던 불교 사상을 반박한다. 『기타』는 합일로 가는 방법으로서 세상 속에 살면서 실천하는 '행위'의 기술을 가르친다.

『기타』는 영적 삶과 신성의 깊고 황홀한 계시를 맛보게 하는 지침서이다. 『기타』를 아름답게 옮긴 영역판이 많지만, 나로파 워크숍을 위해 선택된 것은 후안 마스카로Juan Mascaro의 번역판이었다. 람 다스는 이렇게 말했다. "마스카로의 번역판을 고른 이유는 공부하기가 즐거울 정도로 쉬웠기 때문입니다. 깊이 있는 해석에다 세련된 산스크리트어 번역 솜씨까지 더해져서 다른 번역판들처럼 껄끄러운 부분이 많지 않았지요. 그리고 고백하건대, 이 책을 택한 또 다른 이유는 이것이 내가 1969년에 인도에서 살던 사원에서 처음으로 읽었던 판이기 때문이기도 합니다. 『바가바드 기타』를 읽은 것은 그때가 처음이었어요. 첫사랑은 오래 남는 법이지요."

람 다스의 나로파 강연은 (그리고 이 책은) 『기타』를 바탕으로 한 것이긴 하지만, 『기타』에 '관한' 해설서 정도로 기대하는 것은 잘못이다. 나로파에서 람 다스가 제공한 것은 『기타』에 관한 학술적 해석이나 경전 분석이 아니라, 『기타』의 주요 주제들을 중심으로 한 일련의 리프(반복적 선율)이다. 『기타』의 주제들은 람 다스 식 '실용 힌두이즘' 강의의 핵심적 발판이 되었다. 그는 한데 엮어놓으면 삶 자체를 영적 행위로 승화시켜 주는 완전한 요가체계를 이룰 수 있는 일련의 수행법들이 『기타』 속에 개괄되어 있다고 보았다. 이 워크숍을 통해 람 다스는 이 수행법들을 오늘을 살아가는 지구인들이 이해하고 삶 속에 적용할 수 있는 형태로 녹여냈다고 할 수 있다.

이 책은 람 다스가 나로파에 제출했던 강의안을 바탕으로 한 것이다. 이 책은 역사적 기록이자 '영원의 철학'*이다. 워크숍은 형이상학과 실질적 방법론의 독특한 앙상블이었으므로, 이 책 또한 철학과 실천법이 엮여 짜인 한 필의 멋진 옷감이다. 람 다스는 우리가 어디로 가고 있는지를 보여주고 그곳에 이르는 길을 가리켜 보인다.

---

* Perennial Philosophy: 인간 의식과 실재의 본질에 관한, 시대와 문화권을 초월하여 보편적으로 발견되는 통찰적 지혜를 일컫는 말.

그러니까, 캘리포니아의 사막 한가운데 산토끼 가족 앞에서 시작했던 일련의 강의가 지금 당신이 들고 있는 책으로 완성된 셈이다. 이것은 인도의 심오한 영적 경전에 관한 람 다스의 깊은 지혜를 보여주는 책이다. 그는 현대 서양문화권에 살고 있는 우리에게 『바가바드 기타』가 가르치는 요가를 각자의 살아있는 영적 수행으로 바꿔놓는 법을 가르쳐준다.

편집자 마를렌 로더 Marlene Roeder

그대의 모든 행위를 그대 가슴속 나에게 바치라.
나를 그대 사랑의 종착점으로 바라보라.
지혜의 요가 속으로 은신하여
내 안에서 그대 영혼을 영원히 쉬게 하라.

— 『바가바드 기타』 18장 57절

시작에 앞서

이 책은 예수와 마호메트를 무척 사랑하는 한 유대인이 불교 대학교에서 행했던 고대 힌두교 경전에 관한 강연을 바탕으로 만들어졌다. — 이만하면 당신이 지금 어디에 있는지 상상이 되겠는가!

'고대 힌두교 경전에 관한' 강의라고 말함으로써 당신을 오도하려는 뜻은 없다. 사실 이것은 『바가바드 기타』에 '관한' 책이 아니다. 이것은 『기타』에 대한 분석이나 주석, 그런 것과는 거리가 멀다. 차라리 『기타』의 주요 주제들과 관련된 일련의 회상 내지 사색에 가깝다. 그 주제들이란 『기타』가 말하는 여러 가지 요가, 즉 신과의 합일로 가는 길들에 관한 것이다. 이 책은 이런 요가들이 오늘날 우리의 삶에 어떻게 연결될 수 있을지를 살펴보려는 시도다.

나로파는 티베트 불교 전통의 툴쿠인 트룽파 린포체가 세운 학교다. 하지만 이곳은 불교의 가르침만큼이나 지성의 개발에도, 또 전통만큼이나 학문에도 관심이 깊은 학교였다. 그리고 그것이 나에게 흥미로운 도전거리를 제기했다. 왜냐하면 『기타』에 관한 나의 강연은 주로 가슴의 문제, 곧 삶의 헌신적이고 카르마 요가적인 측면에 중점을 두고 있었기 때문이다.

나의 강연은 머리를 써서 '사색하는 인간'을 위한 코스가 아니었다.

나는 지성을 부정하는 사람이 아님을 밝혀둬야겠다. 나는 지성이 매우 생산적으로 활용될 수 있는 아름다운 도구라고 생각한다. '생각'이 최고라고만 생각하지 않는다면 말이다. 하지만 이제 우리 서양도 일종의 병을 벗어나고 있다. 생각이 너무 많아서 가슴과 몸의 지혜보다 지성이 너무나 앞질러 가버리는 그런 병 말이다. 우리는 이제 막 그것을 조금씩 가라앉혀서 추스르는 법을 배우고 있다. 그러니까 머리로 헤아리는 지성을 자신의 영적인 길로 이용하고자 하는 사람들은 매우 뜨거운 불을 다루고 있는 것이다. 나는 그들을 존중하지만 그것은 나의 길이 아니다.

조금쯤은 지적인 분위기에서 벗어난 듯한 기분 외에도 나의 강연 계획에는 또 다른 걱정거리가 있었다. 나는 그해 여름 강연을 하러 나로파로 가기 직전에 (인도에서 온 매우 아름다운 성자인) 스와미 묵타난다 Swami Muktananda와 대화를 나누다가, 내가 『기타』에 관해 강의를 하려고 덤비는 것이 주제넘은 듯이 느껴진다고 이야기했다. 『기타』에 관해서 내가 말을 해봤자 얼마나 하겠는가? 아마도 인도인들 대부분이 나보다는 『기타』를 더 잘 알고 있을 것이다. 인도에서는 평범한 사람들 중에도 오랜 세월 『기타』를 공부해온 대단한 학자들이 많다. 인도에서 나는 종종 역무원이나 청소부들과도 장시간의 철학적 토론에 몰두하곤 했었다. 이들은 무슨 일을 하든 하루 일과가 끝나면 자신만의 중요한 일을 시작한다. 『기타』나 『라마야나』 같은 영적인 책을 공부하는 것이다.

그래서 나는 스와미 묵타난다에게 내가 스스로 『기타』에 관해서 가르칠 거리가 있다고 생각하는 것 자체가 좀 겸연쩍은 느낌이 든다고 말했다. 그는 그 대답으로서 이런 이야기를 들려주었다.

몸을 입고 이 세상에 온 크리슈나가 아름다운 청년으로 자랐을 때의 이야기다. 『기타』를 무척이나 열심히 공부한 노인이 있었다. 그는 『기타』 공부에 열중한 나머지 모든 일을 그만두고 종일 『기타』만 읽었다. 이내 그와 아내는 먹을 양식이 떨어졌다. 아내는 그를 몹시 구박하면서 말했다. "당신은 나가서 가족을 위해서 양식을 벌어올 의무가 있는 사람이에요." 그녀는 남편에게 날마다 바가지를 긁어댔다. 하지만 그럴 때마다 그는 말없이 집을 나가 숲속에서 『기타』만 읽다 돌아오곤 했다.

하루는 숲속에서 『기타』를 읽고 있다가 책에서 크리슈나가 이렇게 말하는 구절을 읽었다. "오로지 나만 믿는다면 세상 걱정에서 다 놓여나리라. 내가 모든 것을 돌봐주리니." 그래서 노인은 이렇게 생각했다. "글쎄, 이 말은 참 이상하군. 봐라, 나는 『기타』와 크리슈나께 모든 것을 다 바치고 있는데 양식이 떨어져서 아내가 노여워하고 있지 않은가? 『기타』에 모든 것을 바치기만 하면 만사가 걱정 없이 풀린다고? 그런데 왜 크리슈나는 나를 돌봐주시지 않는가? 『기타』에 잘못이 있을 수도 있단 말일까?" 그러면서 그는 그 문장에다 밑줄을 그었다. 그 부분이 확실하지 않았기 때문이다.

그런데 바로 그때, 누군가가 그의 집 대문을 두드렸다. 아내가 나가자 문밖에는 잘생긴 젊은이가 서 있었다. 그는 몇 달간 먹을 만큼의 쌀과 콩과 밀가루를 커다란 자루에 담아 가지고 왔다.

아내가 말했다. "누구신가요? 이건 또 다 뭔가요?"

청년이 말했다. "이것은 『기타』를 공부하는 사람의 가족에게 주는 것입니다.”

젊은이가 자루를 집 안으로 옮겨 놓는 동안 아내는 젊은이의 젖혀진 웃옷 속에서 상처가 나서 피가 흐르는 가슴팍을 보았다. 그녀가 말했다. “무슨 일이에요? 누가 그랬어요?”

그가 말했다. “이것은 숲속에서 『기타』를 공부하는 사람이 한 짓입니다.” 그는 이렇게만 말하고는 자루를 내려놓고 떠났다.

집에 돌아온 남편이 쌓여 있는 양식을 보고 놀라서 묻자 아내가 대답했다. “정말 이상한 일이 일어났어요.” 그녀는 젊은이가 다녀간 일을 모두 이야기했다. “그런데 그 청년의 가슴에서 피가 나기에 물어봤더니 그는 숲속에서 『기타』를 공부하는 사람이 그렇게 했다고 대답하더군요.”

스와미 묵타난다에 따르면, 그 노인은 이 말에 사건의 전모를 깨닫고는 실신해버렸다고 한다. 의심스러운 문장에다 밑줄을 그음으로써 노인은 크리슈나의 몸에 상처를 냈던 것이다. 스와미 묵타난다는 말했다. “이걸 알아야 합니다. 『기타』는 크리슈나에 ‘관한’ 책이 아닙니다. 『기타』가 ‘곧’ 크리슈나입니다.” 그리고 그는 이렇게 말해주었다. “『기타』에 관해 가르치는 일을 걱정할 필요가 없어요. 그건 당신이 신경 쓸 바가 아닙니다. 『기타』가 스스로 가르칠 테니까요. 크리슈나께서 당신을 대신해 주실 겁니다.”

나는 스와미 묵타난다 덕분에 올가미에서 풀려난 기분이었다.

그해 여름 나로파에서 강연을 하기로 했던 중요한 이유 중 하나는 나로파의 설립자 초걈 트룽파 린포체와 그의 법맥에 경의를 표하고 싶었기 때문이다. 이곳 우리네 서양인들은 의식과 영성에 눈을 뜨고 나서 보니 이미 까마득한 옛날부터 그런 문제에 관심을 기울여온 전통이 존재한다는 사실을 깨닫게 되었다. 트룽파도 그런 지극히 순수한 전통, 혹은 법맥을 대표하는 한 사람이었다.

우리네 서양인들은 이제 전통적인 종교 형식에 매우 신경질적인 반응을 보이게 된 것 같다. 내 생각에, 그것은 우리가 각종 의식이 의식 그 자체를 위해서 행해지는 것을 많이 보아왔기 때문인 것 같다. 그것들은 살아 있는 영성을 상실한 채 기계적이고 형식적인 절차로 변질되었다. 이런 일은 물론 동양에서도 일어났고 서양 종교에서도 일어났다.

이제는 많은 사람들이 전통을 하나씩 둘씩 버려가는 시대가 되었다. 우리 문화는 성적인 전통을 버렸다. 결혼과 가족에 관련된 전통적 사회관계도 내던져버렸다. 경제와 일하는 환경과 관련된 전통도 버렸다. 그 모든 정치적 전통도 버렸다. 대부분의 경우 그것은 기존 사회구조의 무기력함에 대한 건강한 자각으로부터 나왔다. 하지만 어째서인지 우리는 그저 전통이 나쁘다는 생각에만 빠져 있는 것 같다. 사실, 전통은 배척하기만 할 것이 아니라 새롭게 일깨워내야 하는 무엇일 것이다. 우리에게 주어져 있는 한 가지 과제는 목욕물을 버리느라고 아기까지 함께 버리지 않도록 좀더 성숙해지는 것이라고 생각한다.

나는 동서양의 전통적 종교의식에 참석한 적이 많다. 교회나 사원에 가면 사람들은 모두 정해진 순서에 따라 행동한다. 그것은 마치 슈퍼마켓에 가서 쇼핑 리스트에 적힌 대로 물건을 챙겨 담는 것과도 같다. 그들은 부활과 재탄생을 찬양하는 멋진 찬송을 부르지만 별다른 일은 일어나지 않는다. 의식과 제례는 원래 살아 있는 영성으로부터 생겨난 것이지만 그것은 어느새 온데간데없이 잊혀져 버리고 기계적인 의식만 남았다.

하지만 의식의 다른 차원에 조율된 눈을 가지고 돌아와서 상황에 대한 낡은 반응패턴에 빠지지 않는 중심으로부터 바라보면, 갑자기 그 모든 것이, 살아 있는 영성이 거기에 돌아와 있는 것을 발견한다. 나는 우리 각자가 우리 사회를 살아 있는 영성으로써 되살려놓을 수 있는 능력을 기르는 데 자신을 바칠 준비를 해오고 있었다고 생각한다. 그리고 그 일은 우리 각자가 살아 있는 영성이 될 때 일어난다. 왜냐하면 상대방에게 진정으로 전해줄 수 있는 유일한 것은 우리 자신의 존재뿐이기 때문이다. 멋진 말들 속에는 아무런 의미도 담겨 있지 않다.

우리 모두가 겪고 있는 이 깨어남의 과정 속에는 여러 단계, 즉 의식 진화의 단계들이 있다. 그 단계들 중 일부가 18장에 걸친 『기타』 속에서 아르주나Arjuna의 의식이 깨어나는 과정을 통해 묘사되어 있다. 맨 처음에 좌절이 있고, 그다음엔 가능성이, 그다음엔 깨달음이 오기 시작한다. 이어서 신비적인 통찰과 계시가 열리고 직접적인 체험이 깊어진다. 이것이 7장부터 12장까지 이어진다. 그다음에 마지막 부분이 전개되는데, 이것은 신심이 깊어지면서부터 일어나는 일이다. 즉 더 깊은 지혜가 열리는 것이다. 이것이 『기타』가 묘사하는 영적 여행의 단계들이다.

우리는 각자 다른 의식 수준에서 살아간다. 그것은 누가 더 낫고 못하고의 문제가 아니다. 저마다 여행의 다른 단계에 있는 것일 뿐이다. 이 인생 게임이 전개되는 방식에 대해 약간의 불편함과 마땅찮은 느낌을 갖는 사람들이 있는가 하면, 반대로 신비롭고 축복에 찬 통찰에 흠뻑 젖어서 자기만의 소굴로 도망치지 않고 지금 여기에서 충만하게 살아가는 사람들도 있다.

의식의 다양한 수준을 거쳐 가는 동안 우리는 삶의 본질에 대한 자신의 이해가 바뀌어가는 것을 발견한다. 이런 변화가 어떤 것인지 살짝 맛보기 위해서 이 과정을 다 거쳐 갔던 존재들의 말을 들어보자. 예컨대 기독교 신비가인 야콥 뵈메Jakob Böhme는 이렇게 말한다. "외부 세계는 겉모습에 치중하는 삶을 즐기는 자에게는 고통의 골짜기가 아니다. 더 높은 삶의 경지를 아는 사람들만이 겉거죽의 삶을 고통스럽게 여긴다. 동물은 동물의 삶을 즐기고, 지성인은 지성의 세계를 즐긴다. 그러나 거듭남을 겪은 자는 지상의 존재로서의 자신을 마치 짐처럼 감옥처럼 여긴다."

카비르Kabir는 이렇게 말한다. "춤은 더 이상 내 일이 아니다. 마음은 더 이상 노래 부르지 않는다. 욕망의 항아리는 깨지고 욕망의 저고리도 해졌다. 내가 맡은 역은 실컷 연기했으니 더 할 것이 없다. 친구와 동료들도 모두 날 떠났다. 이제 나에게는 신의 이름밖에 남은 것이 없다."

토머스 머튼Thomas Merton은 말한다. "벼락은 동에서 서로 번쩍여 온 지평선을 밝히며 제멋대로 내리꽂힌다. 그와 마찬가지로 신의 즉각적인 해방도 인간 영혼 깊숙한 곳에서 번쩍이며 일어나, 사람을 깨어나게 한다. 바로 그 순간, 그는 여정의 한가운데에 서 있는 것처럼 보이지만 사실은 이미 종착지에 다다랐다. 그는 비록 시간 속을 여행하고 있으나 한 순간 영원에 눈을 뜬 것이다."[3]

이 모두가 인간의식 속에 천부적으로 내재되어 있는 '가능성'에 관한 말들이다. 그중 어떤 것은 지금의 당신으로서는 듣기 거북할 수도 있지만, 『기타』를 공부하다 보면 당신도 사물을 바라보는 관점을 바꾸기 시작할지도 모른다. 자신의 정체성에 대한 생각이 더 이상 처음 출발했던 그 현실의 차원에 맞춰져 있지 않은 것을 깨닫게 될 수도 있고, 자신이 이미 의식의 '다른' 영역에서 놀고 있으며 그곳이 떠나온 곳보다 더 실제적으로 느껴지게 될 수도 있다. (물론 이 새로운 영역 또한 하나의 환영이었음이 밝혀질 수도 있다. …하지만 그런 일은 때가 되면 자연스럽게 일어날 것이다.)

『기타』와 같은 책을 통해 삶의 본질을 새롭게 인식하기 시작하면 지금까지의 사회적 역할을 더 이상 유지하기가 어려워진다. 나는 나에게 그런 일이 일어나기 시작했던 때를 기억하고 있다. 그것은 60년대 초반 하버드 대학교 재직시절이었다. 티모시 리어리Timothy Leary와 나는 대학교라는 보호막 아래에서 환각제에 대해 연구하고 있었다. 그러던 중 대학 당국이 우려를 표하기 시작했는데, 그것은 우리가 스위스 제약회사에 50만 달러어치의 LSD를 주문했기 때문이다. 학교 당국은 '감시위원회'를 구성했다. 교직원끼리 서로를 감시한다는 것은 전대미문의 일이었지만, 학교 당국은 만약의 경우를 예방하기 위해서 필사적인 노력을 기울이고 있었다. 사실은 나도 그 위원회의 위원이었지만, 그 위원회의 어떤 결정에도 동조할 수가 없었다. 결국 일부 위원들이 권한을 장악하고 우리의 계획을 중지시키기 위한 공청회를 주도했다. 회의의 요점은, 우리가 '과학적'이지 못하다는 것이었다. 우리가 직접 약물을 복용하곤 했는데, 그것은 관찰자가 관찰 도중에 자신의 인식의 관점을 바꾼다는 뜻이며, 그런 관찰자를 어떻게 '과학자'라고 할 수 있겠느냐는 것이었다.

사실 지금은 심리학에도 내적 경험을 다루는 '자기 성찰'이라는 매우 풍요로운 전통이 존재하지만, 당시에는 심리학계를 휩쓸고 있던 행동주의 사조 때문에 그것이 제대로 인정받지 못하고 있었다. 행동주의는 물리학을 인간의 마음을 연구하는 모델로 채용했고, 그래서 외부로 드러나지 않는 것은 무조건 부정했다. 우리 '내부'에서 일어나는 일들을 실험적 데이터로 제시하고자 하는 우리의 관심에 대해 행동주의자들은 눈길조차 주지 않았다.

그 회의 중에, 티모시는 이렇게 말했다. "당신들은 틀렸습니다. '나는 과학자'입니다. 당신들은 진짜 과학이 무엇인지 전혀 이해하지 못하고 있습니다." 그는 그들이 선입견을 가지고 과학적 탐구심을 박해하고 있다고 논박했다.

티모시는 훌륭한 과학철학자였다. 나는 그가 멋진 논박을 펼쳤다고 생각한다. 하지만 나는 그와는 또 달랐다. 지금껏 나에게 일어난 가장 멋진 일들은 토요일 밤의 환각제 세션을 통해서 일어난 일들이었고, 왜 그런지는 몰라도 그것은 내가 학교에서 가르치는 것들보다 더 실감나고 현실적인 것으로 느껴졌다. 하지만 과학적 방법론에 대해서는 멋지게 반박할 자신이 없었다. 그래서 나는 티모시와는 아주 다르게 이야기했다. "신사 숙녀 여러분, 여러분은 절대적으로 옳습니다. 나는 더 이상 나 자신을 과학자라고 할 수가 없습니다. 나는 교수 신분을 반납하겠습니다. 이제부터는, 저를 하나의 데이터로 간주하십시오. 나를 자료로 여기고, 여러분이 나를 연구하십시오. '60년대에 그것을 했던' 그 사람에게 무슨 일이 일어났는지를 밝혀 보십시오. 여러분은 과학자로서 그 역할을 할 수 있습니다. 난 포기하겠습니다. 정말 더 이상 하고 싶지 않습니다."

나는 왜 하고 싶지 않았을까? 왜냐하면 그것이 장애물임을 깨달았기 때문이다. 그 역할을 맡으면 나는 마주치는 모든 것에 대한 지적 판단 속에 들어앉아 있어야만 한다. '이걸 받아들여야 할까? 이것의 통계적

확률은 어떻게 될까? 이것이 다시 일어날 확률은 얼마나 될까?' 하고 머리를 써야 한다. 나는 의심 덩어리가 되어 확률 모델 속에 들어앉아 살아가야만 할 것이다.

　나는 내가 그런 짓을 더 이상 하고 싶어 하지 않는다는 것을 깨달았다. 훗날 실제로 그런 일이 벌어졌지만, 인도의 한 마을에 앉아서 서양의 과학자 친구들이라면 의심의 눈초리를 보낼 것이 뻔한 기적 이야기를 듣더라도, 나는 진심으로 '예! 물론 그렇죠! 정말 멋져요!' 하고 말할 수 있는 그런 사람이 되고 싶었다. 나는 회의론보다는 차라리 신심信心을 기르는 편이 낫다는 것을 깨달았다. 그것이 내가 발견한 진짜 새로운 나였다.

　우리는 지금 이런 모든 과정을 변화, 곧 의식의 '진화'로서 이야기하고 있다. 하지만 그것은 진화나 변화의 문제라기보다는 우리 자신의 본래적인 자아를 알아차리는 일에 가깝다고 할 수 있을 것이다. 내가 보기에, 우리가 자신의 생각에 사로잡혀서 우리 자신의 시야를 가로막지만 않는다면 우리는 언제든 또 다른 의식 상태로 들어갈 수 있다. '그 모든 것'이 '언제나' '우리 모두'에게 열려 있다. 하지만 우리가 그 사실을 아느냐 모르느냐 하는 것은(아니, 더 나은 말로는, 우리가 그것을 아는 정도는) 우리가 자신을 스스로 누구라고 '생각하느냐'에 달려 있다. 바로 그런 관점에서, 『기타』는 우리로 하여금 자신에 대한 정의를 확장하게 하고, 그럼으로써 자신의 삶을 전혀 새로운 관점에서 음미하게 해주는 하나의 모델을 제공해 준다.

P.D. 우스펜스키가 흥미로운 말을 했다. "대부분의 사람들에게 가장 어려운 것은 자신이 정말 '새로운 사실', 곧 이전에 결코 듣지 못했던 사실을 들었음을 깨닫는 것이다. 그들은 자신이 들은 것을 자신의 습관적인 언어로 옮겨놓는 짓을 끊임없이 하고 있다. 그들은 새로운 사실이 있다는 것을 더 이상 믿지 않는다." 그는 우리가 뭔가 새로운 것을 만날 때마다 거기다 대뜸 과거의 고정관념과 집착을 갖다 붙이지 않고 고스란히 마음을 연다는 것이 얼마나 어려운 일인지를 상기시켜 준다.

나는 당신이 뭔가 '새로운' 것을 듣게 될 가능성에 마음을 열고서 『기타』의 탐사작업에 임하기를 바란다. 새로운 관점에, 삶을 인식하고 살아가는 방법에 대한 새로운 이해에 마음을 열어두라. 기억하라. 『기타』는 크리슈나이다. 그리고 크리슈나는 우리 자신의 내적 존재의 현현이다. 그러니 마음을 열고 『기타』를 공부한다는 것은 곧 우리의 깊은 자아를 향해 자신을 여는 하나의 심오한 방법이다.

지금부터 하려는 이야기는 당신이 『바가바드 기타』를 최소한 대충 알고 있다는 가정하에 하는 것이다. 그러니 아직 『기타』를 읽어본 적이 없다면 먼저 읽어보기 바란다. 서너 시간밖에 걸리지 않을 것이다. 처음에는 그저 재미있는 이야기로 읽어봐도 좋다. 크리슈나는 누구이고 아르주나는 또 누구인가? 그들은 어쩌다가 싸움터 한가운데에서 전차에 앉은 채 고민에 빠져 있게 되었을까?

그리고 앞으로 『기타』를 두 번 더 읽을 작정을 하기를 권한다. 우리가 1장에서 아르주나가 빠져 있는 갈등을 다 논하고, 그 내용에 충분히 공감하고 그가 처해 있는 곤경이 무엇인지를 이해한 후에 그것을 다시 읽어보라. 자신이 아르주나라고 생각하고 읽어보라. 그러니까 당신 자신의 갈등은 무엇인지, 자신의 영적 문제는 무엇인지를 파악한 후에 그것을 뼈대로 삼아 당신 자신의 싸움터에서는 그것이 무엇을 의미하는지에 대해 크리슈나가 하는 말에 귀를 기울이라.

그다음에 준비가 되면 『기타』를 세 번째로 읽어보기 바란다. 이번에는 크리슈나가 되어서 읽어 보라. 왜냐하면 사실 크리슈나는 곧 당신의 본모습이기 때문이다.

이 마지막 읽기가 당신에게 흥미로운 문젯거리를 던져줄지도 모른다. 당신이 크리슈나라면, 당신은 곧 『기타』이다. 그런데 『기타』를 읽다가 어느 구절엔가에서는 '나라면 이런 말은 절대로 안 해!' 하는 생각이 들 수도 있다. 하지만 실제로 『기타』는 그렇게 말하고 있고, 우리는 크리슈나의 관점이 되기로 했다. 어쩔 텐가?

바로 이런 대목에서 깊은 음미와 명상이 필요하다. 조용한 곳에 앉아서 그 구절을 쓰여 있는 그대로, 그리고 당신이 이래야 한다고 생각하는 그대로, 양쪽 다 받아들이라. 그런 양쪽 생각을 품고 앉아 있어 보라. 그때 일어나는 일이 당신의 현주소를 정확히 보여줄 것이다. 당신은 이렇게 생각한다. '나라면 그런 말 절대로 안 해!' ─ 옳거니! 바로 그거다. 그런 말을 절대로 안 하는 그 '나'는 '누구'인가? 당신은 무엇을 붙들고 있는가? 이런 구절들이 당신에게 가장 풍부한 깨우침을 가져다줄 것이다. 왜냐하면 그것들은 당신이 무엇을 붙들고 매달려 있는지를, 당신의 은밀한 집착이 무엇인지를 보여줄 것이기 때문이다.

세 번째 읽을 때에는 깊이 음미하면서 명상을 하라. 이런 주제를 놓고 탐구할 때면 으레 이런 권면을 한다. 이 책은 워크숍을 바탕으로 했기 때문에, 명상과 같은 수행을 권면하는 내용이 포함되어 있다. 명상 수행은 책 속의 활자를 넘어서서 『기타』의 가르침이 삶 속에 어떻게 작용하는지 당신의 이해를 더 깊고 풍부하게 해줄 것이다.

일기를 쓰는 것도 좋은 방법이다. 이런 경험을 통과한다는 것은 어떤 면에서는 탐사여행을 하고 있는 것과 마찬가지이므로, 이 책을 자기 나름대로 읽어가는 동안 일기를 쓰고 싶어질 수도 있다. 여행을 할 때는 당신에게 일어나는 멋진 일들을 다 기록하지 않는가? 그런 것들을 기록해 놓는다는 것은 꽤나 유용한 일이다. 기록으로 남겨놓으면, 적어놓지 않으면 지나쳐버리고 잊혀져버릴 변화를 다시 돌아볼 수 있을 것이기 때문이다. 지금 당신을 당혹스럽게 하는 것이 몇 주 후에는 명쾌하게 보일 수도 있다. 그리고 그런 일이야말로 주목해야 할 흥미로운 사건이다. 혹은, 책을 읽으면서 당신이 소중히 지켜온 믿음 체계를 의심하게 될 수도 있는데, 적어놓지 않으면 에고는 자신의 일관성을 유지하기 위해 당신이 품은 의심에 대해서는 선택적으로 잊어버릴 수도 있다. 일기가 유용한 도구가 될 수 있는 것은 이런 이유 때문이다.

(나의 구루인 마하라지는 언제나 일기를 썼다. 그는 날마다 방에 들어가서 두 쪽의 일기를 썼다. 구루가 쓰는 일기는 어떤 내용일까? 그는 도대체 일기에 무엇을 쓸까? 궁금증이 일지 않는가? '오늘 나는 많은 사람들을 만났다… 그들을 어루만져 주었다… 오늘 오후에는 크리슈나와 라마와 예수와 함께 지냈다… 예수는 요즈음 훨씬 더 좋아 보인다.' 뭐 이런

식으로 쓸까? 마하라지가 몸을 떠난 후, 우리는 마침내 그의 일기를 볼 수 있었다. 매일의 날짜와 그날 마하라지가 머물렀던 장소가 적힌 줄 아래로는 그날 일어난 중요한 일을 적을 수 있는 두 쪽의 여백이 있었다. 거기에는 '람Ram, 람, 람, 람, 람, 람, 람, 람, 람, 람, 람, 람, 람…' 두 쪽에 걸쳐 계속 '람'만이 가득 채워져 있었다. 날마다 기록할 만한 내용이 신의 이름뿐이었던 것일까. 그리고 그다음 날도, 그다음 날도.)

일기를 적기로 마음먹었다면, 당장 시작하라. 일단 시작한 다음에는 빼먹지 말고 계속해야 한다. 그렇게 하다 보면, 그것이 애초에 예상했던 것보다 훨씬 도움이 된다는 것을 발견하게 될 것이다. 『기타』의 인상적인 구절에 대한 생각을 적어도 좋고, 『기타』의 가르침을 자기 인생에 적용해 본 예를 적어두어도 좋다. 인용구나 그림을 넣을 수도 있다.

그러니 일기 쓰기는, 이 여행길에의 동참을 더욱 뜻깊은 것으로 만들어 줄 방법으로서 고려해 볼 만하다. 나아가는 동안에 나는 또 다른 여러 가지 연습거리를 권하게 될 것이다. 당신은 자신에게 적당하다고 여겨지는 깊이만큼만 들어오면 된다. 이 책을 읽고 『기타』와 힌두 사상에 대한 약간의 사색거리를 얻을 수도 있고, 자신의 것으로 소화시켜 다른 방식으로 활용할 수도 있다. 이 책이 말하는 것들을 따라가면서 하나의 영적 수행으로서 일기를 쓰고, 푸자(Puja, 예배의식)를 하고, 명상 수행을 하는 등 전 과정에 전적으로 빠져들 수도 있다. 이런 것들은 모두가 여행 속의 작은 보너스 코스와도 같다. 마음 내키는 대로 그것을 다 취할 수도 있고 몇 가지만 고를 수도 있다. 지금의 당신에게 무엇이 적당한 것인지는 당신이 직감에 따라 결정할 문제이다.

『기타』를 읽어 가는 동안, 우리는 그것이 매우 흥미로운 구조로 짜여 있음을 발견하게 된다. 정말 필요한 말들은 첫머리의 두 장章 속에 거의 다 들어 있다. 그 다음에는, 그것이 계속 반복된다. 하지만 더욱 더 절묘하고 세밀하게 되풀이됨으로써 책 전체가 하나의 나선과도 같이 진행된다. 『기타』가 펼쳐지고, 우리의 몰입이 깊어짐에 따라, 우리는 그 주제들을 다양한 관점에서 살펴보게 될 것이다.

이 책은 아이디어들이 새로운 맥락에서 반복적으로 나타나고, 연습과 수행법들이 서로를 받쳐주고 보완해가는 방식으로 펼쳐져 간다. 전체 과정이 진행되면서 계속 새로운 관점과 새로운 가능성을 제시해줄 것이고, 그것들 하나하나가 우리로 하여금 좀 더 깊이 들어가도록, 좀 더 깨어나도록 우리를 부르는 초대장이 될 것이다.

그리고 이 책이 정말 효과가 있다면, 이 책을 읽고 난 후 당신은 지금 이 글을 읽고 있는 당신과는 사뭇 다른 사람이 되어 있을 것이다.

1
배경과 갈등

 본론으로 들어가기에 앞서, 『바가바드 기타』를 그 일부분으로 포함하고 있는 『마하바라타』 속에서 『바가바드 기타』는 어떤 위치에 놓여 있는지를 이해할 필요가 있다. 『마하바라타』는 인도가 자랑하는 두 편의 대서사시 중 하나이다(다른 하나는 『라마야나』다). 『마하바라타』는 방대한 책으로, 그 분량이 6천 쪽에 육박하고, 세계에서 가장 긴 문학작품으로 알려져 있다. 『일리아드』와 『오디세이』를 합한 것보다 일곱 배나 길고, 하나뿐인 완역 영문판은 모두 열두 권에 달한다. 『마하바라타』는 기원전 500년에서 200년 사이에 쓰인 것으로 추정되고 있고, 인도 고대사 중의 한 기간을 서술하고 있다. 전해지기로는 『마하바라타』의 배경을 이루는 쿠루크셰트라 전투가 기원전 3102년에 일어났다고 하지만, 역사가들은 이 사건이 일어난 시기를 기원전 1400년경으로 추정한다.

 한 차원에서 보면 『마하바라타』는 한 왕국의 역사에 관한 기술이지만, 다른 차원에서 본다면 그것은 인간의 모든 상호관계와 거기에 얽히고설킨 인간적 감정들과 동기에 관한 비범한 상징적 통찰이다. 이것은 드라마의 형식을 빌린 놀라운 심리서이며 매우 용의주도한 관점에서 쓰인 책이다. 이는, 그 낭만적이고 통속적인 줄거리를 즐기며 읽어 내려갈 수도 있지만 그 속의 더 깊은 상징적 의미를 발견해가며 읽어갈 수도 있음을 의미한다. 그러한 『마하바라타』의 중심 대목에서, 왕국의 두 가문 간의 절정에 이른 전투의 전야에 크리슈나와 아르주나가 대화를 주고받는데, 그 내용이 『바가바드 기타』, 곧 '신의 노래'라고 불린다.

『마하바라타』는 북인도의 바라트Bharat 왕국에 관한 이야기이다. 바라트 왕국의 왕에게는 드리타라슈트라Dhritarashtra와 판두Pandu라는 두 아들이 있었다. 드리타라슈트라는 부왕이 죽으면 왕위를 이어야 할 장남이었으나 날 때부터 맹인이었기 때문에 맹인을 왕위에 모시지 않는 그 시대의 관습에 따라 판두가 대신 왕이 되어 왕국을 다스렸다.

드리타라슈트라가 맹인이었다는 사실이 이 이야기 속에서 무엇을 상징하는가 하는 것은, 수백 년 동안 경전 주석가들이 논란을 일삼아왔던 주제이다. 어떤 이들은 그가 앞을 못 보는 것은 아들 두료다나Duryodhana에 대한 애착을 상징하는 것으로서, 그것이 그로 하여금 다르마dharma, 곧 진리, 혹은 높은 지혜에 눈이 멀게 한 것이라고 말한다. 또 어떤 이들은 앞을 못 본다는 것은 인간 조건의 본질을 상징하는 것으로서, 높은 차원의 지혜를 지니지 못한 것을 나타낸다고 말한다. 상징성은 깊고 풍부하다.

왕인 동생 판두는 쿤티Kunti와 마드리Madri라는 두 명의 아내를 가졌고 그들 사이에서 다섯 명의 아들을 낳았다. 유디슈트라Yuddhisthira가 장남이었다. (이들은 선한 사람들로 바뀌게 되는데, '판두의 아들들' 곧 판다바Pandavas들이다.) 유디슈트라는 다르마(진리)의 화신과도 같은 인간이다. 그에게는 딱 한 가지 오점이 있었는데, 노름을 즐긴다는 것이었다. (그는 주사위놀이를 무척 좋아했다.) 그리고 앞으로 보게 되겠지만, 그것이 결국은 쿠루크셰트라 전투에 이르는 곤경 속으로 독자를 끌고 간다. 판두의 둘째아들인 비마Bhima는 강인하나 성격이 저돌적이고 무모하다. 셋째 아들인 아르주나는 순수하고 고상하며 의롭고 영웅적이다. 그가 바로 『기타』속 우리의 주인공이다. 그리고 마드리가 낳은 쌍둥이 동생 둘이 있다.

장남이자 맹인인 드리타라슈트라는 한 명의 아내로부터 백 명의 자식을 낳았다. (그렇다. '백 명의 자녀'… 하지만 『마하바라타』에서는 이런 괴상한 일도 허용해야 한다. 구약성서에도 이런 비슷한 일이 나온다. 120살 먹은 노인네가 자녀를 낳는다는 등… 그러니 그냥 옛날은 지금과는 달랐다고 해두자.) 드리타라슈트라의 아내인 간다리Gandhari는 남편에게 지극히 헌신적이었다. 그녀는 남편이 앞을 보지 못하는데 자기만 보는 것은 옳은 일이 아니라며 평생 눈을 가리고 살았다. 이 얼마나 '헌신적인' 아내인가!

그런데 판두는 왕위에 오른 지 몇 해 지나지 않아 실수로 한 브라민 (Brahmin, 카스트 중 가장 높은 브라만 계급의 사람)을 죽이게 된다. 브라민을 죽인다는 것은 아무리 실수라고 해도 '매우' 불경한 일이어서, 판두는 그것을 속죄하기 위해 타파시야(tapasya, 고행)를 행하려고 드리타라슈트라에게 왕국을 맡겨놓고 숲으로 들어간다. 몇 해가 지나도록 숲에서 고행을 하던 판두는 결국 저주를 받아 죽고 만다. 그리하여 드리타라슈트라는 계속해서 바라트 왕국을 다스리게 된다.

드리타라슈트라의 장남인 두료다나는 판두의 장남인 유디슈트라가 무럭무럭 자라고 있는 모습을 볼 때마다 질투심이 부글부글 끓어올랐다.

이런 상황에서는 왕위계승의 법도가 약간 어지러워질 수 있다는 것을 독자들도 이미 눈치챘겠지만, 아무튼 상황은 드리타라슈트라가 죽으면 언제든지 판두의 장남인 유디슈트라가 왕국을 물려받을 형국이었다. 하지만 두료다나는 왕국을 자신의 것으로 만들고 싶었다. 그는 자신의 뜻을 이루기 위해 책에 쓰인 온갖 치사한 계략을 다 동원했다. 『마하바라타』는 두료다나가 판다바들을 제거하기 위해 쓴 모든 책략들을 묘사하는 데만 수백 쪽을 할애하고 있다. 그러던 중 마침내 두료다나는 성대한 잔치를 준비하고 판다바들을 모두 초대했다. 듀로다나는 불에 매우 잘 타는 재료들만으로 형제들이 지낼 휘황찬란한 궁전을 지었다. 그리고 판다바들이 모두 잠들었을 무렵에 궁전에 불을 질렀다. 다행히도 판다바들과 그들의 어머니는 한 충성스러운 하인의 경고를 받고 지하통로를 통해 밀림 속으로 피신할 수 있었다.

여기서 이야기의 재미를 더하기 위한 줄거리를 약간 덧붙이자면, 그들이 밀림 속의 동굴에 몸을 숨기고 살고 있을 때, 어느 큰 왕국의 왕이 그의 아리따운 공주 드라우파디 Draupadi의 신랑감을 뽑는 잔치를 연다는 소문이 판다바들의 귀에도 들려왔다. 왕자들은 물론 모두가 이 아름답고 부유한 공주와 결혼하고 싶었으므로 저마다 참석하려고 벼르고 있었다.

잔치에서는 신랑감을 뽑기 위한 몇 가지 도전과제가 주어졌다. 마법의 활시위 당기기, 연못에 비친 물그림자를 보고 활로 목표물 명중시키기 등의 묘기가 그것이었다. 왕자들이 모두 나서 보았지만 다 실패하고 말았다. 그런데 초라한 행색의 젊은 브라민 하나가 나오더니 그 모든 어려운 과제들을 하나씩 모두 해치웠다. 그것은 물론 변장한 아르주나였다. 그리하여 아르주나는 드라우파디를 얻었고, 그와 그의 형제들은 그녀를 데리고 밀림 속의 동굴로 돌아왔다.

그들은 동굴로 다가가면서 어머니인 쿤티에게 소리쳤다. "어머니, 우리가 오늘은 무엇을 구해왔는지 한번 나와 보세요!"

쿤티는 내다보지도 않고 동굴 속에서 이렇게 소리쳤다. "그래, 그게 무엇이든지 형제간에 골고루 나눠서 가져야 한다." 그것은 다섯 명의 아들을 둔 어머니가 늘 입버릇처럼 하던 말이었다. 하지만 이 경우에는 다섯 아들이 모두 드라우파디의 남편이 되는 것을 의미했다. 드라우파디는 시어머니의 당부로 인해 다섯 명의 남편을 두게 된 것이다.

아무튼 몇 년 동안 숨어서 살다가 판다바 형제는 다시 바라트 왕국으로 돌아갔다. 드리타라슈트라는 (그는 사실 나쁜 사람이 아니었다. 제멋대로인 것은 그의 아들이었다) 두료다나를 구슬려서 판다바들에게 그들이 다스릴 땅을 조금 떼어주게 하였다. 두료다나는 말할 것도 없이 가장 형편없는 땅을 판다바들에게 떼어주었다. 아무짝에도 쓸모가 없는 땅이었다. 하지만 그럼에도 불구하고 유디슈트라와 그의 형제들은 그 땅을 흔쾌히 받아서 부유하고 훌륭한 왕국을 이루어냈다. 물론 그것은 두료다나의 질투심을 더욱 끓어오르게 만들었다. 그는 미칠 정도로 질투심에 불타서 자나깨나 오로지 판다바들을 제거할 음모만을 궁리했다.

두료다나는 판다바들 중 장남인 유디슈트라가 주사위 놀이를 매우 좋아한다는 사실을 떠올리고 유디슈트라에게 시합을 벌이자고 수작을 걸어놓고는 그와 상대할 야바위꾼을 고용했다. 두 사람은 주사위놀이 시합을 벌였고, 결국 유디슈트라는 모든 것을 잃었다. 그는 왕국을 잃었고, 형제들을 노예로 빼앗겼고, 드라우파디를 팔아넘겼다. 그가 가졌던 모든 것이 없어져 버렸다.

두료다나는 황홀했다! 그는 자신이 해낸 일에 오만무도해져서 드라우파디를 데려왔다. 사람들 앞에서 그녀의 옷을 벗기고 모욕을 주기 위해서였다. 하지만 그가 그녀의 사리*를 벗기자 그 안에는 또 한 겹의 사리가 있었고, 아무리 벗기고 또 벗겨도 여전히 한 겹의 사리가 남아 있었다. 그가 벗겨낸 사리가 산더미처럼 쌓였지만, 드라우파디는 여전히 사리를 입고 있었다. 그녀는 순수한 다르마(진리)의 보호를 받고 있었기 때문이다. (물론, 판다바들이 피신해 있던 시절에 만났던 크리슈나가 은밀히 돕고 있었다.)

드라우파디의 이야기를 전해 들은 드리타라슈트라는 아들의 소행에 너무나 부끄럽고 난처해져서 드라우파디에게 세 가지 소원을 들어주겠다고 제안했다. 그러자 그녀가 말했다. "먼저 남편들을 풀어주세요. 다음으로는 그들에게 무기를 돌려주세요. 그 정도면 충분합니다. 세 번째 소원은 빌 필요도 없습니다. 그렇게 되면 그들은 모든 것을 해낼 테니까요."

드리타라슈트라는 약속을 지켜 판다바들을 풀어주었다. 하지만 그들이 풀려나자마자 두료다나는 유디슈트라를 다시 주사위놀이로 꾀어냈다. (유디슈트라는 정말 못 말리는 사내인 것 같다.) 이 게임에서 지는 사람(물론 그것은 유디슈트라와 그의 형제들이었다)은 밀림 속으로 들어가서 12년 동안을 살아야만 했다. 그리고 13년째는 그보다 더 가혹했다. 그들은 그 1년간 내내 몸을 숨기고 지내야만 했다. 만약 두료다나에게 발각되면 또다시 12년을 밀림 속에서 살아야 한다. 하지만 끝까지 들키지 않는다면 두료다나는 그들에게 왕국을 돌려주기로 약속했다.

---

* Sari: 인도 여성들의 전통 의상.

그리하여 판다바들은 다시 밀림 속으로 돌아갔다. 그들은 12년을 밀림 속에서 살았고, 13년째는 몸을 숨기기 위해 이웃 왕국에 가서 왕의 시종이 되었다. 두료다나는 그들을 찾아내기 위해 온갖 수단을 다 동원했지만 결국 실패했다. 13년이 지난 후 바라트 왕국으로 돌아온 그들은 두료다나 앞에 나타나서 말했다. "자, 우리는 해냈다. 이제 왕국을 돌려다오."

두료다나가 말했다. "그건 곤란하지. 왕국은 내 거야. 너희들에겐 바늘 하나 꽂을 땅도 내줄 수가 없어."

이것이 바야흐로 『바가바드 기타』 속의 사건들이 일어나려는 시점까지의 상황이다. 두료다나는 판다바들을 막다른 골목까지 밀어붙여 결국 싸움에 나설 수밖에 없게 만들었다. 그들의 왕국에 불의가 판을 쳤다. 아르주나와 그의 형제들은 속임수와 거짓에 놀아났다. 진실은 발아래 짓밟혔다. 다르마가 자신의 모습을 드러내야만 했다. 좋은 편에서 뭔가 선언을 해야만 했다. 이제 의지할 수 있는 것은 오로지 전쟁뿐이었다.

이야기의 이 대목에서 흥미로운 일이 일어난다. 아르주나와 두료다나가 몸을 입고 내려온 신인 크리슈나에게로 가서 서로 자기를 도와달라고 청한 것이다. 크리슈나는 솔로몬 같은 지혜를 발휘하여 이렇게 말한다. "좋다. 너희가 선택해라. 둘 중 한 사람은 나의 모든 무기와 군대를 가질 수 있다. 다른 한 사람은 나를 가질 수 있지만 대신 무기도, 군대도 없다."

아르주나는 곧바로 대답한다. "그럼 저는 당신을 가지겠습니다. 군대에는 관심이 없습니다." 아르주나의 마음은 신계로 향해 있었다. "제가 원하는 것은 오로지 신께서 제 편에 서주시는 것입니다."

두료다나는 그 말을 듣고 '매우' 기뻤다! 속물이고 무지한 두료다나는 말했다. "아주 잘 됐군! 썩 맘에 들어. 내가 모든 군대와 힘을 차지하리라."

그리하여 나쁜 편은 엄청난 군대를 차지하고 좋은 편은 그에 비하면 '보잘것없는' 힘을 차지했다. 게다가 신이라고는 해도 크리슈나는 단지 아르주나의 '전차몰이꾼'에 지나지 않았다. 크리슈나는 활 한 자루조차 지니고 있지 않았다.

여기서 크리슈나에 관한 이야기를 좀더 들어보자. 그는 어떻게 이 싸움판에 등장하게 되었을까? 크리슈나는 바수데브Vasudev와 데바키 Devaki 사이에서 난 아들이었다. 데바키에게는 캄사Kamsa라는 이름의 마음씨 고약한 오빠가 있었다. 캄사는 왕국을 차지하려고 친아버지를 감옥에 넣을 정도로 못된 아들이었다.

마음씨가 고약하기는 해도 캄사는 가슴 한편에 여동생 데바키를 보살피는 보드라운 부분이 있었던가 보다. 그래서인지 데바키가 바수데바와 결혼할 때 그는 큰 잔치를 베풀었고, 잔치가 끝나자 손수 마차를 몰아 그들을 집까지 데려다주겠다고 나섰다. 그런데 가는 길에 갑자기 하늘에서 큰 소리가 울려 퍼졌다. 그 소리는 캄사에게 이렇게 말했다. "조심해라! 이 부부의 여덟 번째 아들이 너를 죽일 것이다."

캄사는 이 말에 완전히 정신이 나가버렸다. 그는 그 자리에서 데바키와 바수데브를 죽이려고 했다. 하지만 그들이 목숨만은 살려달라고 애원하자 결국 마음이 누그러져서 말했다. "좋다. 죽이지는 않겠다. 하지만 지금부터 남은 생을 감옥에서 지내고 아이를 낳자마자 모두 내게 주겠다고 약속해야만 한다."

어쩔 수 있겠는가? 그들은 마지못해 약속했다.

그리하여 데바키와 바수데브는 감옥에 갇혔다. 그리고 일곱 명의 아이들을 낳자마자 빼앗겼다. 처음 여섯 명의 아이는 캄사에게 죽었다. 일곱 번째 아이에 이르러서는 사연이 복잡해지지만 여기서는 언급하지 않겠다.

여덟 번째 아이가 태어날 즈음, 캄사는 지쳐 있었다. 그는 간수를 보강하고 바수데브와 데바키를 족쇄로 묶어놓았다. 그런데 해산이 다가오자 간수들은 갑자기 졸음에 빠져 모두 곯아떨어져 버렸다. 그때 아기가 태어났다. 아기는(물론 그것은 크리슈나이다) 엄마의 배에서 나와 이렇게 말했다. "나를 고쿨에 있는 난다Nanda네 집으로 데려가세요. 거기 가면 여자아이가 있을 거예요. 나를 그 여자아이와 바꿔주세요."

바수데브가 말했다. "내가 어떻게 너를 고쿨로 데려갈 수 있겠니? 문도 잠겨 있고 나는 족쇄에 붙들려 있는데." 그 말이 끝나자마자 바수데브의 족쇄가 떨어져 나가고 감옥 문이 스르르 열렸다. 바수데브는 그것이야말로 분명한 계시라고 생각하고, 아기 크리슈나를 안고 고쿨로 가서 여자아이와 바꿔놓았다. 간수가 잠에서 깨어나서 아기를 발견하고는 캄사에게 알렸다. 사악한 오빠는 감옥으로 달려와서 그 여자아이를 여동생의 아이로 생각하고는 발을 집어들어 바닥에다 내동댕이치려고 했다. 하지만 그가 아기의 발을 잡는 순간 아기는 손에서 빠져나가 하늘로 날아올랐다. 아기가 말했다. "너를 죽일 수도 있었지만, 네가 내 발을 만졌기 때문에 비록 그것이 나를 죽이려고 만진 것이라고 해도 나를 숭배하는 행위로 간주하고 이번만은 봐준다." 그 말을 남기고 아기는 하늘로 올라가 버렸다.

그리하여 아기 고빈다(Govinda, 이것이 크리슈나의 어릴 적 이름이다)는 고쿨에 있는 어떤 집에 남겨지게 되었다. 그는 난다의 아내이자 평범한 시골 아낙인 야소다Yasoda의 손에 길러졌다. 고빈다가 자라는 동안, 온갖 기적적인 일들이 그를 둘러싸고 일어났다. 하지만 사람들은 모두 그것을 대수롭지 않은 착각으로 여겼다. 자기들의 마을에 신의 화신이 내려와 계시다는 것을 누군들 믿을 수 있었겠는가!

하루는 누군가가 크리슈나의 어머니에게 와서 말했다. "야소다, 당신의 아들 고빈다가 흙을 먹고 있어요!"

야소다가 말했다. "저런 끔찍해라! 고빈다, 이리 온. 입을 벌려라, 어디 보자." 고빈다가 입을 벌렸다. 야소다는 그의 입속을 들여다보았다. 아이의 입속에서 그녀는 온 우주를 보았다. 모든 은하계와 별들과 혹성들, 그리고 작은 지구도 있었다. 그 지구 위에 그녀와 고빈다가 있었다. 야소다는 완전히 넋을 잃어버렸다. 경전은 이렇게 전한다. "고빈다는 자비심으로써 그녀의 눈을 가려주었다."

얼마나 아름다운 장면인가? 그리하여 그녀는 다시금 자기 앞에 서 있는 아이를 바라보고 있었다. 그녀는 기억을 떨쳐냈다. "이상해라, 뭐가 보였더라⋯ 아니, 아니야! 좀 누워야겠다. 어지러워." 그리고 그다음에 어떻게 되었는지는 당신도 잘 알 것이다.

고빈다가 아직도 요람 속의 작은 아기였을 때, 악마가 그를 죽이러 왔다. 고빈다가 그 악마를 얼마나 세게 후려쳤던지, 악마는 뱅글뱅글 돌면서 공중을 날다가 죽어버렸다. 마을 사람들은 이렇게 말했다. "아기가 다치지 않도록 태풍이 와서 악마를 날려 보내버렸으니 얼마나 다행한 일이야!" 크리슈나가 강 속에 사는 거대한 독사를 죽였을 때도 사람들은 이렇게 말했다. "독사가 크리슈나를 물기 전에 물에 빠져서 죽어버렸으니 정말 천만다행이야." 진짜로 일어난 일은 아무도 사실로 받아들일 수가 없었다. 그래서 그들은 자신이 본 것을 있는 그대로 믿지 않고 달리 해석을 붙이곤 했다. (이런 것들이 어쩐지 다 친숙하게 느껴지지 않는가?)

고쿨 마을 사람들은 한결같이 기적을 부인했지만, 크리슈나의 매력에 푹 빠져드는 것만은 어쩔 수가 없었다. 그는 소년으로 자라서 목동이 되었다. 그는 장난꾸러기에다 대단한 악동이어서, 버터를 훔치고 마을 여자들을 장난질로 놀려댔다. 하지만 야단맞는 법은 없었다. 왜냐하면 그는 너무나 매력적이고 멋있었기 때문이다. 그는 피리도 멋들어지게 불었다!

우리가 여호와에 대해서 이야기하는 것과 마찬가지로 이것 또한 신에 관한 어떤 이야기임을 이해해야 한다. 크리슈나는 신의 속성의 한 표현이다. 여호와가 신의 정의로운 얼굴이라면, 크리슈나는 신의 사랑스럽고 장난기 넘치고 악동 같은 측면을 보여준다. 그와 함께 있으면 너무나 즐거웠으므로 사람들은 누구나 그와 놀고 싶어 했다. 다른 목동들도 그와 놀기만을 기다렸고, 젖 짜는 처녀들도 그에게 푹 빠져 그가 가는 곳을 졸졸 따라다녔다.

우리가 아는 한, 크리슈나야말로 가장 명랑 유쾌한 화신일 것이다. 그는 언제나 웃고 장난치고 쉴 새 없이 뛰놀며 열정을 발산했다. 그는 따스하게 빛나는 생명 그 자체였다. 이 얼마나 놀라운 신의 이미지인가!

그리하여 세월이 흐르자, 기적의 소문이 감사의 귀에까지 흘러들었다. 크리슈나가 누구인지를 깨달은 감사는 음모를 꾸몄다. 그는 큰 잔치를 열어 크리슈나를 초대했다. 잔치가 무르익자 열두 살의 어린 크리슈나에게 거구의 험상궂은 씨름꾼이 시합 내기를 걸어왔다. 크리슈나는 물론 그에

응했고, 힘도 들이지 않고 씨름꾼을 죽여버렸다. 그리고 그는 단상에 뛰어 올라가서 숙부의 멱살을 잡고 말했다. "너도 이제 죽을 때가 왔다!" 크리슈나는 캄사를 땅바닥에 내동댕이쳐서 죽여버렸다. 그리고 캄사의 아버지를 감옥에서 풀어주고, 다시 왕위에 앉혔다.

여기서 크리슈나는 마침내 본색을 드러낸다. 그는 더 이상 '온갖 장난을 일삼던 길거리의 꼬마'가 아니었다. 그는 그 일 이후로 고쿨로 돌아가지 않았다. 사실, 그는 그때 완전히 변신한 것이다. 그는 드와르카Dwarka라는 이름의 도성을 건설하고, 거기서 살았다. 그로부터 그의 역할은 일종의 킹메이커, 즉 사회 지도자들의 스승이자 후견인이 되었다. 그는 외교술과 치국책을 가르쳤지만, 그 자신은 완벽한 요기로 살았다. 자신이 가진 모든 것을 나눠주고 모든 사람을 도우면서 살았다. 그러는 가운데 판다바 들도 만나게 되었던 것이다.

자, 이제 우리는 전장에서 크리슈나가 아르주나에게 이야기하는 장면에 이르렀다. 하지만 크리슈나의 이야기의 결말을 잠깐 들어보자. 이 쿠루크 셰트라 전투가 끝난 뒤, 쿠라바의 백 명의 아들을 포함해서 사실상 양편 모두가 전멸했을 때, 이 아들들의 어머니인 간다리가 눈물을 쏟으며 전장을 걷다가 크리슈나를 만난다. 그녀는 이렇게 말한다. "이 모든 일들이 일어나는 동안 너는 그것을 곁에서 지켜보고 있었다. 네가 이 살육이 일어나게 했다. 이젠 네 가족들이 죽음을 당할 것이다. 36년 후면 너도 전장에서 살육당할 것이다."

이에 대한 크리슈나의 대답은 자못 흥미롭다. 그는 간다리에게 절을 하고 이렇게 말한다. "어머니, 고맙습니다. 빠져나갈 길을 찾도록 도와주셔 서." 달리 말하자면, 크리슈나는 간다리의 저주를 자신이 화신의 삶을 마칠 수 있도록 도와줄 수단으로 보고 그것을 오히려 축복으로 받아들인 것이다. (『기타』는 이런 식으로 우리를 비약하게 만든다. ―"아이구 저런, 끔찍하군!", "아냐, 너무 멋져!" 이 책은 이런 식의 반전을 끊임없이 일으켜서 만사가 처음 생각과는 같지 않음을 상기시켜주곤 한다.)

마침내 간다리의 저주가 실현된다. 크리슈나가 전장에서 휴식을 취하려고 눕는 순간, 그를 사슴으로 오인한 사냥꾼이 그를 죽이게 된다. 하지만 다른 차원에서 보면, 그 일은 크리슈나가 몸을 떠나기 위해 필요했던 하나의 방편에 지나지 않는다. 그래서 크리슈나는 죽으면서 사냥꾼에게 감사하고 그를 축복해 준다. 사냥꾼은 그 즉시 천국으로 갔다.

이리하여 우리는 등장인물 중 또 한 명의 주인공인 아르주나에게로 돌아온다. 우리는 그가 형제들과 함께 공훈을 쌓는 모습을 이미 보았다. 아르주나는 크샤트리아(네 카스트 계급 중 전사)이다. 그는 왕자이고 순수하고 착한 아들이다. 그는 자신에게 맡겨진 일을 완벽하게 해낸다. 그는 매우 도덕심이 깊다. 그는 총명하지만 근본적으로 매우 실질적인 사람이다. 그는 철학자가 아니다. 행동하는 인간이다. 이것이 아르주나를 우리 사회를 적절히 반영하는 인물로 만들어준다. 우리 사회는 활동적인 라자스* 문화이다.

---

* 힌두 철학에서 사람의 성격이나 자연현상 등 만물에서 발견할 수 있는 세 가지 기본적 성질을 구나(gunas)라고 한다. 라자스(rajas) 구나는 욕망을 향한 충동과 활동성을, 사트바 (sattva) 구나는 순수하고 균형 잡히고 질서 있는 성질을, 타마스(tamas) 구나는 부정적이

전쟁 상황에서 아르주나와 두료다나는 사뭇 대비되는 연구대상이다. 두료다나는 자신의 에고로 한껏 부풀어 있다. 그가 하는 일이라고는 오만과 건방을 더욱 높이 쌓아올리는 일뿐이다. 일이 험해질수록 그는 더욱 오만해진다. 그는 결국 장로들에게 명령을 내리고 심지어는 스승조차 호령하고 그 누구에게도 존경심을 보여주지 않는다. 이와는 반대로 아르주나는 똑같은 위기 속에서 정반대의 태도를 취한다. 그는 신을 향한다. 아르주나는 원칙에 충실하고 좋은 카르마를 갖고 있으므로 다음 단계로 나아갈 준비가 되어 있다. 그는 더 높은 지혜를 받아들일 준비가 되어 있는 것이다.

『기타』의 첫번째 장에 펼쳐지는 아르주나의 곤경을 얼마나 의미심장하게 받아들이느냐에 따라 『기타』의 나머지 부분이 갖는 중요성도 결정되기 때문에, 우리는 이 갈등이 드러내주는 다양한 차원의 의미들을 유심히 짚고 넘어갈 필요가 있다. 먼저, 『기타』가 그 장면을 묘사하는 대목을 보자.

크리슈나가 말했다. "보라, 아르주나. 쿠루의 군대가 이 전장에 집결해 있는 모습을." 아르주나는 포진해 있는 양편 군대 속에서 아버지와 할아버지와 아들과 손자와 아버지의 아내들과 숙부와 스승과 형제와 친구와 동료들을 보았다. 혈족들이 원수가 되어 얼굴을 맞대고 대치해 있는 그 광경을 보자, 아르주나는 슬픔과 절망에 사로잡혀 가슴이 무너질 것 같아서 이렇게 말했다. "크리슈나, 나의 모든 혈족들이 이 전장에 나와 있는 모습을 보자니 사지에서 기운이 빠져나가 주저앉고 입술은

고 무기력하고 자기파괴적인 성질을 가리킨다.

말라서 바짝바짝 타고 온몸이 사시나무처럼 떨리고 공포에 털이 곤두섭니다. 크리슈나, 불길한 예감이 듭니다.”

첫번째 차원에서 볼 때, 드러나는 곤경은 사회적 차원의 것이다. 아르주나는 적군을 바라보다가 그것이 사실은 아군임을 깨달았다. 그는 인간의 얼굴을 한 원수를 발견했다. 그가 무찔러야 할 적은 기꺼이 파멸시킬 수 있는 추상적인 악이 아니라 다름 아닌 자신의 친구들이요, 가족들이었다. 여기 전쟁터에 나가려는 사람이 있다. 예컨대 베트남이라고 해두자. 그는 미국을 위한 ‘성전’에 참가할 것이다. 그는 자신과 싸울 자들의 얼굴을 찬찬히 들여다보다가, 문득 그들은 ‘그들’이 아니라 ‘우리’라는 것을 깨닫는다. 갑자기 내 나라의 이익에 매여 있던 마음이 다른 것, 곧 인류애라는 도덕성에 동화되려는 마음과 갈등을 일으키게 된다. 실제로 월남전에서 우리가 부딪혀야 했던 것이 바로 이 문제였다. ─도덕성과 사회적 의무 사이의 갈등. 어느 지점에서 사람들은 ‘그들’이 아니라 ‘우리’가 되는가?

누가 ‘그들’인가? 전에도 이 이야기를 한 적이 있지만 이것은 거듭 음미할 만한 가치가 있다. 바로 이 문제를 멋지게 제기해주기 때문이다. 그 이야기란, 내가 70년대에 아버지와 벌였던 논쟁에 관한 것이다. 나는 ‘사랑, 봉사, 추억’이라는 제목의 레코드를 냈던 적이 있다.

아버지가 나에게 말했다. “네가 낸 레코드를 봤다. 멋지더구나. 그런데 그걸 왜 그렇게 싸게 파는지를 난 이해할 수가 없어. 여섯 장의 레코드를 고작 4.5달러에 팔다니! 15달러를 받고 팔아도 될 것을 말이다. 아니, 9달러라도, 아무튼!”

"예, 아버지 압니다. 하지만 그걸 만드는 데는 4.5달러밖에 들지 않아요."

그가 물었다. "몇 장이나 팔았나?"

내가 대답했다. "만 장 정도요."

"그 사람들이 9달러를 내고도 샀을까?"

"예, 아마 그랬을 거예요. 9달러라고 해도 샀을 거예요."

"9달러에 팔았어도 되는 것을 4.5달러에 팔았다고? 넌 도대체 뭐냐? 자본주의를 거부하는 거냐?"

나는 그것을 어떻게 설명해야 할지 한참 생각해봤다. 아버지는 변호사였다. 그래서 나는 이렇게 말했다. "아버지, 아버지는 얼마 전에 헨리 아저씨의 사건을 다루지 않으셨나요?"

"그랬지."

"힘든 사건이었나요?"

"말도 마라. 정말 힘들었어."

"이기셨나요?"

"그래, 하지만 정말 그놈의 사건 때문에 시간을 많이 뺏겼어. 밤마다 법학 도서관에서 지내고 판사들을 만나야 했지. 정말 힘든 사건이었어."

"어휴, 그럼 그 사건 수임료를 엄청 많이 받았겠군요." (아버지는 수임료를 비싸게 받는 분이었다.)

아버지는 나를 이상한 눈빛으로 쳐다보면서 말했다. "뭐라고? 너 정신 나갔니? 돈은 물론 받지 않았지. 헨리 아저씨는 우리 친척이잖아."

"그래요, 아버지. 그게 바로 제가 처해 있는 곤경이에요. 아버지가 저에게 헨리 아저씨가 아닌 누군가를 데려오신다면 저도 그를 마음 놓고 홀랑 벗겨 먹겠어요."

일단 '우리'가 되면 사람들이 서로를 대하는 방식은 즉각 바뀐다. 그러지 않을 수가 있겠는가? 게다가 아르주나의 경우에는 실제로 모두가 친족이다. 그가 싸울 사람들은 모두가 친척이고 스승이고 친구들이다. 아르주나는 크샤트리아이지만, 자신이 알고 사랑하는 사람들을 죽이고 다니기를 원하지는 않는다.

아르주나가 가족과 싸우기를 꺼리는 데는 또 다른 측면이 있다. 양편의 모든 사람들에 대한 애정 말고도, 그는 그 상황의 사회적 맥락을 알고 있다. 그는 그 싸움이 가족의 신뢰를 무너뜨릴 것을 안다. 그가 가족에게 애착을 갖는 이유는 애정 때문만이 아니라 사회적 유대 때문이기도 하다. 그런데 그는 자신의 의무를 다하기 위해 가족 간의 애정뿐만 아니라 신뢰까지도 저버릴 것을 강요받고 있는 것이다. 그것은 아르주나의 문화에서 매우 중요한 가치와, 그의 깊숙한 자아상의 일부를 정면으로 부정하는 일이다. 그는 이 모든 것에 등을 돌리고 전혀 다른 동기로부터 행위하기를 요구받고 있는 것이다. 달리 말해, 그는 도덕책을 집어던지고 크리슈나의 명령에 의지해야만 하는 것이다.

이 같은 수준의 행동 변화는 내면의 뿌리 깊은 변화가 있지 않고서는 불가능하다. 여태껏 의심하거나 반대할 꿈조차 꾸지 않았던 어떤 것을 정면으로 부정하게 만드는 깊고도 심오한 그런 변화가 선행되어야 한다. 그러기 위해서는, 우리의 행동을 결정하는 바로 그 근원이 바뀌지 않으면 안 된다.

어느 겨울날 밤, 나는 티모시 리어리의 집에서 생전 처음으로 실로시빈(멕시코산 버섯에서 추출한 LSD 비슷한 환각제)을 복용하고 몇 블록을 걸어서 내가 기거하고 있던 부모님의 집으로 돌아왔다. 새벽 4시였다. 눈보라가

심하게 몰아치고 있었는데, 나는 집 주변 보도의 눈을 치우기로 마음먹었다. 내가 살아 있음을 새삼스럽게 느끼며 기운이 넘치던 차였는데. 마침 눈이 퍼붓고 있었으니 그럴 만도 했다. 눈을 치우리라. 그래서 눈을 치우고 있을 때, 2층 방 창문에 부모님의 얼굴이 나타났다. 그들은 창문을 열어젖히고 소리쳤다. "들어와, 이 멍청아! 한밤중에 눈을 치우는 놈이 어딨냐?"

권위의 목소리가 이렇게 명령하고 있었다. '이것이 규칙이다. 정해진 대로 해라.' 나는 언제나 그 목소리를 따랐다. 그때까지 나는 평생토록 정말 모범인간이었다. 내가 하버드 대학의 교수가 된 것도 그 덕분이었다. 눈은 언제 치워야 한다는 식으로 '그분들'이 세상에 대해서 말하는 것을 늘 고분고분 따랐던 덕분에 말이다. 하지만 그 순간만은 가슴이 이렇게 말하는 것을 느꼈다. '아시나요? 눈은 언제 치우든 상관없다구요. 희한하죠?' 환각제에 취해서, 사회문화적으로 순응된 방식에서 벗어나서, 나는 '괜찮아, 계속해. 눈을 치워!' 하고 외치는 내면의 어느 부분과 직통으로 연결됐던 것이다. 그래서 나는 부모님을 쳐다보고 씽긋 웃으며 손을 흔들어주고는 계속해서 눈을 치웠다. 그것이 그 후 몇 년 동안 이어졌던 내 인생 드라마의 서막이었다. 나는 그렇게 문화의 허례허식으로부터 점점 더 멀어져갔다.

이런 경험이 다른 사람들에게도 그리 낯설지는 않으리라고 생각한다. 우리는 머리가 커가면서 자신이 전통과 문화가 기대하는 가치 속에 갇혀서 살아왔음을 깨닫는다. 머리는 어떤 모양으로 깎고, 학교는 어딜 다니고, 어떤 공부를 하고, 공부를 해서 무얼 하고, 어떤 사람과 결혼하고, 결혼한 다음엔 어떻게 살고, 언제 아이를 낳고, 언제 아이를 낳지 말고, 얼마를 저축하고, 자동차는 얼마짜리를 사고, 텔레비전은 어떤 것을 사고…. 많은 사람들이 그런 가치관에 반감을 느끼며 갈등했고, 우리는 그것이 얼마나 고통스러운 일인지, 그것이 속을 얼마나 쥐어짜는지를 알고 있다. 이것이 아르주나가 쿠루셰트라의 싸움터에서 맞닥뜨린 상황이며, 우리 자신도 그와 비슷한 경험을 하고 있음을 깨달을 때, 그것은 문득 한층 더 의미 있는 모습으로 다가온다. 그래서 우리는 아르주나의 처지에 공감할 수 있다. 그는 예수의 이런 말을 듣고 있다. "어머니와 형제를 나보다 더 사랑하는 자는 나를 따를 수 없다."

이것이 첫번째 차원에서 바라본 아르주나의 곤경이다.

하지만 그것은 첫번째 차원에 지나지 않는다. 그것은 시작일 뿐이다. 『기타』의 주제는 한갓 도덕률과 사회적 의무 간의 갈등이 아니다. 가족간의 유대나 문화적 가치관이 깨지는 정도의 문제도 아니다. 『기타』의 게임은 그보다 훨씬 더 스케일이 크다. 좀더 깊은 차원에서 보면, 그것은 그 모든 것 대對 더 높은 의식에 관한 문제이다. 말을 바꾸면, 이것은 깨어나기 게임, 영Spirit으로 변신하기 게임이다. 사회적 역할을 깨는 것은 시작에 불과하다. 아르주나가 겪어야 할 변화는 그보다 훨씬 더 깊은 차원의 것이다.

알다시피, 아르주나가 쿠루크셰트라 전투에 반대하는 논조는 소위 '참한 이기주의'*에 초점을 두고 있다. 그는 한 카스트에 속해 있다. 그래서 그는 "카스트의 질서를 망가뜨리고 싶지 않다"고 말한다. 그는

---

* enlightened self-interest. '계몽된 이기주의'. 단기적으로는 나에게 손해가 되는 것 같은 선한 일이 결국엔 자신한테 이익으로 돌아오게 된다는 관점에서 자기 유익을 추구하는 것.

가족의 일원이다. 그래서 그는 "가족을 보호하고 싶다"고 말한다. 달리 말하면, 아르주나의 생각과 주장은 자신의 사회적 역할에 근거를 두고 있고, 그것은 외부의 시선을 의식하는 그의 자아상 모델에 근거해 있다. 그것이 객관적 모델, 생각하는 마음이 갖는 모델이다. 그러나 장차 아르주나에게 요구될 것은 특정한 자아상 모델을 버리는 것뿐만 아니라, 그 모델을 만들어낸 '생각하는 마음'에 대한 의존심 자체를 버리는 것이다.

한 문화가 그 아이들을 사회화시키는 방법은, 외부로부터 가해지는 판단을 최우선으로 여기도록 그들을 세뇌하는 것이다. (우리는 모두가 그 과정의 산물이다.) 아이들을 사회화시키려면 그들의 마음속에 세 가지 원칙만 심어주면 된다. 첫째, 자신에 대한 정보를 외부로부터 받아들일 것. 둘째, 외부로부터 자신이 받게 될 보상에 대해 기대할 것. 셋째, 내면의 소리가 외부의 권위로부터 오는 소리와 갈등할 때는 내면의 소리를 무시할 것. 이것이 아이들을 사회의 일원으로 키우는 방법이다. 그래서 어머니가 "이것을 해라" 하면, 가슴속에서 마땅하게 느껴지지 않더라도, 그것을 해야 한다. 그것을 잘 해낼 수 있게 되면, 그는 사회에서 '성공한' 사람이 된다. 그렇게 하지 않으면 쓸모없는 사람이 된다.

우리가 '네 직관을 믿으라'는 말에 따라 그렇게 하려고 하면, 우리는 이 과정을 거스르기 시작한다. 의식이 깨어나면, 우리는 '외부로부터 내부로'가 아니라, '내면으로부터 외부를 향해' 행동하기 시작한다. 그리고 이것이 우리가 진정으로 추구하는 변화이다. 이 변화는 '참한 이기주의적' 관심이 아니라 깨어난 가슴에서 비롯된 행동을 이끌어낸다.

깨어난다는 것은 의식의 흐름을 타고 한 세계로부터 다른 세계로 옮겨가는 것과 같다. 깨어나는 과정에서는, 새로운 세계와 더 깊이 조화되기 위해서는 낡은 세계의 흐름을 거스르지 않으면 안 된다고 느낄 때가 많게 된다. 아르주나가 바로 이런 상황에 처해 있다. 그는 아직도 낡은 가치관, 구태의연한 자아상에 매여 있다. 그것들은 그의 눈앞에 떠오르기 시작하는 새로운 이해와는 대립된다. 하지만 그것들은 깊이 각인되어 있어서 마음대로 쉽게 떨쳐버릴 수가 없다.

이것은 에고에 대해서 누구나 느끼는 문제이다. 에고를 자세히 들여다보면, 에고는 한갓 허상에 지나지 않음을 깨닫는다. 그것은 자신의 우주를 정의하는 생각들의 집합체로서, 우리가 누구이며 나머지 사람들은 누구인지, 그리고 그것들이 어떻게 상호작용하는지에 대한 우리의 생각들이다. 하지만 그런 생각의 패턴들은 마음의 깊은 밑바닥에 각인되어 있어서 의지로써 없앨 수가 없다. 우주에 대한 다음 차원의 인식으로 넘어가려면, 이런 생각들의 거미줄에서 완전히 벗어나지 않으면 안 된다. 거기서 빠져나와야만 한다. 문제는, 이 생각의 거미줄은 사실 애초부터 우리를 그 속에 가둬놓기 위해서 만들어진 것이란 점이다. 그것은 우리를 쉽게 놓아주지 않을 것이다. 우리가 영적 여행의 노고를 쏟아부어야 할 곳은 바로 이곳이다. 우리는 이 생각 덩어리들을 벗어나서 발 디딜 곳을 마련해줄, 즉 생각하는 마음 밖으로 우리를 데려나가 해방시켜 줄 수행법들을 찾아 헤맨다.

예컨대 명상은 우리를 생각으로부터 구출해주는 좋은 도구이다. 명상은 우리를 가두어둘 생각의 그물을 스스로 끝없이 자아내고 있는 우리의 어리석은 꼬락서니를 확실히 깨닫게 해준다. 당신이 앉아서 호흡에 집중하고 마음을 가라앉히면서 명상을 하고 있다고 하자. 마음을 가라앉힌다… 마음을 가라앉힌다… 그러다가 갑자기 당신의 내면에서 어떤 일이 '일어난다.' 평화로운 느낌이나, 어떤 에너지의 움직임을 감지한다. 당신은 '우와! 드디어 뭔가가 일어나고 있다!' 하고 환호한다. 뭔가가 몰려온다. 그런데 그 몰려 들어온 것은, 사실은 당신의 에고이다. 에고는 명상수행 때문에 밀려나 있었다. '들이쉬고, 내쉬고, 들이쉬고, 내쉬고…' 그저 숨을 들이쉬고 내쉬고 하는 동안에는 심리적 작용이나 자아상이 개입할 여지가 별로 없다. ('나는 들이쉬고 내쉬는 걸 잘하고 있다'가 아니라 그저 '들이쉬고 내쉬고' 있어야 명상을 제대로 하고 있는 것임을 명심하라.) 그러나 내 말을 믿으라. 에고는 매우 끈질기다. 그것은 끝까지 끈질기게 근처를 배회하다가 틈만 보이면 잽싸게 뛰어 들어온다.

나의 주된 수행법은 구루크리파Gurukripa, 곧 스승의 은총에 의지하는 것이다. 그것은 독특한 방식으로 작용하여 관념의 제약을 깨부수고 나를 해방시켜 준다. 마하라지Maharaji는 나의 합리적 이성을 가차없이 망가뜨려서 내가 스스로에 대해 지니고 있던 관념들이 깨부숴지게 하는 사건들을 끊임없이 만들어냈다. 말하자면 이런 식이다. — 한번은 그가 나에게 아르주나와 같은 역할을 맡겼다. 그는 나를 '최고사령관'에 임명했다. 그가 나에게 말했다. "람 다스! 이제부터 네가 총사령관이다. 이 서양 아이들을 모두 숙소로 돌려보내고 6시까지는 아무도 이곳으로 돌아오지 못하게 해라." 그래, 나는 스승의 분명한 지시를 받았다, 그렇지 않은가? 어렵지 않은 일이다. 나는 모든 사람들을 호텔로 데리고 와서 말했다. "6시까지는 가지 마시오." 나는 그저 내 임무를 다했을 뿐이었다.

하지만 몇몇 사람들은 '람 다스는 지가 뭔데 우리한테 이래라저래라 하는 거야?' 하고 콧방귀를 끼고는 4시에 아쉬람으로 갔다. 그들이 가자 마하라지는 먹을 것을 대접하고 같이 앉아서 담소하며 사랑을 듬뿍 베풀었다. 나는 나머지 무리를 이끌고 6시에 도착했다. 그러자 마하라지는 방으로 들어가서 문을 닫아버리고는 아무도 만나주지 않았다.

다음날 아침, 마하라지는 나를 불러서 이렇게 말했다. "람 다스, 너는 총사령관이란 말이야, 알아? 어제 너는 4시에 사람들이 오도록 내버려뒀다. 오늘은 6시까지 아무도 들여보내지 마라!"

그래서 나는 모든 사람들을 돌려보내면서 말했다. "내가 뭐랬소, 6시까지 가지 말란 말이요!" 글쎄… 하지만 어제 4시에 갔던 사람들은 오늘도 4시에 다시 가리라고 마음먹고 있었고, 더 많은 사람들이 그들과 합류할 작정을 하고 있었다. 그래서 이번에는 거의 절반의 사람들이 4시에 아쉬람으로 갔다. 마하라지는 그들을 반겨 음식을 대접하고 이야기를 나누며 사랑을 표현해 주었다. 나는 6시에 어제보다 적은 수의 사람들을 이끌고 갔다. 그러자 마하라지는 또다시 방 안으로 들어가 버리고는 아무도 만나주지 않았다. 그는 이런 짓을 계속했다. 그는 나를 형편없이 무시하여 부아가 들끓게 만들었다. 더 이상 참을 수가 없었다. 그래서 나는 그의 가장 나이 많은 인도인 제자에게 불평을 늘어놓았다. "마하라지는 정말 나빠요! 공평하지 않아요!"

그러자 제자가 말했다. "그런 말씀은 마하라지께 직접 하시는 편이 나을 것 같군요."

내가 대답했다. "그러지요!" 내 속말이 당신에게도 들리지 않는가? 당신도 덩달아 속이 끓어오를지도 모른다. 갈 데까지 간 것이다. '더 이상 가만있을 수가 없어!'

그래서 나는 마하라지의 방으로 갔다. 그는 모포를 둘러쓰고 침상에 앉아 있었다. 그는 나를 물끄러미 보며 말했다. "무슨 일이지? 뭐가 문제지?"

"마하라지, 당신은 제 마음을 아십니다. 뭐가 문젠지 아시잖아요."

그는 내가 내 입으로 털어놓도록 계속 밀어붙였다. "무엇이 문제지? 왜 그래?"

결국은 내가 말했다. "그러니까 마하라지, 당신의 처사는 옳지 않습니다." 나는 불만을 조목조목 말했다.

나는 말을 마치고 나서 이성적인 사람들과 이야기할 때처럼 물러앉아서 그의 대꾸를 기다렸다. 마하라지는 잠시 나를 바라보았다. 그러더니 그는 허리를 숙여 내 수염을 잡아당기면서 말했다. "람 다스가 화가 났구나!" 그러고는 껄껄껄 웃음을 터뜨렸다. 그는 실컷 웃고 나서는 물러앉더니, 마치 '자, 내가 대꾸를 했으니 이젠 네 차례다' 하고 말하기나 하듯이 나를 물끄러미 바라보았다.

나는 난감해졌다. 나는 '옳음'에 대한 나만의 관념을 버리든가, 스승을 버리든가 해야 했다. 그는 나를 이런 식으로 마구 밀어붙였다. 어쩔래, 아가야? 이렇게 말하고 떠날 테냐? '당신이 내가 바라는 방식으로 행동하지 않는다면 난 그렇게 행동해 줄 구루를 찾아보아야겠어. 난 내가 바라는 신의 이상에 걸맞게 행동하는 구루를 찾아나설 거야.'

난 단지 '이성적인' 짓을 요구했을 뿐이다. '그건 그도 알겠지. 내가 터무니없이 군 것도 아니다. 이상한 것은 그다. 그런데도 그는 눈도 깜짝하지 않는다!'

그래서 나는 그것을 잠시 생각해보다가 진짜 문제가 무엇인지를 깨달았다. 그래서 나는 떠나지 않고 머물렀다.

아르주나와 마찬가지로, 그 순간 나는 나의 관념에 들어맞지 않은 자신의 모습을 직면했던 것이다. 마하라지와 함께하는 상황 속에서, 나는

'이성적인 행동을 추구하는 사람'인 나의 자아상을 버려야만 했던 것이다. 그리고 그렇게 했을 때, 내 에고의 일부가 부서졌다.

아르주나는 이제 자신을 '친척을 상대로 전쟁을 하지 않는 사람'으로 보기를 포기해야 했다. 그는 자신의 행동방식의 바탕이 되었던 전체 시스템을 완전히 포기해야 했다. 가족과 카스트를 보호한다는 자신의 역할모델을 포기해야 했다. 자신을 규정하는 모든 방식을 바꿔야만 했다. 그렇게 하면 그의 에고가 부서져서 다음 단계로 나아갈 수 있을 것이었다.

에고의 틀을 구성하고 있는 자기규정들을 스스로 들여다보기 시작하면, 거기에는 강도의 차이가 존재한다는 것을 알게 된다. 어떤 모델은 다른 것보다 훨씬 더 '나'로서 친밀하게 느껴진다. 그래서 그것들을 모두 버려야만 할 경우, 다른 것보다 상대적으로 버리기가 힘들다. 예컨대 부나 명예 따위는 비교적 쉽게 버릴 수 있을 것 같다. 가족이나 사회의 인정을 포기하는 일도 가능할 것 같다. 아르주나가 당면해 있는 그런 것들 말이다.

하지만 한 발짝 더 나아가, 즐거움을 포기하는 것은 어떨까? 당신은 그럴 준비가 되어 있는가? 즐거움? 그러니까, 분리된 개체로서의 자기 자신을 위해 최대한의 즐거움을 얻는 것, 이것이야말로 이 모든 게임의 목적이 아닌가? 그런데 속에서 어떤 변화가 생기는 것을 감지한다. 즐거움을 단지 또 하나의 다른 경험으로 보는 무언가와 자신을 동일시하게 되는 변화가 생겨난 것이다. 그것은 무척 두려운 순간이 될 수 있다.

깨어남의 과정에서, 당신은 우주에 대해 생각하는 당신의 '낱낱의'

습관적 방식들을 붙들고 씨름하게 된다. 이 씨름은 가장 깊은 부분까지 이루어져야 한다. 왜냐하면 그것들 하나하나가 당신이 동일시하는 무수한 자아상 속에다 당신을 가두어놓기 때문이다. 에고는 이렇게 말한다. '나는 정말 부지런히 깨달음을 향해 정진하고 있는 사람이야, 그렇지 않아?' 자신이 죽게 되는 최후의 순간까지도, 에고는 언제나 거기 숨어서 다음 카드를 꺼낼 준비를 하고 있다. 자아의 마지막 흔적까지 사라지기 전에는 싸움이 결코 끝나지 않을 것임을 알아야 한다.

자신의 자아상이 벗겨지는 이런 일을 겪을 때는 흔히, 어떤 것을 포기하는 대신 다른 것을 붙들게 된다. 붙들 것이 아무것도 없다는 것은 정말 편안치 못한 일이다. 그래서 우리는 옛것 대신 새로운 것에 집착한다. 가족과 사회를 버리는 대신 '영적 지도자'라는 상에 집착하기 시작한다. 하지만 그것 또한 '깡그리' 버려야만 한다. 대청소를 해야만 한다. 모든 것을 다 놓아 보내야만 한다.

단번에 모든 것을 버려야만 한다는 뜻은 아니다. 더 이상 절실하게 필요하지 않게 된 것들부터 버리면 된다. 그리고 이는, 영적인 겉모습을 '이용'해서는 안 된다는 뜻이 아니다. 이용은 하되 언젠가는 그것도 버려야 한다는 것을 잊지 않으면 되는 것이다.

이 모든 것을 알고 나면 자신이 매우 연약해진 느낌을 갖게 된다. 기댈 만한 권위도 없고, 나에게 무엇을 하라고 일러줄 사람도 없다. 오로지 가슴으로 주의를 돌려서 다음에는 어떻게 하는 것이 옳게 느껴지는 지를 귀 기울여 듣고 있을 수밖에 없다. 붙들 것은 아무것도 없다.

그것은 그런 상태를 끊임없이 견지할 수 있는 정신적 훈련을 요구하는 일이며, 그것은 아르주나에게 익숙하지 않은 종류의 훈련이었다. 그는 무엇이 옳은지를 언제나 알고 있고, 어떻게 행동해야 하고 무엇을 믿어야 하는지를 알려주는 사회적 규칙이 정해져 있는, 안전지대 안에서 사는 것에 익숙해져 있었다. 그는 언제나 이렇게 말할 수 있었다. "나는 내가 무엇을 해야 하는지 안다. 바로 여기에 그렇게 적혀 있으니까." 그러나 그는 이제 트룽파 린포체가 그의 책 『영적 물질주의와의 결별 Cutting Through Spiritual Materialism』(한국어판 제목은 "마음 공부에 관하여")에서 이야기했던 그런 종류의 도전에 임해야 한다. 어떤 패턴에도 집착하지 말고, 어떤 것에도 기대지 말고 서 있어야 하는 도전. 그것은 매우 끔찍한 도전이다. 붙잡고 매달릴 아무런 정의도 없이 위태로운 낭떠러지에 서 있어야 한다는 것은 겁나는 일이다. 비교할 만한 어떤 대상도 없이, 정체성이나 자아관념, 어떤 본보기도 없이 홀로 서야 한다. 당신은 과연 할 수 있겠는가? '모든 것'을 다 던져버릴 수 있겠는가?

갈등이 정말 심각해졌을 때, 엄청난 혼란이 와서 다음에 무엇을 해야 할지 판단할 기준이 아무것도 없을 때, 우리는 오직 그런 때에만 뭔가 새로운 일이 일어날 가능성을 고려해 볼 수 있게 된다. 오직 그때에만 예전에는 들어보지 못했던 것에 귀를 기울일 준비를 하게 된다.

『기타』의 가르침이 이런 위기 상황에서 시작되어야만 하는 이유가 바로 여기에 있다. 아르주나가 크리슈나의 말에 귀를 기울이기 위해서는, 그 이전에 아르주나의 존재 자체를 뿌리째 흔드는 일이 있어야 했다. 크리슈나와 아르주나는 오랫동안 함께 다녔다. 그들은 여러 해 동안 좋은 친구 사이였다. 하지만 아르주나는 크리슈나가 해주는 말을 들을 준비가 되어 있지 않았던 것이다. 그들이 전장의 한가운데에 서 있음을 깨닫기 전에는, 위기의 순간이 아르주나의 정신을 바짝 일깨워주기 전까지는, 아르주나는 새로운 것을 들을 준비가 되어 있지 않았다. 하지만 이제 아르주나는 가족이나 카스트 따위에 대한 집착을 내려놓는 데서부터 출발하여 내려놓으려고 하는 그 애씀마저 내려놓는 데에 이르는, 새로운 여행길에 오를 것이었다.

이것이 『기타』의 가르침의 가장 깊은 차원이다. 아르주나가 맨 마지막으로 대면하게 되는 것은 시바Shiva이다. 그는 혼돈과 파괴의 모습을 한, 우리의 모든 환영을 파괴하는 신을 대면한다. 아르주나는 "만약 신이 있다면, 만약 법이 있다면, 이 모든 것에 일말의 의미라도 있다면, 어떻게 제가 친족과 싸우라는 요구를 받을 수가 있는 것입니까? 제가 어떻게 이런 끔찍한 짓을 하도록 요구받을 수 있는 것입니까?" 하고 묻지 않을 수 없는 고통에 직면해 있다. 아르주나는 끔찍한 사실 앞에 놓여 있다. 신의 법을 이해하려면 합리적 이성을 사용해서는 안 된다는 사실.

『라마야나』에서 라마(혹은 람)는 되풀이해서 말한다. "그대는 시바를 숭배하지 않으면 나에게로 올 수 없다." 이 말은 곧 혼돈의 존재 자체를 온전히 받아들이지 않으면 문을 통과할 수가 없다는 뜻이다. 사랑과 아름다움을 보존하는 자가 되고자 한다면, 두 눈을 똑바로 뜨고 사랑과 아름다움이 파괴되는 것을 지켜보면서 이렇게 말할 수 있어야만 한다. "그래, 옳아. 그래 그것도 옳아." 자연에는 창조와 보존, 그리고 '파괴'가 있다. 기쁨과 환희와 새로워짐과 탄생이 신의 계획의 일부인 것과 마찬가지로 시련과 고통과 파멸과 죽음 또한 신의 계획의 일부이다.*

---

* 힌두 신화에서, 형상 없고 형언할 수 없는 궁극적 실재인 브라흐만은 브라흐마와 비슈누와 시바라는 이름의 세 가지 국면, 혹은 속성으로서 현상계 우주 속에 모습을 드러낸다. 브라흐마는 창조의 신, 비슈누는 보존의 신, 시바는 파괴의 신이다. 보존의 신인 비슈누는

쿠루크셰트라에서 아르주나는 시바와 맞닥뜨리게 된 것이다. 그는 이성적인 마음이 아무런 도움이 되지 않는 상황에 직면해 있다. 생각이 도움을 주지 못하는 상황, 모든 것을 내려놓고 복종하는 것만이 유일한 돌파구인 그런 상황이다. 자신이 좋은 사람이라는 그의 자아상, 이성적 사고에 대한 집착, 형상 자체에 대한 집착—그는 이 모든 것에 작별을 고해야 한다. 이 모든 집착을 낱낱이 놓아버려야만 한다. 새로운 어떤 것을 받아들일 여지를 만들기 위해서는, 내가 누구라고 생각하는 근거 자체가 허물어져야만 한다.

자, 이제 무대가 다 설치되었다. 우리는 적군이 누구인지 안다. 판다바와 쿠라바Kauravas(드리타라슈트라의 아들들)가 그들이다. 그리고 그들이 우리에게 무엇을 상징하는지도 안다. 우리는 그들이 전장에서 무엇을 하고 있는지도 알고 있고, 아르주나가 처해 있는 곤경도 이해했다. 나아가, 그보다 중요한 것으로, 우리는 아르주나가 직면해 있는 선택의 기로가 우리가 처해 있는 선택의 기로와 같은 것임을 알게 되었다. 우리는 내려놓을 준비가 얼마나 되어 있는가? 에고로부터 자유로워질 준비가 얼마나 되어 있는가? 알 수 없는 신의 계획 앞에 얼마나 기꺼이 복종할 준비가 되어 있는가? 이것이 아르주나가 직면하고 있는 의문들이다. 이것이 우리가 대면하고 있는 싸움이다. 이것이 쿠루크셰트라에서 판가름 날 것이다.

종종 화신化身하여 창조된 우주 속에 내려온다. 라마와 크리슈나도 비슈누의 여러 화신 (avatar) 중의 하나이다. 궁극적 의미에서, 모든 존재는 화신이다.

2
카르마와 윤회

앞장에서 우리는 아르주나가 쿠루크셰트라에서 직면하고 있는 갈등을 살펴보면서, 그것이 피부에 와 닿는 바로 우리 자신의 이야기이기도 하다는 것을 알게 되었다. 아르주나와 마찬가지로 우리 또한 아직 내려놓을 준비가 안 되어 있는, 우리 삶 속의 부분들도 들여다보았다. —집착의 뿌리가 아직은 너무 깊이 박혀 있는 곳들을. 마태복음에 나오는 다음의 예수 말씀은 바로 우리가 처해 있는 곤경을 묘사한다. "나를 따르려는 자는 자신을 부인하고 날마다 자기 십자가를 지고 날 따라야 하리라. 자기 목숨을 구하려는 자는 잃을 것이요, 나를 위해 자기 목숨을 버리는 자는 얻으리라."

"자기 목숨을 구하려는 자는 잃을 것이요, 나를 위해 자기 목숨을 버리는 자는 얻으리라." 이것은 매우 강력한 선언이다. 하지만 아르주나가 처해 있는 상황에서는 이 말이 그다지 지나친 표현이라고 할 수도 없다. 크리슈나는 그에게 인간관계와 가치관을 버리라고 말한다. 그것은 사실상 목숨을 버리라는 말과 같다. 지금까지 알아온 삶을 송두리째 등지라는 뜻이니까. 아르주나는 전사이다. 그러니 아마 목숨을 버릴 각오까지 되어 있을 것이다. 하지만 이런 식의 희생에는 아무런 준비도 되어 있지 않았다. 『기타』는 이렇게 말한다. "위대한 전사 아르주나는 가슴의 짐을 내려놓으며 이렇게 말했다. '크리슈나, 저는 싸우지 않겠습니다.'" 그런 다음 그는 활을 던져버리고, 침묵했다.

달리 말하자면, 아르주나는 아직도 자신의 다르마(여기서는 '진리가 부여하는 의무'라는 뜻)에 복종할 준비가 되지 않았다. 그는 아직도 현실에 대한 자기만의 고정관념에 너무 깊이 빠져 있었다. 하지만 경청할 준비는 되어 있었다. 그는 '침묵했다.' 그는 크리슈나의 다음 말을 들으려고 기다리고 있었다.

이제, 크리슈나는 아르주나가 자신의 다르마를 다하도록 설득하기 위해 몇 가지 논지를 펼친다. 우리는 이제 그것을 따라가면서 그것이 다양한 차원에서 나오는 것임을 깨닫게 될 것이다. 어떤 차원에서 보면 그것은 외적 스승이 제자에게 주는 답이고, 다른 차원에서 보면 신이 한 영혼에게 주는 답이며, 또 다른 차원에서 보면 우리의 참자아가 에고에게 주는 대답이다.

크리슈나의 첫번째 중요한 논지는 2장의 초반부에서 펼쳐진다. 그는 이렇게 말한다. "우리는―나와 그대, 그리고 왕과 백성들―모든 시대에 있었고 모든 시대에 있을 것이며, 우리 모두가 다 영원무궁하다. 언젠가는 죽어야 하는 이 육신 속의 혼은, 유아기와 청년기와 노년기를 떠나왔듯이, 육신이 죽으면 새로운 육신에게로 떠나간다. 여기에 대해, 성자들은 한 점 의심도 하지 않는다."

자, 이제 이야기는 우리 서양인들이 멈춰 서서 좀 까다롭게 따져봐야만 할 주제인 윤회라는 개념을 들먹이고 있다. 우리는 지금 지성으로써, 지식으로써 이해할 수 없는 것에 대해 이야기하고 있다. 윤회 같은 것을 어떻게 '알' 수 있겠는가? '안다'는 것은 합리적 이성으로부터 오는 것이다. 그리고 그것은 '이번' 생에 속한 것이다. 윤회와 같은 것을 이해하려면 더 높은 지혜, 곧 앞서 말했던 '내면의 소리'에 의존해야 한다.

내면의 지혜를 통해 윤회에 대해 알게 되는 데는 두 가지 길이 있는 것 같다. 첫번째 길은 직접 경험이다. 개인적으로 전생을 체험했다면 그것은 매우 확실한 증거이다. 그리고 그랬다고 말하는 사람들도 있다. 두 번째 길은 당신이 '전적으로' 신뢰하는 식견을 가진 이로부터 윤회가 자연의 법칙이라는 말을 듣는 것이다.

나에게는 두 번째 길이 열쇠가 되었다. 내가 윤회에 대해 내적 확신을 갖게 된 것은 나의 스승 마하라지를 통해서였다. 그리하여 나는 더 이상 그것의 진실성을 의심하지 않게 되었다.

나는 스승을 전적으로 신뢰한다. 털끝만큼도 의심하지 않는다. 아기와 엄마 사이에 존재하는 그런 종류의 신뢰이다. 갓난아기는 엄마와 엄마의 보호를 전적으로 신뢰한다. 에고가 발달하면서 분리의식이 생겨나는 것은 나중이다. 그 분리가 일어나기 전까지는 상대방에 대한 일종의 전적인 내맡김이 존재하며, 그 무한한 내맡김 속에서 상대방이 뭐라고 하든, 어떤 행동을 하든, 전적으로 신뢰한다. 그것이 신뢰할 만한 것인지 어떤지 따지지 않는다. 전적인 믿음, 흔들리지 않는 확고부동의 믿음이다. 나는 인도에서 나의 스승이나 그와 비슷한 존재들과 함께 지내는 동안, '저들이 내게 진실을 이야기하고 있는 것일까? 저들은 자신의 경험을 적당히 왜곡해서 말하고 있는 게 아닐까?' 하는 식의 의심을 놓아버렸다.

나는 그저 그들에게 나를 내맡겼다. '예, 맞습니다!'

　마하라지와, 내가 전적으로 신뢰하는 또 다른 인물들은 윤회에 관한 이야기를 자주 했다. 그들은 윤회가 어떤 것인지 이야기해 주었다. 이들은 우리네 서양인들이 물리 법칙을 확신하는 것이나 마찬가지로 한결같이 윤회론을 확신하고 있었다. 그리고 나는 그들이 하는 이야기의 진실성을 느낄 수 있었다. 이것이 내가 윤회를 받아들이게 된 주요한 경위이다. 마하라지나 그와 비슷한 인물들 주위에서 살다가 그것을 당연한 것으로 받아들이게 된 것이다.

　실제로 나는 굉장한 체험들을 했다. 주로 환각제를 통한 것이었지만, 나는 다른 세계로부터 '나'라는 이미지의 안팎을 드나들어 보았다. 그것도 다른 생을 직접 경험한 것일까? 아니면 나의 환생을 경험한 것일까? 모르겠다. 하지만 마하라지가 윤회를 당연한 것으로 받아들인다는 사실은 안다. 그리고 그의 진실이 나에게 전해졌다. 크리슈나는 말했다. "이것(윤회)은 성자들이 인정하는 사실이다." 나에게는 이것만으로도 충분하다.

　이 문제와 관련하여 내가 스승처럼 신뢰하는 사람들이 윤회에 관해서 한 이야기들을 몇 가지 인용해 본다.

　페르시아의 신비가인 루미가 한 말이다. "나는 돌로서 죽었다가 식물로 다시 태어났다. 나는 식물로 죽었다가 동물이 되었다. 나는 동물로 죽었다가 남자로 태어났다. 내가 왜 두려워해야 하는가? 죽어서 손해 본 적이 없는데? 나는 사람으로 죽어서 천사들과 함께 솟아오르리라. 하지만 천사의 신분에서도 계속해서 나아가야만 한다. 신의 얼굴을 제외하고는, 만물은 변화하게 마련이므로."[1]

　마호메트는 말했다. "인간이란 영혼이 철 따라 껴입는 외투일 뿐이다.

시간이 지나서 낡아지면, 버리고 다른 것으로 갈아입는다."

다음은 교수형을 당한 사람에 관한 이야기를 쓴 잭 런던Jack London의
글이다.

나는 탄생으로 비롯된 것도 아니요, 수태로 비롯된 것도 아니다. 나는
무수한 세월을 통해 성장하고 발달해 왔다… 나는 여자에게서 태어난
남자다. 내 날들은 얼마 남지 않았으나 내 본질은 파괴되지 않는다.
나는 여자에게서 태어난 여자였고, 여자로서 살면서 아기들을 낳았다.
그리고 나는 다시 태어나리라. 오, 무수히 나는 다시 태어나리라. 하지만
저 멍청이들은 자기들이 밧줄로 내 목을 조르면 내 존재를 멎게 할
수 있다고 생각하누나.[2]

잭 런던은 미국인 작가이다. 그의 글에 비추어보면 서양에서도, 특히
문학계에서는, 윤회에 대한 풍부한 믿음이 전해 내려오고 있었음을 알
수 있다. 하지만 윤회에 대한 일반인들의 문화적 태도는 문학보다는
서양 종교 전통에 의해 형성된 것이며, 거기서는 윤회 개념에 대한 수용성
을 발견하기가 힘들다. 성당이나 교회에서는 대개 윤회를 신앙의 일부로
포함시키지 않는다.

하지만 성경을 읽어보면 윤회사상을 암시하는 구절들이 적잖이 눈에
띈다. 그리스도는 세례 요한이 예전에 엘리야였다고 말한다. 솔로몬의
지혜서에는 이렇게 적혀 있다. "사지 멀쩡한 건강한 몸으로 태어나는
것은 전생에 덕을 많이 베푼 덕분이다." 예수의 제자들은 예수에게 이렇게
묻는다. "이 사람이 맹인으로 태어난 것은 그가 그 전에 행한 짓 때문입니까,
아니면 부모 때문입니까?" 윤회가 없다면 어떻게 그가 태어나기 '전에'

맹인으로 태어나야 할 만큼 어떤 짓을 저지를 수가 있었겠는가?

그리스도교는 왜 윤회를 받아들이지 않게 되었을까? 기원전 600년에서 500년 사이 초기 기독교공의회는 윤회의 문제를 놓고 치열한 공방을 벌였다. 처음에는 교리를 어느 쪽으로 정해야 할지 전혀 불투명했다. 하지만 심사숙고를 한 교부들은 윤회 개념이 교회의 실권을 유지하는 데는 그리 유용한 사상이 아님을 깨달았다. 무엇보다도, 이 생이 단지 끝없는 춤사위 속의 한 스텝에 지나지 않는 것이라면, '영원한' 지옥불인들 뭐가 그리 무섭겠는가? 그래서 윤회론은 신앙의 교리에서 배제되었다. 하지만 그리스도 시대에도 윤회는 보편적인 믿음이었다.

서양 종교와 마찬가지로 서양 심리학은 전통적으로 윤회론을 배척해 왔다. 하지만 최근에 와서 심리학자들도 윤회에 관심을 보이기 시작했고, 이제는 '진지한' 연구 대상이 되고 있다.

나는 최근의 한 생에서 심리학자였다. 나는 인격에 관한 연구를 하는 학생이었다. 우리는 아이들이 왜 그런 아이가 되는지를 심리학의 측정에 사용되는 요인들인 환경과 유전형질에 비추어 판단해 보려고 애썼다. 우리는 부모에게서 측정해낼 수 있는 모든 것을, 그리고 환경에서 측정해 낼 수 있는 모든 것을 측정했다. 그것이 우리의 정교하고 세련된 이론으로 써 이해한, 인간이 왜 그렇게 생겨나는지를 결정하는 조건들이었다. 그렇게 하여 모든 검사결과를 계산하고 모든 데이터를 컴퓨터에 입력하면, 그가 앞으로 어떤 인간이 될지에 대한 예측이 튀어나왔다. 그다음엔 그가 '실제로' 어떤 인간인지를 측정하고 우리의 예측이 얼마나 사실에 근접하는지를 살펴보곤 했다. 달리 말하자면, 우리는 인격형성의 인과관계에 관한 과학지식을 구축해가고 있었다. 그것은 우리가 전적으로 이번

생의 산물, 곧 환경과 유전형질의 산물이라는 가정 위에 근거한 것이었다.

그런 식의 연구에서 우리가 얻어낼 수 있었던 가장 큰 상관관계 지수는 약 0.5였는데, 0.5의 상관관계라는 것은 우리가 전체 변수 중 약 25퍼센트를 성공적으로 측정해냈다는 뜻이다. 그것은, 만약 내가 당신을 점찍어서 이 생에서 당신에 관해 심리학이 요구하는 모든 데이터를 근거로 당신이 어떤 인간인지를 예측해내고자 한다면, 나는 약 25퍼센트 정도를 알아맞힐 수 있고 나머지 75퍼센트는 예측 불가능함을 뜻한다.

나는 사회과학자로서 그 같은 사실 앞에서 이렇게 말하곤 했다. "글쎄, 그건 측정상의 오차 때문이야." 혹은 "그건 우리의 시스템이 아직 정교하지 못해서 그럴 뿐이야." 심리학자로서 내 '이론'이 틀렸을지 모른다는 생각은 마음 근처에 얼씬거리지도 않았다. 왜냐하면 누구나 자신의 이론에는 매우 헌신적인 태도를 갖기 때문이다. 유전형질과 환경만이 우리의 존재를 결정짓는 요인은 아닐 것이라는 생각은 전혀 떠오르지 않았다. 하지만 측정되지 않은 75퍼센트는 윤회론을 위한 넉넉한 여지를 남겨두고 있다. 그러니까 사실은 서양과학을 윤회론과 맞붙일 필요조차 없는 것이다. 윤회론은 심리학자들이 말하는 '측정상의 오차' 범주 속에 그냥 묻어 갈 수 있다.

윤회를 증언하는 일화들이 있다. 서양에는 모차르트 같은 사람들이 있다. 그는 네 살에 소나타를 작곡했고, 다섯 살에 공개공연을 했고, 첫번째 오페라를 일곱 살에 작곡했다. 그는 그토록 짧은 시간에 그것을 정말 '배운' 것일까?

바로 우리 나로파에도 트룽파 린포체라는 흥미로운 현상이 있다. 트룽파 린포체는 고귀한 존재의 환생, 곧 툴쿠로 여겨진다. 티베트의 전통에는 덕 높은 라마승이 죽으면 여러 명의 신탁들이 둘러앉아 그의 다음 환생이 어디서 태어났는지를 똑같이 계시하게 될 때까지 명상에 들어간다. 그러고는 일단의 승려들을 보내 그를 찾게 한다. "호수 북쪽 2마일 지점에 있는 어떤 마을에서 파란색 지붕의 집으로 가라. 그러면 그 집에 태어난 지 7개월 된 아기가 있을 것이다. 그가 툴쿠이다."

승려들은 그 집을 찾아가서 문을 두드린다. "이 집에 7개월 된 아이가 있지요?" 가족은 물론 그렇다고 대답한다. 그러면 승려가 말한다. "당신들은 모르셨겠지만, 그 아이는 사실 아무개 라마요." 그러면 엄마가 대답한다. "와! 그래요? 난 걔가 우리 아이인 줄로만 알았는데, 그 아이가 아무개 라마의 환생이시라니, 정말 영광이로군요."

그러면 승려들은 확인절차로서 아이에게 몇 가지 시험을 한다. 그들은 죽은 라마가 쓰던 잔과 새 잔, 그리고 라마가 쓰던 종과 새 종을 보여주고 아이가 어느 것을 고르는지를 지켜본다. 시험을 통과하면 승려들은 아이를 사원으로 데려가서 가르치기 시작한다. 트룽파의 경우, 그 새로운 툴쿠가 자신의 정체를 기억해내도록 19년간의 집중적인 훈련이 주어진다.

인도에서 나는 한 여자아이에 대한 이야기를 들었다. 그 아이는 일곱 살이 된 어느 날 아버지에게 이렇게 말했다. "나를 어디어디로 데려다주세요." 아이는 그곳에서 아주 멀리 떨어진 어떤 작은 마을의 이름을 말했다. 그곳은 그 아이나 가족이 한 번도 가본 적이 없는 곳이었다. 아이는 말했다. "저는 그곳에서 살았어요. 거기에 제 아이가 둘 있어요. 그들을 만나러 가야 해요." 아이는 아버지에게 사정하며 매달렸다. 마침내 아이는 아버지를 설득하여 자기를 거기에 데려가게 했다. 가는 길에 아이는 그 마을이 자신이 살 당시에 어떤 모습이었는지를 자세히 이야기했다.

아버지는 그곳에 도착해서 아이가 말한 내용이 모두 사실임을 확인했다. 그들은 아이가 자기 집이라고 말하는 그 집을 찾아갔다. 그리고 거기에는 물론 그만한 나이의 두 아이가 있었다. 그곳을 방문한 후 소녀는 "안 돼! 안 돼! 내 아이들을 두고 갈 수는 없어!" 하고 울면서 아버지에게 이끌려서 집으로 돌아가야만 했다.

데자뷔라 불리는 현상은 또 어떤가? 어떤 사람을 만났는데, '이 사람을 어디서 만났더라? 이 일이 전에도 일어나지 않았던가?' 하는 느낌을 가져본 적이 없는가? 서양과학자라면 이렇게 말할 것이다. '글쎄, 그건 다 유사한 경험일 뿐이야.' 그럴지도 모른다. 하지만 어쩌면 그보다 훨씬 더 심오한 무엇을 일별하는 것일 수도 있다.

로드니 콜린Rodney Collin은 『하늘의 영향력에 관한 이론 The Theory of Celestial Influence』이라는 책에서 윤회에 대한 흥미로운 관점을 보여줬다. 그는 윤회가 『브리디 머피 이야기 Bridey Murphy Story』*처럼 태어났다가 죽고, 몇 년 후에 다시 태어나는 그런 것이 아니라고 말한다. 그것은 차라리 5차원 세계와 같다는 것이다. 즉, 우리는 모두가 이곳에—바로 '여기', 바로 이 시간과 장소에—수천 번을 왔었다. 우리는 동일한 생애를 수없이 반복했다. 기억하지 못하겠는가? 그러니까 내가 수천 번이나 말했었는데… 수천 번이나 말했었는데… 수천 번이나 말했었는데… 수천 번이나 말했었는데…. 콜린의 견해는, 데자뷔 경험이란 가끔씩 기억회로가 타버려서 우리가 이 모든 일을 겪고도 지난 기억을 조금밖에 떠올리지 못하기 때문에 일어나는 현상이라는 것이다.

---

* 1950년대 미국에서 최면 치료를 받던 한 환자가 19세기에 '브리디 머피'라고 불렸던 전생을 기억해낸 이야기로, 출판된 후 사회적으로 큰 논란과 호기심을 불러일으켰다.

사람들은 이렇게 반박할 것이다. '만일 윤회가 사실이라면 나는 내가 누구였는지 왜 기억하지 못하는가? 나는 왜 전생을 기억하지 못하는가?' 티베트의 스승인 라마 아나가리카 고빈다Lama Anagarika Govinda는 이렇게 대답한다. "대부분의 사람들은 전생들을 기억하지 못하지만, 가장 최근에 태어났던 일은 의심하지 않는다. 사람들은 활동적인 기억이 우리 의식의 극히 작은 일부일 뿐임을 잊어버린다. 하지만 잠재의식은 과거의 모든 인상과 경험을 보존하고 기록한다. 다만 일상 의식의 마음이 그것을 기억해내지 못할 뿐이다."[3]

칼 융은 심리학을 연구하면서 줄곧 잠재의식의 기억이라는 문제와 씨름했다. 그는 그것을 '집단무의식'이라고 이름 붙였는데, 그것은 서양인으로서 이 생의 경험 밖으로부터 오는 정보라는 개념, 윤회라는 개념에 접근할 수 있는 한 가지 방법이었다.

어떤 경험을 통해서든 일단 윤회가 진실일 수 있는 가능성을 인정하고 나면, 즉각 그 모든 것의 메커니즘에 대한 호기심이 일어나기 시작한다. 그것은 왜 어떻게 작용하는가? 그것을 설명하는 수많은 체계가 있다. 그것들은 모두 우리가 어디로 가는지, 어떻게 가는지에 대한 고유한 신념체계를 가지고 있다. 때로 그것들은 서로 모순을 일으키기도 한다. 붓다는 사람이 죄를 지어서 동물이나 벌레로 환생하는 이야기를 했지만, 메허 바바Meher Baba 같은 스승은 윤회란 진보의 과정이기 때문에 결코 퇴보하는 일은 없다고 주장한다. 어느 것이 옳고 그른지 가려낼 수 있는 방법은 없다. 이것은 모두 인간의 마음이 만들어낸 것이며 진실에 대한 '접근방법'일 뿐이다.

일련의 탄생이 이어진다고 볼 때, 윤회가 오직 지구 안에서만 일어난다고 가정할 수도 없다. 『기타』에서 크리슈나는 아르주나에게 말한다. "신께 기도하는 자는 신께로 간다." 그러니까, 신께 헌신하면 죽은 후에 천상계, 곧 하늘나라로 간다는 것이다. 그곳이 그가 환생하는 곳이다. 하지만 결국은 그곳도 의식의 또 다른 차원일 것이다. 그곳으로 가서 거기서 일정 기간을 머물 것이다. —그곳에서는 물론 시간이란 것이 사뭇 다른 의미를 지니겠지만, 지구적인 시간관념에서 예컨대 5백 년을 산다고 하자. 하지만 그런 후에는 천상계 또한 단지 하나의 '장소'임을 깨닫게 될 것이다. '장소'가 아닌 곳에 다다르기 위해서는 해야 할 일이 더 있다. 그리고 그것은 어쩌면 인간계에서만 할 수 있는 일일지도 모른다. 그러자면 다시 인간으로 태어나야 할지도 모른다.

하지만 이 또한 하나의 가설일 뿐이다. 이 모든 것이 그저 인간의 마음으로써 이해할 수 없는 무엇에 대해 인간의 마음이 생각해낸 모델일 뿐이다. 우리는 그것이 과연 어떻게 작용하는지 알 길이 없다. 우리는 윤회의 쳇바퀴를 돌고 돌고 돌지만, 돌 때마다 조금씩 더 의식이 깨어나고, 마침내는 요기의 의식상태가 되어서 모든 것을 '기억해내게' 되는 것 같다.

하지만 '마침내'라는 말이 윤회에 관해 쓰일 때는 엄청나게 기나긴 세월을 의미할 수 있다. 우리는 '엄청나게 광대한' 규모의 시간을 논하고 있는 것이다. 우리가 언급하고 있는 종류의 시간 규모를 이해하게 해주는 남방불교의 아름다운 이야기가 있다. 붓다는 우리가 이 윤회 게임을 벌여온 시간의 길이를 설명해주고자 이렇게 말했다. "너비 1.6킬로미터, 길이 1.6킬로미터, 높이 1.6킬로미터의 산을 상상해 보라. 새 한 마리가 비단 스카프를 부리에 물고 100년에 한 번씩 산 꼭대기를 스쳐서 날아간다. 스카프가 산을 닿게 하는 데 걸리는 시간은 얼마나 길까? 이 비단 스카프가 산을 쓸어서 없애는 데 걸리는 시간을 '1겁 劫'이라고 한다. 우리는 무수한 겁에 걸쳐서 이 윤회라는 게임을 벌여오고 있다."[4]

윤회의 메커니즘은 제쳐 두더라도, 더 심오한 의문이 있다. "이 게임을 벌여온 '우리'는 대체 누구인가?" 하는 것이다. 무수한 겁 동안에 변해온 그것은 무엇이고, 변하지 않고 지속되어 온 그것은 무엇인가? 물론 우리가 흔히 우리 자신이라고 생각하는 당신과 나는 그 긴 세월 동안 늘 있진 않았을 것이다. 그렇다면 그와는 상관없이 여기에 여여히 있게 될 그것은 무엇이란 말인가?

크리슈나는 말한다. "이 육신들은 각자의 시간 속에서 끝이 있지만, '그'는 이 몸속에 시간을 초월하여 깃들어 있다. 그는 측량할 수 없으며 죽지 않고 남아 있다." 이것이 우리의 존재, 곧 '결국은 죽고 마는 우리의 육신과, 죽지 않는, 육신 속에 깃들어 있는 그것'의 두 측면을 묘사하는 한 가지 방법이다. 문제는, "'그'는 이 몸속에 깃들어 있다"거나, "'그'는 남아 있다"는 식으로 윤회에 대해 이야기하면, 윤회의 쳇바퀴 속에 변함없이 머물러 있는 그것이 끔찍하게 질긴 무엇처럼 들린다는 사실이다. 마치 탄생과 죽음, 탄생과 죽음을 거쳐가는 '누군가'가 존재하는 것처럼 말이다. 그것이 '누군가'(somebody)가 아니라면, 그것은 대체 무엇일까?

　개인적으로 나는, 윤회하는 그것을 '영혼(Soul)'이라는 말로 부르는 데 익숙하다. 불교도들에게 '영혼'이라는 말은 너무 견고한 느낌을 가지고 있어서, 그들은 내가 이 말을 쓸 때마다 거북해한다. 하지만 나는 이 말을 매우 특별한 의미로 사용한다. 즉 영혼은 윤회하지만, 동시에 '영혼을 포함한' 모든 차원의 만물은 환영이라는 뜻이다. 영혼은 일종의 환영이다. 그것이 입고 태어나는 형상 또한 환영이다. 하지만 그 환영 속에는 변하는 형체와 이름과 그것이 취하는 에고와 상관없이 끈질기게 존재하는 미묘한 무엇, 곧 어떤 특징, 가치, 품성의 연속성이 있다. 이 연속성이 내가 '영혼'이라 부르는 그것이다.

　붓다는 윤회를 믿었다. 그는 '무엇인가'(something)가 환생한다고 생각했다. 팔리어 문헌은 이렇게 말한다. "윤회의 바다를 허둥대며 지나가는 에고라는 실체는 없다. 단지 그 성질과 활동에 따라 여기서는 인간으로, 저기서는 동물로, 또 다른 곳에서는 보이지 않는 미물로 자신을 드러내는 생명이라는 물결이 있을 뿐이다." '생명의 물결'—멋진 이미지다. 힌두교에서는 이것을 바사나vasanas, 곧 미묘한 사념체라고 한다. 우리가 하는 모든 행위는 그 행위와 연결된 욕망에 근거한 바사나, 생명의 물결을 만들어낸다. 이 생명의 물결은 밖으로 밖으로 퍼져 나간다. 우리는 죽어도 그것은 계속 퍼져 나간다. 육신이 죽어도 이 미묘한 생명의 물결은 남는다. 그것은 당신의 다음 생을 결정하는 일종의 심령적 DNA 코드처럼 작용하는 정신적 경향성이다. 힌두교에서는 이것을 카르마라고 부른다. 카르마는 기본적으로 생명의 물결의 한 패턴, 혹은 욕망의 물결이다. 그것은 스스로 완전히 소진될 때까지 삶에서 삶으로 끝없이 유전流轉한다. 스스로 다

소진되고 나면 거기에는 더 이상 개인의 욕망도, 분리도 없다. 그러므로 윤회도 없다. 게임이 종료된다.

이 같은 관점에서, 현재의 삶을 길게 펼쳐지는 카르마 패턴 속의 한 단계로서 경험한다면, 당신은 자신이 태어난 시간과 장소, 부모의 신분, 형제자매, 배우자, 자녀를 갖는지 안 갖는지, 삶에서 어떤 경험을 하는지… 이런 '모든' 것을 이미 결정되어 있는 카르마 패키지 여행의 일부로 보게 될 것이다. 이 우주와 그 속의 당신은 단지 펼쳐지는 카르마 법칙의 한 표현물에 불과하다. 당신과 당신 주변의 모든 것은 죽었든 살았든 간에 완벽한 법칙의 전개일 뿐이다. 그 체계 속에 우연은 없고, 이 우주 안에 카르마의 법칙에서 예외인 부분은 없다.

당신은 이렇게 말할 것이다. '무슨 말이야, 이게 다 법칙이라고? 나는 선택하지 않는가? 자유의지는 어떡하고? 『기타』에서도 아르주나는 싸울 것인지 말 것인지를 '결정해야만' 하지 않았던가?

글쎄, 그것은 자유의지와 결정론의 관계와 관련해서 우리가 이해하고 넘어가야 할 부분이다. 우리는 이것 아니면 저것이라는 식의 사고에 너무나 물들어 있다. 이 문제에 관해서는 이러한 상반되는 현실, 곧 자유의지와 완전한 결정론이 동시에 존재한다는 모순을 다뤄야 한다. 하지만 이것들이 '동시에' 존재하긴 해도 '서로 다른 차원에' 존재한다는 것을 알면, 약간은 더 분명해진다. 예컨대 자신이 자유로운 존재라고 생각하는 현실차원이 존재한다. 우리는 오늘 무엇을 입을 것인지를 스스로 결정한다고 생각한다. 오늘 아침에 무엇을 먹을지를 스스로 결정한다고 생각한다. 이 책을 집어서 읽을 것인지 말 것인지를 스스로 결정한다고 생각한다. 이 차원에서 우리는, 자신이 실제로 자유로운 존재여서 지혜롭게 결정하고 맡은 바 의무를 다하기로 결심하는 것처럼 행동할 필요가 있다. 하지만 또 다른 차원, 또 다른 인식의 관점이 존재해서, 그 차원에서는 '오늘 아침에는 건포도 씨리얼을 먹어야지' 하는 식으로 말하는 그 모든 사념체가 그저 맹탕 허공에서 나오는 것이 아님을 깨닫기 시작한다. 사실, 그것은 허공에서 나온 것이지만, 허공에서 '조건 지어져' 나온 것이다. 그 선택은 우리의 결정을 전적으로 사전에 조건 짓는 이전의 사건들의 긴 연쇄 고리로부터 일어난 것이다. "나는 자유의지가 있다"고 말하지만, 그것은 내 카르마의 말인 것이다!

내가 어떤 일에 대해 결정을 내리고 있다는 생각이 들 때마다, 나는 마하라지와 함께 있을 때 일어났던 일을 떠올리게 된다. 나는 1971년에 두 번째로 인도로 갔다. 나는 마하라지를 만나러 갔는데, 그가 어디에 있는지 도무지 찾을 수가 없었다. 아무도 그가 어디에 있는지 몰랐다. 그래서 나는 다른 서양인들과 함께 보드가야의 한 명상수련 프로그램에 참가하기로 했다. 그곳은 붓다가 깨달음을 얻은 곳이었으므로, 나는 붓다 에게 그런 일이 일어난 곳이라면 나에게도 도움이 되리라고 생각했다. 하지만 몇 주 동안 수련을 하고 나서, 아무래도 다시 마하라지를 찾아봐야 겠다고 마음먹었다. 일행 중에는 기사가 딸린 커다란 벤츠 버스를 타고 육로를 통해 인도로 온 여성이 있었다. 그녀가 우리를 보드가야에서 델리까지 태워다주겠다고 했다. 우리는 델리에서 시바 라트리Shiva Ratri 축제를 구경하고 나서 거기서부터 마하라지를 찾아보기로 했다. 그래서 모두 서른다섯 명—서른네 명의 구도자와 한 사람의 운전사—인 우리 일행은 델리로 출발했다. 여러 주일 동안 명상 합숙소에 갇혀 지냈던 우리 모두는 호텔과 진짜 침대와 따뜻한 물, 식당의 밥과 아이스크림을 고대하고 있었다.

　델리로 가는 길에 알라하바드 근처를 지났다. 그곳은 12년마다 한 번씩 쿰브 멜라Kumbha Mela라는 대규모의 힌두교 축제가 열리는 곳이었다. 점성학상 가장 좋은 때에 세 개의 성스러운 강물이 합류하는 지점인 이곳에서 목욕을 하기 위해 수백만의 인파가 몰려들었다. 그것은 세계에서도 가장 큰 규모의 영적 집회였다. 우리가 버스 여행을 출발하기 바로 몇 주 전에 그 멜라가 열렸다. 일행 중에서 그 멜라에 참석했던 한 사람이 우리도 길을 돌려 멜라 행사장을 들렀다가 가야만 한다고 고집을 부렸다. 한편으로는 그도 그럴듯했다. 따져보면 우리는 모두 수행하는 요기인 셈이고, 여기는 인도에서도 가장 성스러운 행사가 열린 곳이 아닌가. 하지만 그것은 델리에 도착하는 시간이 한두 시간 늦어짐을 의미했다. 더구나 모든 사람이 지치고 배고프고 신경이 예민해지고 있었다. 갑론을박 끝에 결국 일행 중에서 가장 나이가 많은 내가 결정을 내리는 게 좋겠다는 데에 모두 합의했다.

　나는 그 문제를 가지고 고심했다. 좀 돌아서 갈까? 아니면 델리로 곧장 가야 하나? 마침내 알라하바드의 진입로를 거의 지나칠 찰나에 나는 '결정'을 내렸다. 나는 운전기사에게, "우회전합시다." 하고 명령했다.

　우리는 알라하바드로 들어가서 거의 텅 빈 멜라 행사장에 도착했다. 여기저기에 몇몇 사람들이 어슬렁거리고 있을 뿐이었다. 멜라에 참석했던 사람이 자신이 갔었던 하누만 사원을 기억해내고는 운전기사에게 그곳으로 차를 대게 했다. 사원 옆에 차를 대고 있을 때, 차창 밖을 내다보던 한 사람이 소리쳤다. "저기 좀 봐, 마하라지가 저기 계신다!"

　정말 그가 거기에 있었다. 인도인 제자의 팔을 붙잡고, 마하라지가 멜라 행사장을 걷고 있었다. 우리는 모두 버스에서 쏟아져 나와 울면서 그에게 절을 하고 발을 어루만졌다. 마하라지는 이 모든 소동에도 전혀 아랑곳하지 않는 표정이었다. 그는 그저 이렇게 말했다. "우리를 따라와." 그는 기다리고 있던 자전거 릭샤에 다다와 함께 올라타고는 알라하바드의 좁은 거리를 달렸다. 우리의 커다란 버스는 그 뒤를 따랐다.

다다의 집에 도착하자, 그의 아내가 버스로 와서 우리에게 인사를 하면서 말했다. "들어오세요, 어서 들어와요. 저녁을 차려놨어요. 종일 당신들을 위해 음식을 준비했어요. 마하라지께서 오늘 아침 6시에 '빨리 음식을 준비해라. 오늘 저녁 여기서 서른다섯 명이 저녁을 먹을 거다' 하시면서 우리를 깨웠어요."

자, 당신은 버스에 앉아서 멜라 행사장에 들를지 말지를 결정했던 이가 누구라고 생각하는가? '내가 결정을 내리기' 훨씬 전에 그것은 이미 결정되어 있었다. 마하라지는 그 모든 일을 아침에 벌써 알고 있었다! 나는 내 역할을 연기했다. 나는 멜라 행사장에 가기로 '결정을 내렸다'. 하지만 나의 그 결정은 불가피한 것이었다.

그러니까 카르마가 이미 돌에 새겨져 있는 것이라고 해도, 구루는 다른 사람의 카르마를 바꿔놓을 수 있는 것일까? 이것은 매우 흥미로운 질문이다. 여러 힌두교 전통에는 구루가 제자의 카르마를 이런저런 식으로 대신 짐으로써 제자를 해방시켜 줄 수 있다는 이야기가 있다.

어느 날 나는 마하라지를 만나러 가는 길에 오렌지를 한 자루 가득 사서 마하라지 앞의 침상에다 올려놓았다. 보통 그는 방문객들이 과일을 바치면 그것을 집어서 사람들에게 하나씩 던져주었지만, 이번에는 그걸 아무도 주지 않고 혼자서 게걸스럽게 먹어대기 시작했다. 그는 내 눈앞에서 여덟 개의 오렌지를 먹어치웠다! 나는 그것을 어떻게 해석해야 할지 몰랐는데, 나중에 인도인 제자가 말하기를, 구루는 다른 사람의 카르마를 대신하기 위해 자주 그런 짓을 한다는 것이었다.

나는 오랫동안 카르마와 구루의 관계에 대한 의문을 가지고 씨름했었다. '우리는' 모두 법칙에 매여 있는데 '스승만은' 그렇지 않단 말인가? 카르마와 은총의 관계는 무엇일까? 마하라지가 나의 카르마를 대신해주기 위해 오렌지를 먹었다면, 카르마라는 대법칙과 그 계획상, 여덟 개의 오렌지를 먹음으로써 내 카르마를 대신해줄 스승을 만나는 것 자체가 나의 '카르마'였기 때문에 그가 그렇게 한 것일까, 아니면 이 존재가 엄청난 '자비심'으로, '이 불쌍한 얼간이 좀 보게. 앤 뭘 하나 제대로 해내는 일이 없군. 내 이 녀석을 위해서 오렌지(카르마)를 여덟 개만 먹어줘야겠군' 하고 끼어들 때까지, 내 오렌지는 내가 스스로 처치하는 것이 나의 카르마였을까? 카르마인가, 은총인가? 그것이 근본적인 문제로다. 그렇지 않은가?

나는 마침내 그것은 관점의 문제라는 결론을 내렸다. 즉, 당신이 헌신의 방법인 박티 요가의 길을 가고 있다면 스승은 당신의 모든 것이다. 그런 경우라면, 스승은 무한한 자비심으로 오렌지를 먹어준 것이다. 하지만 당신이 이와는 다른 공간에 서 있다면, 스승은 신과 하나이므로 법칙과도 하나이다. 그런 그에게는 법칙을 벗어난 행동을 할 아무런 이유도 동기도 없을 것이다. 그러므로 당신이 그를 만나고 그가 당신의 오렌지를 먹게 한 것은, 당신의 카르마였을 뿐이다.

하지만 신은 카르마의 법칙 바깥에 있음이 틀림없다. 그렇지 않은가? 그래, 어떤 면에서는 신이 곧 카르마의 법칙이다. 그렇다면 문제는 자신의 법칙을 깰 이유가 뭐냐는 것이다. 물론 당신이 신이라면, 원하는 대로 법칙을 벗어난 짓을 할 수도 있으리라. 하지만 그러고 싶지는 않을 것이다. 당신이 만일 산을 움직일 수 있는 위치에 있다면, 그것을 애초에 왜 거기다 놔뒀는지도 알 것이 아닌가.

그렇다면 우리 모두가, 그리고 우리를 둘러싼 온 우주가, 이 생명의 물결의 기기묘묘한 표현물이다. 생에서 생으로 끝없이 흘러가는 카르마의 법칙의 신묘막측한 표현물이다. 욕망은 우리의 생각을 몰아가고, 생각은 행위를 부추기고, 행위는 더 많은 카르마를 만들어내고, 그것이 다음 생의 조건을 결정한다. 그렇게 끝없이 이어진다. 바로 지금 우리의 삶이 좋든 나쁘든, 우리는 믿기지 않을 만큼 무수한 전생의 카르마의 결실을 거두고 있는 중이며, 동시에 다음 생을 위한 카르마를 창조하고 있는 중이다.

나 자신의 삶을 돌아보면, 어떻게 그렇게 변화무쌍한 변화가 미리 계획되어 있었던 것인지, 상상도 할 수가 없다. 내 삶은 정말 기상천외하다. 보스턴의 괜찮은 유대인 가정 출신의 한 아이가 인도의 촌구석에 와서 수행을 하고, 명상을 하고, 요가를 하고 있다니! 하버드 대학의 교수직에 있을 때, 나는 요가의 '요' 자조차 몰랐다. 누군가가 나에게 "넌 언젠가는 요기가 될 거야." 하고 말했다면 나는 그를 비웃었을 것이다. 그건 말도 안 되는 일이었다. 나의 장래 이력에 '요기' 따위가 발붙일 자리는 어디에도 없었다. 하지만 결국 그렇게 되고 말았을 때, 나는 오히려 집에 돌아온 것처럼 편안했다. 그것이 나의 영적 운명이었기 때문에, 내가 누구이고 어디로 갈 것인지에 대한 조건화된 어떤 생각들보다도 훨씬 더 깊은 공명이 내 안에서 일어났던 것이다. 그래서 그 길을 가는 중에도 한 걸음 한 걸음이 절대적으로 옳게 느껴졌던 것이다.

그런데, 왜 하필 나란 말인가? 매사추세츠주 뉴튼 센터에서 함께 자라서 지금은 옷 장사, 신발 장사 등을 하고 있는 나머지 다른 아이들은 아무도 나와 비슷한 길조차 걷지 않지 않는가? 하리 다스Hari Das(내 스승들 중의 한 사람)가 한번은 이렇게 말했다. "자네는 전생에 요가 수행을 많이 했군. 하지만 실패했어." 그래서 이렇게 또 도전을 하고 있다는 뜻이다. 내가 이번 생에 이렇게 태어난 것은 내 카르마 때문이었다는 것이다. 하리 다스의 말이 맞다면, 나는 전생에 실패했기 때문에 다시 돌아와야 했던 것이다. 그것이 내 카르마의 한 면이다. 하지만 환각버섯 체험이나 마하라지를 만난 경험 등의 형태로 주어진 은총을 통해서, 나는 전생에 뿌려놓은 '좋은' 카르마의 결실도 거두고 있다. 하리 다스가 말했듯이, 내가 전생에 했다는 '요가 수행' 같은 것도 결실을 거두고 있는 중인지도 모른다. 현재의 순간은 과거의 '모든' 카르마의 총합이다. 흐르고 흘러 지금 여기 이 순간으로 나를 데려다놓은 그 모든 삶의 물결….

당신이 시간 밖에 서 있다면, 이 삶의 물결의 흐름 전체를 한눈에 볼 수 있을 것이다. 과거와 현재와 미래를 다 볼 수 있을 것이다. 시간을 관통하여 그 모든 양상을 한눈에 바라볼 수 있는 (내가 아직 이르지 못한) 경지가 있다. 마하라지는 그런 경지에 있었다. 꽃이 피어나는 광경을 보여주는 타임랩스 동영상을 본 적이 있을 것이다. 스승과 함께 앉아 있을 때, 나는 그가 나를 특이한 눈빛으로 바라보고 있다는 것을 발견하곤 했다. 그는 그런 동영상을 보듯이 내 존재라는 꽃이 피어나는 모습을 바라보고 있는 것 같았다. 당시 나는 그 순간의 상황에 붙잡혀 있어서, 늘 이것을 좇거나 저것을 붙잡거나 어떤 것을 밀쳐내느라 바빴다. 하지만 마하라지는 전체 패턴이 전개되어가는 모습을 볼 수 있었다. 그런 경지에 이르면, 카르마의 물결이 퍼져 가고 있는 방향을 미리 알 수 있고, 그것이 왜 그런 식으로 일어나는지를 정확히 알 수 있다.

나에게 그것은 아직도 놀라운 일이다. 물론 나도 일이 전개되고 난 후에는 그것이 어떻게 연결되어 일어났는지 파악할 수 있다. 예를 들어보자. 어딘가 작은 마을에서 강연을 해달라는 초청을 받는다. 무엇이 나로 하여금 그 초청을 받아들이게 하는지 모르지만, 아무튼 나는 그것을 수락한다. 그리고 그곳에 가서 강연을 한다. 그들은 내가 하는 말에 크게 흥미로워하는 것 같지 않다. 나는 속으로 이렇게 생각한다. '내가 여기서 뭘 하고 있는 거야? 이 일에는 도대체 무슨 꿍꿍이가 숨겨져 있단 말인가?' 나는 강연을 끝내고 공항으로 택시를 타고 간다. 비행기가 떠나려면 30분이 남았으므로 커피를 마시러 간다. 테이블에 앉아 있는데 누가 와서 묻는다. "테이블에 같이 앉아도 되겠습니까?" "물론이지요. 앉으세요." 그리고 우리는 서로 눈을 마주친다. 바로 그때, 나는 비로소 알아차린다. '아하, 바로 이거야!' 이제야 이 모든 여행의 의미가 연결된다. '오, 멋지군! 바로 이게 내가 여기에 온 이유야!'

또 다른, 더 요상한 경우도 있다. 몇 해 전, 나는 시애틀에서 강연을 하고 있었다. 강연장에 들어서서 청중을 훑어보다가 내 시선이 한 사람에게 고정됐는데, 무슨 이유에서였는지, 나의 음란한 호기심이 발동했다. 그저 순간적으로 지나가긴 했지만, 시선은 그 욕망의 대상 위에서 잠시 머물렀다. 그리고 다음 순간, 나는 더 이상 그런 생각 없이 강연을 진행했다. 한참 지난 후, 나는 한 통의 편지를 받았다. 편지에는 이렇게 쓰여 있었다. "저는 작년에 시애틀에서 당신의 강연을 들었습니다. 나는 몇 달 동안 우울증에 빠져 있었는데, 더 이상 견딜 수가 없었습니다. 나는 강연이 끝난 후에 집으로 가서 자살을 할 결심을 하고 있었습니다. 호주머니 속에 약이 들어 있었고, 만반의 준비가 되어 있었습니다. 그런데 당신이 강단에 올라와서는, 마치 내가 무슨 짓을 하려는지 다 안다는 듯이 저를 한동안 바라봤습니다. 당신이 그것을 알아차렸기 때문에, 그리고 나를 바라보는 당신의 그 눈빛 때문에, 나는 자살을 할 수가 없었습니다. 그리고 한 해가 지났습니다. 이제 나는 괜찮습니다." 자, 이런 일은 도대체 누가 꾸며낸 건가?

메허 바바에 관한 이야기가 또 하나 있다. 그는 기차를 타고 미대륙을 횡단하고 있었다. 싼타페에서 가치가 멈췄을 때, 그는 갑자기 자리에서 일어나 기차에서 내리더니 마을 중심가를 향해 걸어갔다. 길모퉁이에 늙은 인디언 남자가 건물 벽에 기댄 채 서 있었다. 메허 바바는 그를 향해 다가갔다. 그들은 한동안 눈빛을 교환했다. 그러고 나서 메허 바바는 몸을 돌려 정거장으로 걸어와서 기차를 타고 떠났다. 그는 이렇게 말했다. "그래, 이것으로 이번 여행에서 내가 할 일은 다 끝났어."

이 모든 것이 단지 믿을 수 없는 심심풀이 이야깃거리에 지나지 않을지도 모른다. 그러니까, 만일 그가 그런 차원에서 노는 사람이라면, 거기까지 걸어갈 필요도 없이 그 일을 다른 차원에서 해치워버릴 수도 있지 않았을까? 하지만 그건 굉장한 이야기다. 그리고 사실은 그것이 메허 바바가 여행에 나섰던 단 하나의 이유였을 수도 있다. 우리가 어찌 알겠는가?

시야가 깊어짐에 따라, 우리는 자신의 삶을 좀더 폭넓은 맥락 속에서 경험하기 시작한다. 우리는 삶의 모든 멜로드라마와 욕망과 고난을 들여다보기 시작하고, 그것을 탄생과 죽음이라는 경계선 안에 한정되어 일어나는 사건들로 보는 대신, 그보다 훨씬 더 광대한 설계의 일부로서 경험하기 시작한다. 우리의 삶을 둘러싸고 있는 더 큰 틀이 있고, 우리가 몸을 입고 세상에 나와서 이렇게 살고 있는 것은 바로 그 큰 틀 안에서 일어나는 일임을 음미하기 시작하는 것이다.

이런 식의 관점이 우리에게 베풀어주는 미덕 중의 하나는, 그런 관점을 갖게 되면 한결 마음이 차분해진다는 것이다. '이번 삶에만 목 매달게 아니네! 바로 그거야, 휴!' 여기에는 엄청난 안도감이 있다. 그것은 불안하고 다급한 마음을 없애준다. '지금 당장 다 해치워야 하는 건 아니야. 그리고 사실은 그것도 '우리가' '하는' 것도 아니라나, 아무튼!' 그것은 생애와 생애를 걸쳐, 억겁의 세월에 걸쳐, 우리를 관통하여 흘러가는 카르마와 환생의 거대한 흐름이다. 이 얼마나 마음 놓이는 일인가!

이처럼 환생과 카르마에 대한 깊은 이해를 갖추고 나면, 아르주나에 대한 크리슈나의 반응을 이해할 수 있게 된다. 이것이 이 논지의 중심이다. 우리도 그것을 이해해야만 하는 이유가 바로 이 때문이다. 그렇다면 아르주나의 카르마는 여기에서 어떻게 펼쳐지고 있을까? 그 대답 중의 하나는, 아르주나가 직면해 있는 딜레마 자체가 그의 '선한' 카르마이며, 따라서 그는 그것을 영광스럽게 생각해야 한다는 것이다. 그가 그러한 갈등에 눈을 뜨기 시작한 것 자체가 그에게는 영광이다. 그것은 얼마나 축복인가! 신과 교제하는 삶이 허락되는 영광을 상상해보라. 얼마나 멋진 삶인가!

그러나 아르주나가 풀어내야 할 카르마의 또 다른 일면은, 그가 깨어나기 시작하고 있긴 하지만 욕망—아니, 그보다는 욕망에 대한 '집착'—이 아직도 그의 주변을 얼쩡거리고 있다는 것이다.

그것은 단지 아르주나만이 처해 있는 곤경이 아니다. 우리들 대부분이 처해 있는 곤경이다. 그렇지 않은가? 우리는 우리 내부의 분할된 영토 속에 갇혀 있다. 이 게임을 꿰뚫어보는 우리의 부분이 있는가 하면, 시시콜콜한 세상사에 깊이 얽매여 있는 우리의 부분도 있다. 우리는 두 개의 다른 세상에다 한 발씩 담그고 있는 것이다.

그러므로 아르주나는 깨어나는 삶에 속하는 영광을 누리고 있지만, 그에게는 아직 가야 할 길도 있다. 크리슈나가 그를 다음 단계로 이끄는 훈련을 시키고 있는 것이다. 크리슈나는 아르주나가 그가 행하는 행위들이 더 이상 그의 집착으로부터, 어떤 집착으로부터도 나오지 않게 되는 경지로 진화해가도록 돕고 있는 것이다. 행위가 집착에서 나오지 않으면, 그것은 더 이상 새로운 카르마를 만들어내지 않는다. 그럼으로써 아르주나는 새로운 업을 짓는 일과는 결별하게 된다. 새로운 탄생과 죽음을 만들어내는 일에서 졸업한다. 남은 일은 단지 옛것들이, 쌓아온 카르마가 제 할 일을 다하도록 청산하는 일뿐이다.

이 마지막 말이 무엇을 뜻하는지를 잘 음미해보자. 완전한 깨달음을 얻었다고 하더라도, 게임의 정체를 꿰뚫듯 알고 있다고 하더라도, 춤사위는 제풀에 사그라질 때까지 계속된다. 쌓아놓은 카르마의 에너지가 남아 있는 한, 생명의 물결이 남아 있는 한, 오온五蘊, 곧 창조의 실 가닥은 계속 나타날 것이다. 붓다는 깨달음을 얻었지만, 옛 카르마를 소진시키면서 40년을 보냈다.

하지만 우리가 그 모든 것을 졸업하기를 '원한다면', 그 첫 단계로 새로운 물결을 일으키기를 멈춰야 한다는 것은 분명하다. 날마다 새로운 물결을 계속 일으킨다면 끝을 낼 수가 없을 테니까! 크리슈나가 아르주나에게 설명하듯이, 그 방법은 집착이 행위의 동기가 되는 것을 멈추는 것이다. 욕망으로부터가 아니라 순전히 다르마로부터 행위를 일으키게 된다면, 더 이상 새로운 물결을 일으키지 않을 수 있다.

그것이 바로, 크리슈나가 아르주나에게 전적으로 새로운 기반 위에서 행위를 하라고 하는 이유이다. 그는 아르주나가 카르마를 만들어내는 낡은 습관으로부터 행위하는 것을 멈추도록 훈련시키고 있는 것이다. 크리슈나는 아르주나에게 이렇게 말한다. "여기서 중요한 것은, 저쪽 편 사람들에 대해서 네가 느끼는 '감정'이 아니다. 여기에는 그보다 더 중요한 것이 걸려 있다. 너는 네 '카르마'가 요구하는 대로 행위해야 한다. 네가 이 순간 이 장소에 '크샤트리아'로서 서 있는 것은, 너의 카르마가 가져다주는 도전이다. 그러니 이 전쟁을 치름으로써 그 의무를 다하는 것이 너의 책임이다. 그것이 이 순간 네가 걸어가야 할 길이다."

아르주나는 자신이 그런 역할을 원한 적이 없다고 느낄지도 모르지만, 그것은 엄연한 현실이다. 이제 그것을 이루는 것만이 그의 의무이다. 당신은 자신이 이 삶과 그 모든 것의 의미에 관한 골치 아픈 문제들을 직면해보고 싶어서 이 책을 집어든 것이 아니라고 생각할지도 모르지만, '신에 의해' 당신은 여기까지 와 있다. '신'에 의해 여기에 와 있는 것이다. 이곳이 그곳이다. 이곳이 그 전쟁터다. 이곳이 당신 내면의 쿠루크셰트라이다. 당신은 그런 것을 원한 적이 없다고 생각할지도 모르지만, 다른 차원에서 보면, 당신은 아르주나와 마찬가지로, 당신이 받아야 할 몫을 받고 있는 것뿐이다. 당신은 자신이 지금까지 행해온 모든 행위들 덕분에 대부분의 인간들이 거들떠보지도 않는 이상한 주제를 가지고 떠드는 이 별난 책을 읽고 있는 이 자리까지 오게 된 것이다. 기이하지 않은가? 당신은 왜 이따위 책을 읽고 있는가? 왜 하필 당신이?

당신을 여기까지 데리고 온 카르마가 무엇이었든, 이제 그것을 해내는 것이 당신의 '다르마'이다. 이 책을 읽는 상황 속에서 이 일을 겪어내고, 이런 의문들을 대면하는 것, 그것이 당신의 할 일이다. 당신은 이렇게 물을 것이다. "그게 정확히 무슨 뜻이요? 그래서 내가 무엇을 '해야' 한단 말인가요?" 글쎄, 그게 바로 당신이 혼자서 해결해내야 할 문제다. 우리는 각자 자신의 길을 가고 있다. 나는 당신의 길이 어떤 것인지 모른다. 사실은 나 자신의 길조차 헤매고 있다. 내가 예측할 수 있는 것은, 그 일에는 아르주나와 마찬가지로 당신도 아마 당신이 애지중지해온 자아상, 곧 내가 누구이고 어디로 가고 있는지에 관한 생각들을 버리는 것이 포함되어 있을 것이라는 사실이다.

우리는 저마다 기나긴 길의 한 부분을 가고 있을 뿐이다. 마음속에 차츰 그런 생각이 싹트기 시작한다. 생각해보라. 당신과 나는 '여정의 한 부분' 이상의 그 무엇도 아니다. '나'라는 것은 일정한 무엇이 있는 것이 아니라, 꼬리를 물고 이어지는 마음의 순간들이 연속되는 과정이다. 그 순간들은 서로 분리되어 있다. 영원한 '나'란 없다. 환생하고 환생하는 거기에는 원인과 결과의 법칙이 있을 뿐이다. 꼬리를 물고 끝없이 이어지는 원인과 결과, 원인과 결과…. 그것은 모두가 자연의 법칙, 현상계의 환영이 펼쳐지는 법칙의 행진일 뿐이다.

이러한 관점에 마음을 열수록, 우리는 자신의 삶이 펼쳐지는 것을 더욱 초연하게 바라보게 된다. 우리는 그 모든 삶의 통속극이, 심지어는 '나는 깨달음을 얻으려고 노력하는 중이야' 하는 통속극조차 단지 더 많은 카르마를 만들어낼 뿐임을 안다. 우리는 더 이상 감당할 수가 없다. 붙잡고 의지할 만한 것은 아무것도 없다. 그러니 모든 것을 내려놓아야 한다.

크리슈나가 아르주나에게 모든 자아상을 놓아버리고 자신의 의무만 다하라고 말하는 이유가 여기에 있다. 왜 친족과 싸운다는 생각 때문에 흥분하느냐고 크리슈나는 묻는다. 이 싸움이 일어난 것은 그들의 카르마이 자 너의 카르마이다. 자신의 운명과 맞서 싸울 수는 없는 일이다. 그러니 카르마의 법칙이 순리대로 펼쳐지도록 내버려두라. 너에게 주어진 역할을 연기하라. 그것을 다할 때, 자신의 의무에 온전히 승복할 때, 그 어떤 것을 위해서도 애쓰지 않을 때, 그것이 네가 가야 할 길 위에 서 있는 것이다.

크리슈나의 논지는 토론의 맥락을 완전히 뒤집어 버림으로써 아르주나의 온갖 반박을 그 싹부터 잘라버린다. 게임의 규칙이 변했다. 크리슈나는 아르주나의 행위가 이제는 전혀 새로운 곳에 근거하여 나와야 한다고 말하고 있다. 그 모든 사회적 규범은 어쩌고? 그것들은 그것들 나름대로 때와 장소가 있었다. 하지만 가족과 사회의 역할에 대한 아르주나의 느낌은 더 이상 그의 행위에서 중심 가치가 될 수 없다. 왜냐하면 이제부터 그는 자신의 다르마를 다하기 위해 브라흐만을 가치의 중심으로 삼을 것이기 때문이다. 그는 이제 행위의 배후에 새로운 목적을 가지게 되었다.

『기타』는 아르주나에게 그러했듯이, 우리의 관점을 거듭 거듭 뒤집어놓는다. 삶의 의미에 대한 우리의 느낌을 바꿔놓는다. 그리하여 『기타』의 관점을 우리의 것으로 수용해가는 동안, 우리는 자신의 관심사가 변해가기 시작하는 것을 깨닫는다. 내가 필요로 하고 원한다고 생각하는 것들을 얻는 일에 몰두하는 대신, 이제는 마음을 가라앉혀 가만히 귀를 기울이기 시작한다. 우리는 내면으로부터 올라오는 요청을 기다릴 것이다. 다음에 해야 할 일이 무엇인지를 결정하기보다는, '들으려고' 애쓸 것이다. 그렇게 귀를 기울이면 우리는 자신의 다르마를 더욱 분명히 들을 것이며, 자신의 행위를 더 깊은 지혜의 자리를 향해 돌리기 시작하게 될 것이다. 그러는 동안, 자신의 역할과 계획과 욕망과, 삶이라는 멜로드라마에 대한 우리의 모든 애착이 떨어져 나갈 것이다. 자신을 그저 다르마의 도구로서 있게 하는 일에 더욱더 마음을 열게 될 것이다. 그리하여 오랫동안 삶을 잃어버리고 있었음을, 그리고 그것을 되찾았음을 깨닫게 될 것이다.

3
카르마 요가

"아르주나, 나는 무수히 태어났으며, 너 또한 무수히 태어났었다. 하지만 나는 나의 과거 생들을 기억하는데 너는 기억하지 못한다." 우리는 크리슈나가 아르주나에게 준 첫번째 가르침, '더 높은 지혜'라 불리는 첫번째 씨앗이 그가 언급한 윤회론의 관점에 근거해 있음을 보았다.

크리슈나는 아르주나에게 그가 왜 쿠루크셰트라의 싸움터 속으로 들어가야만 하는지를 정당화하는 다양한 논지들을 펼쳐놓기 시작했다. 그것은 다르마와 반反 다르마 간의, 영과 세속의 씨름이다. 그의 첫번째 논지는 매우 세속적인 사람, 물질주의자를 향한 것이다. "그저 네 다르마를 다하라. 그리고 그것에 대해 걱정하지 말라. 누구나 이르든 늦든 죽어야만 한다." 크리슈나는 말한다. "태어난 모든 것은 죽어야만 한다. 그리고 죽음으로부터 생명이 나온다. 애통해하지 말고, 일어나게 되어 있는 일을 직면하라." 그는 이렇게 말하고 있다. 보라. 너는 결국 죽을 것이다. 그리고 저쪽 편의 모든 사람들도 죽을 것이다. 탄생 뒤에는 죽음이 따른다. 그것이 이 게임의 규칙이다. 네가 죽이지 않으면 다른 것이 그들을 죽일 것이다.

단지 그들의 카르마가 너를 통해서 작용하는 것일 뿐인데, 무엇 때문에 그토록 흥분하느냐? 모두가 불가피한 것이다. 카드는 이미 손에 들려 있다. 너는 그저 일어날 사건들의 도구일 뿐이다.

그런데 이 이야기도 아르주나에게는 별로 먹혀들지 않는다. 그는 아직도 설득당하지 않았다. 그래서 크리슈나는 두 번째 논지를 제기한다. 그는 말한다. "보라. 너는 '뭔가를' 해야만 하게 되어 있다. 네가 행위로부터 달아날 수 있다고 생각하느냐? 결코 불가능하다!" 아르주나가 크리슈나에게 싸우지 않겠다고 하고 활을 던져버린 것을 기억하는가. 그러나 사실상 크리슈나의 대답은, 그렇게 쉽게는 안 될 거라는 것이다. '행위하지 않을 수는 없다'는 뜻이다. 우리는 이 일을 하지 않으면 저 일을 해야 하고, 무엇을 하든 거기에는 모종의 카르마가 따르게 되어 있다.

그 말을 통해, 크리슈나는 그 시대의 영성 단체들 사이에 널리 퍼져 있던, 상키야Sankhya 철학에서 나온 한 사상을 직접 반격하고 있다. 상키야 철학은 푸루샤purusha와 프라크리티prakriti라는 대립적인 한 쌍, 이원성을 중심 사상으로 삼고 있다. 푸루샤는 비활동적 원리이고 프라크리티는 활동적 원리이다. 이 두 힘은 서로 거의 관계가 없다. 비활동적인 쪽은 '늘' 비활동적이고, 활동적인 쪽은 '늘' 활동적이다. 상키야 철학에 따르면, 게임은 활동적인 쪽으로부터 탈출하여 비활동적인 상태로 가는 것이다. 그러므로 가장 높은 목표는 아무것도 하지 않는 것, '무위無爲'이다.

크리슈나는 이 사상을 정면으로 반박한다. "행위를 하지 않음으로써 행위로부터 자유를 얻을 수는 없다. 인간은 한 순간도 행위를 하지 않을 수가 없기 때문이다. 만물은 타고난 본성의 힘에 의해 불가피하게 행위로 나아간다. 행위로부터 물러나서 가슴속의 기쁨을 생각하는 자는 착각에 빠진 것이다.”

이 마지막 말이 핵심이다. “행위로부터 물러나서 ‘가슴속의 기쁨을 생각하는’ 자는 착각에 빠진 것이다.” 그는 행위하지 ‘않느라고’ 바쁜 사람이다. 그것은 마치 ‘담배를 끊은’ 사람과도 같다. ‘담배를 끊은 사람’이라는 것을 그의 정체성이라고 할 수 있을까? “당신은 어떤 사람이지요?” “나는 2주일 네 시간 하고도 32분 동안이나 담배를 안 피운 사람이라오!” 하지만 마음속에서 그는 한 시간에 적어도 한 갑씩 담배를 피우고 있다.

그러므로 크리슈나는 아르주나에게 이렇게 말하고 있다. 너는 행위를 피할 수 없다. 그리고 욕망이 아직 강한데도 행위하지 ‘않기를’ 애쓰는 것은 단지 너를 ‘착각에 빠지게’ 할 뿐이다. 그것은 너를 가짜 성자로 만들어놓는다. 달리 말하자면, 아무것도 하지 않고 빈둥거리는 것으로써 곤경을 빠져나올 수는 없는 것이다.

우리는 크리슈나가 아르주나를 설득하는 방식을 알 수 있다. 그는 이렇게 말했다. “보라, 네 가족과 친구들은 어쨌든 죽을 것이다.” 이것이 첫번째 논리다. 그리고 그는 말했다. “너는 행위하지 않을 수 없다. 이것이든 저것이든 어느 한쪽은 해야 한다.” 이것이 두 번째 논리다. 그리고 이제 크리슈나는 아르주나의 급소에 강력한 한 방을 날린다. 그것은 아르주나의 귀를 솔깃하게 하는 차원으로부터 나오는 말이기 때문이다. 그는 이렇게 말한다. “네 의무를 다해라.”

아르주나는 크샤트리아, 곧 전사요 행위자이다. 그래서 크리슈나는 아르주나가 가장 귀담아들을 형식으로 결정적 논지를 편다. “네 의무에 대해서도 생각해 보아라. 그리고 흔들리지 말라. 전사에게 정의로운 싸움을 하는 것보다 더 선한 일은 없다. 아르주나, 천국의 문을 열어줄 싸움이 네 앞에 있다. 이러한 싸움을 하는 운명을 가진 전사는 복 있는 자다."

(이것은 '우리의' 싸움, 우리 각자가 직면하고 있는 내면의 싸움임을 명심하라. 그리고 크리슈나의 말을 우리에게 하는 말처럼 들으라. '전사에게 복이 있다.' 이 싸움에 나서는 것은 '은총'이다. 왜냐하면 이것은 '천국의 문을 열어줄' 싸움이기 때문이다.)

크리슈나가 아르주나에게 경고한다. 네 의무를 다하지 않을 때 일어날 일을 조심하라. 만사가 뒤틀릴 것이다. "위대한 전사들은 네가 겁을 먹고 싸움에서 달아났다고 말할 것이다. 너를 찬양하던 자들도 너를 경멸할 것이다." (보다시피, 이 위협은 크샤트리아인 아르주나의 자부심, 에고를 겨냥한 것이다. 크리슈나는 아르주나의 에고를 찔러서 다르마를 실천하도록 부추기고 있다. 그것이 그로 하여금 에고를 넘어서게 할 것이기 때문이다.) 그는 말을 이어간다. "정의를 위해 이 싸움에 나서는 것은 곧 너의 의무와 명예를 위한 것이기도 하다."

크리슈나는 여기서 다르마의 개념을 제기한다. 다르마를 어떻게 다하며, 그것을 하지 않으면 어떻게 될지를 이야기한다. '다르마'는 매우 복잡한 의미의 말로, 다양한 뜻을 가지고 있다. 하지만 당분간은 힌두교에서 쓰이는 가장 전통적인 의미에 충실하자. 그것은, 더 높은 법칙에 대한 의무이다. 크리슈나는, 이 싸움에 임하는 것이 너의 다르마라고 말한다. 그러므로 크리슈나가 싸우지 '않는' 것은, 그의 사회적 역할과 모델이 그에게 뭐라고 말을 하든, 자신의 도리를 다하지 않는 것이고, 법에 어긋나는 짓이다. 크리슈나는 아르주나가 다르마를 전체적으로 조망할 수 있다면, 그가 이 싸움에서 자기 역할을 다하는 것이 자신의 다르마임을 이해할 것이고, 그것이 자신의 할 일임을 알 것이라고 말한다.

"그러니 아르주나, 일어나라. 네 영혼으로 싸울 준비를 하라."

'의무'는 크샤트리아에게는 가장 높은 소임으로, 매우 엄숙한 것이다. 그래서 크리슈나가 다르마를 그런 식으로 설명하고 아르주나에게 의무를 다할 것을 촉구하자, 크샤트리아인 아르주나에게 강력한 설득력을 발휘했다. 하지만 아르주나에게 크게 어필했음에도, 크리슈나에게는 그것이 원래의 논점이 아니었다. 그는 아르주나에게 사회적 의무를 다하라는 뜻에서가 아니라, 지고한 법칙에 대한 책임을 다하라는 뜻으로 그렇게 요청한 것이다.

사회적 의무와 다르마 사이에는 미묘한 관계가 상호작용한다. 다르마에 따라 행위하고자 한다면, 사회적 의무에 따라 행위를 결정하지 않는다. 그럼에도 다르마의 길을 간다고 해도 사회적인 상황을 고려하지 않을 수 없다. 나의 카르마는 내가 어떤 특정한 역할을 행할 수 있도록 특정한 시간과 특정한 장소에 나를 데려다 놓는다. 크리슈나는 아르주나에게 말한다. 그것이 네가 크샤트리아로 태어난 이유라고 그럼으로써 너는 이 역할을 행할 수 있고, 그럼으로써 너의 다르마를 실천하게 되는 것이라고.

힌두교 전통에서 카스트(크샤트리아는 그중 한 계급이다)는 출신과 역할에 따른 사회적 구분이었다. 그래서 카스트가 어디에 속하느냐에 따라 그 사람의 인생이 결정되었다. 그것과는 달리 인생의 단계를 구분하는 방법이 있는데, 그것을 아쉬라마ashrama라고 한다. 여기에는 네 시기가 있다. 먼저, 태어나서부터 스무 살까지의 기간에는 학생으로서 배운다. 그다음은 스무 살부터 마흔 살까지의 기간으로, 가장으로서 돈을 벌고 가족과 사회를 부양해야 하는 시기이다. 세 번째 단계는 마흔 살부터 예순 살까지로, 이 기간에는 종교 공부를 한다. 마지막으로 예순 살

이후로는 출가자, 곧 산야스sunnyas가 되는 시기로, 세속적인 것을 모두 버리고 주의를 오롯이 신께만 향하게 한다.

사람을 이 두 개의 좌표 위에서 정의하는 힌두교 체계를 차투르바르나쉬라마-다르마Chaturvarnashrama-dharma, 곧 카스트와 아쉬라마의 다르마라고 한다. 한 사람의 삶은 카스트와 아쉬라마라는 두 좌표 위에서 마치 모눈종이 위의 설계도처럼 선명하게 드러난다. 당신이 만약 크샤트리아라면, 그 나이에 따라 지금 무엇을 하고 있어야 한다는 『베다』의 정확한 처방이 있는 것이다. 그것은 각자의 스와다르마swadharma라 불리는 것으로, 그 사람이 할 수 있는 적절한 일이 무엇인지를 정의해 주는, 절대적으로 분명한 체제였다. 아르주나에게 네 의무를 다해라, 너에게 마땅한 행동을 하라고 말할 때, 크리슈나는 바로 이 체제 안에서 말하는 것이다.

우리 문화에서 누구에게 무슨 일이 합당한지를 결정하는 것은 이보다 훨씬 더 어렵다. 우리에게는 어떤 때에 어떤 일을 하고 있어야 한다고 일러주는 카스트나 아쉬라마 같은 것이 없다. 실제로 우리는 이 스펙트럼의 반대쪽 끝에 있다. 우리에게 무엇을 해야 할지를 일러주는, 사회 속에 깊이 뿌리박힌 분명한 문화적 처방은 거의 없다. 그 같은 편리한 지침이 없으므로, 우리는 스스로 자신의 다르마가 무엇인지를 알아내야 한다. 우리는 각자의 상황에 따라 매 순간 자신에게 합당한 일이 무엇인지를 결정해야 한다. 우리 주변의 모든 환경이 그 결정에 자료를 제공한다. 내가 가진 특별한 지성이나 경제적 여건이 어떤 길을 제시한다. 남편이나 아내가 어떤 가능성을 제시하기도 하고, 동시에 어떤 한계를 부여하기도 한다.

어떤 사람들은 이렇게 말할 것이다. "나는 다르마에 절대적으로 부합하는 일 외에는 할 수 없다. 불순한 돈을 버느니 차라리 굶어 죽겠다." 어떤 이들은 또 이렇게 말한다. "나는 내게 주어진 여건 속에서 최선을 다하겠다." 어느 경우든 잘잘못은 없다. 각자가 자신이 무엇을 해야 할지를 정해야 한다. 내가 사두sadhu, 곧 독신출가자라면 나에게 의지하는 사람이 없으므로 주변에 끄달림 없이 순수성을 더 잘 지킬 수 있을 것이다. 하지만 가족을 거느린 가장이라면, 그들에 대한 책임이 있으므로 최선을 다해서 일을 해야 할 것이다. 만일 내가 가장인데도 너무나 순진파라서 처자식을 먹여 살릴 돈도 못 버는 사람이라면, 나는 결국 다르마보다는 아다르마adharma(反 다르마)를 더 많이 행하게 될 것이다. 당신이 만일 이런 처지에 있어서 자신의 다르마에 전적으로 부합하지 않는 일을 해야만 하게 되었다면, 그 일을 최대한 의식적으로 할 수 있도록 최선을 다하라. 그것이 할 수 있는 일의 전부이다. 주어진 일을 행하라.

당신이 부자라고 하자. 그러면 그것이 부분적으로는 당신의 다르마를 규정한다. 당신이 부자가 '아니라고' 짐짓 믿을 수는 없다. 설령 돈을 다 갖다버리더라도 카르마를 없애지는 못한다. 게다가 그것은 카르마를 짓는 행위이다. 그 대신, 당신은 자신의 돈에 대해 책임을 져야 한다. 그에 관한 의무가 무엇인지를 생각해보아야 한다. 그러면 돈이 당신의 다르마가 된다.

삶의 모든 면을 다 존중하는 마음으로 다르마를 실천하라. 자신의 역할이 무엇이든, 그저 그 역할을 하라. 할 수 있는 한 '의식적으로' 그것을 하라. 이것이 다르마를 다한다는 것의 가장 근본적인 뜻이다. 좌표 위에서 자기 자리를 찾는 것, 그리고 그것을 온전히 살아내는 일! '왜' 당신의 다르마를 실천해야 하는지는 나중에 알게 될 문제다. 이

시점에서 크리슈나는 다만 이렇게 말할 뿐이다. —그것이 너의 의무이다. 그저 그것을 하라.

하지만 아르주나는, 우리와 마찬가지로, 그 말을 고분고분 따르지 못한다. 그는 아직도 무엇이 어떻게 되어야 한다는 식의 온갖 선입견을 놓지 못하고 있고, 말할 것도 없이 그것이 그가 자신의 다르마를 실천하지 못하도록 발목을 붙잡고 있다. 우리에게도 똑같은 일이 벌어진다. 예컨대 나는, 지적 전통의 대열에 서 있다가 '영적 여행'을 떠나왔다. 그리고 나는 머리가 발달한 사람이라서 결국 명상 수행에 집착하게 되었다. 그것이 너무나 '핵심적'인 것처럼 생각되었기 때문이다. 명상은 너무나 멋지고 참하고 순수한 것이었다. 내 마음은 지적으로 정묘하고, 범주화를 멋지게 구사하는 아비담마*와 같은 철학체계에 매료되었다. 나는 명상이야말로 나의 길임을 확신했다.

그때 마하라지를 만났다. 그 이후부터 나의 게임은 더 이상 전과 같지 않았다. 나의 길은 내가 가게 되리라고 생각했던 그 길이 아닌 것이 확실해졌다.

하지만 나는 쉽게 포기하지 않았다. 나는 '진정한' 영적 여행이란 이래야만 한다고 스스로 판단한 방식대로 그것을 풀어가려고 계속 끙끙댔다. 나는 마하라지에게 보채곤 했다. "마하라지, 영적 에너지인 쿤달리니 kundalini를 어떻게 하면 끌어올릴 수 있지요?" 나는 그가 '이 고대의 만트라에 대해 명상하라' 하는 식으로 어떤 은밀한 비전을 전수해주기를

---

* 아비담마(abhidhamma): 불경의 삼장(三藏: 경장, 율장, 논장) 중 논장(論藏). 붓다의 핵심적 가르침을 골라놓은 높고 수승한 법. 역주

고대하고 있었다.

그런데 그가 말했다. "사람들에게 음식을 대접해라."

내가 대꾸했다. "사람들에게 음식을 먹이라고요?"

"모두에게 음식을 대접해라. 모든 사람을 접대하란 말이다."

"마하라지… 쿤달리니를 끌어올리려면…??!"

그가 말했다. "쿤달리니는 스승이 건드려주면 끌어올려질 수 있다. 스승이 그저 그것을 생각만 해도 네 쿤달리니가 상승할 것이다. 그런 건 걱정하지 마라. 그냥 사람들을 대접해라." 그는 '네 다르마를 다하라'고 말하고 있었던 것이다. 그리고 내 다르마는 명상하는 것이 아니었다.

시간이 지나자, 나의 요가는 헌신과 봉사임이, 내가 좋아하든 싫어하든 그것임이 분명해졌다. 그것이 나의 다르마였다. 그것이 내게 주어진 길이었다. 하지만 그것을 받아들이고 따르는 데는 시간이 좀 걸렸다.

아르주나는 지금 이와 동일한 곤경에 처해 있다. 그는 이 싸움터에서 마주치게 된 자신의 다르마를 달가워하지 않는다. 그는 자신이 가고 싶은 길에 대해 그만의 생각을 가지고 있다. 하지만 우리는 차츰, 그 길을 따라가도 자신이 원하던 곳이 나오지 않을 것임을 깨닫게 된다. 우리는 다르마야말로 자신의 길임을 인식하면서 거기에 순종하기 시작한다. 이것이 크리슈나가 아르주나에게 권하고 있는 것이다. "법의 바퀴는 그렇게 돌아간다. 쾌락을 좇아 죄악에 찬 삶을 살면서 이 바퀴의 회전에 도움을 주지 못하는 자는 헛되이 사는 것이다. 그러나 영의 기쁨을 발견하고 영의 품 안에서 만족하는 자는 행위의 법을 초월한다."

이것은 흥미로운 사실이다. 순수히 다르마에 따라 행위하면 그는 '행위의 법을 초월'한다. 다르마에 온전히 순종하면, 그의 행위는 더 이상 몸부림이 아니라 영으로부터 나오는 것이 된다. 그렇게 될 때, 그는 더 이상 카르마를 만들어내지 않는다. 개인적 동기에서가 아니라 다만 다르마를 성취하기 위해 행위하므로 카르마는 생겨나지 않는다.

그뿐만이 아니다. 카르마를 더 이상 지어내지 않을 뿐 아니라 삶과의 모든 관계가 변한다. 삶은 온통 놀이마당이 된다. 플로티누스Plotinus는 말한다. "살육과 죽음의 광경, 점령되고 약탈당하는 마을—이 모든 것도 다 공포와 비명의 한바탕 연극 장면들로 받아들여야 한다. 삶의 변화무쌍한 운명 속에서 슬퍼하고 고통받는 것은 진정한 인간, 내면의 영혼이 아니며, 모두가 인간의 유령, 겉껍질 인간이 세상이라는 무대 위에서 벌이는 자기 역할의 연기일 뿐이기 때문이다."[1]

헤르만 헤세의 『동방으로의 여행』(Journey to the East)에서 레오는 말한다. "인생을 어떻게 보든 그것은 각자의 자유다. 삶이라는 것을 의무로 볼 수도 있고, 싸움터나 감옥으로 볼 수도 있다. 하지만 그것은 인생을 조금이라도 낫게 해주지 못한다. 인생이 정말 아름답고 행복하게 느껴질 때는, 인생이 마치 하나의 게임처럼 여겨진다."

하나의 게임이라고? 게임 같은 것이라면, 문제는 훨씬 단순해진다. 훨씬 덜 위험해진다. 다르마로부터 행위할 때, 우리가 하는 모든 행위 속에는 평정심이 배어든다. 마이스터 엑크하르트Meister Eckehart는 이렇게 썼다. "신께서 주시는 것을 우리는 모두 다 동등하게 받아들여야 한다. 어느 것이 더 중요하고 높고 좋은 것인지를 비교하거나 따지지 말아야 한다. 그저 신께서 인도하시는 대로 따라야 한다."[2] 전체 설계의 정교함을 점점 더 깊이 깨달을수록, 지혜가 자라난다. 어느 한 부분도 다른 부분보다 더 낫지 않고, 어떤 부분도 다른 부분보다 못하지 않으며,

각 부분들은 저마다 나머지 부분들과 '다를' 뿐임을 깨닫게 되는 것이다. 각자가 자신의 역할을 완벽히 해내기만 하면 연극은 멋지게 이어진다. 다른 누구의 역할을 해보고 싶어 하는 욕심을 내지 말고 자신의 다르마를 다하는 것에 만족하면, 그것으로 충분하다.

내가 들렀던 인도의 작은 마을들에서는, 우리에게 익숙한 야망이나 시기심 같은 것은 찾아보기 힘들었다. 이곳에서는 다르마대로 사는 것이 실질적인 힘으로 작용한다. 청소부는 청소부로서 만족하면서 살아간다. 그것이 그의 몫이다. 그는, '봐라, 내가 얼마나 훌륭한 청소부인지를!' 하고 자랑조차 하지 않는다. 그는 그저 자신이 아는 한 최고로 완벽하게 청소를 한다. 가게 주인은 스스로 완벽한 가게 주인이고, 수상은 스스로 완벽한 수상이다. 가게 주인이 수상이기를 바라지 않고, 수상이 가게 주인이기를 바라지 않는다. 저마다 자신의 다르마를 살아가면서, 다른 사람들도 자신의 다르마를 잘 살기를 바랄 뿐이다.

어떤 면에서 보면, 이것은 하나의 이상에 지나지 않는다. 모든 사람이 영적인 삶을 살 때만 완벽하게 실현될 수 있는 일일 것이다. 흥미로운 것은, 이렇게 각자의 역할을 조화롭게 해내는 사람들과 함께 있을 때, 종종 우리 서양인들 사이에서는 찾아보기 힘든 일종의 충족감을 느꼈다는 점이다. 그것은 일종의 내면적 고요였다. 필사적인 몸부림을 더 이상은 하지 않아도 된다는 안도감….

그토록 몸부림치지 않고도 각자의 역할을 해내며 살아가는 방법이 있다는 것을 우리는 안다. 사실, 우리는 삶을 그렇게까지 개인적인 것으로 받아들일 필요가 없다. 크리슈나는 말한다. "자연의 힘과 행위 사이의 관계를 아는 사람은, 자연의 어떤 힘들이 자연의 다른 힘들에 어떻게 작용하는지 이해하며, 그래서 그런 힘들의 노예가 되지 않는다." 우리의 몸과 마음과 인격은 모두 자연의 일부분일 뿐이다. 그것은 모두가 그저 법에 따라 일어나는 일들이다. 그걸 가지고 왜 그렇게 신경을 곤두세우는가? 그저 법에 따라 조화롭게 일어나도록 내버려두라. 그것에 대항해서 몸부림치지 말라. 개인적 감정을 개입시키지 말고, 삶을 더 가볍게 살라. 삶의 드라마 속에 빠져서 그 속에 갇히지 말라.

우리는 모두 저마다의 각본을 가지고 있고, 그것을 끔찍이도 좋아한다. 모두가 자신이 뭔가 중요한 일을 하는, 뭔가 중요한 것을 생각하는, 뭔가 중요한 것을 원하는 중요한 인물이라고 생각한다. '오늘 밤엔 섹스를 해야지. 안 그러면 죽고 말겠어.' '난 너무 외로워!' '명상이 안 돼.' '기분 째진다!' 우리는 모두가 자신의 드라마에 흠뻑 빠져 있다. 자신이 주인공이라는 생각에, 자신이 그 모든 것을 한다는 생각에, 그저 바쁘다. 그런데 사실은 그 전부가 법에 따라 일어나고 있을 뿐이다. 얼마나 우스운 일인가!

하지만 그것을 깨닫기 위해서는, 일들이 법에 따라 전개됨을 인식하기 위해서는 관점을 좀 더 넓힐 필요가 있다. 작은 화분에 씨앗을 하나 심고 그것을 부엌 창문턱에다 놔둔 뒤, 싹트고 자라나서 꽃이 피어나는 것을 지켜보는 것은 멋진 명상이 될 수 있다. 그것을 날마다 관찰해보라. 그것을 매일의 명상으로 간주하라. 그 모든 과정이 펼쳐지는 광경을 지켜보라.

이번엔 눈을 반대로 돌려보라. 씨앗이 자라나는 것을 관찰하는 식으로 자신을 관찰해보라. 똑같이 객관적이고 호기심 어린 눈으로 자신의 삶을, 자신의 행위를 관찰하라. 자연의 법칙이 당신의 내부에서 작용하고 있다는 것을 발견할 때까지, 지켜보고 관찰해 보라. 당신은 무엇이 화를 일으키고 무엇이 사랑을 일으키며 무엇이 욕망을 일으키는지를 알게 될 것이다. 그 모든 것을 그저 지켜보라. 그것과 말다툼하지 말고 심판하지도 말며 그저 지켜보라. 이 같은 관점을 계속 키워가면 집착으로부터 행하는 일이 적어지고, 차츰차츰 단순히 법칙에 따른 흐름에서 나오는 행위를 하게 될 것이다.

다르마를 실천하고 자신의 역할을 하라는 크리슈나의 논지는 『기타』의 주요 주제 중 하나로, 카르마 요가라 불리는 수행법의 바탕이다. 지금까지 크리슈나는 아르주나에게 그가 '왜' 이 싸움에 임해야 하는지를 이야기하면서 설득해왔다. 이제 그는 아르주나에게 그것을 '어떻게' 해야 할지 설명해주려 하고 있다. 이 싸움을 어떤 태도로 임해야 할지 알려주려고 한다. 그는 우리가 행위를 '변화'시켜서 다르마와 조화되게 하는 방법을 설명해주려고 하는 것이다.

이 주제를 우리 마음속에 심어줄 몇 구절이 있다.

"그러나 집착의 힘을 조화롭게 다스림으로써 '집착에서 해방되어' 카르마 요가의 길을 가는 자는 위대하다."

"'집착의 구속에서 벗어나서' 행해져야 할 일을 하라. 순전한 마음으로 일하는 자는 지고의 경지를 얻게 된다."

"너의 일을 하되, 집착 없이 하라." 이것이 처방의 첫 부분이다. 아직 집착을 어떻게 멈춰 세우는지는 말하지 않았지만, 그것이 목표라고 말하고 있다. 집착 없이 일하는 것, 그것은 결과에 대해 걱정하지 않고 행위하는 것을 뜻한다. '행위의 결과에 집착하지 말라'는 것은 카르마 요가의 주요 가르침 중의 하나다. "가슴으로 일하라. 그 보상에는 마음쓰지 말라. 보상에 개의치 말고, 부단히 너의 할 일을 하라."

마하트마 간디는 그것이 실제로 어떤 상태인지를 말했다. "사람은 모든 행위에 대해 그에 따를 결과를 알아야 하고, 그것을 이룰 수단과 그것을 해낼 능력을 알아야 한다. 결과에 대한 욕심 없이, 그럼에도 자기 앞의 일을 완수하기 위해 혼신을 다하는 사람, 그런 이를 '행위의 결과를 포기한 사람'이라고 부른다."[3]

정말 그렇게 하여 행위의 결과에 대한 집착을 버리게 되면, 우리는 마침내 어떤 행위든 다르마가 이끄는 대로 자유롭게 할 수 있게 된다. 우리는 더 이상 집착에 의해 이리저리 끌리고 밀려다니지 않는다. 아무것도 얻어내려고 하지 않을 것이므로, 오로지 자신의 다르마를 다하기 위해서 행위하는 것뿐이다.

게다가, 어떤 '결과'를 기대해야 할지 우리가 어떻게 알겠는가? 어떤 일이 벌어질지 우리가 어떻게 알겠는가? 카르마의 물결이 펼쳐지는 전경을 내려다볼 수 있는 위치에 있지 않은 이상, 우리는 과연 어떤 결과가 우리에게, 또 모두에게 최선일지 결코 알 수가 없다.

나는 강연을 할 것이다. 하지만 그것이 재앙이 되어버릴지도 모를 일이다. 청중이 모두 일어나서 나가버린다면, 그건 강연자에게는 정말 고통스러운 일이다. 내가 행위의 결과에 연연한다면 말이다! 나는 모욕감을 느끼고 심사가 뒤숭숭해져서, 자존심이 완전히 뭉개진 채로 자리를 떠날 것이다. 그 경험은 작은 불씨처럼 내 속으로 번져 들어와서, 나는 그 쓰린 상처와 모욕감을 두고두고 되새김질할 것이다. 그러나 시간이 좀 지난 후, 나는 그것이 문득 마하라지의 가장 위대한 가르침이었음을 깨닫게 된다. 이크! 그 청중들은 '좋은' 결과란 이런 것이라는 나만의 관념을 내가 얼마나 집요하게 붙들고 있는지를 보여주고 있었던 것이다. 내가 정말 형편없는 강사라고 해도, 그것이 내가 당신에게 줄 수 있는 최선의 선물이 될 수도 있다. 그럼으로써 당신은 당신 스스로 깨우쳐야 한다는 메시지를 받게 될 수 있는 것이다. 어떻게 알겠는가? 에고의 요구에 끌려다니다 보면, 무엇이 내 행위에서 최선의 결과를 이끌어낼지 알 수 있을 만큼 시야를 확보할 수가 없는 것이다.

그러면 어떻게 해야 하나? 최선을 다하지만 행위의 결과는 기대하지 말아야 한다. 일이 어떻게 될지 내다보지 못할 바엔, 결과에 너무 집착하지 않는 편이 더 나을지도 모른다. 그저 다음에는 무엇을 해야 할지 귀를 기울이고, 할 수 있는 한 최선을 다해 행한다. 그러면 어떻게 될까… 글쎄, 그저 될 대로 되어갈 뿐일 것이다. 흥미롭군, 하지만 그 이상은 없다. 중요한 것은, 기대를 내려놓는 것이다.

1970년대 중반, 나는 친구들과 함께 샌프란시스코의 윈터랜드 대공연장에서 대형행사를 기획하기로 했다. 윈터랜드라는 곳은 거대한 로큰롤 공연장이었다. 보통 때는 서커스가 열리는 6천 석 규모의 장소였다. 바가완 다스와 '어메이징 그레이스' 팀과 나는 '윈터랜드를 하기로' 결정했다. 음악과 조명 쇼가 어우러진 공연이 오후 2시부터 다음날 아침 8시까지 이어지는 행사를 열 셈이었다. 장소를 빌리고 음향기기를 준비하고 광고를 하는 등, 행사에 들 총 경비가 4,500달러였다. (당시에는 '큰' 돈이었다!) 하지만 우리는 그 이상으로 벌어들일 수 있을 것이라고, 야무진 계산과 기대를 가지고 있었다.

그날이 오고, 우리는 할 일을 했다. 그러나 운 나쁘게도 그토록 기대했던 그날, 버스 노조의 파업이 일어났다. 대중교통이 완전히 마비되어 사람들이 윈터랜드로 올 수가 없었다. 다음날 아침 표를 세어보니 2천 명밖에 오지 않았다. 돈을 벌기는커녕 1천1백 달러를 손해 봤다. 빨간 볼보 차를 타고 멕시코로 여행을 떠나려던 우리의 꿈이, 이 멋진 공연으로 벌어들인 돈을 가지고 하려고 했던 모든 일이 하루아침에 물거품이 되어버렸다.

우리는 한동안 멍하니 앉아 있었다. 그러다가 내가 나머지 사람들에게 말했다. "너희들 기분 나쁘니?" 우리는 곰곰이 생각해보았다. 그런데 아무도 이 경험에 대해서 기분 나쁘다고 느끼는 사람이 없었다. 이상했다! 우리의 모든 기대가 무너졌음에도 불구하고 괜찮았다! 상관없었다! 사실은 사실이다. 기대했던 것은 간 곳이 없고, 그 대신 1,100달러의 빚이 있다. 그게 지금의 우리다. (물론 그것은 우리가 서로 남의 탓을 한바탕 실컷 하고 난 다음에 일어난 일이었다.) 우린 잘 놀았다. 2천 명의 사람들이 모두 좋은 시간을 보냈다…. 그러니까, 그게 일어난 일의 전부였다.

그런 경험은 값으로 따질 수 없는 경험이다. 집착하지 않기를 배울 수 있는 멋진 기회다. 게임을 만들어놓고 순수하게, 사랑으로, 자비심으로, 온통 빠져서, 하지만 집착하지 않고 논다. 순수한 카르마 요가로서. 그래서 생기는 결과는 결과일 뿐. 그리고 그것은 다음 순간에 출 춤의 배경이 된다.

우리는 카르마 요가의 길이 작용하는 방식, 그리고 그것을 우리 자신의 삶에 어떻게 적용시킬 것인지를 큰 틀에서 알기 시작하고 있다. 우리가 행하는 나날의 일들을 모두 신께로 가는 길로 바꿔놓을 수 있음을 깨닫기 시작하고 있다. 지금까지 크리슈나는 아르주나에게—우리에게—그 방법에 대한 두 가지 지침을 주었다. 그는 이렇게 말했다. 첫째, 자신의 다르마가 무엇인지 귀 기울여 들으라. 그리고 자신의 행위가 다르마와 조화되게끔 노력하라. 둘째, 하나하나의 행위를 그 어떤 보상도 기대하지 말고 최대한 순전한 마음으로 행하라.

하지만 이 카르마 요가를 실천하는 데에는 중요한 지침이 하나 더 있다. 그리고 그것은 이 게임을 또 다른 차원으로 가져다 놓는다. 결과에 개의치 말고 자신의 다르마를 행하는 것에서 한술 더 떠서, '자신을 행위자라고 생각함이 없이' 행하라는 것이다. 그 행위는 나를 통해서 일어나지만, 내가 그것을 하고 있는 것이 아니다. 나는 거기에서 빠져나와 있다.

이것은 나와 행위의 관계에 대해 완전히 새로운 관점을 열어놓는다. 크리슈나는 아르주나에게 말한다. "모든 행위는 현실이라는 사건들의 천을 짜내는 자연의 힘(구나)에 의해 제때에 일어난다. 하지만 자기중심적인 환상에 빠져 있는 사람은 자신이 그 행위자라고 생각한다." 크리슈나는 이렇게 말한다. "보라, 너는 아무것도 하지 않는다. 네가 무엇을 한다고 생각하는 것은 착각이다. 너는 행위자가 아니다. 사실 모든 사건은 단지 너를 통해서 전개된 무수한 법칙들의 결과일 뿐이다. 이것을 알면, 이것을 진정으로 깨달으면, 너는 모든 구속을 벗어나 고향집에 와 있게 된다. 세상 속에서 행위하는 '나'라는 느낌이 벗겨져 나갈 것이기 때문에."

그러므로 카르마 요기란 자신의 삶을 통하여 신께로 가는 자이다. 다르마에 부합하는 행위가 무엇인지 귀 기울이고, 그 결과에 집착하지 않고 행위하며, 동시에 자신이 어떤 식으로도 그 행위자가 아님을 인식함으로써. 이것이 삶을 영적 수행으로 바꿔놓는 방법의 전부이다.

카를로스 카스타네다Carlos Castaneda의 책에 나오는 전사(warrior)는 완벽한 카르마 요기의 또 다른 본보기를 보여준다. 돈 후앙Don Juan이 전사에 대해서 하는 말은 모두 카르마 요기에게도 해당된다. "전사는 사냥꾼이다. 그는 모든 것을 계산한다. 그것이 상황을 장악하는 힘이다. 하지만 계산이 끝나면 그는 행하고, 내맡기고, 가능한 한 최선을 다하여 살아남는다. 전사는 자기 자신을 장악할 것과 동시에 자신을 포기할 것을 스스로에게 요구한다."[4]

여기서 우리는, 결과에 집착하지 않고, 행위자 역할에 빠져 마음이 분주하지 않을 때, 그 행위가 띠게 되는 몇 가지 덕목들을 읽을 수 있다. 예컨대 거기에는 평정심이 있다. 카스타네다는 이것을 '통제력인 동시에 자기 포기'의 태도라고 표현한다. 거기에는 또 대단한 자발성과 동시에 사랑에 찬 마음이 있다. 왜냐하면 그 하나하나의 행위는 우리의 공양물, 곧 신의 발아래에 바치는 꽃다발이기 때문이다. 그런 마음자리에서 행위할 때, 한 잔의 차를 끓이는 것과 같은 단순한 행위 속에도 그런 덕목들이 모습을 드러낸다. 구르지예프는 이렇게 말하곤 했다. "차 한 잔을 잘 대접할 수 있으면, 뭐든지 잘 할 수 있다." 즉, '어떤' 행위든 진정한 카르마 요기의 자세로서 해낼 수 있다면, 그것은 그가 집착으로부터 자유롭고 자신이 행위자라는 생각으로 바쁘지 않은 그런 자리에서 행위하고 있기 때문이다. 그리고 그런 자리에 있다는 것 자체가 그의 '모든' 행위를 다듬어줄 것이다.

도덕경道德經은 이렇게 말한다. "내맡기면 모든 일이 스스로 되어간다. 세상은 내맡기는 사람의 편이다. 애쓰고 발버둥칠수록 세상을 얻기는 요원해진다."[5] 차 한 잔을 제대로 끓이려고 한다면, 차 한 잔을 제대로 끓이려고 열심히 '애써서는' 안 된다. 소기의 결과를 위해 열심히 애쓰는 동안에는 마음이 차를 끓이는 일에 가 있지 않기 때문이다. 두 가지 일을 한꺼번에 할 수는 없다.

차 한 잔을 끓이는 올바른 방법은 차를 끓이는 노하우를 아는 것을 포함하여 차를 끓이는 데 필요한 모든 것을 동원하는 것에서 시작한다. 그러고는 차를 끓인다. 차를 끓이는 동안에는 단지 차만 끓인다. 다른 것은 아무것도 하지 않는다. 차 맛이 어떨지, 차를 제대로 잘 끓일 수 있을지, 그것을 어떻게 내놓을지 걱정하지 않는다. 마음은 다만 차를 만드는 거기에 있다. 찻주전자를 씻는다… 물을 담는다… 불 위에 올린다…. 한 동작 한 동작에 마음이 가 있어야 한다. 매 순간의 온전한 조화로부터 행위가 나와야 하는 것이다.

자신의 카르마가 부여하는 조건 속으로 더욱 순수하게 흘러들수록 우리의 행위는 절로 일어난다. 거기에는 어떠한 저항도 없다. 행위의 결과에 대해 개의치 않으므로, 초조함이 없다. 행위자가 없으므로, 자의식도 없다. "행위 속에 있는 무위를, 무위 속에 있는 행위를 보는 자는 참으로 지혜롭다. 그는 행위에 몰두할 때도 아트만(atman, 모든 존재 속에 깃들어 있는 브라흐만의 불씨)의 고요 속에 머물러 있다."

이 모든 것은 거짓으로 꾸며서 할 수 없는 일이다. 그것은 더 강한 집착일 뿐이다. 차를 끓이는 데 마음이 없으면서, 자기가 정말 차를 잘 끓인다는 생각에 빠져 있으면서, 온 마음으로 거기에 있는 척할 수는 없다. 지금 이 순간 자기가 있는 그곳에서부터 시작해야 한다. 자, 우리의 현주소는 여기다. — 우리는 아직도 온갖 욕망에 빠져 있고 우리가 하는 일은 대부분 거기서 뭔가를 얻기 위함이다. 그런데 자신 아닌 다른 것을 꾸며낼 수는 없다. 그렇다면 어쩔 것인가? 우리가 얼마나 구속된 존재인지를 아는 마당에, 어떻게 하면 우리의 행위를 요가로 승화시킬 수 있을까? 그리고 무엇보다도, 우리가 해야 할 일이 '무엇인지'를 어떻게 하면 확실히 알 수가 있을까?

답은, 모른다는 것이다. 진실은 이것이다. 어떤 식으로든 더 이상 에고에 끌려 다니지 않게 될 때까지는, 우리의 모든 행위 속에는 에고가 감추어져 있다는 것! 그러지 않을 '가능성'이란 없다! 복잡미묘한 동기와 자신이 행위자가 되기 위한 교묘한 술수가 마지막 순간까지 끝없이 끼어들 것이다. 그것이 바로 이 싸움의 흥미롭기 그지없는 부분이다!

앞서 나는 영적 행로의 보폭은 각자의 키만큼의 너비라고 말했다. 우리는 한 발짝 내딛다가 땅바닥에 엎어진다. 발걸음이 순수하지 못했기 때문이다. 그래서 다시 일어나서 발을 내딛는다. 그러고는 다시 엎어진다. 우리는 이런 식으로 가고 있는 것 같다.

그러니 자신의 다르마가 무엇인지를 알려고 귀를 기울일 때, '순수한 메시지'를 들을 가능성은 매우 적다. 우리는 '엉뚱한' 메시지를 받는다. 하지만 우리는 공부와 명상과 시행착오를 통해서 점점 주파수를 더 섬세하게 맞춰간다. 그리고 서서히, 자신의 방법이 먹히기 시작하면서, 모든 일에 대한 집착이 차츰 떨어지기 시작한다. 사실 에고는 당신이 자신을 그것과 동일시할 때만 당신을 가둬놓을 수 있다. 에고가 저쪽에서 제 짓거리를 벌이고 있을 때는—눈이 보거나 귀가 듣는 것처럼 그저 에고가 에고 짓을 하고 있을 때는—그것은 단지 어떤 기능을 지닌 물건과 같은 것이 된다. 그보다 흥미로운 일이 있을까!

그러는 동안, 우리는 할 수 있는 한 최선을 다한다. 다음 단계에 할 일을 내다보면서 스스로 물어본다. '다음엔 무엇을 하는 게 옳을까?' 그러고는 마음을 고요히 가라앉히고, 내면의 답에 귀를 기울인다. 가능한 한 마음을 고요히 하고, 가능한 한 귀를 더 기울인다. 하지만 그럼에도 불구하고 우리는 그것이 아무래도 가장 높은 곳에서 오는 순수한 메시지는 아닐 수 있다는 것을 알아차린다. 십중팔구, 그 속에는 아직도 우리의 욕망 덩어리가 많이 섞여 있다.

최선을 다해서 일단 어떤 결정이 내려지면, 자신이 행위자가 아님을 명심하면서 일을 한다. 일하는 동안에는 뒤돌아보지 않는다. 자기가 옳은 판단을 내렸는지 되씹느라고 시간을 낭비하지 않는다. 결정은 이미 내려진 것. 우리는 지금 그것을 행하고 있다. 자신의 행위에 마음이 가 있게 하라. 일을 마친 후에는, 원한다면 물러앉아서 뒤돌아보고 이렇게 물어볼 수 있다. '그게 옳은 선택이었을까?' 이것은 다른 문제다. 하지만 일을 하는 중에는 오롯이 그것만 하라. 차를 끓일 때는 차를 끓이라. 이를 닦을 때는 이를 닦으라. 섹스를 할 때는 섹스를 하라. 큰 행위든 작은 행위든, 무슨 일이든 오롯이 거기에 있으라. 자의식에 찬 분별심 때문에 스스로 켕겨서 일을 망쳐버리는 짓은 이젠 그만두라.

이러한 과정을 통해서 우리는 자신을 비판하는 해묵은 내면의 소리에서 자유로워진다. 바보처럼 보일까 봐, 실수할까 봐, 일을 그르칠까 봐 두려워하는 터줏대감인 슈퍼에고super-ego에 더 이상은 자리를 내주지 않게된다. 당신도 알게 되겠지만, 슈퍼에고란 개인을 뛰어넘어 존재하는 내면의 주시자inner witness와 같은 것이 아니다. 내적 주시란 자신이 경험하고있는 것을 알아차리는 것이다. 이것이 우리가 기르고자 하는 습관이다. 주시자는 슈퍼에고와는 판이하게 다른 속성이 있다. 그것은 '지켜보기'이다. 분별이 아니다. 분별하는 슈퍼에고는 순간 속에서 행위할 줄 모른다. 나를 뛰어넘어 존재하는 또 하나의 내가 되어 지켜보는 것이야말로 이순간 속에서 행위하기 위한 핵심이 되어야 한다.

그러니까 카르마 요가는 행위하지 않음으로써가 아니라 자기의 행위에대한 관점을 전환함으로써 자신을 삶의 소용돌이 속에서 구출해내는기술이다. 우리의 행위는 더 이상 욕망을 채우는 수단이 아니다. 이제그것은 영적 수행의 기회가 된다. 결과에 집착하지 않는 연습, 자신이무엇을 한다는 생각을 없애는 연습 말이다. 우리는 자신이 하는 일을하면서 그것이 카르마의 바퀴임을, 신의 유희에서 나온 춤사위임을, 우리를 통해 엄정하게 펼쳐지는 법칙임을 늘 인식하면서 하게 된다. 우리는'우리가' 그것을 한다고 생각하게 만든 것이 단지 우리의 엄청난 자기중심주의였을 뿐임을 깨닫게 된다.

자신을 이렇게—행위자가 아니라 자연의 법칙이 펼쳐지게 하는 매개체로—바라보기 시작하면, 우리는 이것이 예전에 생각했던 것보다 훨씬 더 흥미롭고 심오한 게임임을 서서히 깨닫게 된다. 크리슈나는 그것을 이렇게 표현한다. "아르주나야, 나는 이 우주에서 해야 할 일이 없다. 이 모두가 내 것이기 때문에. 나는 가져야 할 아무것도 없다. 모든 것을 가지고 있기 때문에. 그럼에도 나는 행위한다."

'그럼에도 나는 행위한다'라고? 흥미롭지 않은가? 그는 말한다. "봐라, 나는 카르마가 없다. 내가 '해야 할' 일은 아무것도 없다. 그래도 나는 한다." 에고와 집착이 없는 그 자리에는 행위에 대한 완전히 다른 종류의 동기가 있는 것이 틀림없다.

알다시피, 우리는 우리의 욕망과 집착으로부터 이야기를 시작했다. 그리고 그것을 합일에 이르는 길로 사용하는 것에 대해 이야기하고 있었다. 그런데 우리가 다르마에 귀 기울이고 그것을 실천하는 것은, 하나가 되고자 하는 '욕망', 해탈하고자 하는 '욕망', 순복順服하고자 하는 '욕망'에서 오는 것이다. 거기에는 '집착'—해탈에 대한 집착—이 있다. 그것이 우리의 수행을 부추기는 동기이다. 하지만 그게 모두 사실이라고 해도, 해탈하여 아무런 집착도 없다면 그때는 또 무엇 때문에 행위를 한단 말인가?

크리슈나는 여기서 우리에게 행위를 하는 완전히 새로운 근거를 보여주고 있다. 인간적 욕망이 없어 '어떤 짓도' 하려 하지 않는 어떤 사람을 상정해보자. 깨달음조차 원하지 않는 사람 말이다. 그녀는 그것을 가졌다! 그녀는 그것이다! 그녀는 자신을 더 발전시키려고 하지 않는다. —그녀는 이미 거기에 있다. 그녀에게는 도덕적인 욕심이 없다. 그녀는 선과 악을 초월해 있다. 그러니 그녀가 무엇을 '행한단' 말인가?

아난다모이 마Anandamayi Ma는 인도의 아름다운 성녀이다. 그녀는 그 자리에서 살고 있었고, 그녀의 행위는 완전히 자유로웠다. 하지만 그녀는 병원과 약국과 학교를 세웠다. 아쉬람과 그 모든 봉사행위를 통해 그녀는 대체 무엇을 행한 것일까? 카르마 요가를 한 것일까? 외면적으로는 그런 것처럼 보였을 수도 있다. 하지만 그녀의 정신, 그녀의 행위의 동기는 완전히 달랐다. 그녀의 동기는 동기가 '없었다'는 점에서 달랐다. 그녀의 행위 뒤에는 어떤 의도도 없었다. 그녀는 그저 다르마의 표현이었고, 자비 자체였다.

그러한 존재, 아난다모이 마나 나의 스승 같은 존재들이 우리에게 보여주는 것은, 행위 뒤에 있는 정신이다. 진정한 스승이란 그 삶 자체가 하나의 선언—모든 것을 초월하면 어떻게 되는지를 그대로 보여주는 하나의 선언인 그런 사람이다. 그리고 스승이 동원하는 모든 겉모습과 행위는, 단지 그것을 보여주는 매개체일 뿐이다. 이런 존재들은 자연의 온갖 힘에 끌려다니지 않는다. 더 이상 몸과 마음과 이성과 감각에 묶여 있지 않고, 오히려 그것을 부린다. 그런 자리에서는 카르마 요가를 '할' 필요가 없다. 그 자신이 카르마 요가의 표현인 것이다.

메허 바바는 말했다. "모든 존재와 의미의 핵심을 꿰뚫는 것, 그리고 그 내적 성취의 향기를 내뿜어 진실과 사랑과 순수함과 아름다움을 세상에 표현함으로써 다른 이들을 인도하고 이롭게 하는 것, 그것이야말로 본질적이고 절대적인 가치를 지닌 유일한 게임이다. 이 밖의 모든 성취와 일은 그 자체로서 아무런 영속적 의미도 갖고 있지 않다."[6]

요가란 에고의 한계를 뛰어넘기 위해서 자신의 모든 능력을 한 점에 집중시키는 훈련이라고 한다. 그런데 카르마 요가란 또 뭔가? 집안일이나 시장바닥의 일이 신께 이르는 길이 되리라고 누가 생각이나 했겠는가?

속세가 우리를 세속적 집착의 거미줄로부터 풀어주는 도구라니! 이 얼마나 기상천외한 뒤집기인가! 갑자기 행위가 우리를 거미줄에 걸리게 하는 것이 아니라 오히려 풀어준다니! 『기타』는 말한다. "자신의 모든 일 속에서 신을 보는 자는 진정 신께로 가리라."

자신의 일을 하나의 영적 수행으로 삼고자 목표를 갖고 시도하는 초기에는, 여전히 집착과 욕망의 자리로부터 그렇게 하기 쉽다. 대자유나 깨달음에 이르고자 하는 욕망도 별수 없이 욕망이기 때문이다. 하지만 우파야 upaya, 곧 '방법'이 먹히기 시작하면, 우리는 이 모든 것의 밑바닥에 깔려 있는 지혜와 이치를 더 깊이 이해할 수 있다. 우리는 자신의 본성과 존재의 이치를 새로운 눈으로 발견하게 된다. 그와 함께, 자신의 삶을 더욱더 객관적으로, 나라는 울타리를 뛰어넘어 이해하게 된다. 나라는 울타리를 뛰어넘는다는 것은, 일에서 발을 뺀다는 것이 아니라 모든 것을 덜 감정적, 덜 세속적인 눈으로 보고, 행위자라는 느낌을 덜 가진다는 뜻이다. 우리는 계속 자신의 삶을 살아간다. 가능한 한 완벽하게, 하지만 점점 더 초연하게. 갈수록 어떤 동기나 욕망 없이 행위하게 된다. 깨달음 같은 고상한 욕망조차 없어진다. 그저 행위하는 것이 다르마이기 때문에 행위한다. 이것이 카르마 요가의 핵심이다.

4
야나 요가*

크리슈나가 말했다. "네 영혼이 믿음을 지니고 있으니 너에게 가장 깊은 비전祕傳을 말해주겠다. 이것은 계시이고 지혜이다. 이것을 알면 너는 죄에서 풀려난다." 이제 무슨 일이 일어나고 있는지를 잘 보라. 크리슈나는 이제 '기법'에 대해 이야기하기 시작한다. 그는 아르주나에게 신께 다가가기 위해 행할 수 있는 요가의 다양한 기법을 가르치고 있다. 이로써 크리슈나는 이 대화의 가장 매력적인 부분을 시작한다. 크리슈나가 이야기하고 있는 '계시와 지혜'는 야나 요가의 길, 곧 '생각하는 마음으로부터 나오는 이해의 길'에 속한다.

우리가 어떤 수행을 하고 있든, 그것을 완전히 이해하려면 크리슈나가 이야기하고 있는 '계시와 지혜'를 적용해야 한다. 우리가 수행에 대해 '생각'하고 '이야기'할 때, 그 생각과 말은 일종의 야나 요가이다. 내가

---

* jnana yoga의 발음법은 간단치 않다. 초기에 국내에 번역될 때는 즈나나로 잘못 표기됐으나 실제 발음은 갸나와 야나의 중간쯤이다. 이 책에서는 람 다스의 강연에서 들리는 대로 야나로 옮겼다.

당신에게 카르마 요가나 박티 요가에 대해 설명하면, 그 설명은 야나 요가의 기법이다. 헌신의 요가를 '이해'하거나 명상을 하는 이유를 '이해' 하거나 만트라를 암송해야 하는 이유를 '이해'하려면, 진실과 비진실을 알아내는 일종의 분별지를 길러야 하는데, 그 분별지를 기르는 길이 곧 야나 요가이다. 명상을 '하는' 것은 명상 수행이고 헌신을 '하는' 것은 헌신의 수행이지만, 그것에 대해 '이야기할' 때, 우리는 야나 요기가 되는 것이다.

살펴보면, 여러 가지 영적 수행법들은 서로 의존적이라는 것을 알 수 있다. 그것들은 독립적이지 않고 서로 손을 잡고 일한다. 힌두교 전통이나 다른 수행 전통들에서도 마찬가지이다. 예컨대 남방의 소승 불교에서 '올바른 이해(지혜)'인 반야般若는 하나의 영적 수행법의 세 측면 중 하나이다. 지계持戒와 삼매三昧가 나머지 둘이다. 지계는 정화 과정이고, 삼매는 마음의 집중이다. 이 세 측면은 일종의 나선형을 그리며 서로 꼬리를 물고 협동작용을 한다. 수행자는 이 세 가지를 반복한다. 이들은 서로를 보완하고 보강해서 한 바퀴씩 돌 때마다 조금씩 올라간다. 그것은 상승작용을 일으킨다.

당신이 이런 책을 집어들었다는 것은, 당신은 이미 상당한 정도의 지혜를 터득했다는 증거일 수 있다. 당신은 눈에 보이는 현실의 게임 너머에 뭔가가 있다는 것을 알아차린 것이다. 그래서 당신은 이 책을 읽고 명상을 시작해보기로 마음먹었을지도 모른다. 그렇지 않은가? 명상을 통해서 마음이 고요해지면, 더 깊은 지혜가 생길 것이다. 그러면 그 깊어진 지혜가 당신 내면의 불순물을 알아차리게 만들 수 있다. 지혜는 그것을 정화하는 작업으로 당신을 안내할 것이다. 당신이 더 순수해지면,

그것이 명상을 더욱 깊어지게 할 것이다. 그리고 명상이 깊어지면, 그것이 더 밝은 지혜를 길러줄 것이다. 이런 식으로 꼬리를 물고 이어진다.

이렇게든 저렇게든, 야나 요가의 모든 행법들은 우리의 지적 능력이나 마음의 여러 수준을 동원하여, 마침내는 마음이 파악할 수 없는 무엇에 다다르게 한다. 그것을 높은 지혜라고 하고, 높은 지혜는 지식과는 전적으로 다른 무엇이다. 지혜는 지식과 비슷하지만, 그보다 훨씬 높은 무엇이 아니라 전혀 성질이 다른 것이다. 지식은 지성의 기능이다. 높은 지혜는 마음과 지성 너머에 있다. 그러므로 높은 지혜야말로 우리가 추구하는 바이며, 그것은 마음 밖에 있다. 하지만 우리는 거기에 다다르는 (혹은 다다른다고 생각하는) 길을 찾아야 하고, 지식과 지성의 길은 그 길들 중의 일부이다.

모든 방법에는 함정이 있다. 그러니 지성을 도구로 사용하는 데에도 난관이 있어 보인다는 말을 일찌감치 해두는 게 좋겠다. 지성은 싯디 siddhi, 곧 요기의 초능력과도 같아서, 모든 능력이 그렇듯이 매우 유혹적이다. 우리가 알고 있는 온갖 매력적인 것들은 우리를 쉽게 유혹할 수 있다. 하지만 아는 것은 지혜가 아니다. 그것은 지식이다. 그리고 무언가를 안다는 유혹은, 결국 우리를 내면이 아니라 바깥으로 데려다 놓는다. 우리는 아는 것의 세계에 갇힌다. 세속적인 지식을 더 많이 끌어모으느라 바빠진다. 자신의 더 깊은 지혜를 여는 대신, 논리적인 마음의 미로 속으로 빠져들어 간다. 그리하여 탈출하기 위해서 손에 잡았던 바로 그 도구가 우리의 함정이 되어버린다. 앎이 있는 곳에서는 언제나 틀림없이 '아는 자'와 '알려지는 것'이 있기 때문이다. 문까지 곧장 달려가서 문을 두드릴 수는 있지만, 자신이 안다는 것을 아는 한, 그 문을 통과할 수는 없다. 문지기가 "미안하지만 안 돼!" 하고 소리친다. 아는 자와 알려지는 것이 하나가 될 때에만 그 '하나'가 문을 지나갈 수 있다. 무엇이든 아는 것이 있는 자는 문을 지날 수 없다. 이것은 지성의 길을 가는 '야나' 요기에게 궁극의 희생은 모든 앎의 포기임을 뜻한다.

이렇게 말하기는 하지만, 어떤 식으로도 지성을 비하하려는 뜻은 없다. 나는 다만 생각이란 것에 대한 우리의 인식을 바꿔야 한다고 생각한다. 지성은 매우 섬세하고 훌륭한 도구이다. 그것은 인간의 강력한 장비이고, 어떤 면에서는 우리의 여행길에 지니고 다니며 쓸 수 있는 가장 훌륭한 도구이다. 다만 그것이 어떤 여행인지를, 그리고 지성은 주인이 아니라 종이라는 점을 철두철미 이해하고 있어야 한다. 그러면 우리는 자신이 찾아낸 온갖 멋진 것들에 매혹되거나 '천기天機를 다 파헤치려는' 에고의 미혹에 빠지지 않고 자신의 지성을 솜씨 있게 부릴 수 있게 된다. 그리하여 마침내 우리는 자기 마음의 포로가 되는 상태를 종식시킬 수 있게 되는 것이다.

지식은 최대한 순수하게, 그리고 강렬하게 집중시켜서 사용하기만 하면 틀림없이 관문을 돌파하게 해준다. 아인슈타인은 말했다. "나는 이성적인 마음으로 우주의 근본법칙을 깨닫게 된 것이 아니다." 그는 분명히 자신의 이성이 고도의 명쾌성에 이르도록 마음을 가다듬었다. 그것은 그를 경계까지 데리고 갔다. 그리고는… 아하! —이것이 바로 지혜가 나오는 곳이다. 지혜는 '아……!' 속에 있다.

이론물리학자인 오펜하이머 J. Robert Oppenheimer는 그런 경계가 과학자를 얼마나 안타깝게 만드는지를 이렇게 표현했다. "예컨대 전자電子의 위치가 변함없느냐고 묻는다면, 우리는 아니라고 대답해야 한다. 전자의 위치가 시간에 따라 바뀌느냐고 물으면, 아니라고 대답해야 한다. 전자가 정지해 있느냐고 물으면, 아니라고 해야 한다. 전자가 움직이고 있느냐고 물으면, 아니라고 해야 한다." 나에게 이것은 마치 라마나 마하리쉬의 수행방법인 '네띠Neti, 네띠. —이것도 아니고 저것도 아니다'와 같이 들린다. 오펜하이머의 말은 너무나 엉뚱하다. 그의 말은, 지성을 끝까지 밀어붙이면, 외부세계에 대한 지식을 이해의 *끄트머리*까지 밀고 나가면, 그것이 우리를 뒤집어서 지성 너머의 지혜로 데려다 놓는다는 것을 보여준다. 하지만 지성을 그런 식으로 사용하려면, 마음이 매우 단련되어 있어야만 한다. 마음이 마치 레이저 빔처럼 문제해결에 완전히 집중되어야만 한다.

당신이 이처럼 연마된 지성을 지니고 있다고 하자. 그리고 그것을 외부 대신 내면으로 돌리고자 마음먹었다고 하자. 그러면 무엇을 하겠는가? 가장 쉬운 일은, 마음을 사용하여 자신이 경험하고 있는 것의 모델을 만드는 것이다. 왜냐하면 모델은 마음이 가지고 놀 수 있는 무엇이기 때문이다. 마음을 내면으로 돌릴 때 거기서 발견하게 되는 것은 누구에게나 같다. 하지만 그것에 대한 묘사는 사람마다 다르다. 그래서 의식의 모델은 전통에 따라 무수히 다양하게 존재한다.

예컨대 우리 문화의 산물인 슬라이드 영사기를 이용한 모델이 있다. 우리는 누구나 슬라이드 영사기가 어떻게 작동하는지를 안다. 광원이 있고 슬라이드를 집어넣으면 빛이 슬라이드를 통과하여 어떤 색깔들이 어떤 형태로 화면에 비추어질지가 결정된다.

이제 잠시 가정을 해보자. 당신은 슬라이드 쇼를 실컷 봐서 이제는 스크린이 어떻게 생겼는지가 궁금해졌다. 문제는, 당신은 슬라이드가

'보여주는 만큼'밖에 스크린을 보지 못한다는 점이다. 슬라이드가 그림으로 꽉 차 있다면, 스크린을 볼 수가 없다. 하지만 슬라이드에 아무런 이미지도 없어서 완전히 투명하다면, 스크린을 제대로 볼 수 있게 될 것이다.

자, 이제 이것을 하나의 모델로 자신에게 적용시킬 수 있다. 자신의 내면에 광원이 있다고 상상해보자. 그것을 아트만이라고 부를 것이다. — 아니면 우리는 지바jiva, 곧 개인이니까 지바트만jivatman이라고 하자. 그것은 당신의 아트만이다. 그것은 우주의 모든 빛 중에서 아주 작은 한 줄기의 빛이다. 그것은 당신의 중심에 있다. 그 중심의 신경생리학적 위치가 어딘지는 따지지 말기로 하자. 그저 그 광원이 당신 내부에 있다고 상상하자. 그것은 모든 것, 곧 온 우주인 백색광을 방사한다. 하지만 당신의 스크린에 무엇이 비추어지는지는 그 빛이 통과하는 여러 겹의 반투명막에 의해 정해진다. 그 막이란 당신의 마음, 생각하는 마음의 막이다. 그 막은 생각과 감각의 욕망과 기분이다. 그것은 당신 인격의 여러 부분들이다. 그것을 아함카라ahamkara, 곧 에고의 구조물이라 부른다. 이것은, 당신이 외부세계에서 발견하는 것은 단지 당신 자신이 만들어 낸 슬라이드의 그림자 쇼일 뿐임을 의미한다.

물론 이것이 새삼스러운 사실은 아니다. 누구나 이런 이야기를 들어보았을 것이다. 이것은 현대 심리학이 흔히 사용하는 비유이다. 심리학자라면 누구나 동기가 인식에 미치는 영향을 증명하는 실험 사례를 열 손가락으로 꼽고도 남을 정도로 열거할 수 있다. 길을 걸어가는데 배가 몹시 고프다면 당신의 눈에는 먹을 것만 보일 것이다. 도넛 가게와 피자 가게만이 눈에 띈다. 반대로 당신이 성욕에 휩싸여 있다면 이성의 몸뚱이만이 눈에 들어올 것이다. 성욕에 빠진 채 길을 걸을 때는 정말 맛있는 피자집이 눈에 들어오지 않는다. 누군가가 "이 근처에 혹시 맛있는 피자집 없나요?" 하고 물으면 당신은 "잘 모르겠는데요…" 하고 대답할 것이다. 물론 당신이 눈독을 들였던 이성들의 몸뚱이에 대해서는 얼마든지 이야기해 줄 수 있을 테지만!

달리 말해, 당신의 욕망이 외부에 '있는 것처럼 보이는 것'을 결정한다. 외부에 '있는 것처럼 보이는 것' 말이다. 외부에 정말 무엇이 '있는지'는 모른다. 당신은 거기 '있다고 생각하는' 것만을 알 뿐이다. 마나스manas, 곧 저급한 마음은 감각의 욕망과 생각에 연결되어 있다. 그것은 이 욕망, 저 생각, 그 감정을 끌어모아서 모자이크 작품을 만들어낸다. 그리고 우리는 그것을 자기 에고의 우주로서 경험한다. 당신이 외부세계에 있다고 생각하는 것, 내가 외부세계에 있다고 생각하는 것, 그것은 모두가 '우리 자신'이다. 우리가 거기, 외부세계에 있다. 우리는 외부세계에 무엇이 있는지 모른다. 만일 우리가 여기에 없다면, 외부에도 아무것도 없게 될지도 모른다… 혹은 또 어쩌면 '있을지도' 모르고. 우리는 그저 모를 뿐이다. 우리는 자신의 불순함 속에 들어앉아서 그 모든 것에 대해 '생각할' 수 있다. 하지만 그 모든 생각은 불순함에 물들어 있을 것이다. 외부세계에 무엇이 '있기를' 바라는 욕망이든, 거기에 무엇이 '없기를' 바라는 욕망이든. 결국 만물의 실상에 근접한 인식을 얻는 유일한 길은 불순함의 정도를 줄이는 것이다. 그리고 바로 이 작업이 사다나sadhana, 곧 수행이라는 게임이다.

우리는 그것을 여러 겹의 동심원으로 상상할 수 있다. 그 동심원의 맨 바깥에는 '외부세계'의 감각 대상이 자리한다. (그런데 이 동심원들

—에고인 아함카라로부터 지능인 마나스, 붓디, 심지어는 아트만에까지 이르는—에 대해 상상할 때, 그것이 고정되고 단단한 것이라는 생각에 갇히지 말라. 그것은 오히려 오펜하이머의 전자와도 같아서 끊임없이 유동하는 에너지 패턴이다. 그것은 일시적으로 단단한 것처럼 '보이게' 하는 강렬함과 명료함은 지니고 있으나, 고정된 것은 아니다.)

그러니까 먼저 감각의 대상이 있고, 그다음에 감각 자체가 있다. 그다음엔 생각, 곧 저급한 마음인 마나스가 있다. 그다음에 아함카라, 곧 에고의 구조물이 있다. 이것은 이 온갖 생각의 패턴들이 지향하는 방향, 혹은 지점으로서, 우리의 주변세계에 대한 우리의 모델을 나타낸다.

그다음의 동심원은 붓디buddhi라고 불리는 '높은 지성'이다. 이것은 우리 본연의 성품 중에서 내면세계의 높은 영역을 이해할 수 있는 유일한 부분이다. 이것은 종종 '제3의 눈'의 지혜와 연결된 것으로 간주되기도 하지만, 사실 붓디는 일종의 '시소'와 같은 속성을 지니고 있어서 양쪽으로 다 갈 수 있다. 즉, 저급한 마음에 빨려 들어가서 세상으로 나가기도 하고 내면으로 돌아와서 빛을, 아트만을, 그 모든 것의 근원을 향하기도 한다. 붓디가 처음으로 외부로부터 내면으로 눈을 돌리면, 내면의 빛을 인식함과 함께 지혜의 동이 터온다. 거기서부터 붓디는 지성을 더 깊은 내면의 탐사에 이용하기 시작한다.

하지만 붓디는 여전히 우리의 개체성의 일부분이다. 그것은 여전히 분리된 '나'를 반영하고 있다. 서양에서는 이것을 영혼(soul)이라고 부른다. 기독교 신비주의 문헌에는 이런 말이 나온다. "너희의 눈이 하나일 때 너희 존재가 빛으로 가득하리라." 그것이 붓디이다. 그것은 아직도 우리의 일부분이다. 하지만 그것은 바로 경계선 위에 서 있다. 그것은 정신과 물질 사이에 있으며, 양쪽을 다 지향할 수 있다.

그다음에, 가장 안쪽의 동심원이 아트만이다. 『바가바탐』*은 이렇게 말한다. "아트만, 곧 신성한 자아는 육신과 별개이다. 이 아트만은 둘 없는 하나이며, 순수하고, 스스로 빛나며, 속성이 없고, 자유로우며, 무소부재하다. 그것은 영원히 주시하는 자이다." 생각해보라. 그것은 바로 지금 당신 내면에 있다. 외부에 있는 것이 아니다. 획득해야 하는 무엇이 아니다. 그것은 이미 거기에 있다! 선가禪家에는 이런 가르침이 있다. "빛나는 보석이 네 손 안에 있다." 그것은 '바깥'의 어딘가에 있는 것이 아니다. 당신은 그것을 이미 가지고 있다. 당신은 이미 그것이다. 다만 당신이 스스로 그것이 아니라고 '생각하고 있는' 것일 뿐이다. 희한하지 않은가?

신약성경에서 누가는 이렇게 쓴다. "바리새인들이 하늘의 왕국이 언제 오느냐고 묻자, 그가 이렇게 대답했다. '하늘의 왕국은 (감각을 통해서) 보이게 오지 않으리니, 사람들이 여길 보라! 저길 보라! 할 수 있는 것이 아니다. 하늘의 왕국은 너희 안에 있기 때문이다.'" 너희 '안에'! 하지만 당신은 그 왕국에서 살고 있는가? 그 내면의 당신과 당신이 자신이라고 생각하는 당신의 사이에는 온갖 생각의 장막이 드리워져 있다. 온갖 색깔과 형상이 슬라이드 필름처럼 빛을 걸러 당신이 경험하는 세계를 만들어낸다.

---

* bhagavatam: 비슈누의 화신들에 관한 이야기를 통해 신에 대한 헌신을 촉구하는 인도의 박티요가 문헌.

우리가 방금 했던 모든 과정, 곧 슬라이드 영사기 모델을 만들고 그것을 종류별로 설명한 것도 야나 요가의 한 형태이다. 우리는 지성을 작동시켜서 모델을 만들었다. 그런데 그 모델은 지성 너머의 것을 가리킨다. 이것이 정확히 야나 요가의 과정이다. 저급한 지능인 마나스를 가지고 공부를 시작한다. 경전을 공부하고, 스승에게서 배우고, 책을 읽고, 수련회에 참가하고, 지식을 끌어모은다. 그것들은 지혜가 아니다. 우리는 그것이 그곳에 다다르도록 도와줄 '수레'에 지나지 않는다는 것을 알고 있다. 우리는 지성을 사용하여 지식을 모은다. 다음 일을 준비하는 것이다. 그런데 '다음 일'의 중요한 부분이 그 모든 지식을 버리는 것임이 밝혀진다. 그것을 놓아버려야 한다. '앎'에 집착해서는 안 된다. 그것은 또 하나의 집착일 뿐이다. 지식은 버릴 수 있는 것이다. 본분을 다했으니 그것을 그만 버리라. 훗날 우리는 그것이 여전히 거기에 있음을 깨달을 것이다. 하지만 그것은 전혀 새로운 방식으로 거기 있다. 우리는 애지중지 부지런히 끌어모았던 멋들어진 그 지식들을 진정으로 놓아버려야 한다. 그러면 결국, 그것과 함께 있을 수 있는 완전히 새로운 방식이 떠오를 것이다.

지식이란 화려한 옷차림과도 같다. 지식은 멋지고, 지식을 과시하는 것은 재미있다. 내가 하버드 대학 교수였을 때, 우리는 둘러앉아서 서로 자신의 지식을 과시하곤 했다. 정말 신나는 일이었다! "난 이런 걸 알아." "그게 어디에 나오는지 아니?" "그럼, 최신 연구논문에서 봤지." 우리의 지식은 '놀라웠다'! 하지만 안을 들여다보면, 나는 내 '앎'과 내 '존재' 사이에 상당한 불일치가 존재함을 알 수 있었다. 지식은 '알' 수 있다.

하지만 지혜는 아는 것이 아니라 그것이 '되어야' 한다. 나는 내가 위선적이고 절망적으로 끔찍하게 무지하다는 것을 알면서도 주변의 모든 사람들에게 내 지식으로써 감언이설을 쏟아냈다. 지혜가 없는 지식은 절망으로 막이 내린다.

사실 어떤 발달단계에서든, 우리는 오직 한정된 만큼의 지식밖엔 써먹을 수가 없다. 그것을 넘어서면 그릇이 넘칠 뿐이다. 우리는 그것을 다 빨아들이지 못한다. 우리 '존재'가 그만큼 성장하지 못했기 때문이다. 세 살짜리 아이가 복잡한 수학공식을 욀 수는 있지만, 그것이 공식을 이해한다는 뜻은 아니다. 사람의 내적 존재와 지식의 수준 사이에는 일정한 균형이 유지되어야 한다. 그래야 그 지식이 유용해진다. 몽테뉴 Montaigne는, 마음속에 너무 많은 지식을 집어넣는 것은 나무에 물을 지나치게 주는 것과 같다고 했다. "온갖 것으로 가득 찬 마음은 자신을 해방시킬 힘을 잃고 그 무게에 짓눌린다."

구르지예프는 말했다. "존재와 어울리지 않는 지식은 클 수가 없고 자신의 진정한 필요에 부합하지 않는다. 그것은 언제나 다른 쪽의 무지를 수반한 한쪽의 지식, 전체에 대한 무지를 수반한 한 부분의 세부적 지식, 본질에 대한 무지를 수반한 견해가 된다."[1] 그는 또 이렇게 말했다. "지식은 한 중추, 사고중추의 기능일 수 있다. 그러나 이해는 '여러' 중추의 기능이다. 사고기관이 무엇을 '알' 수는 있을 테지만, '이해'는 그에 관련된 것을 느끼고 감을 잡을 때만 일어난다." 그의 말은, 지혜를 향해 갈 때 우리는 지성으로부터 직관으로, 무엇에 '대해' 안다는 생각으로부터 만물의 상호연결성에 대한 직감을 향해 움직여간다는 것이다. 직관적 지혜란 어떤 것과 하나가 됨으로써 관념을 초월한 이해를 터득하는 것이다.

그것이 사물을 더 깊게 이해하는 방식이다. 그것이 지혜가 되는 길이다.

알고자 하는 우리의 욕망, 즉 확실성을 확보하고자 하는 욕망은, 직관이 발달하지 못하게 가로막는 하나의 장애물이 된다. 라마나 마하리쉬는 지식과 장애물에 관해 멋진 말을 했다. "배움이 적은 사람들에게는 아내나 자식 등이 가족을 이루지만, 많이 배운 사람에게는 마음속의 무수한 책들이 가족이다. 그것은 요가에도 장애물이 된다."*

라마크리슈나는 말했다. "오로지 두 부류의 사람들만이 자아에 관한 지식을 얻을 수 있다. 배운 것, 다시 말해서 남에게서 빌려온 생각들로 마음이 꽉 차 있지 않은 사람과, 모든 과학과 경전을 연구한 후에 자신이 아무것도 모른다는 사실을 깨달은 사람이 그들이다." 후자는 야나 요가의 길이 제대로 먹혀드는 단계를 가리킨다. 왜냐하면 '아무것도 모르기'야말로 이 길의 다음 단계이기 때문이다. 우리는 배우고 배우고 또 배워서 마침내는 배운 그 모든 것들에도 불구하고 자신이 아무것도 모른다는 것을 깨닫는다. 그것이 바로 우리가 거쳐야 할 길이다. 우리는 지성의 모델을 사용하여 길을 간다. 지성은 그 용도로는 정말 유용하다. 하지만 그 모델에 매달리지 말아야 한다. 그것을 계속 놓아 보내야 한다. 지성이 만들어낸 것들을 놓아버려야 한다. 그러지 않으면 그것들이 길을 가로막는다.

---

* 마하리쉬가 출가와 관련해서 한 말인 듯하다. 요기가 되려면 가족관계에 대한 집착을 끊어야 하는데, 많이 배운 사람은 그가 읽은 무수한 책들이 마치 가족처럼 끊기 힘든 집착의 대상, 곧 요가의 장애물이 된다는 뜻이다.

나의 책 『사랑의 기적 Miracle of Love』에서 나는 노벨 물리학상 수상자인 리처드 파인만Richard Feynman과 점심을 함께했던 이야기를 했다. 그는 나에게 마하라지에 대해 물었다. 그래서 나는 몇 가지 일화를 이야기해 주었는데, 그는 거기에 매혹되었다. 그리고 마하라지가 동시에 두 곳에 나타났던 이야기를 듣기 전까지는 내 말의 진실성을 믿어주었다. 하지만 그 이야기를 듣자 이 물리학자는 반박했다. "그건 불가능해요. 물리학의 기본 법칙상 어떤 것이 동시에 두 곳에 존재할 수는 없어요." 그래서 내가 말했다. "그건 그럴지도 모르지요. 하지만 어떡합니까? 어쨌든 마하라지는 그랬는걸요."

누군가가 나에게 이런 시구를 보내줬다.

자유로워질수록 더 높이 가고
높이 갈수록 더 많이 보고
많이 볼수록 아는 것이 적어지고
적게 알수록 더 자유롭네.

바로 이렇게 되어가는 것이다! 적당한 만큼의 지식을 모으면, 다음 고개 너머를 볼 수 있을 정도가 된다. 그러면 그동안 모은 지식은 더 이상 아무짝에도 쓸모없는 것임을 깨닫게 된다. 그래서 그것을 버린다. 그러면 처음 출발했을 때보다 더 자유로워져 있다.

이렇게 새로운 방향으로 전환하게 되면, 마음속에 쑤셔 놓았던 많은 것들이 우리의 길을 가로막기 시작한다. 앉아서 명상을 하다 보면 그것들이 되쏟아져 나오기 시작하고, 그것을 보고는 그동안 마음속에 그토록 많은 것들을 집어넣어 놓았던 것을 후회하게 될 것이다. 나는 대개 사원에 앉아서 나만의 호흡명상을 하곤 했다. '들이쉬고… 내쉬고… 들이쉬고…… 내쉬고…' 그러면 '원의 면적은 원주율 곱하기 반지름의 제곱', 혹은 '아모 아마스 아마트 amo amas amat'* 따위가 튀어나온다. 집안 청소를 엄청나게 해야 한다는 사실을 깨닫게 되는 것이다. 이제 나는 마음속에 온갖 잡동사니를 주워담는 짓을 하지 않도록 조심한다. 나중에 모두 다시 치우려면 고생이니까.

동양의 전통에는 마음속의 난장판을 청소해주는 기법이 있다. 불교의 심리학 체계라고 할 수 있는 아비담마Abhidhamma는 매우 분석적인 기법을 사용하여 존재의 경험을 탐구한다. 그리고 나서는 바로 그와 동일한 분석 과정을 통해 그 과정 자체로부터 당신을 빠져나오게 해준다. 아주 멋진 과정이다. 기본적으로 아비담마는 정교한 분류체계이다. 그것은 클립을 넣는 곳, 고무밴드를 넣는 곳, 핀을 넣는 곳 등, 작은 서랍이 무수히 달린, 마치 옛날에 사용했던 비둘기집 모양의 수납장과도 같다. 당신이 이런 식의 수납장을 좋아하는 성격이라면, 아비담마는 그야말로 환상적일 것이다. 아비담마의 서랍에 들어가지 않는 것은 없다. 그것은 책상 밑에도, 뒷면에도 온통 작은 공간들이 있고, 비밀서랍도 달려 있는 놀라운 수납장이다.

이 체계의 유용한 점은, 모든 것을 제거할 수 있는 방법을 제공한다는 것이다. 그래서 당신의 마음이라는 수납장 위는 언제나 먼지 한 점 없이 깨끗하다. 그러한 분류체계에 익숙해지면, 비둘기집의 칸칸에 무엇을

---

* 사랑한다는 뜻의 라틴어 동사로서 주어에 따라 어미가 변한다.

집어넣어야 할지를 훤히 꿸 수 있다. 책상 위에 뭔가가 나타나면, 당신의 손이 자동으로 뻗어나가 그것을 제자리에 집어넣는다. 그러면 책상 위는 다시 깨끗해진다. 어떤 생각이나 느낌이 떠오르면, 당신은 '오, 이건 463-2 소속이군.' 하고 비둘기집의 어느 칸에 쓱싹 집어넣는다. 끝! 청소만 하는 것이 아니다. 생각과 느낌에 대한 그러한 관점은 무엇이든 재빨리 객관화하게 해주고, 그래서 경험으로부터 낭만의 거품을 제거해주고, 그럼으로써 '나는 대단한 뭔가를 하고 있는 대단한 사람'이라는 느낌을 없애버리게 해준다.

아비담마는 마음을 다스리기 위해 동양에서 개발된 많은 수행법들 중 하나에 지나지 않는다. 베일 너머에 도달하기 위해 지성을 사용하는 정교한 기법들은 무수히 많다. 그중 하나는 20세기 전반에 남인도에서 살다 간 아름다운 성자 라마나 마하리쉬가 가르쳤던 비챠라상그라함 Vicharasangraham의 방법이다. 그는 흥미로운 과거를 가지고 있다. 라마나 마하리쉬는 열일곱 살이 될 때까지 아주 평범한 남자아이였다. 그는 어떤 수행도 한 적이 없었고, 특별한 영적 전통을 접해본 적도 없었다. 그는 그저 공부에 바쁜 고등학생이었다. 어느 날, 그는 숙부의 집 방 안에 앉아 있었다. 그러다가 갑자기 자신이 죽어가고 있다는 느낌을 강하게 받았다. 그러나 그는 대부분의 사람들이 그러는 것처럼 죽지 않으려고 발버둥치는 대신, 그것을 그대로 받아들였다. ―그는 자신이 죽는 것을 경험했다. 자신의 시신이 화장터로 실려가고 화장되는 모습을 보았다. 그의 몸은 없어졌다. 인격도 떨어져 나갔다… 그때 그는 탄생과 죽음에 속하지 않는 '나'의 강렬한 존재감을 경험했다. 그 경험이 그를 바꿔놓았다.

어떤 경로를 통해서든, 이와 비슷한 경험을 해본 사람이 있을 것이다. 라마나 마하리쉬와 우리 사이의 다른 점은, 그는 돌아오지 않았다는 것이다. 하긴 이건 정확한 사실은 아니다. 사실, 그는 이후 50여 년간 더 머물러 있었다. 하지만 머물러 있었던 '그'는 그 사건이 일어나기 전의 그와는 전혀 다른 존재였다. 말하자면, 그는 자신이 누구라고 하는 습관적인 생각의 덩어리들 속으로 되돌아오지 않았던 것이다.

라마나 마하리쉬의 수행법은 자신에게 끊임없이 "나는 누구인가?" 하고 묻는 것이었다. 그것은 자아탐구의 한 형태이다. 그는 이렇게 썼다. "마음의 진정한 본성을 계속 파고들면, 마음 같은 것은 존재하지 않는다는 사실을 발견하게 된다. 이 같은 지속적인 수행은 진정한 지혜를 얻는 가장 짧은 길이다." 멋진 수행법이다. ―인내심만 있다면! 이것은 엄청난 지성의 훈련을 요하는 자기-앎, 혹은 자아탐구의 방법이다. 그 방법은 다음과 같다. 명상 자세로 앉아서 자신에게 이렇게 물어보라. "나는 누구인가?" 여기에 어떤 대답이 떠오르든, 이렇게 말하라. "네띠 네띠." 이것은 "나는 그것이 아니다, 나는 그것이 아니다."라는 뜻이다. 즉, 자신이 누구라는 자신의 생각들을 뚫고 나가기 위해 생각을 사용하는 것이다. 이렇게 시작한다. 자신에게 "나는 누구인가?"라고 묻고, "나는 이 감각이 아니다."라고 말한다. 그런 다음 각각의 다른 감각들을 하나씩 주목의 대상을 삼는다. 예컨대 귀부터 시작할 수 있다. 귀가 듣는 것을 주목하는 것이다.

당신은 진정으로 귀가 소리를 듣는 일에 주목해본 적이 있는가? 그것은 훌륭한 명상이다. 주의를 내면으로 기울여서, 이를테면, 그 전 과정을 지켜볼 수 있어야 한다. 당신은 음파가 귓구멍을 타고 들어와서 고막을 울리고 달팽이관과 전정기관을 울리는 과정, 에너지가 전달되어 청각신경을 자극하고 신경이 다시 뇌로 신호를 보내는 과정, 그리고 뇌가 신호를 해석하고 거기에 의미를 붙이는 과정을 모두 관찰한다. 우리는 그것을 거의 알아차리지 않지만, 소리가 들릴 때마다 이 모든 과정은 기계적으로 일어난다. 이제 우리는 그것을 알아차리기 시작한다. 듣기를 명상으로 바꿔놓았다. 물러나 앉아서 주의가 점점 더 예민해지도록 가다듬으면서, 이 모든 환상적 여행이 펼쳐지는 것을 지켜보는 것이다.

하지만 이것은 또 하나의 수행법이다. 자아탐구 수행에서는 과정에 마음을 집중하는 대신 귀가 소리를 듣는 것을 알아차리고는 거기서 자신을 떼어놓는다. 즉, "나는 듣는 귀가 아니다. 그것은 내가 아니다." 하고 말하는 것이다. 보는 눈, 냄새 맡는 코, 맛보는 혀, 촉감을 느끼는 피부 등 다른 감각들에 대해서도 이같이 한다. 각각의 경험을 살펴보면서, 그것을 하나의 객관적 대상으로 보고 이렇게 말한다. "나는 그것이 아니다."

각각의 감각으로부터 자신을 떼어놓은 다음에는, 그다음 분류 범주로 넘어간다. 즉, 이렇게 말한다. "나는 이 운동기관이 아니다." —그것은 너의 팔이고, 너의 다리이고, 너의 혀이고, 너의 항문괄약근이고, 너의 생식기이다. 이것들은 인도의 체계에서 운동기관, 혹은 행위기관이라고 불린다. 당신 자신의 이 모든 부분들을 경험하지만, 그때마다 그것을 객관화한다. 그러면 그것은 더 이상 내가 아니다. 그것을 더 이상 '나의 항문괄약근'이라고 생각하지도 않는다. 단지 '저 항문괄약근을 보라'는 식이다.

다음에는 내부기관으로 옮겨가서 똑같이 되풀이한다. "나는 내 심장이 아니다…. 나는 숨쉬는 허파가 아니다…. 나는 소화시키는 위와 장이 아니다." 네띠, 네띠, 네띠.

자신이라고 생각할 수 있는 모든 신체 부분들을 모두 이렇게 하고 나면, 마지막으로 딱 한 가지가 남는다. 그것은 생각하고 있는 마음 그 자체이다. 신체의 모든 부위들은 사라졌다. 당신은 해체되었다. 그리고 남은 것은 생각뿐이다. 그것은 마치 나무에 올라가서 자꾸만 가지로 향해 가다가 가장 가느다란 마지막 가지에 다다른 것과 같다. 남은 것은 오로지 '나'라는 생각과의 동일시뿐이다. 그러면 맨 마지막 말은, "나는 이 생각이 아니다."이다. 당신은 그 마지막 가지를 잘라내어 자유롭게 떨어져 나간다.

이런 훈련에 익숙해져서 조금씩 조금씩, 몸으로부터, 감각으로부터, 감정으로부터, 모든 것으로부터, 그리고 최후의 작은 생각으로부터 자신을 구출해내면, 당신은 최종관문을 통과한 것이다! 지성을 물리치기 위해 지성을 사용한 것이다. 그리고 아트만과 하나가 된 것이다. 하지만 이것을 하려면 '엄청나게' 치열한 수준의 단련이 필요하다! 눈과 귀와 코를 제거하고 호흡계통을 제거하지만, 문득 무슨 소리가 들릴 것이다. 그 순간 당신은 다시 듣는 귀가 되어 있다. 그러면 처음으로 돌아가서 그 모든 과정을 다시 해야 한다. 그래야 그것으로부터 떨어질 수 있다. 그것은 치열한 야나 요가이다. 이것을 해내려면 내면이 매우 고요해야 한다. 하지만 이것은 잘라내는 데는 강력한 기법이다.

마무리를 위해, 한 가지 방법을 더 언급하자. 얼른 보면 이 방법은 우리가 방금 논했던 것과는 모순되는 것처럼 보인다. "나는 이것이 아니다,

나는 저것이 아니다." 하고 모든 것과의 동일시를 하나씩 떼어내는 대신, 모든 것을 자신 속으로 품어 안는 수행을 할 수도 있다. 즉, 경험하는 것마다 "네띠, 네띠" 하는 대신에 "타트 트밤 아시 Tat Twam asi", 즉 "나는 그것이다."라고 하는 것이다. 자신이라고 보는 그것을 확장시키고 확장시켜서, 마침내는 모든 것이 자신 속에 포함되게 하는 것이다.

람 티르타Ram Tirtha라는 이름의 아름다운 성자는 그런 경지가 어떤 느낌인지를 이렇게 묘사했다. "나는 형체도 없고, 경계도 없다…. 공간도, 시간도 초월한다. 나는 모든 것 안에 있고, 모든 것이 내 안에 있다. 나는 우주의 환희다. 모든 곳에 내가 있다. 나는 사트 sat(절대존재), 치트 chit(절대의식), 아난다 ananda(절대지복)이다. 타트 트밤 아시 —나는 그것이다." 그는 내면으로부터, 지금으로부터 말하고 있다. 그는 내면으로 깊숙이 들어가, 자기 자신 안의 그 자리를 체험하고 있다. 그래서 그는 지금 우리가, 우리 '모두'가 누구인지를 말해주고 있다. 우리는 공간과 시간 너머에 있으며, 형체와 경계도 초월해 있다. 그것이 우리의 정체이다. 삿, 칫, 아난다.

이 두 가지 방법 —'네띠, 네띠'와 '타트 트밤 아시' —은 서로 반대극으로부터 나온 것이다. 하지만 이 둘은 결국 같은 곳에서 만난다. 한쪽의 수행에서는 모든 것으로부터 자신을 객관화시키고, 다른 쪽의 수행에서는 모든 것을 품어 안는다. 하지만 그것들은 우리를 같은 곳으로 데려다 놓는다. 텅 빈 상태? 충만한 상태? 모두 같다.

라마나 마하리쉬와 람 티르타의 수행법은 힌두 전통에서 나왔다. 불교, 특히 선불교에서 나온 수행법도 있다. 이것은 마음을 사용하여 마음을 물리친다는 야나 요가 주제의 한 변형이다. 이것은 대부분의 사람들이 들어본 기법으로서, 풀리지 않는 수수께끼, 곧 선의 공안公案(화두)이다. 공안은 지성이 다룰 수 없는 문제를 제기함으로써, 사고과정이 '뒤집혀' 당신을 생각하는 마음 밖으로 튀어나오게 한다.

내가 선 공안에 대해 배우게 된 것은, 희한하게도 뉴욕 엘미라에 있는 베네딕트 수도원에서다. 거기에서 때마침 성자들의 모임이 있었다. 우리는 돌아가면서 서로 자신의 수행법을 가르쳐주고 있었다. 그러던 어느 날 새벽 4시, 나는 스와미 삿치타난다Swami Satchitananda와 스와미 벵케테샤난다Swami Venketeshananda 사이에 앉아 있었다. 우리는 조슈 사사키 Joshu Sasaki 노사 老師에게서 참선공부를 배우고 있었던 것이다. 그는 공안을 사용하는 일본의 한 불교 종파의 매우 엄격한 스승이었다. 맨 먼저 사사키 노사는 우리에게 앉는 법을 가르쳤다. 그것은 엄청나게 까다로운 명상 자세였다. 등을 꼿꼿이 세우고, 손은 이렇게 저렇게 포개어 얹고, 팔은 바깥으로 벌리고, 턱은 끌어당기라는 등…. 매우 긴장되고 경직된 자세였다. 그러고 나서 그는 우리에게 공안을 주었다. "귀뚜라미 소리에 어떻게 네 불성을 깨닫겠는가?"

우리가 해야 할 일은 새벽 4시에, 불쌍할 정도로 불편한 자세로 앉은 채, 그 질문에 대해서 생각하는 것이었다. 우리는 계속 자신에게, "귀뚜라미 소리에 어떻게 네 불성을 깨닫겠는가?" 하고 물어보아야 했다. 끝없이 앉아서 끝없이 생각하는 것이다. 그러다 나중에는 '독대'를 위해 불려 간다. 노사와 따로 만나는 것이다. 이 만남에는 엄격한 형식이 있다. 우리는 들어가서 이마가 땅에 닿도록 여러 번 절을 올린다. 그러고는 제자의 방석에 앉는다. 그는 종과 방망이를 들고 맞은편에 앉아 있다.

그가 묻는다. "박사, 귀뚜라미 소리에 어떻게 당신의 불성을 깨닫겠소?" 그래, 나는 이 순간을 위해서 몇 시간을 수행했지…. 나는 작전을 짰다. 그가 질문을 하면, 나는 마치 밀라레빠가 동굴 앞에 앉아서 우주의 소리에 귀 기울일 때 그랬던 것처럼, 귀 뒤에 손을 대리라. '나는 힌두교를 믿는 유대인이고 그는 일본인 불교도니까, 대답은 티베트 식으로 해주리라. 그러면 최소한 그를 어리둥절하게는 만들 수 있을 테지.' 그렇게 생각하고, 최소한 그를 약간은 놀려줄 수는 있으리라고 기대했다. 그래서 그가 공안을 물었을 때, 나는 귀 뒤에다 손을 갖다 댔다. 그는 종을 들면서 나를 쳐다보더니 "60퍼센트." 하고는 종을 울려 대담을 끝냈다.

물론, 나는 거기서 완전히 빨려 들어가 버렸다. 내 안의 유대인 성취가는 그 나머지 40퍼센트를 기필코 성취해야만 했다!

몇 달 후, 나는 멕시코 산타페의 한 사우나에서 앨런 긴즈버그와 바그완 다스와 한 티베트인 비구니와 함께 목욕을 하고 있었다. 벌거벗고 사우나에 둘러앉으니, 우리는 정말 색깔이 울긋불긋했다. 그때 나에게 전보가 왔다. 남캘리포니아의 볼디산에 있는 사사키 노사의 선원에서 온 것이었다. 거기에는 이렇게 적혀 있었다. "정진 수련회가 시작됩니다…." 날짜가 적혀 있었는데, 이틀 후였다. "연중 수련회 중에서도 가장 힘든 수련입니다. 수련회는 아흐레 동안이며, 당신의 자리가 예약되어 있습니다." 나는 생각했다. '맙소사! 그걸 아흐레나 한다고?' 뉴욕에서 하루 했던 걸로도 질렸는데! 나는 관능의 소굴 속의 사우나에 앉아 있던 참이었다. 거기서 뒹굴면서 두 주를 보낼 작정이었다. 하지만 전보 속의 뭔가가 날 끌어당기고 있었다. 나머지 40퍼센트가 아직도 거기 있었던 것이다….

나는 즉시 전화를 걸었다. "날 생각해줘서 정말 고맙소. 나도 정말 시간을 내서 정진을 해보고 싶소. 하지만 난 초보자이고, 이번 수련은 고급반이라서…" 나는 혹을 뗄 생각이었는데 그쪽에서는 이렇게 대답했다. "아, 당신은 하실 수 있습니다." 그것이 나의 약한 곳을 건드렸다.

다음날, 나는 로스앤젤레스로 가는 비행기에 타고 있었다. 비행기에서 내려 택시를 타고 산으로 올라가서 선원에 도착하자, 검은색 법복을 입은 까까머리 친구가 나와서 물었다. "이름은요?"

"람 다스."

"2층 4호실입니다." 그는 수건과 베개와 검은 법복을 건넸다. 그런 다음 나를 4호실로 안내하고는 말했다. "법복으로 갈아입고 5분 후에 선방으로 오십시오."

"오, 람 다스! 와주셔서 정말 기쁩니다." 하고 맞아주는 사람은 아무도 없었다. 아무리 둘러봐도 내 에고를 만족시켜 주는 것은 눈곱만큼도 찾아볼 수 없었다.

나는 법복을 입고 선방으로 갔다. 내 이름이 적힌 자리가 있었다. 나는 거기에 앉았다. 그들은 앉는 법을 가르쳐주었다. 그러고는 시작했는데… 말이야 바른 말이지만, 그런 일이 미국에서, 그것도 로스앤젤레스에서 50킬로미터도 떨어지지 않은 곳에서 벌어지고 있다는 것 자체가 믿기지 않았다. 일과는 새벽 2시에 시작되었고, 밤 10시까지 이어졌다. 그러니 네 시간밖에 잘 시간이 없었다. 2시에 일어나면, 씻고 선방에 도착하기까지 딱 5분밖에 시간이 없었다.

방석에 앉은 후 종이 울리고 나면, 움직여서는 안 되었다. 꼼짝없이 앉아 있어야 했다. '완벽하게' 그 자리에 가만히! 커다란 죽비를 들고 선방을 왔다 갔다 하는 험한 인상의 사내가 있었다. 근육 하나라도 움직이면 그가 눈치를 챈다. 그리고 내가 앉은 자리로 어슬렁어슬렁 다가온다. 그는 내 앞에 서서 먼저 죽비로 방바닥을 친다. 이제 모든 사람들이 내가 들켰음을 안다. 그가 나에게 절을 하면, 나도 그에게 절을 한다. 왼쪽 앞으로 상체를 기울이면, 그는 죽비로 반대쪽 어깨를 세 번 때린다. 다시 오른쪽 앞으로 기울이면, 왼쪽 어깨를 세 번 때린다. 그런데 그는 정말로 '때린다.' 맞고 나면 15분 동안은 정말 아프다! 그러고 나서 그에게 감사 인사를 하면, 그도 인사를 한다. 나는 다시 좌선 자세를 취한다.

죽비로 얻어맞는 것은 유난히 소란을 피워서도 아니다. 상상해보라. 방금 일어났기 때문인지, 콧구멍에 콧물이 가득하다. 앉아 있는데 콧물이 떨어지기 시작하여, 턱수염을 타고 흐른다… 그래서 코를 훌쩍~ 그러면 어김없이 방망이가 날아온다! 첫날은 그저 '쉬~' 하는 경고로 지나가는데, 둘째 날부터는 가차없다!

화장실에 가야 할 때면, 자리에서 일어나 지키는 비구에게 가서 속삭인다. "화장실에 가야 해요." 그러면 그가 말한다. "좋소, 하지만 빨리 돌아와요!" 그러면 "예." 하고 화장실로 달려간다. 하지만 급한 나머지 나올 게 더 나오질 않는다. 일분일초가 꽉 짜여 있고 통제된다. 그것은 끔찍한 규율이었다.

사사키 노사는 우리에게 공안을 줬다. 우리는 하루에 다섯 번씩 그를 독대했다. 하루에 다섯 번씩, 그를 만나러 간다. 그가 공안을 물으면 나는 미리 끙끙대며 생각해두었던 것으로 대답한다. 첫번째 독대했을 때, 내가 대답을 하자 노사는 다만 "노."라고만 대답하고 종을 쳤다. 나중에는 좀 자상해져서 이런 식으로 대답했다. "오, '박사', '정말' 실망했소. 당신은 이보다는 나을 줄 알았는데!" 이것이 그중 나은 대답이었다.

게다가 산 위는 정말 정말 추웠다. 가끔씩 눈까지 쌓였다. 셋째 날이 되자 나는 정말 아팠다. 끔찍한 감기가 찾아와서 열이 났다. 게다가 허리가 부러질 지경이었다. '나에겐 노사가 아니라 접골사가 필요해!' 하고 생각했다. 나는 완전히 허무맹랑한 망상에 빠져들었다. 확신하건대 그들은 정말 나를 족치기로 작정한 것이 틀림없었다. 나는 이렇게 생각했다. '내 옆에 앉은 녀석은 한 번도 때리질 않잖아. 그런데 프로급 성자인 나는 만날 맞고만 있어!'

다섯째 날, 나는 너무 아프고 화가 치밀어 공안이건 그놈의 귀뚜라미건 뭐건 정말 아무런 흥미도 없어졌다. 이젠 신물이 났다. 독대하는 자리에서 노사가 "네 여차저차를 어찌 아는고?" 하고 물었을 때, 나는 아무 흥미도 없었다. 내가 어찌 알고 있든 그게 무슨 상관이란 말인가? 나는 그냥 이렇게 대꾸했다. "굿모닝, 노사님."

그러자 그의 얼굴이 환해졌다. 그는 함박웃음을 터뜨리며 말했다. "아! 이제야 당신도 선 수행자가 돼가기 시작하고 있구면."

글쎄, 나는 밖으로 나갔다. 발이 바닥에서 붕 뜬 것 같았다. 내가 공안을 푼 것이다! 이 모든 일에, 이 모든 경험에 취한 나머지, 나는 다른 차원계로 튕겨나갔다. 그건 마치 LSD 체험과도 같았다. 나무들이 화염을 뿜어내고 있었다. 보는 것마다 일종의 광채로 싸여 있었다. 어떤 공안이 주어지든, 즉시 대답이 튀어나왔다.

지금 생각하면, 그 모든 것은 단지 또 하나의 지나가는 순간이었다. 나는 잠시 의식이 맑아지는, 소위 작은 견성 체험을 한 것이다. 그러나 여전히 어떤 것에 강한 집착을 가지고 있다면, 습관적인 생각과 사념이 깊이 각인되어 있고 거기에 집착을 놓지 않고 있다면, 강렬한 수행이—참선이든 쿤달리니 요가든 환각제 체험이든 뭐든 간에—잠시 동안은 그런 집착을 떠나게 해줄지 모르지만, 결국은 열이면 열, 이내 옛 습관 속으로 되돌아오고 만다. 물론 아주 약간 달라진 모습으로 돌아온다. 하지만 돌아온다. 변성이 완성되지 않은 것이다. 결혼식에 가긴 했는데 예복을 입지 않아서 쫓겨나온 꼴이다.

그렇긴 해도 씨앗은 뿌려지고, 깨어남은 시작되었다.

우리는 야나 요가의 수행법들에서, 합리적 마음의 길을 통해 합리적 마음 밖으로 탈출할 수 있게 해주는 도구들에 대해 살펴보았다. 흥미로운 대목은, 그것들은 지성을 사용하여 지성의 지배로부터 자신을 해방시킬 수 있도록 용의주도하게 고안된 수행체계라는 것이다. 교묘하지 않은가?

이런 기법들, 야나 요가의 수행법들을 따라 마음을 내면으로 돌리기 시작할 때, 지성과 지식이 우리에게 가져다주는 것은 우리 내면에 빛, 혹은 순수 의식, 혹은 만물의 이치에 대한 앎이 있다는 느낌이다. 그것은 원래부터 우리 안에 있던 것이다. 그러니까 그것은 뭔가 새로운 것을 얻는 것이 아니라 그저 더 이상 필요하지 않은 것들, 우리의 길 앞에 끼어드는 것들을 모두 버리는 것에 관한 일이다. 이것을 한번 알아차리면,

우리의 온 삶은 우리와 의식(awareness) 사이에 드리워져 있는 장막을 걷어내는 과정이 된다.

우리를 갈라놓는 것이 무엇이든 그것을 제거하고자 하는 열망은 우리로 하여금 내면의 직관의 소리에 귀를 더 기울이게 만든다. 그 소리야말로 우리가 해야 할 일의 단서가 되기 때문이다. 우리는 퀘이커 교도들이 말하는 '내면의 아주 작은 소리'인 직관의 나지막한 속삭임에 귀를 기울이기 시작한다.

그렇게 초점을 바꿈으로써, 지식에서 직관으로 주의를 돌림으로써, 우리는 사실상 우주와 우리 자신의 관계를 송두리째 바꾸게 된다. 지식은 객관적인 것이다. 우리는 무엇에 '대한' 지식을 가지고 있다. 우주와의 직관적인 관계는 객관적인 것이 아니다. 그것은 '주관적인' 관계이다. 우리는 그 속에 모두 함께 있다. 그리고 그것은 아트만을 묘사하는 표현인 '일체성'의 개념에 매우 가깝다.

내가 처음으로 일체성의 내적 느낌을 경험한 것은, 처음으로 실로시빈을 복용했을 때였던 것 같다. 그 체험 도중 나는 '객관적 지식을 아는 자'의 시각, 온 우주를—나 자신마저!—내 밖에 있는 대상으로 바라보는 시각으로부터 팽개쳐져 나왔다. 환각버섯을 먹으면 모든 것이 주관적인 것, 내부의 문제가 되어버린다. 이 내적 진실의 체험이 너무나 강렬해서 그 순간으로부터 아직도 돌아오지 않고 있는 나의 부분이 있을 정도이다.

물론 나의 많은 부분은 돌아왔다. 좌선 이후에 그러는 것과 마찬가지로 며칠이 지나자, 그 모두가 어떤 사건에 대한 또 하나의 기억, 채집된 또 한 마리의 나비에 지나지 않게 되었다. 그러나 기억이 희미해지기는 했어도 체험 자체는 너무나 강렬한 실재감을 지니고 있었기 때문에 완전히 잊혀질 수는 없었다. 그 같은 돌파가 일어나고 나면, 문자 그대로 우리는 이전과 결코 같지 않다. 그때부터 우리는 생각하는 마음속에 갇히게 하는 것들을 모조리 제거하는 길로서, '거기에' 다다르는 길로서, 삶을 살아가게 된다. 그리고 이를 위해 사용할 도구를 찾기 시작한다. 세상 속의 행위를 카르마 요가로 사용하고, 우리의 강점인 생각하는 마음의 능력을 장막을 걷어내는 기법으로 활용한다.

이 모든 방법들이 작용하기 시작하면, 그것은 우리를 그 수행체계를 만들어낸 합리적 마음의 바깥으로 데려다 놓는다. '이것이' 크리슈나가 이야기하고 있는 '계시와 지혜'이다. 끊임없이 우리를 훑듯이 쓸어가고 있는 사념과 감각의 홍수로부터 벗어나서 다시 내면으로 돌아오는 일, 아트만으로 돌아오는 일 말이다. 그리고 그것을 할 수 있을 때, 우리는 자신의 정체에 관한 그 모든 슬라이드 그림자 너머를 볼 수 있게 된다. 습관적인 사념의 덧칠을 꿰뚫어볼 수 있게 되면, 우리라는 존재가 모두 하나라는 사실을 발견하고 놀라게 된다. 우리는 그 모든 것이 내적인 문제임을 깨닫는다. 그 모든 것은 신이 신과 함께 추는 춤일 뿐임을 깨닫는다.

5
브라흐만

우리는 크리슈나가 아르주나에게 일러준 두 가지 수행법, 곧 카르마 요가와 야나 요가에 대해 이야기했다. 우리는 그것들을 우리가 가고 싶어 하는 어떤 곳에 다다르기 위한 수단으로서 생각했다. 하지만 우리가 가려고 애쓰는 '그곳'이란 대체 어디인가?

이번 장에서는 '그곳'에 대해 이야기하고자 한다. 우리가 브라흐만이라고 부르고 있는 그것에 대해서. 그것은 '내면의 빛'이며 '우주의 유일자'이다. 하지만 여기에는 흥미로운 난점이 있다. 우리는 본질상 말로 표현할 수 없는 것에 대해 말하려 하고 있다는 것이다. 그것에 이름을 붙이는 것조차, 그것을 브라흐만이라고 부르는 것조차, 형상 없는 것에 형상을 부여하려는 짓이다. 형상을 취하는 순간, 그것은 더 이상 형상 없는 것이 아니다. 람 티르타는 "신을 정의하는 것은 신을 가두는 짓이다."라고 말했다. 흥미로운 곤경이다.

우리는 지금, 스스로 생각 덩어리를 붙들고 있는 자신을 그 집착으로부터 구출해내려 하고 있다. 그런데 우리가 목표로 하는 그것에 대한 묘사

또한 또 하나의 생각 덩어리에 지나지 않는다. 브라흐만에 대한 그 어떤 꼬리표도 다 틀렸다. 그 어떤 형상의 부여도, 텅 빔이나 공空과 같은 미묘한 개념조차도 틀렸다. 티베트의 염불처럼, 그것은 '가테가테 파라가테 파라삼가테', 곧 '갔도다(gone), 갔도다… 저 너머로 갔도다… 너머라는 개념마저 넘어서 갔도다'*라는 뜻이다. 그것이 브라흐만이다.

라마크리슈나는, 인간의 혀로 (말로) 오염될 수 없는 유일한 것은 브라흐만이라고 말했다. 왜냐하면 브라흐만의 본성은 말로써 표현될 수 없기 때문이다. 그것에 대해 이야기할 수는 있지만, 그것은 한 차원에서 다른 차원의 어떤 것에 대해 이야기하고 있는 것이며, 그 차원은 그 본질상 '말로써 할 수 있는' 그 어떤 것과도 완전히 다르다. 이름이나 말은 그것을 가리키는 손가락은 될 수 있지만, 그것의 정의가 될 수는 결코 없다.

(그런데 『기타』에서 '브라흐만'이라는 말은 두 가지 다른 방식으로 사용된다. 신의 두 가지 측면을 가리키는데, 하나는 형상 없는 측면이고, 다른 하나는 형상을 창조해내는 측면이다. 같은 말이 양쪽에 다 쓰인다. 그러니 우리는 그것을 어느 쪽으로 쓸 것인지를 구별해야 한다. 이 장에서 우리는 브라흐만의 형상 없는 측면에 관해서만 논할 것이다.)

브라흐만이라 불리는 그것을 정의할 수는 없지만, 그것에 대한 여러 가지 묘사 속에 몰입함으로써 그 체험에 다가가 볼 수는 있을지도 모른다. 모든 전통 속에는 그 차원을 방문해본 신비가들이 있었고, 그들은 그것을 어떻게든 표현해보려고 시도했다. 브라흐만을 관념화할 수는 없어도,

---

* 흔히 '가세 가세 피안으로 가세…'로 번역되고 있지만, 빠알리어로 가테(gate)는 영어로 gone의 뜻이다.

마음은 그런 묘사들을 통해 그것을 상상해봄으로써 그 언저리에서 놀아볼 수는 있다.

그런 종류의 신비 경전 중 하나가 『도덕경』이다. 『도덕경』은 그 경험을 매우 순수하고 아름답게 표현했다. 『도덕경』은 다른 전통에 속한 것이므로 '브라흐만'이라는 말을 쓰지 않지만, 우리는 정확히 동일한 것을 가리킨다는 사실을 알 수 있다.

『도덕경』이 쓰이게 된 사연을 담은 이야기가 있다. 아마도 이것은 떠도는 이야기일 것이다. 나는 이것이 사실이었는지 의심스럽기는 하지만 그래도 재미있는 이야기이다. 이야기인즉슨, 북경의 서고를 관리하던 사람이 죽을 자리를 찾아 고향으로 가고 있었다. 그는 무척 늙었다. 그가 일하던 곳을 떠나 고향이 있는 지방의 경계에 다다랐을 때 위병이 그를 불러세웠다. "이 경계를 지나려면 통행료를 내야 하오!" 그러자 노인이 대답했다. "난 가진 게 아무것도 없는데 어떻게 통행료를 낼 수 있겠소?" 그러자 위병이 말했다. "그래요? 당신은 무슨 일을 하고 살았소?" "나는 서고지기였소." 그러자 위병이 말했다. "그럼 저기 나무 밑에 앉아서 뭐든 당신이 배운 것을 적어 보시오. 그것을 통행료로 쳐주리다." 그래서 노인은 나무 밑에 앉아서 『도덕경』 81장을 적어 내려갔다고 한다.

여기 그 14장이 있다. "보아도 보이지 않는 것을 이름하여 교묘함이라 부르고, 들어도 들리지 않는 것을 이름하여 희귀함이라 부르고, 잡아도 잡히지 않는 것을 이름하여 미묘함이라 부른다. 이 세 가지는 그 모든 분석과 답의 너머에 있는 하나로 융합된다. 그것은 위로 떠도 밝지 않고, 아래로 져도 어둡지 않다. 그것은 태초 이전에 존재했던 이름 없는 경지까지 멀리 뻗쳐 있다." 이것이 브라흐만의 요체를 표현해볼 만큼 다가갈 수 있었던 어떤 이가 쓴 글이다.

자네쉬와르Janeshwar도 그런 글을 남겼다. 그는 흥미로운 사람이었다. 그가 엉터리가 아니냐는 의문이 제기되었던 때가 있었다. 그를 가짜라고 비난하는 사람들이 그를 시험해보러 왔다. 그들은 그에게 베다의 어려운 구절을 외워보라고 했다. 그러자 자네쉬와르는 "그거? 그야 말 못하는 짐승들도 할 수 있지." 하고는 마침 마당에 서 있던 물소에게 걸어가더니, 물소에게 베다의 구절을 외게 했다. 그것은 매우 확실한 증거였다.

자네쉬와르가 브라흐만을 묘사한 글은 매우 시적이다. 그는 말한다. "브라흐만은 변화무쌍한 형상으로 존재하나 변하지 않는다. 그는 마음과 감각기관을 지니고 있는 듯하나, 설탕 덩어리의 단맛이 그 형상 속에 있지 않듯이, 마음의 성질과 감각기관은 브라흐만이 아니다. 그것은 지식이며, 동시에 아는 자이며, 또한 알려지는 것이며, 목표에 닿게 하는 그것이다."[1]

한 수피 신비가도 이와 비슷한 이미지로 브라흐만을 묘사했다. "순례자와 순례와 순례길은 모두가 나를 향해 가는 나 자신이었다. 그 도착점은 내 집의 문 앞에 선 나 자신에 다름 아니었다."[2]

라마나 마하리쉬는 말했다. "해탈에는 무상해탈無相解脫과 유상해탈有相解脫이 있다고들 하는데, 해탈의 이 두 가지 형상조차 사라져 없어지는 것만이 유일하게 진실된 해탈이다."[3]

서양 과학계의 '신비가'들도 이런 체험에 대해 그들 나름의 합리적 견해를 가지고 있다. 70년대 후반, 존 릴리John Lilly와 앨런 왓츠가 주최한 한 학회에서 우리는 스펜서 브라운G. Spencer Brown을 만날 기회가 있었다.

스펜서 브라운은 영국 출신의 다재다능한 친구였다. 그는 옥스퍼드 대학의 연구원이었고, 체스 고수였으며, 스포츠 기고가였다. 그는 또 기술회사를 소유하고 있었고, 영국철도회사에 고용되어 컴퓨터 프로그램을 짜고 있었다. 그것은 터널로 진입한 차량의 바퀴 수와 터널에서 나온 바퀴 수가 같은지를 계산하는 프로그램이었다. 브라운은 프로그램을 짰고, 그것은 잘 작동했다. 그런데 그는 문제를 풀 때 허수虛數를 사용했다. 국영철도회사 담당자들은 이 사실을 알았을 때, 심기가 불편해졌다. 그들에게 차량이란 너무나 실질적인 대상이었기 때문이다. 그래서 브라운은 그들을 만족시켜주기 위해 논리적 순서도를 하나 짜기 시작했다. 그것은 터널을 들어갔다가 나오는 열차 바퀴를 역추적해서 그것이 어디가 되었든 맨 처음의 시초까지 거슬러가는 것이었다.

그래서 그는 한없이 거꾸로 거슬러 올라가다가 우주의 태초까지 갔고, 거기서 그는 『형상의 법칙 Law of Form』이라는 책을 썼다. 하지만 그 책에서 그는 철도회사와 했던 방식 대신에 다른 방식을 시도했다. 그래서 그는 첫 페이지에서, "태초에는 아무것도 없다. 당신이 맨 먼저 해야 할 것은 '분별'하는 것이다."라고 썼다. 그는 분화된 상태와 분화되지 않은 상태를 분별하기 위해 페이지의 한가운데다가 줄을 그어놓았다. 그것이 최초의 행위이다. 일단 그렇게 둘로 갈라놓고, 그는 몇 가지 가정을 덧붙여서 그 위에다 온 우주를 지어냈다.

그런데 그는 주석란에—매우 흥미로운 주석이다—이렇게 썼다. "물론 최초의 분별을 하기 위해서는 '이것'과 '저것'을 분별하기 위한 일정한 가치체계를 가져야 한다. 예컨대 어둡다/밝다, 낫다/못하다, 오른쪽/왼쪽 등으로 말이다. 그리고 물론 최초의 분별 이전에는 그것이 근거할 가치체계가 존재하지 않았으므로, 사실 최초의 분별은 일어난 적이 없다. 그래서 이 책은 최초의 분별이 일어났다면 존재했을 우주를 묘사하기 위해 쓴 것이다." 글쎄, 당신이 이 주석 내용을 소화할 수 있다면, 당신은 이미 브라흐만의 문 안으로 들어선 것이다. 당신이 막혀 있다면… 아! 이것이 바로 당신의 현주소다. — 집착.

다시 『기타』로 돌아가서, 13장에 브라흐만에 대한 묘사가 있다. "이제 내가 그대에게 지혜의 끝을 말해주마. 사람이 이것을 알면, 그는 죽음을 초월한다. 그것은 브라흐만, 곧 시초가 없는 지고자이다. 있는 것 너머에서, 있지 않은 것 너머에서… 그로부터 파괴가 비롯되고, 그로부터 창조가 비롯된다. 그는 모든 빛들의 빛으로, 모든 어둠을 초월하여 빛난다."

힌두교에서, 브라흐만 상태로 들어가기 위해 사용되는 표현은 치타 브리티 나로다 Chitta vriti naroda, 곧 마음 회전의 멈춤이다. 그것은 온갖 모양과 크기의 파도가 일고 있는 대양의 이미지이다. 파도는 사념이다. 느낌, 성격, 감각 데이터, 생각… 파도는 꼬리에 꼬리를 물고 일어난다. 그러다가 파도는 점차 잠잠해져 물결이 된다. 물결도 점점 더 잔잔해져서, 마침내는 넓고 고요한 대양이 된다. 바로 거기에서 물결이 일어났다가 잦아든다. 이 고요하고 무한한 대양이 브라흐만의 이미지이다.

이런 존재의 상태를 개념화하려고 할 때 부딪히는 문제를 알겠는가. 인도의 성자 라마크리슈나는 줄곧 매우 높은 경지의 삼매에 몰입해 있곤 했다. 그의 몸에서 광채가 뿜어 나오는 사진도 있다. 그는 언제나 자신의 체험을 제자들과 공유하고자 했고, 그 상태가 어떤 것인지를 이야기해 주려고 애썼다. 그는 이렇게 말했다. "지금 샥티shakti, 곧 쿤달리니가 올라온다. 세 번째 차크라로 올라왔다. 그 느낌은 이렇다." 그리고 그는 그 경험을 묘사하곤 했다. "이것이 네 번째 차크라인 아나하타로 올라오면 이런 것을 경험한다. 그리고 다섯 번째 차크라에서는 이런 것을 경험한다. 그리고 여섯 번째로 올라오면…" 그러다가 그는 삼매에 빠져든다. 그의 몸은 그 자리에 선 자세에서 빛을 발했지만, 그는 다른 어딘가에 있곤 했다. 그의 제자 한 사람은 이렇게 적었다. "그의 몸이 죽은 사람의 것과 다른 점이라고는 생명의 온기를 지니고 있고 감각이 그에게 느껴진다는 것뿐이었다. 하지만 그의 의식은 전혀 다른 어딘가에 가 있었다." 그러다가 얼마 후에 라마크리슈나는 내려와서 다시 시작하곤 했다. "그것이 세 번째로 올라간다… 그리고 네 번째, 그리고 다섯 번째…" 그러고는 다시 가버린다. 서너 번쯤 이런 식으로 간 후, 그의 뺨에는 눈물이 흘러내린다. 그는 말했다. "정말 이야기해 주고 싶지만 성모께서 허락하지 않으신다." 그것의 본질은 표현될 수 없는 것이기 때문에 그는 이야기하지 못한 것이다.

라마크리슈나는, 브라흐만과 합일하고 그것에 대해 세상에 전하는 것은, 바다의 깊이를 재려고 소금인형을 바닷속으로 드리우는 것과 같다고 말했다. 내려가는 동안 인형은 완전히 녹아버릴 것이고, 그러면 그 깊이를 전해줄 수가 없다. 그것이 라마크리슈나가 부딪힌 어려움이었다.

라마크리슈나는 그것을 묘사할 수 없었지만, 대신 그것이 될 수 있었다. 그 속에서 자신을 잃어버릴 수 있었다. 그것을 전할 수는 없었지만, 그것이 어떤 것인지 체험할 수는 있었다. 한 제자가 라마크리슈나의 삼매를 묘사해보기로 했다. 그는 이렇게 썼다. "그 환희로운 황홀경 속에서 감각과 마음은 작용을 멈췄다. 몸은 송장처럼 미동도 하지 않았다. 우주는 그의 시야에서 멀어져갔다. 공간 그 자체도 녹아 없어졌다… 남은 것은 오로지 현존뿐이었다. 영혼은 참자아 속에서 자신을 잊어버렸다. 모든 이원적 개념, 주관과 객관은 말살되어 버렸다. 한계가 사라지고, 한정된 공간은 무한공간과 하나였다. 말을 넘어, 경험을 넘어, 생각을 넘어, 라마크리슈나는 브라흐만이 되어버렸다."

힌두교도들이 '브라흐만이 된다'고 말하는 그것을 불교도들은 열반이라고 한다. 이는 '촛불을 끈다'라는 뜻이다. 이 상태에서는, 자신에 대해서 알고 있는 모든 것이 마음으로부터 완전히 떨어져 나간다. 남아 있는 것은 그윽하고 완벽한 충만감이다. 신비주의 철학자인 프랭클린 메릴 울프 Franklin Merrill Wolfe가 '완전한 만족의 상태'라고 표현한 그런 상태이다. 이것은 믹 재거* 식의 만족 개념은 아니다. 그것은 그가 얻을 수 없는 종류의 것이다. 이것은 삶에서 당신에게 만족을 주었던 모든 것의 '정수'와도 같다. 그것은 완전한 충분함, 완벽함, 온전한 평화이다. 그것은 하늘에 떠 있는 커다란 아이스크림콘과 같은 것이 아니다. 그것은 결코 오래 만족을 줄 수가 없다. 온전한 충족을 주는 것은 하늘에 떠 있는 커다란 아이스크림 콘의 '정수'이다.

브라흐만은 어떤 '경험'이 아니다. 무언가를 경험하려면, 우리는 그것으로부터 분리되어야 한다. 우리는 브라흐만의 상태에 도달하기 위해서, 그 속에 자신을 잠기게 하기 위해서, 카르마 요가나 야나 요가 같은

---

* Mick Jagger: 록밴드 롤링스톤즈의 리더. 복잡한 여성 편력과 오만함으로 유명함.

기법을 사용한다. 명상 수행은 생각하는 마음을 가라앉히기 위해서 맨 먼저 흔히 사용하는 방법이다. 명상이 깊어질수록 여러 가지 체험을 하게 되는데, 그중 하나는 텅 비어 있는 경험이다. 그것은 매우 인상적인 경험일 수 있지만, 브라흐만은 아니다. 브라흐만일 수가 없다. 왜냐하면 경험은 브라흐만이 아니며, '텅 빈 경험'은 또 다른 경험일 뿐이기 때문이다. 브라흐만은 '경험'의 영역 밖에 있다.

나는 개인적으로 환각제를 사용하는 요가를 통해서 앞서 언급했던 종류의 상태들을 접해봤다. 환각 체험은 실재의 아스트랄* 판版에 지나지 않을 수도 있다고 보지만, 최소한 이런 것들이 어떤지에 대한 맛은 보여주었다. 그것은 존재의 다른 상태들에 대해 약간의 감을 잡게 해주었다. 티모시와 내가 함께 살면서 LSD를 복용했던 매사추세츠주 뉴턴의 우리 집 뒤쪽 명상실에서 겪었던 몇 가지 체험을 나는 아직도 생생히 떠올릴 수 있다. 서너 시간 동안 (나중에 돌아와서 확인한 시계의 시간으로) 우주는 없었다. 우주가 없다는 경험조차 없었다. 그럼에도 그것은 비어 있지 않았다. 그것은 모순적이다. 하지만 모든 것이 모순이다. 왜냐하면 브라흐만은 모든 것을, 만물을 포함하기 때문이다.

그런 체험들 중에서 재미있는 이야기를 들려주겠다. 방금 말했던 명상실은 별난 곳이었다. 우리는 거실에다가 가짜 벽을 만들고 그 뒤에 명상실을 꾸몄다. 그 방은 문도 달려 있지 않아서 마치 없는 것 같았다. 그 방으로 들어가려면 부엌에서 지하계단으로 내려가서 다시 사다리를 타고 올라간

---

* 아스트랄(astral): 신비주의 용어로, 물질계 너머의 차원계들 중 물질계와 가장 가까운 감성과 느낌의 차원을 가리킨다. 그 위에는 이성과 생각의 차원인 멘탈계(mental plane), 그 모두의 근원의 차원인 근원계(causal plane) 등이 있다.

뒤 명상실 바닥의 뚜껑문을 열고 들어가야 했다.

언젠가 거기서 LSD 여행을 했을 때의 일이다. 여행이 끝나고 다시 내 몸속으로 돌아온 뒤, 나는 사다리를 내려가서 지하실을 지나 부엌 계단으로 올라왔다. 거기에는 그 전날 우리 집에 도착한 한 여자가 있었다. 그녀는 남부에서 버스를 타고 북부로 일자리를 구하러 왔다. 그녀는 우리 집으로 와서 일을 시작할 작정이었다. 내가 지하실에서 올라왔을 때, 그녀는 부엌에 앉아 커피를 마시던 중이었다. 그녀는 나를 흘끗 바라봤는데, 그 순간 혼이 나가 버린 것 같았다. 왜냐하면 곧바로 커피잔이 공중을 날더니 그녀가 달려와서 내 발밑에 엎어졌기 때문이다. 그것이 또 나의 혼을 빼놓았다. 상상해보라. 완고하고 보수적으로 생긴 50대의 여자가 내 발밑에 엎드린 모습을. 나는 방 밖으로 도망갔다. 나중에 그녀가 말하길, 내가 계단을 올라왔을 때 보았던 것은 온통 황금빛 광채뿐이었다는 것이다. (아시다시피 그 시절에는 정말 질 좋은 LSD를 구할 수 있었다!)

그때 일어난 상황을 내가 이해한 바는 이러하다. 내가 그 체험에서 들어간 것이 브라흐만과 비슷한 그 어떤 상태였는지 아닌지는 알 수 었지만, 어쨌든 그 상태는 그 여자의 마음에 모종의 충격을 주어서 그녀를 영적 여행의 다음 단계로 떠밀어주었다는 것이다. 그녀에게 그런 자극을 주기 위해 내가 도구로 쓰인 것 같았다. 그것이 내가 그 경험을 해석한 방식이다. 나는 그것을 개인적인 일로만 받아들이지 않았다.

하지만 중요한 것은, 그런 어마어마한 체험을 하고서도 다시 내려와 버렸다는 것이다. 우리를 이 세상으로 잡아끄는 무엇이 (그것이 욕망이건 갈애건 집착이건 간에—심지어 그것이 무엇을 '알고자 하는' 욕망일지라도) 우리 안에 남아 있는 한, 그 브라흐만 상태는 이내 사라져버린다. 우리는 기존의 현실을 이런저런 종류의 에너지로써 뒤덮을 수 있고, 잠시 그것의 맛을 경험해볼 수 있으며, 그런 일은 유용하다. 하지만 우리의 습관적 사고패턴이 다시 자신을 주장하고, 우리는 다시 옛 모습으로 되돌아온다. 내가 그 상태에서 오래 머물러 있기에는 아직도 내 속에서 끌어당기는 것들이 너무 많았던 것이다.

브라흐만의 체험에 더 가까워질 수 있도록 브라흐만에 대한 묘사를 몇 가지 더 듦으로써 그 이미지를 우리 안에 채워넣어 보자. 각 구절들은 말로 형용할 수 없는 브라흐만의 체험을 묘사해 보려는 몇몇 신비가들의 시도이다.

지금의 우리에게는 이런 묘사들이 매우 모호하고 현실과 동떨어진 것처럼 들릴 수도 있다. 그것이 우리 자신의 것이 되려면, 그 뼈가 살을 입게 되려면, 거기에다 우리 자신의 경험으로 옷을 입혀야 한다. 다른 사람들이 브라흐만에 대해서 말한 것을 듣기만 해서는 결코 만족할 수 없다. 그것을 스스로 느껴봐야 한다.

물론 그것에 대해 듣는 것도 그 나름의 의미가 있다. 우리는 그럴듯하다고 느끼는 지점에서 공명할 수 있다. 우리가 스스로 자신이라고 생각하는 것과는 다른 무엇이 우리의 진정한 정체일지도 모른다는 것을 '실감'하게 되는 바로 그 지점에서. 이 실감이 우리에게 믿음을 심어준다. 우리가 '실감'을 느끼는 바로 그곳에서 믿음이 생겨난다. 그리고 그 믿음은 우리로 하여금 우리 자신의 쿠루크셰트라 전투에 나가 싸우기로 마음먹게 하고, 실제로 발을 내딛게끔 만든다.

우파니샤드는 말한다. "보는 자, 유일한 그것은 이원성 없는 대양이다. 이것은 지고의 길, 가장 고귀한 상賞, 가장 높은 세계, 가장 귀한 축복이다. 이 축복의 한 귀퉁이에 의지하여 뭇 존재들이 살아간다."

불심을 묘사하는 불경의 한 구절은 말한다. "형상과 느낌과 지각과 감각과 습관적 성향과 의식으로부터 해방된 그는, 대양처럼 깊고 측량할 수 없으며 상상할 수 없다."

중국의 3대 조사 승찬은 그 경험을 이렇게 썼다. "이 자연의 세계에는 나도 없고, 나 아닌 것도 없다. 이 세계의 실재와 몸소 어울리려면, 의문이 일어날 때 그저 이렇게 말하라. '불이不二'. 이 불이 속에서는 그 어떤 것도 떨어져 있지 않다. 언제 어디서든, 그 어떤 것도 분리되어 있지 않다. 도道는 언어 너머에 있다. 그 안에는 어제도, 내일도, 오늘도 없다."

나는 과학적 전통에 뿌리를 둔 서양인이어서, 물리학 모델 속에서 발견되는 브라흐만의 반영에 더 끌린다. 그것은 내 안에 있는 야나 요기에게 더 큰 호소력을 발휘한다. 이 모델은 우리가 물질의 미세한 단위로 자꾸 자꾸 들어가면 우리의 몸처럼 보이는 것, 혹은 이 책이나 공기나 화성처럼 보이는 것들이 모두 미세한 에너지 단위로 변한다고 설명한다. 그리고 이 극미한 에너지 차원(오펜하이머의 말처럼 이것, 혹은 저것이라고 부를 수 없고 다만 이런 혹은 저런 종류의 에너지라고 할 수 있을 뿐인 차원)까지 내려가면, 우주 만물은 바로 이것으로 만들어져 있으며, 매 순간 그것은 완벽히 서로 맞바꾸어질 수 있다. 나의 전자는 당신의 전자나 별의 전자와 분리할 수 없다. 모두가 완전히 동일하다. 그리고 그 모든 것은 상호연결되어 있다.

우스운 것은, 우리가 그것의 분리된 일부분으로 존재하는 일에 더 이상 집착하지 않게 되면, 우리는 그 모두의 일부가 된다는 사실이다. 그때 우리는 그 주체로서 그 '모든 것'을 알게 되며, 모든 곳에 동시에 있게 된다. 왜냐하면 우리는 더 이상 분리성에 의해 시공간 속의 한 점에 붙박여 있지 않기 때문이다. 형이상학이 그렇게 말하고, 물리학이 그렇게 말한다. 내 내면의 모든 수행 경험이 그렇게 말한다. 마하라지가 늘 들려주던 경구도 그렇게 말한다. "수브 에크Sub ek (모두가 하나다). 람 다스, 모르겠어? 모든 게 하나야. 수브 에크!"

모두가 하나인 그곳에 머물 때, 그곳의 속성은 지복의 느낌이다. 프랭클린 메릴 울프의 말을 빌자면, '지극한 만족 상태'이다. 그는 미국 과학자 타입의 흥미로운 인물이다. 그는 캘리포니아 론스타에 있는 작은 오두막에서 아내와 함께 살았다. 40대 초반이었던 1937년에 그는 이런 체험을 했다. 그는 오두막 안에서 명상을 많이 했다. 그는 이렇게 썼다. "나는 곧 지배적인 어떤 느낌과 함께 의식이 깊어지고 있는 것을 감지했다. 그것은 지극한 만족 상태였다. 느껴지는, 혹은 느낄 수 있는 모든 감각으로써 모든 것을 '얻으면', 욕망은 그저 떨어져 나가버린다… 이런 상태와 함께 있으면 이전에는 욕망의 대상이었던 다른 모든 상태는 이에 비해서는 아무것도 아닌 것처럼 느껴진다… 세속적인 세계는 사라지고, 그 자리에는 살아 있으며 만물을 감싸고 있는 신성 그 자체의 임재만이 남아 있다."[4]

여여함… 일체성… 축복… 이런 묘사들은 나름대로 최선을 다해 경험의 내용을 묘사해 준다. 약간의 맛이라도 보라고…. 하지만 그림 속의 떡이

배를 불려주지는 못한다. 결국은 우리 자신이 그런 상태에 들 수 있도록 수행을 해야만 한다.

『기타』 8장에서, 아르주나는 묻는다. "브라흐만은 누구입니까?" 크리슈나는 그것을 이야기하고, 거기에 다다르는 방법을 일러준다. 『기타』가 거기서 끝난다면, 그것은 사뭇 불교적인 분위기로 남으리라. 형상을 떠나 일체와 하나가 되는 것이다. 하지만 『기타』는 이제부터 바야흐로 전혀 새로운 차원의 지혜를 알려준다.

자, 여기에 진퇴양난이 있다. 우리는 브라흐만의 두 가지 다른 측면에 대해 이야기했었다. 형상 없는 존재와 형상을 창조하는 존재. 의문은, 이 둘은 푸루샤와 프라크리티처럼 서로 배타적인가 하는 것이다. 형상 없는 존재는 창조를 배격하는 것일까?

우리는 사실 브라흐만을 좀 두려워하고 있다. 우리가 만일 하나(the One) 속으로 돌아가서 완전히 녹아든다면, 그 이후에는 어떤 일도 일어나지 않을 것이다. 이것은 중요한 지적이다. 과연 그럴까? 그 이후에도 창조가 일어날까? 아니면 더 이상 어떤 일도 일어나지 않을까?

크리슈나는 더 깊이 수행하라고 아르주나를 떠밂으로써 그 질문에 대답한다. 그는 아르주나가 마음을 완전히 평정시키고 모든 정화 수행을 마칠 때까지, 다시 말해 아르주나가 브라흐만 안에 거하기 전에는, 크리슈나를 알아보지도 못할 것이라고 말한다. 브라흐만 너머에 있는 무엇을 알아보려면, 먼저 브라흐만이 '되어야' 한다. 크리슈나는 형상과 형상 없음이라는 양쪽 너머에, 푸루샤와 프라크리티 뒤에, 브라흐만과 샥티 뒤에 또 다른 뭔가가 있다고 말한다. 무엇이 있단 말인가? 뭔가가 있다. 하지만 그게 무엇이란 말인가? 거기에는 다르마가, 법칙이, 사물에 모종의 방향성을 주는 무엇인가가 있어 보인다.

브라흐만이 무엇이든, 우리는 그것이 궁극의 역설, '모든' 모순의 동시적 현존임을 안다. 브라흐만 속에는 공간이 없다. 모든 곳이 거기에 있다. 브라흐만 속에서는 시간이 정지해 있다. 과거와 현재와 미래가 모두 지금에 있다. 거기에는 공간과 시간으로부터의 해방이 있다.

이제부터 우리는 '진정한' 자유, 이 여행에서 얻을 수 있는 진짜 자유에 대해 이야기할 수 있다. 그것은 한정된 시야로부터의 자유, 한정된 감각으로부터의 자유, 어느 한 곳에 서 있는 것으로부터의 자유, 어떤 모델에 집착하는 것으로부터의 자유이다. 마하라지 같은 존재들은 늘 그런 자리에서 살고 있다. 그들은 세상에 거하지만 세상에 속하지 않는다. 그들은 구나guna, 즉 세상이라는 밧줄을 꼬아내는 세 가닥 줄인 자연의 힘들을 초월해 있다. "나는 시장을 지나왔다. 나는 장을 보러 온 사람이 아니다." 그 어떤 것도 우리를 유혹하지 못한다면, 우리는 평정심을 갖고 흔들리지 않는다. 우리는 분리된 자아를 내려놓고 그저 모든 것과 함께할 수 있다.

우리 중에는 그 자리에 다다라 그것을 맛보았지만 아직도 펼쳐져야 할 카르마가 있어서 곧장 되돌아온 사람들도 있다. 집착은 우리를 다시 데려다 놓는다. 하지만 우리는 그 가능성을 맛봤고, 그것이 우리를 바꿔놓았다. 이 책을 읽는 많은 사람들도 그랬으리라고 본다.

그런데 또 다른 부류도 있다. 인도에는 니르비칼파 사마디 nirvakalpa samadhi(삼매의 가장 깊은 경지)에 이르러 그냥 거기에 머무는 존재들이 있다. 그가 니르비칼파 사마디에 완전히 몰입해서 일정 기간이 지나면 (마하라지는 43일이라고 했고, 나는 21일이라는 주장도 들은 적이 있다.) 몸이 해체된다. 육신을 돌볼 자가 거기에 없기 때문에 그저 무너져 내리는 것이다. 이것은 몸을 떠나는 흥미로운 한 방식이다.

이와는 또 다른 부류도 있다. 그 상태에서 머물지만, 현상계의 존재는 지속된다. —단지 다른 방식으로. 이것은 브라흐만이 인간의 형상으로 와서 나타나는 것이다. 아무도 돌아온 것 같지 않지만, 거기에 뭔가가 있다. 그런 존재에게는 게임의 룰이 더 이상 존재하지 않는다. 왜냐하면 그의 자비는 만물을 두루 감싸기 때문이다. "이것은 좋으니까 해야만 해!"라든가, "이것은 나쁘니까 해서는 안 돼!" 하는 식의 틀은 모두 우리의 한정된 시야로부터 나온다. 그러나 이 자비는 그 모든 것을 아우르는 전체에 대한 그의 총체적인 의식으로부터 나온다.

트룽파 린포체도 그것에 대해 이야기했다. 그는 그것을 '못 말리는 지혜(Crazy wisdom)'라고 불렀다. 그는, 못 말리는 지혜란 '상식'에 입각한 착실한 사고방식이나 자아 같은 것을 찾아볼 수 없는 터무니없는 지혜라고 말했다. 못 말리는 지혜는 난폭하다. 사실 그것은 보살의 마지막 영적 단계의 역동성을 최초로 표현하고자 하는, 조건화되지 않은, 관념을 넘어선 벌거벗은 마음으로 뛰쳐나오려는 노력이다.

하쿠인白慧鶴의 선시—우리는 교토의 절에서 새벽 4시마다 이 선시를 읊었다—는 이렇게 말한다. "내면으로 눈을 돌려 자신의 진정한 본성을 보면, 참자아는 무아이다. 우리 자신의 자아는 무아이며, 우리는 에고와 영리한 말을 초월한 존재다. 그때 인과의 합일에 이르는 문이 활짝 열린다. 둘도 아니고 셋도 아닌 길이 눈앞에 곧바로 펼쳐져 있다… 이제 우리의 생각은 생각이 아니고, 우리의 춤과 노래는 다르마의 소리이다."

그러니 우리의 춤과 노래는 다르마의 소리이다… 그러니 우리의 춤과 노래는 크리슈나의 소리이다. 그러니 우리의 춤과 노래는 형상과 형상 없음, 삶과 죽음, 창조와 파괴를 아우르는 신의 법칙, 그 모든 관념적 대극과 가능성을 아우르는 법칙과의 진정한 조화이다.

이 브라흐만의 자리로부터 존재하면, 우리는 카르마 요가를 새롭게, 더 폭넓게 이해하게 된다. 이전에는 카르마 요가가 우리의 카르마로 인한 곤경에 대처하여 뭔가를 행하는 것을 의미했고, 그것이 우리를 일체(the One)의 경지로 데려다주리라고 희망했다. 행위는 우리의 길이고 수행이었다. 그러나 이제 일체 속에 거하게 되면, 우리는 도道, 곧 사물의 이치, 법칙과 연결되어, 이후로 우리의 '모든' 행위는 그저 다르마의 순수한 선언이 된다. 그뿐이다. 우리는 구나를 초월한 니르구나nirguna이다. 우리는 이제 우리를 속박하는 자연의 오랏줄에 집착하지 않는다. 브라흐만 속에 거하는 존재는 다른 누구와도 질적으로 완전히 다른 존재이다. 거기에는 말 그대로 아무도 없기 때문이다. 집에 아무도 없다! 이것이 그와 같은 존재가 될 때 지니게 되는 가장 놀라운 속성이다.

예컨대 나의 구루를 보자. 1967년 11월, 내가 그를 처음 만났을 때부터 바로 지금 이 순간까지, 그와 함께 지내고 그에 대해 생각하고 떠올리고 연구하고 분석해온 그 오랜 세월 동안, 나는 그 안에서 아무도 발견하지 못했다! 물론 거기에는 피와 살로 된 육신이 있었으므로 나는 줄곧 그에게 나의 생각을 투사했다. 그 몸뚱이는 걷고 이야기하고 미소 짓고 웃음을 터뜨리고, 해야 할 짓은 다 했다. 하지만 내가 구루에게 다가가서 그 눈을 들여다보거나 그 가슴속에 내가 거했을 때, 마음을 고요히 가라앉히고 그 형상 뒤에 무엇이 있는지를 명상했을 때, 그것은 마치 광활한 허공과 광활한 충만 속으로 동시에 발을 들여놓는 것과 같은 느낌이었다. 나는 브라흐만의 상태로 들어가고 있었으며, 바로 그 상태가 마하라지와 같은 존재들이 머무는 집이다. 브라흐만은 물질계, 아스트랄계, 근원계 ―형상의 모든 관념적 차원들을 지나 순수한 이데아의 차원에 이르기까지, 뭇 형상들의 파노라마를 그 품 안에 품는다. 그 모든 것이 결국은 그 자신으로 귀결된다. 불가지不可知이고, 측량할 수 없으며, 정의할 수 없는 그것으로. 그럼에도 그것은 있다. 우리는 이 같은 상태에다 이름을 붙여, 브라흐만이라 부른다.

6
희생과 만트라

    희생이라는 주제는 『기타』에서 중요한 역할을 맡고 있다. 희생은 『기타』에 계속 등장한다. 그러나 우리 서양인에게 그것은 생각하기조차 힘든 수행이다. 우리 문화에서 '희생'은 낯선 개념이다. 나 자신에게도 언제나 소화하기가 힘겨운 단어였다. 내 생각에는 우리들 대부분이 희생의 의미에 대해 매우 비좁은 소견을 갖고 있기 때문인 것 같다. 우리는 그것이 심기를 불편하게 하는 어떤 것, 염소를 죽이는 일과 관련된 어떤 일쯤으로 생각한다. 하지만 『기타』가 우리의 주의를 자꾸만 희생 쪽으로 끌고 가고, 우리가 『기타』의 시각을 받아들이고 있는 중이고, 또 『기타』가 희생을 긍정한다면, 우리도 그에 대한 생각을 재고해 보아야 한다. 그러면 『기타』가 우리를 이 희생이라는 개념과 훨씬 더 섬세하고 미묘한 관계 속으로 초대하고 있음을 깨닫게 될 것이다. 그러는 가운데, 희생이란 우리를 속세와 영적 세계 사이의 경계를 넘어서도록 인도해 주기 위해 고안된 행위임을 깨닫게 될 것이다.

    우선 자리를 펴기 위해서, 희생이라는 주제에 관한 『기타』의 언급들을 인용해 보자. 이 구절들은 희생을 여러 가지 다른 측면에서 다루고 있음을 알게 될 것이다. —어떤 때는 의식儀式의 용어로서, 또 어떤 때는 그보다 더 깊은 차원에서.

크리슈나는 말한다. "창조주는 인간과 제물을 만들 때 이렇게 말했다. 그대는 제물을 바침으로써 번성하고 그대의 모든 욕망을 달성하게 되리라. 제물을 바침으로써 그대는 신들을 받들고, 그러면 신들이 그대를 사랑하리라. 그리하여 그들과의 조화 속에서 그대는 지고의 선을 얻으리라." 그리고 또 이렇게 말한다. "음식은 모든 존재들의 생명이요, 모든 음식은 하늘의 비로부터 온다. 희생제는 비를 부른다. 그리고 희생제는 신성한 행위이다. 신성한 행위는 『베다』에 묘사되어 있다. 그것은 영원으로부터 오며, 그러므로 영원은 희생 속에 늘 깃들어 있다."

이 구절들 속에는 여러 가지 개념이 제시되어 있다. 하지만 내가 시작하고 싶은 것은 이 문장이다. "제물을 바침으로써 그대는 신들을 받들고, 그러면 신들은 그대를 사랑하리라." 여기에는 아름다운 관계가 암시되어 있다. 아스트랄계에는 우리 존재의 모든 다양한 측면들을 상징하는 존재들이 있다고 한다. 예컨대 힌두교의 제신諸神들이 그 상징이다. 우리 삶의 각 부분들을 떼어서 그것을 그와 관련된 특정한 아스트랄 측면에 바침으로써, 우리는 의식의 차원들을 가로질러 하나의 연대를 형성한다. 그것이 우주 속에서 세속적 차원과 영적 차원의 상호연결성을 이해하는 단초다.

이것이 아름답고 심오한 점이다. 카르마에 관한 우리의 공부는 '세속적 의미'에서 사물이 상호연결되어 있는 느낌, 물질계의 모든 것들이 원칙적으로 다른 모든 것들과 상호연결되어 있는 방식에 대한 느낌을 제공해 주었다. 이제 우리는 구나에 대한 집착을 초월한 '후에', 브라흐만, 곧 세속적 영역을 포함하는 영적 영역 속으로 진입한 '후에', 곧바로 그 만물의 상호연결성의 법칙으로 되돌아와 그것을 탐사하고 있다. 이제 우리는 물질 차원계의 모든 것이 상호연결되어 있을 뿐만 아니라 차원을 '가로지르는' 상호연결성이 존재함을 알 수 있다.

우리는 이 관점으로부터 희생의 영적 측면과 우리 사이의 관계 탐사를 시작한다. '희생(sacrifice)'이라는 말은 신성하다(sacred)는 말과 어원이 같다. 희생은 무언가를 신성하게, 거룩하게 하는 것과 관계가 있다. 세속적인 것과 영적인 것은 상호연결되어 있다. 이 두 영역을 가로지르는 연결성은 무엇일까? 그것은 희생의 행위이다. 희생을 통해서 우리는 그 연결성을 인정하고 고백한다. 희생으로부터 살아 있는 영의 실재성에 대한 믿음이 비롯된다. 희생은 우리로 하여금 일상생활 속의 인식을 브라흐만에게로 돌리게 하기 시작한다.

이 모든 것을 받아들이고, 희생이 쓸모 있는 생각인 것처럼 받아들이기로 결심했다면, 그다음에 우리는 무엇을 해야 하는가? 희생이란 무슨 뜻인가? 무엇을 바칠 것인가? 『기타』는 말한다. "신께 바치는 공양물을 희생 제물로 생각하는 요기들이 있다. 하지만 어떤 이들은 희생 제물로서 자신의 영혼을 신의 불 속에 바친다."

신께 바치는 공양물을 희생 제물로 보는 것이 희생에 대한 우리의 관행적 생각이다. 제물로 양을 바치든가 불 속에 버터기름을 뿌린다. 그러나 『기타』는 이렇게 말한다. "어떤 이들은 희생 제물로서 자신의 영혼을 신의 불 속에 바친다." 지금 우리는 새로운 가능성을 들여다보고 있다. 희생 제물이란 것이 어떤 물건이 아니라 우리 자신이 될 수도 있다니!

그러면 우리의 무엇을 제물로 바칠 것인가? 크리슈나는 요가 희생 수행의 모든 대상물에 대한 목록을 읊는다. 그는 말한다. "내적 조화의 불 속에서 어떤 이는 어둠 속에다 자신의 감각을 바치고, 감각의 불 속에서 어떤 이는 외적 빛을 바친다." 이는 요기들이 어두운 방이나 동굴로 들어가서 세상이 우리에게 쏟아붓는 모든 이미지들의 홍수를 차단시키는 것을 말한다. 어떤 이들은 심지어 스스로 눈을 멀게 만들어서 속세의 광경에 더 이상 마음이 혼란되지 않게 한다. 또 어떤 이들은 눈으로부터 의식을 철수시키는 명상적 수행법을 사용하여 빛 속으로 나오더라도 아무것도 보이지 않게 한다. 그들은 '시력'을 바쳤기 때문이다. 크리슈나는 또 말한다. "다른 이들은 생명의 숨을 바친다…. 또 금욕의 맹세를 지키는 어떤 이들은 재물을 바치거나 고행을 하거나 요가 수행을 하거나 신성한 공부나 지식을 제물로 바친다. 어떤 이는 금욕행으로써 자신의 목숨을 대생명에 바친다. 희생이 무엇인지를 아는 자는 모두 희생을 통해 죄를 정화한다."

앞에서 이렇게 물었던 것을 기억하는가? 우리가 욕망을 버리고자 한다면, 욕망을 버리기 위해 어떤 욕망을 이용해야 할까? 자, 이제 그 대답이 나온다. 우리는 욕망을 모두 제물로 바치고자 하는 욕망을 이용한다. 희생하려는 욕망까지도 모두가 희생 제물이 된다. 그것이 근본으로의 회귀이다. 우리의 모든 행위를 자신의 변화를 위한 제물로 바침으로써 삶을 영성화하는 것이다. 우리는 에고의 목표, 에고의 개인적 관점을 제물로 바친다. 우리는 자신의 모든 부분을 불 속에 던진다. 스와하!*

---

* Swaha: '아멘'과 유사한 뜻.

신이시여, 받으소서. — 다만 저를 해방시켜 주소서.

어떤 면에서는, 모든 요가의 최종 결과가 희생이다. 야나 요가와 같은 매우 지적인 수행법조차 희생이 되게 할 수 있다. 크리슈나가 그렇게 말한다. "모든 희생이 거룩한 행위임을 알라. 하지만 지상의 그 어떤 희생보다도 위대한 것은 신성한 지혜를 희생하는 것이다. 지혜야말로 실로 모든 신성한 수행의 최종 결과이기 때문이다." 그 모든 것을 배운 후에, 그것을 모두 바친다. 앞서 말했듯이, 이것은 야나 요기에게는 정말 곤란한 일이다. 하지만 이제 우리는 그렇게 하는 방법을 알고 있다. 그것을 우리의 제물로 만드는 것이다. 그것을 우리가 바칠 수 있는 소유물로 만드는 것이다.

『베다』는 유일자가 현상계에 드러내는 형상을 다양하게 묘사하고 있다. 유일자로부터 다자多者로의 통로, 그 창조의 행위는 언제나 '희생'의 행위로 간주된다. 유일자가 그 일체성을 버리고 다자가 된다는 것은, '희생'이다. 그렇다면 우리가 유일자로 돌아가는 희생의 행위는 그 순환을 한 바퀴 완성시키는 일이다. 그것은 삶을 영성화하고, 전체 순환을 조화롭게 만든다. 우리가 그 일부로 합류하면, 우리는 온 우주가 하나의 거대한 희생의 행위로 연결되어서, 그 각 부분들이 서로에게 자신을 바치는 것을 경험하기 시작한다. 희생은 우리로 하여금 우리가 전체 과정인 '신의 놀이'의 일부라는 사실을 깨닫게 한다. 그것은 우리로 하여금 오만을 극복하고, 늘 개인적이고 특별한 감사의 생각을 품도록 돕는다. 그리하여 우리는 자신을 사도 바울이 말하는 '그리스도의 몸'의 일부로 바라볼 수 있게 된다.

진정한 사랑의 관계를 가져본 사람은 사랑하는 사람의 행복이 자신의 행복보다 더 중요해지는 것을 경험해보았을 것이다. 상대방의 행복을 위해서라면 나의 불편을 감수할 수 있었다. 모든 사람이 모든 사람과 만물에게 그와 같은 희생을 바치는 시대(사티야 유가 Satya Yuga)를 그 경험으로부터 유추하여 상상해 본다면, 영(Spirit)으로서 산다는 것이 어떤 것인지를 가늠할 수 있을 것이다.

하지만 다른 모든 사람들이 그렇게 하는지 하지 않는지는 정말 걱정할 필요가 없다. 그저 자신의 살림살이를 잘 챙기는 일부터 시작하라. 만물과의, 그리고 자신의 영적 근원과의 완전한 상호연결성을 인식하는 것이 모든 행위의 의미를 바꿔놓는다. 그에 따라 행위의 이유와 행해지는 방식도 바뀌게 된다.

브라흐만을 경험해보지 않은 사람들에게는, 개성과 몸 너머의 영적 유일자와 하나 되는 경험을 해보지 않은 사람들에게는, 희생이라는 주제에 접근할 때 선택의 제한이 있다. 그들은 희생을 그저 지나쳐버리거나 염두에 두지 않는다. 아니면 그것을 관행의 일부로 생각한다. "그래요, 당신이 하는 말을 다 들었고, 그건 정말 멋진 말처럼 들려요. 하지만 난 그런 건 안 할 거예요 왜냐하면 브라흐만이니 뭐니 하는 것은 나에게는 단지 말뿐이니까." 혹자는 희생을 어떤 전통이나 형식이 딸린 일종의 의식으로 이해하기도 한다. 거기에 영(Spirit)의 개념은 포함되어 있지 않다.

예컨대, 우리가 이야기했던 인도식 패턴에는 일정한 공식이 있다. 우리는 지적인 이해에 도달하기 위해 공부를 한다. 그리고 중생의 삶을 살면서 모종의 희생을 행하기 시작한다. 많은 인도인들이 이처럼 『베다』가 가르치는 대로 매우 의식적인 형태의 희생을 행하면서 사는 모습을 볼 수 있다. 하지만 그런 희생은 자연스럽게 우러나온 것이 아닌 경우가 많다. 자발적으로 우러나와서 하게 해줄 직접적 체험이 없기 때문이다. '이것을 하는 것이 나의 의무다' 하는 생각에서 희생제사를 드리는 경우가 대부분이다.

힌두교 전통에는 브라민이 날마다 행해야 하는 다양한 종류의 희생, 야갸yagya가 있다. 브라흐마 야갸는 경전을 배우고 전파하는 것이다. 피트리Pitri 야갸는 죽은 조상들에게 물과 쌀을 바치는 것이다. 브후타 Bhuta 야갸는 말 못하는 짐승과 새들을 먹이는 것이다. 느리Nri 야갸는 손님이나 불쌍한 사람을 모시는 것이다.

느리 야갸를 살펴보자. 이는 참으로 놀라운 관습이 아닐 수 없다. 마하라지는 말했다. "너에게 오는 사람은 누구든 너의 손님이다. 그를 사랑하고 존경하고 대접하라. 배고픈 사람을 먹이는 것이 진짜 예배다. 먼저 보잔bhojan(음식)으로, 그다음엔 바잔bhajan(기도)으로." 인도에서 친구의 집에 들어서면 나는 신으로 대접받는다. 나는 마치 신이나 된 것처럼 사랑과 존경과 음식으로 대접받는다. 그것은 나이기 때문이 아니다. 누구든지 그 문으로 들어온 사람은 똑같이 대접받는다. 그것은 그들이 삶을 영성화하는 수행법의 일부이다. 자기 집으로 들어서는 모든 손님이 신으로 변하는 것이다. 그것은 뜻밖의 손님으로 온 유대교의 엘리야와도 같다. 그래서 인도인들은 우리를 환영하고, 예배하고, 우리의 이마에 틸락tilak(재, 염료 등을 이마에 묻히는 힌두식 장식)을 찍어주고, 선물을 주고, 특별한 자리에 모신다. 단지 우리가 그들을 방문했다는 이유만으로! 이것은 자기 집을 방문한 존재를 바라보는 완전히 새로운 방식이다. 이것은 하나의 영적 수행법이다. 왜냐하면 이 존재의 게임을 여러 차원에서 깨어서 바라보게끔 해주기 때문이다. 모든 야갸가 이런 식으로 작용한다.

많은 브라민들이, 그들의 말을 빌리자면, "빗자루나 물항아리나 맷돌이나 화덕이나 회반죽이나 절굿공이를 가지고" 지었을지도 모르는 무의식적인 모든 카르마를 속죄하기 위해서 이런 행위를 한다. 그러니까 그들은 나날의 삶을 살면서 자신들이 온갖 카르마를 스스로 지어내고 있음을 인정하고, 이런 수행은 카르마를 씻어내는 하나의 방식인 것이다. 날마다 의식을 행하는 것은 카르마를 날마다 탕감해내는 하나의 방법이다. 그것은 매우 의식적 행위이고, 쓸모 있는 기술이다.

내가 희생의 '의식적' 성질을 언급할 때, 의식 그 자체를 폄하하려는 뜻은 전혀 없다. 의식은 강력한 도구가 될 수 있다. 그것은 우리 삶의 한가운데에 신성을 심어줄 수 있으며, 이 존재의 게임에는 다양한 차원이 있음을 깨닫게 해주기도 한다. 사실 나는 우리 일상생활의 일부를 의도적으로 의식화하는 것도 매우 가치 있는 일이라고 생각한다. 욕망의 지배를 많이 받는 생활영역에 의식을 도입하는 훈련을 하기에는 음식이 그 좋은 대상이 될 수 있다. 물과 공기 외에, 음식은 생존에 필수적인 요소이다. 그래서 욕망은 음식을 둘러싸고 매우 강하게 형성된다. 그토록 강력한 욕망의 주변에서 의식이 깨어 있게 하기란 쉽지 않은 일이다. 하지만 음식 대하는 일을 하나의 수행으로 바꿔놓는 방법이 있다. 이런 방법은 우리 삶 속의 모든 것을 가르침의 일부, 깨어남의 과정의 일부가 되게 한다.

음식 먹는 일에 의식을 도입하는 한 가지 방법은, 먹는 일 자체를 제물을 바치는 하나의 의식처럼 행하는 것이다. 『기타』 4장에는 희생에 관한 구절이 있다. 이 구절에 달린 대부분의 주석에는, 많은 인도인들이 식사할 때 이 구절을 염송한다는 사실이 언급되어 있다. 나도 음식을 먹을 때마다 이 구절을 만트라로 사용한다.

나는 이 만트라를 가지고 아버지와 재미있는 게임을 벌이곤 했다. 아버지는 우리와 함께 식탁에 앉을 때, 엉덩이를 의자에 내려놓는 순간 손은 벌써 포크를 집고 있다. 그래서 의자에 자리를 잡기도 전에 이미 그의 입에서는 샐러드가 사각사각 씹히는 소리가 난다. 그는 그렇게 샐러드를 씹다가 내가 기도를 하고 있는 모습을 보고 동작을 멈춘다. 하지만 내가 만트라를 너무 오랫동안 외고 있으면, 샐러드를 기습적으로 씹는 소리가 들려오곤 한다. 그건 '빨리 좀 끝내고 먹자꾸나!' 하고 은근히 성화를 부리는 소리다. 그것은 우리 둘이서 함께 펼쳐냈던, 우스꽝스럽고도 아름다운 춤사위였다.

나는 결코 그것을 심각하게 생각하지 않았다. 아버지가 상추를 씹든 말든 상관하지 않았다. 하지만 그는 "아, 아니야, 아니야. 난 네가 기도하는 동안엔 먹지 않을 거야." 하고 말씀하시곤 했다. 그가 한번은 이렇게 물었다. "그런데 너 뭐라고 중얼거리는 거냐?" 내가 그것을 일러드리자 그 후로 그는 나와 함께 "샨티, 샨티, 샨티."를 같이 외고는 그 끝에다 "아멘!"을 갖다 붙이셨다. 그것은 세상에서 가장 멋진 기도였다!

그 만트라는 다음과 같다.

브라흐마 프라남, 브라흐마 하비레, 브라흐마그니, 브라흐마나호타
브라흐마이탄 간타비얌 브라흐마카르마 사마디나
구루브라흐마, 구루비슈누, 구루데보마헤쉬와라
구루사크샷 파람브라흐마 투스 마에 슈리 구루베나마 하

옴 샨티 샨티 샨티.

앞의 두 줄은 이런 뜻이다. (브라흐만을 '신'으로 옮겨 본다.) '이 음식을
먹는 동안, 이 음식은 신의 일부임을 깨달으라. 모든 형상 배후에 있는
것이 무엇이든 그것 또한 보이지 않는 신의 일부임을 깨달으라.' 지난번
식사 때 그대는 그것을 깨달았는가? 그대가 그것을 음식이라고 생각하고
있을 때도, 사실 그것은 진실로 밀도 높은 영spirit인 것을.

오, 하지만 그것이 다는 아니라고 만트라는 말한다. 음식도 신이지만,
그대가 음식을 살라 바치는 불(그것은 음식에 대한 허기의 불, 욕망의
불, 또한 동시에 그대가 끼얹는 버터기름에서 타오르는 제단의 신성한
불일 수도 있다), 그것 또한 신의 일부이다. 그대 시장기의 불, 그것이
그저 불이라고 그대는 생각했는가? 아니다, 그 불은 신이다. 그러니 지금
그대는 신으로써 신을 먹이고 있는 것이다.

아, 하지만 아직도 끝난 것이 아니다. 그대는 누가 그것을 하고 있다고
생각하는가? '그대'가 그것을 하고 있다고 생각하는가? '그대의' 욕망을
충족시키기 위해 '그대가' 음식을 먹으려고 하고 있다고 생각하는가?
아니다, 따지고 보면 그대 또한 신이다. 그러니 신의 불에다 신이 신을
바치고 있는 것이다. 그리고, 그것을 누구에게 바치고 있는가? 그 모든
존재들은 누구라고 생각하는가? 신들과 그 모든 것? 그 모든 것의 '그'는
무엇을 가리키는가? 그것 역시 신이다. 굉장하지 않은가?

그러니까 그대는 신의 불에 신을 바쳐서 신께 공양하는 신인 것이다.
그것은 아무 일도 일어나지 않고 있다는 뜻이다. 알겠는가? 모든 것이
환영이다. 그 모두가 신께서 신과 노는 짓거리이다. 모두가 거룩한 릴라

lila(신의 유희, 모노드라마)이다. 그런데 그대는 그저 자기는 막 식사를 할 참이었다고만 생각했었다! 그렇지 않은가?

이것이 이 만트라의 전반부이다. 후반부는 영이 우주에 자기 모습을 드러내는 다양한 방식 앞에 음식을 바친다는 뜻이다. 음식은 '형상을 띤 신'이라는 뜻인 '구루'에게 바쳐진다. 창조자인 구루, 보존자인 구루, 변화의 힘인 구루, 즉 브라흐마, 비슈누, 시바에게, 또한 이 모든 측면들의 배후에 있는 파람브라흐마Parambrahma, 곧 궁극자에게. 그리고 마지막으로 만트라는 이렇게 말한다. '구루의 연꽃 같은 발을 어루만집니다.' 그것은 다시 한 번 순복한다는 뜻이다. 그다음엔 침묵의 순간을 갖고, 세상을 향해 축복과 사랑을 보낼 수 있다. 그리고 '옴 샨티 샨티 샨티', 곧 '평화, 평화, 평화'라는 말로 만트라를 마무리한다.

그다음에는, 그 모든 것을 마음에 담은 채 음식을 즐긴다. 음식을 씹을 때마다 '먹는' 것이 아님을 명심한다. 그대는 신을 신께 바치는 신이다. 그러면 이제 그대는 더 이상 시장기와 동화되어 있지 않으므로, 또한 먹는 자와 동일시하지 않으므로, 음식은 그저 그것일 뿐이며, 그대는 그저 필요한 만큼 먹을 뿐이다. 그대는 그것을 모두 신의 놀이로 본다. 그 속에서는 모든 과정이 신 속에 만물이 녹아들게 하는 희생제로서 행해지는 것이다.

만트라를 읊는 것은 식사를 수행으로 만드는 단지 한 가지 방법일 뿐이다. 먹는 경험의 의미를 바꿔놓는 많은 방법들이 있다. 예컨대 불교에는, 자신이 먹고 있는 그것이 무엇인지를 다시금 인식하게 한다든가 먹는 행위 그 자체를 명상하게 하는 수행법들이 있다. 유대교도들의 금식법이나 기독교인들의 사순절 단식도 익히 알려져 있는 수행이고,

이런 것들은 음식과의 관계를 재고하여 그것을 영성화하기 위해 만들어졌다.

내가 주관했던 수련회에서, 마지막 날이면 나는 많은 음식을 준비시키곤 했다. 우리는 이것이 함께하는 마지막 잔치가 될 것이라며 함께 준비했고, 사람들은 모두 이 만찬에 대한 흥분에 찬 기대를 쌓아갔다. 식탁이 차려지고, 우리는 모두 앉는다. 모두가 식사를 기다리고 있다. 그들은 허기와 욕망을 키워놓고 있었던 참이다.

그러면 나는 음식에 대한 장황한 축사를 시작한다. 요리사들이 '음식이 다 식는데!' 하고 조바심하는 모습이 보인다. 나는 모든 사람들에게 '진정으로' 축복할 때까지, 진짜로 그것을 느낄 때까지 축복의 말을 따라하도록 시킨다. 그런 식으로 축복을 하려면 요리사들은 음식이 식는 것에 대한 걱정을 내려놓아야 하고, 식사를 기다리는 사람들은 음식에 대한 기대를 내려놓아야 한다.

축복이 끝나면 나는 이렇게 말한다. "자, 이제 식사를 하기 전에 불교도들이 하는 음식을 혐오하는 명상법을 읽어드리겠습니다." 그러고는 음식이 혀끝에서 침과 섞이고 마침내는 똥으로 변하는 모든 과정을 읽어 내려간다. 이때쯤이면 요리사는 음식이 식는 것은 전혀 상관하지 않게 되고, 식사할 사람들은 사실은 별로 배고프지 않다고 생각하게 된다.

나는 마지막으로 식사를 하는 방법을 알려준다. 아주 천천히, 아주 명상적으로, 지극히 의도적으로 먹어야 한다고 말한다. 이때쯤이면 이미 연회 분위기는 망가져 있다.

여기서 나는 사람들에게, 잠시 멈추어서 이 모든 경험에 대한 자신의 반응을 지켜보라고 한다. 나는 이렇게 말한다. "지금까지는 쾌락을 위해서 먹어왔는데, 이제는 잠시 동안 먹는 과정을 깨어서 지켜보도록 하십시오. 그러기 위해서 약간의 쾌락을 포기한다고 해서 그게 뭐가 어렵겠습니까?"

우리들은 대부분의 시간 동안 음식이라는 주제에 관해 완전히 무심하다. 관심을 기울인다고 해도, 그것은 십중팔구 병적인 집착이다. 체중 문제로 고민하는 사람들이 살을 빼려고 하면, 그것은 고통의 연속일 뿐이다. 하지만 먹는 일을 '깨어서 지켜볼' 수 있게 되면, 날씬해질 것이다. 그리고 요리나 음식의 섬세한 맛에 관심이 많은 사람이라도 그것 자체로 잘못은 아니다. 그것도 요가로서 행할 수 있다. 하지만 우리는 감각 만족에 너무나 열중한 나머지, 단지 생존이나 몸매를 유지하기 위해서라도 음식을 신성하게 다루는 것은 상상조차 할 수 없게 되어버렸다. 그러나 우리 삶의 다양한 측면들 속에서 우리를 일깨워주는 힘을 발견해내는 실험도 수행의 일부이다.

나아가고 또 나아가다 보면, 음식과 먹는 행위를 희생제로 만드는 일을 넘어선 단계로 나아가게 된다. 크리슈나가 설명하는 좀더 심오한 희생의 길은 자기희생이다. 이것은 '모든' 행위를 브라흐마에 대한 인식의 빛 속에서 행하는 것을 뜻한다. 우리의 수행이 깊어질수록, 브라흐만에 대한 인식은 피와 살을 입게 되고, 여태까지 우리가 벌여온 게임보다 훨씬 더 위대한 어떤 것과 '연결된' 깊고 생생한 느낌을 느끼기 시작하게 된다. 이전에는 늘 '내가 이만하면 충분하지 않은가?' 하고 자문했지만, 이제는 '이것들을 어떻게 모두 없애버릴 수 있을까? 그래야 내가 만물의 일부가 될 수 있을 텐데.' 하고 의문을 제기하기 시작한다. 모든 행위의 의미가 그렇게 뒤집어진다.

우리가 예를 들었던 먹는 일로 이야기하자면, 우리는 몸을 먹여 살리기 위해서, 사원을 유지하기 위해서, 지혜가 깊어지게 하기 위해서, 사마디가 이어지게 하기 위해서, 에고를 타파하기 위해서, 그리하여 브라흐만에 도달하기 위해서 음식을 먹는다. 얼마나 멋진가! 여기에는 물론 피자와, 그 모든 것이 다 포함되어 있다. 우리가 먹는 모든 것이 제물이 된다. 먹는다는 것이 공양이요, 희생이 되는 것이다.

하지만 이런 식으로 음식을 이용하는 것은 단지 시작일 뿐이다. 제물에는 우리가 하는 모든 행위가 포함된다. 남몰래 하는 비열한 짓거리까지도 포함된다. 예컨대 방금 누군가를 험담했다고 해보자. 누군가를 마구 씹다가 문득 이렇게 생각한다. '지금 이 순간은 신께 올리는 나의 공양물이다 ─멋지군! 내가 오늘 신께 올린 공양물을 좀 보게.' 험담? 탐욕? 욕정? 다 괜찮다. 그러니까 걱정하지 말라. 심판하지 말라. 신께서는 그것들을 모두 아무런 트집도 잡지 않고 받아들인다. 그저 자신의 행위를 '알아차리라.' 자신이 신께 바치는 공양물이 무엇인지를 알아차리기만 하라.

고난은 어떤가? 당신은 고난을 신께 바치는가? 우스펜스키는 구르지예프에 관해 쓴 책에서 이렇게 말한다. "제물로 바쳐야만 할 또 한 가지는 고난이다. 어떤 것도 고난 없이는 얻지 못한다. 하지만 그것은 동시에 그 고난을 제물로 바치는 것으로부터 시작해야만 한다."[1] 그런 일이 일어날 때 내면에서 전환이 일어난다. 고난을 은총으로 받아들이기 시작하는 것이다. 그렇다고 해서 "신이시여, 신이시여, 더 많은 고통을 주소서" 하고 외치는 고행자처럼 될 필요는 없다. 그처럼 피학대음란증적인 짓을 벌일 필요는 없다. 하지만 고난이 정화의 불이 되는 지점까지는 가야 한다. 고난은 당신이 불 속에 바치는 당신의 제물이다.

그 시점에서는 고난이 무겁지만은 않은데, 그것이 중요하다. 자기

연민에 빠진 채 앉아 있어서는 수행을 하기 어렵다. '오, 이건 너무 힘들어! 나는 이 사원에 있고 음식은 끔찍해. 게다가 너무 고통스러워.' 여기에는 바친다는 느낌이 별로 없다. 대신, 스와미 람 다스처럼 되는 것이다. 그는 사원에서 쫓겨나서 강가에서 밤을 새워야 했다. 모기가 계속 물었다. 그는 라마 신께 계속 기도했다. "오, 신이시여, 감사합니다. 항상 당신을 생각할 수 있도록 모기를 보내서 절 깨워주시니 말입니다."

마지막으로, 공양할 수 있는 것이 또 하나 있다. 이 모든 것에 대한 자신의 애착을 바치는 것은 어떤가? 경험을 위해서 공양하고 있는 것이라면, 희생의 의미는 바래진다. 당신은 이렇게 말한다. '희생제 불에다 버터기름을 끼얹으면 참 재밌겠군.' 이런 경험자, 혹은 즐기는 자의 태도도 버려야 한다. 즐기지 말아야 한다는 것은 아니다. 하지만 즐기는 것에 집착하지는 말아야 한다. 그것조차 희생해야 한다. 물론, 그러면 색다른 기상천외한 것을 발견할 것이다. 더 많은 것을 희생할수록 더 영적으로 될 것이고, 더 많은 것을 얻을 것이다. —매 순간 모든 것을 더욱 '갖게' 될 것이다. 하지만 그런 일은 그 모든 것을 진정으로 버리기 전에는 일어나지 않는다.

그러므로 희생의 거대한 아가리는 브라흐만께 들어가는 문이다. 그것은 당신의 삶을 브라흐만 속으로 부어 넣는 입구이다. 그저 그대의 온 존재를 브라흐만 속으로 계속 쏟아 넣어라. 그러나 당신은 또 잊어버리고 자신을 위해서 그 안에 들어간다고 생각한다. '오, 이제 난 깨달음을 얻을 거야!'

하지만 이것 또한 꼭 기억해야 한다. 그대는 그 모든 것의 일부, 끝없이 순환하는 희생제물의 일부인 것이다!

희생의 에너지를 일깨우기 위해서 내가 잘 외우던 만트라가 있다. 나는 여섯 번째 차크라인 아즈나 차크라에 의식을 모으고 말한다. "나는 신의 맹렬한 의지 속에 붙들린 한 점 희생제의 불이다. 나는 신의 맹렬한 의지 속에 붙들린 한 점 희생제의 불이다." 이것을 충분히 오랫동안 되풀이하면 제3의 눈인 아즈나 차크라가 희생제의 불처럼 타오르게 된다. 그것은 강력한 만트라이다. 그것은 '그대'를 희생제의 불의 일부로 변화시킨다.

그리하여 그 에너지가 깨어나면, 그대는 자신의 모든 행위를 그 불길 속에 던져 넣을 수 있다. 모든 경험, 모든 생각, 모든 느낌을 다 그 불 속에 집어넣는다. 자신의 모든 욕망, 모든 인식을 제물로 바꿔놓는다. 그것은 세속적인 것을 영적인 것으로 바꿔놓는 완전한 변신이다. 만트라는 이를 위한 도구가 된다. 그대는 자신을 행위자, 즐기는 자, 아는 자, 기뻐하는 자, 경험자로 동일시하던 태도를 제물로 바친다. 그렇게 그 모든 것을 제물로 바치고 나면, 그대는 '진정' 즐기는 자가 된다. 희생을 통해 그 모든 것이 하나가 된다. 그 진정 즐기는 자란 그대 안의 아트만이다. 그것은 진정한 지복이며, 그대는 즐거움을 희생함으로써 진정으로 즐기는 자가 되는 것이다.

앞의 본보기에서, 우리는 제물을 던져넣을 희생의 불을 일깨워주는 만트라를 사용했다. 그것이 이 장의 두 번째 주제인 만트라를 부각시킨다. '만트라'라는 단어는 '마음을 보호한다'는 뜻이다. 만트라란 마음을 마음으로부터 보호하는 어떤 것이다. 만트라는 마음에 사고과정 이상의 뭔가 먹거리를 제공해 준다. 만트라의 형태는 많고 많다. 대부분의 영적 전통에는 만트라가 존재한다. 방금 언급했던 것과 같은 강력한 힘을 주는 만트라가 있다. 또 우주의 핵심적인 진동의 성질을 나타내는 '옴Om'과 같은 씨앗 만트라도 있다. 몸속의 각 차크라를 각성시켜주는 만트라도 있다.

인도에서 하리 다스와 함께 공부할 때, 나는 나날의 모든 행위를 위한 만트라를 배웠다. 잠에서 깨어나는 만트라, 잠들기 위한 만트라, 샤워할 때 하는 만트라, 화장실 갈 때의 만트라 등, 온갖 만트라를 다 배웠다. 만트라의 목적은 그 모든 것을 희생제물로, 공양물로 바꿔놓도록 나를 계속 일깨우는 데에 있었다.

스와미 묵타난다는 만트라를 가르친 성자의 이야기를 종종 들려주곤 했다. 성자의 가르침을 듣던 사람들 중에서 한 사내가 일어나서 말했다. "만트라는 정말 말도 안 되는 것이로군요. 누가 똑같은 단어를 하염없이 외면서 시간을 보내고 싶어하겠어요? '빵, 빵, 빵' 하고 계속 외우면, 배가 부르기라도 한다는 겁니까?"

그러자 성자가 벌떡 일어서서 그에게 삿대질을 하며 외쳤다. "이 바보 멍충아, 입 닥치고 앉아!" 그러자 사내는 화가 머리끝까지 치밀었다. 그는 얼굴이 붉으락푸르락하며 분노에 온몸을 떨었다. 그가 입에 거품을 물고 반격했다. "당신은 스스로 성자라고 하면서 어떻게 나한테 그따위 폭언을 할 수가 있소?" 그러자 성자가 아주 차분한 목소리로 말했다. "당신은 이해하지 못하셨소. '바보 멍충이'라는 한마디 말에 자신이 얼마나 많은 영향을 받고 있는지를 한 번 보시오. 그런데도 신의 이름을 몇 시간 동안이나 계속 반복해서 외우는 것이 아무런 소득이 없으리라고 생각하십니까?"

묵타난다의 이야기는 만트라가 우리에게 영향을 미치는 여러 차원들 중 한 차원, 즉 신성한 이름이나 구절의 '의미'가 영향을 미치는 차원을 가리켜 보인다. 달리 말하자면, 그것은 우리와 말 사이의 관계에 관한 것이다. 하지만 그 이름이 우리에게 떠올리는 '이미지'와는 별도로 만트라의 '소리' 자체도 고유한 영향력을 지니고 있다. 현실의 각 차원들이 저마다 고유한 소리, 고유한 진동을 지니고 있는 것처럼, 만트라 역시 그렇다. 그래서 우리는 만트라의 소리를 반복하여 자신의 진동수를 조절함으로써 그 차원계들의 진동수에 동조할 수 있다. 이 소리, 곧 샤브드 shabdh는 본질적으로 영적인 소리이지 물리적인 소리가 아니다. 이는, 차크라가 물리적인 것이 아니라 신체의 다양한 형태의 에너지들의 영적 장소인 것과 마찬가지다. 샤브드 요가의 수행은 이 내면의 소리를 공부하는 길이다.

다양한 전통의 신성한 책들은 모든 형태의 창조와 관련된 소리를 언급하고 있다. 힌두교에서는 옴이 우주의 근원적 소리라고 한다. 뭇 창조물로 싹을 틔우는 씨앗, 곧 비즈 bij 음절인 것이다.

성경은 이렇게 말한다. "태초에 '말씀'이 있었다. 말씀은 하나님과 함께 있었고, 말씀이 곧 하나님이었다. 그리고 말씀이 육신이 되었다." 우리는 창조의 행위가 바로 이런 식으로 일어나는 것을 상상할 수 있다. 형체 없는 것이 근원계를 통과하여 이데아가 된다. 그것은 이미 미묘한 소리, 말과 이미지의 소리이다. 그다음에 그것은 거기서 더욱 거친 소리로 변천해 간다. 거기에는 결국 우리의 신체도 포함된다. 신체는 사실상 거친 진동의 한 형태이다. (우리가 들을 수는 없어도 신체는 소리를 지니고 있다.)

자신을 거친 진동 차원에서 *끄집어내어* 의식을 정화시켜 가면, 우리는 형체 없는 상태로 돌아간다. 만트라 수행은 우리를 미묘한 진동 차원에 동조시키기 위한 기법이다. 만트라 속으로 깊이 들어갈수록, 소리는 창조와 복귀의 행위 양쪽을 경험할 수 있게 하는 도구가 된다. 그리하여 우리는 만트라에 힘입어 여럿으로부터 하나로, 그 하나로부터 또 여럿으로 왕래하는 것이다.

물론, 기계적인 진동 자체가 그런 일을 하는 것이 아니다. 만트라와 만트라를 외우는 사람은 분리되어 있지 않다. 그리고 만트라의 힘과 효과는 그것을 하는 자의 믿음과 열린 마음과 준비된 자세에 달려 있다. 사실 만트라 자체는 아무런 힘이 없다. 모든 것은 그것을 수행하는 사람에게 달려 있다. 만트라는 마법의 주문이 아니다. 아무리 '강력한' 만트라도 당신이 그 만트라가 힘을 발휘하게 할 정도로 일심집중하는 특별한 성격의 소유자가 아닌 한 그저 소리일 뿐이다. 다시 말해, 만트라가 하는 일은 당신 속에 이미 존재하는 것에 집중을 하게 해준다. 만트라는 그것을 하나의 초점에 모아준다. 마치 돋보기가 햇볕을 모아주는 것과도 같다. 돋보기는 그 자체가 열을 갖고 있지 않지만, 햇볕을 한 점에 모아준다. 집중되게 하는 것이다. 만트라는 의식에게 돋보기와 같은 역할을 한다.

만트라는 생각을 잠잠해지게 하거나 생각을 집중시키는 방법으로 사용될 수 있다. 마음이란 것을 생각의 물결이 일어나고 스러지는 대양과 같다고 상상해 보라. 물결은 조류와 바람에 밀려 제멋대로 이리저리 어지럽게 인다. 이러한 마음의 대양 속에서 만트라는 오로지 한 가지의 물결만을 일으키고, 그것이 다른 모든 물결을 덮어서, 결국은 만트라만이 유일한 생각의 물결로 남게 된다. 이제 마음의 대양에는 오로지 한 가지의 물결만이 끊임없이 지나간다. 지나가고 지나가고 하염없이 지나간다.

나는 운전을 할 때도 '라마, 라마, 라마, 라마' 하고 만트라를 외운다. 라디오에서 인기곡이 들려와도, 그것은 '라마, 라마, 라마, 라마' 하는 만트라 속에 씹혀 들어간다. 속도계를 보면, 그것도 '라마, 라마, 라마, 라마'가 된다. '다음에 휴게소가 나오면 식당에서 밀크셰이크를 한 잔 해야겠군.' 하는 생각도 '라마, 라마, 라마, 라마' 하는 만트라 속에 휩쓸려간다. 그 모두가 왔다가 지나가고 왔다가 지나간다. 그러면서 모두가 만트라로 변해 버린다. 모든 것이 신으로 변해 버린다.

만트라 수행을 해보기로 결심했다면, 처음에는 그저 그 단어와 발음에 익숙해지는 시간을 가지라. 그 단어를 소리 내어 말하는 것이 편안하게 느껴질 때까지 연습하라. 그것이 익숙해지면, 만트라를 외우기 시작하라. 만트라를 외우면서, 거기에 자신을 맡겨보라. 그 속으로 녹아들어서, 다른 모든 생각들을 만트라 속에 제물로 바쳐보라.

당신이 만트라를 외우고 있는데 이런 생각이 떠올랐다고 해보자. '이건 별 효험이 없을 거 같아.' 그러면, 비단보 깔린 황금쟁반 위에 향과 초와 함께 이 생각을 담아서 그것을 만트라에게 바치는 상상을 하라. 의심을 만트라에게 바치는 동안에도, 그저 만트라를 계속 염송하라. 당신의 의심을, 당신의 불편함을, 당신의 따분함을, 당신 목의 아픔을 다 바치라. 닥치는 대로 계속 바치라. 그리고 계속 만트라를 염송하라.

『순례자의 길 The Way of a Pilgrim』이라는 책에는 러시아의 한 순진한

농부가 만트라를 외우면서 생기는 일에 관한 이야기가 나온다.[2] 그는 기도문을 외우고 있었다. "주 예수 그리스도, 하나님의 아들이시여, 이 죄인에게 자비를 베푸소서." 러시아의 매섭게 차가운 겨울바람 속을 걸을 때도 그는 이렇게 말했다. "나는 내가 걷고 있다는 느낌을 전혀 느끼지 못한다. 단지 내가 기도를 읊고 있다는 사실밖에 의식하지 못한다. 냉기가 살을 에일 때 나는 더 부지런히 기도를 읊조린다. 그러면 이내 온몸이 훈훈해진다. 굶주림이 나를 압도하기 시작할 때면 나는 더 열심히 기도를 외운다. 그러면 음식 생각이 사라져버린다. 나는 반쯤 의식이 없는 사람이 됐다. 나는 어떤 것에도 관심이 없다." 이게 바로 정확한 수행이다. 모든 경험을 만트라에 바치는 것, 그리고 그 경험의 변화를 지켜보는 것.

그렇게 하다 보면, 만트라가 비밀스러운 가르침임을 알게 된다. 모든 심오한 지혜와 마찬가지로 만트라는 단번에 자신을 드러내놓지 않는다. 만트라는 피상적인 것이 아니다. 그것은 마음 깊은 곳으로 들어가고 수행이 이어질수록 다양한 단계들을 펼쳐놓는다. 처음에는 입으로 만트라를 외우고 있을 것이다. 그것은 거친 육신 속, 혀끝에 있다. "나는 여기서 이 만트라를 외고 있다."

시간이 좀 지나면, 만트라는 목구멍으로 옮겨가기 시작한다. 언제? 그것은 당신이 얼마나 준비되었는가, 그리고 만트라에 대해 얼마나 마음이 열렸는가에 달렸다. 이제 당신은 만트라를 ('꿈의 신체'라고 불리기도 하는) '정묘한 신체' 안에서 외우고 있다. 만트라가 목구멍으로 들어가기 시작하면, 당신의 삶에 변화가 살며시 들어오고 있는 것을 알아채게 될 것이다. 그것은 만트라로부터 오는 것이다. 잠이 더 달콤해지는 것을 느낄 수도 있다. 몸이 가벼워지는 것을 느끼고, 가슴속에서 엄청난 행복감을 느끼기 시작할 것이다. 어쩌면 남신과 여신들, 성자와 초능력자들의 심상을 보기 시작할 수도 있다. 이 모든 것이 만트라 수행의 이 단계와 관련된 속성이다.

만트라가 목구멍에 얼마 동안 머물다가 그다음에는 가슴속에서 느껴지기 시작할 것이다. 이제 그것은 근원체라고 불리는 것으로 옮겨가고 있는 중이다. 당신은 새로운 열의를, 주변의 모든 것에 대한 새로운 종류의 사랑을 느끼기 시작할 것이다. 그것은 육체적 형상 속에도 반영되어 몸속에 광채가 생길 것이다. 만트라가 주변의 모든 것에 영향을 미치기 시작하는 동안, 당신은 자신이 이전보다 더 초연해졌고 하는 일이 더 능숙해졌음을 발견하게 될 것이다.

만트라 (혹은 자파japa) 염송은 어떤 시점에서 아자파-자파ajapa-japa (자파 아닌 자파)가 된다. 만트라는 계속되고 있지만, 더 이상 당신이 그것을 하는 것이 아니다. 자동적으로 된다. 이때를 카비르는 이렇게 말했다. "신께서 나의 자파를 수행하신다. 내가 앉아 쉬는 동안에." 이럴 때, 당신은 더 이상 만트라를 외우고 있지 않다. 만트라가 당신을 외우고 있는 것이다. 이런 일이 일어나기 시작함을 알아차리는 것은, 멋진 순간이다. 이럴 때, 거기에는 피곤함도 없고 노력도 없고 개인이라는 느낌도 없다. 당신은 신께 녹아드는 지점에 다가가고 있는 것이다.

만트라를 하나 골라서, 자신을 다 바쳐 그것을 외워 보기 바란다. 뭐든 자신에게 맞는 것을 고르든지, 자신만의 것을 만들어내든지 하여, 수행을 시작해 보라. 시작을 하려면 푸자(예배의식)를 하는 시간이나 다른 조용한 공간을 찾아서, 한 시간 동안 소리 내어 만트라를 염송하라.

초심자에게는 한 시간이 적당한 시간이다. 그때쯤이면 당신은 만트라에 대해 수없이 많은 생각들을 했을 것이다. 그것을 모두 왔다 가게 하라. 오면 오는 대로, 가면 가는 대로, 모두 바치고, 만트라를 지키라. 만트라를 생각하고, 염송하고, 느끼라. 그것에 대한 자신의 반응을 알아차리고, 그것을 지각하고, 가슴속에서 경험하고, 그 의미를 생각하라. —그러고는 모든 것을 잊어버려라. 그저 만트라만 계속 염송하라. 그것이 그저 다음 단계로, 다음 단계로, 그다음 단계로 진행되게 하라. 자신을 충분히 비울 수 있게 되었을 때 염송을 그치면(그칠 수 있다면), 만트라가 우주 속에서, 온통 당신을 둘러싸고 울려 퍼지고 있을 것이다. 만트라는 우주 속의 어떤 곳으로 통하는 문을 열어주는 열쇠와도 같다.

나는 만트라를 통해 그곳을 한번 경험한 적이 있다. 나는 만트라를 며칠 동안 계속했다. 그러다가 멈췄을 때, 나는 문득 교회의 대합창단에 둘러싸여 있는 듯한 소리를 들었다. 모든 곳으로부터 수천의 목소리가 시간을 거슬러 올라가면서 모두 만트라를 염송하고 있었다. 나는 완전히 넋이 나가버렸다! 나는 누군가가 나를 놀리고 있는 줄 알았다. 옆방에서 라디오를 크게 틀어놓은 건가? 의심까지 했었다. 만트라가 언제나 염송되고 있는 다른 공간에 내가 동조되었다는 것을 도무지 믿을 수가 없었다.

그래서 나는 당신도 만트라 수행을 실험해보는 것이 유용하리라고 말하는 것이다. 희생 수행 또한 실험해볼 만하다. 만트라와 희생, 이 두 가지가 다 우리의 삶을 공양물로 바꿔놓는 방법이다. 우리의 내면

깊숙한 곳에는, 희생의 바퀴를 돌려서 그 순환을 완결시킴으로써 자기 희생을 통해 신과 합일하고자, 공_空과 합일하고자 하는 깊은 열망이 자리하고 있다. 희생과 만트라는 삶을 신성하게 만드는 방법이며, 자유를 향한 우리의 갈망이 이뤄지게 하는 방법이다. 그리고 그런 수행을 함으로써 우리는 그것들과 함께 우리 자신을 해체하는 공모자가 된다.

우리가 자신의 삶을 점점 더 하나의 제물로서 바라보게 될수록, 삶 속의 다른 것들은 나를 끌어당기는 힘을 잃어간다. '나를 위해서' 일하는 것은, 그 일을 밖으로…, 위로…, 안으로… 바치는 것보다는 재미가 없어진다. 마하라지는 나에게 '람 다스'라는 이름을 붙여주었다. 람 다스는 '신의 종'이라는 뜻이다. 내 삶은 '그분'께 헌신하기 위해 바쳐졌다는 뜻이다. 누군가가 내게 이렇게 말했다. "왜 그런 요상한 이름을 씁니까? 꼭 인도식 이름을 가져야만 하나요? 그냥 딕 앨퍼트*라고 하면 안 돼요?" 물론 그럴 수 있다. 하지만 람 다스와 같은 이름을 가지는 것은 매우 실질적인 효용 가치가 있다. 그것은 나에게 뭔가를 늘 상기시켜 주기 때문이다. '람 다스 = 신의 종' 누가 나에게 "람 다스"라고 하면 나는 그것을 '신의 종'으로 알아듣는다. 그러면 그것은 내게 이 인생 여행의 목적이 무엇인지를 즉시 상기시켜 준다. 나의 여행은 이 봉사와 희생과 변성의 과정에 관한 것임을 일깨워준다. 마하라지와 함께 지내던 때, 그는 람 다스에게 무슨 말인가를 하곤 했는데, 나는 '딕 앨퍼트'이기에 바빠서 그가 내 어깨 너머 누군가에게 이야기하는 것처럼 느끼고는 했다. 어쩌면 그는 내가 '내가 생각하는 나'이기를 그쳤을 때 될 '나'를 향해

---

* 딕(Dick)은 리처드의 애칭.

이야기하고 있었는지도 모른다. 내가 그렇게 된다면, 나의 '모든' 행위는 나 자신의 존재, 그리고 또한 다른 모든 이들의 존재를 변성시키도록 의도되고 설계될 것이다.

궁극적인 공양물은 각자의 개인적 인생길을 바치는 것이다. 자신이라고 생각하는 모든 것, 육신과 인격과 감각과 느낌을 모두 바치는 것이다. 그러면 그것이 가져다주는 갈수록 커지는 해방감과 함께 신에 대한, 배후의 그것에 대한, 자아가 없는 그것에 대한, 만물에 젖을 먹이는 근원인 그것에 대한 깊은 인식이 찾아올 것이다.

우주의 영적 근원에 대한 온전한 인식과 함께, 희생은 새로운 국면을 띠게 된다. 그것은 '형상 그 자체', 모든 세속적인 진동, 우리가 아는 형태의 모든 삶과 존재를 영(Spirit) 앞에 바치는 그런 희생이 된다. 그것은 마치 그 모든 것을 브라흐만의 입, 브라흐만인 그 불 속으로 쏟아 넣는 것과 같다…. 우리는 안으로 쏟아 넣는다. 안으로 쏟아 넣는다. 우리의 모든 노력들, 삶 속의 모든 행위들이 오롯이 하나의 공양행위가 된다. 그리하여 우리는 마침내 안팎이 뒤집혀서 아트만이 된다. '우리'가 내면의 빛이고, '우리'가 의식이고, '우리'가 광활한 공간이고, '우리'가 현존이고, '우리'가 '아아아아아…!'이다.

7
포기와 정화

『기타』에서는 '포기행(혹은 출가행)'이라고 부를 수 있는 영적 수행에 따른 삶의 역할에 대한 언급을 자주 대하게 된다. 포기는 희생과도 일면 연관이 있다. 그것은 정화의 행위이며, 세속적 세계에 우리를 묶어놓는 인연을 잘라내기 위한 것이다. 『기타』는 우리가 기대하는 만큼 포기행에 대해 자세하게 언급하지 않는다. 왜냐하면 그것이 무엇인지는 모두가 이미 잘 알고 있다고 가정하기 때문이다. 『기타』는 이 암흑의 시대, 세속에 넋이 팔려 버린 칼리 유가Kali Yuga의 시대 정신으로 쓰인 것이 아니다. 우리는 이제 겨우 생각해보기 시작하고 있지만, 아르주나는 모든 정화 수행에 대해 이미 잘 알고 있고, 실천하고 있다.

정화 수행이란 본질적으로 신에 대해서 알고 신을 직접 체험하도록 준비시키는 방법이다. 정화 수행은 우리를 함정 속에 빠뜨리는 것들, 우리로 하여금 카르마를 지어내게 하는 것들로부터 물러나 있게 하는 시스템을 통해 가능해진다. 힌두교의 모든 정화의식, 모든 포기행은 (불교, 기독교, 유대교, 이슬람교, 그리고 대부분의 다른 종교들에도 의식이 있고 그 실천법은 모두 공통점을 가지고 있다.) 우리를 초연해지게 하여 카르마를 많이 짓지 않게 하기 위한 것이다. 그렇게 되기 전까지, 우리는 스스로 날마다 끊임없이 지어내는 것들 속에 파묻혀서 산다. 그런 것들의 무게가 조금씩 덜어지는 순간, 우리는 새롭게 초점을 맞추고 명상의 깊이를 더할 수 있는 여지를 얻게 된다. 그러면 명상이 깊어짐과 함께 더 높은 지혜가 찾아온다. 이것이 수행의 배후 원리이다.

하지만 정화란 어떤 면에서는 허구이다. 있는 그대로의 우리 몸, 있는 그대로의 우리 마음, 있는 그대로의 우리 느낌, 그리고 바로 여기, 바로 이곳에 브라흐만, 깨달음의 상태가 있다. 바로 지금! 바로 여기! 거기나 그때가 아니고, 인도나 티베트도 아니다. 그것은 '그'나 '그녀'가 비밀로 지켜온 것도 아니고, 이 책이나 저 경전에 있는 것도 아니다. 그것은 바로 여기에 있고, 그대는 바로 그것이다. 지금 이 순간.

좋다, 그렇다면 무엇 때문에 정화가 필요한가? 사실 우리가 이미 신이라면, 이런 수행법들의 목적은 무엇이란 말인가? 그것은 우리가 지금 이 순간 누구인지를 진정으로 '알지' 못하도록 훼방하는 것들을 제거하기 위한 것이다. 실질적인 견지에서 보면, 우리는 흥미로운 역설에 직면해 있다. 지적 이해의 차원에서 보면, 우리는 우리가 그 모든 풍요를 이미 누리고 있음을 '알고' 있다. 우리가 아트만임을, 우리가 붓다임을, 우리는 자유임을 '알고' 있다. 우리는 이것을 다 안다. 하지만 그 속을 들여다보면, 알면서도 어째서인지 그것을 '믿지는' 않는다. 모든 정화의 방법들이 목표로 하는 바가 바로 이것이다. 곧, 우리가 자신이라고 생각하는 그곳으로부터 자신이 어디에도 없다고 생각하는 그곳으로 우리 자신을 데려다놓는 일. 그래서 우리는 카르마 요가, 야나 요가, 희생, 만트라, 포기행,

정화 따위의 그 모든 수행법을 가지게 된 것이고, 이 모든 것은 앎과 믿음 사이를 가로막고 있는 장애물을 어떻게든 우회할 수 있도록 고안된 것이다.

논의의 틀을 짜기 위해, 『기타』에서 몇 구절을 인용해 보자.

"모든 욕망을 버리고 소유물과 자아에 대한 자랑을 버린 자는 지고의 평화라는 목표에 다다른다."

"진정으로 포기한 자는 갈망하지도 않고 싫어하지도 않음을 알라. 이 두 극단을 극복한 자는 곧 자유를 찾을 것이기에."

"거북이가 사지를 등껍질 속으로 감추듯이, 마음의 평정 속에서 감각적 쾌락의 유혹으로부터 모든 감각을 철수시키면, 그는 곧 맑은 지혜가 된다."

감각의 유혹은 우리를 계속해서 세속에 붙잡아둔다. 이 부분에서 『기타』가 권하는 정화 과정은 감각을 버리는 것이다. 감각은 이리저리 대상을 찾아다니므로 감각기관을 평소의 대상들로부터 떼어놓는 것이다. 영혼인 붓디buddhi는 저급한 마음인 마나스에 의해 아래로 끌어내려질 수 있음을 명심하라. 마나스는 또 인드리아스indrias, 곧 '대상에 고착된 감각'에 사로잡힐 수 있다. 그 단계는 이렇다. 즉, 감각의 대상이 있고, 감각이 있고, 또 감각을 아는 마음이 있다. 또한 그보다 더 높은 단계의 마음이 있는데, 그것은 세속적인 집착에 사로잡혀서 생각하는 마음과 감각으로 끌려 내려올 수도 있다. 높은 단계의 마음이 감각의 유혹에 저항하여 거기서 주의를 철수하고 내면으로 향하면, 그는 아트만을 인식하는 자가 된다. 정화의 행위는 이 과정을 촉진시켜 준다.

우리는 감각의 대상에 붓디가 걸려들지 않도록 점차 구출해내고 있는 중이다. 그리고 그렇게 하기 위해서 다양한 방법을 쓰고 있다. 그 일부에 대해서는 앞에서 이야기했다. '나는 눈이 아니다…, 나는 귀가 아니다…' 하고 말하면서 감각으로부터 마음을 철수시키는 것에 대해서, 또 명상을 통해 하는 것처럼 직접 마음을 가라앉혀서 마음이 더 이상 감각의 유혹에 반응하지 않게 하는 것에 대해서, 또는 이 모든 것을 초월한 지혜로써 마음을 채우는 것에 대해서. 그러면 지혜는 감각이라는 유혹의 끈을 느슨해지게 한다.

　이 중 어떤 것이든 한 방법을 적용해 보면—예컨대 앉아서 명상에 들어 감각을 철수시키면—우리는 마음이 얼마나 가만히 있지 못하고 들썩거리는지를, 얼마나 많은 잡동사니로 채워져 있는지를 문득 깨닫게 된다. 인도인들은 그것을 '원숭이 마음'이라고 부른다. 만트라, 자파, 기도, 그밖의 무엇이든, 수행을 시작할 때도 똑같은 일이 일어난다. 우리는 이리저리 잡아끄는 온갖 세속적 욕망들로 인해 마음이 얼마나 혼란에 빠져 있는지를 깨닫게 된다. 그래서 우리는 그 동요를 잠재워 줄 방법을 찾기 시작한다. 정화와 포기행이 마음을 끌어서 우리 삶의 일부가 되기 시작하는 것도 바로 이때이다. 자신의 몸을 돌보는 방법이나 식이법에 더 많은 관심을 쏟기 시작할 수도 있다. 우리는 함께 어울리는 사람들이나, 마음을 채우는 생각들이나, 명상 중에 떠오르는 생각들에 주의를 기울이기 시작한다. 이것들이 모두 우리의 명상을 방해하면서 마음을 뒤흔들어놓는 것들이기 때문이다.

　우리 마음속에 쌓이고 있는 독소가 얼마나 많은지, 놀라울 정도이다. 자동차를 운전해서 거리에 나간다고 해보자. 누군가가 갑자기 끼어든다. 그러면 '아니, 이런 XXX' 하는 생각이 일어난다. 그러면 그 하나의 생각에 의해 몸에 퍼져 들어오는 진동, 그 에너지는 울리고 공명하여 분노를 휘저어 일으키면서 온갖 흥분이 올라오게 한다. 그러니 우리는 어쩌면 정의로운 분노로 솟구치는 격정부터 버려야 할지도 모른다. 우리는 그런 상황을 받아들이고 그 순간을 정화수행을 위한 시간으로 바꾸어야 한다. 한 순간 분노를 내려놓으면, 그와 함께 찾아오는 일종의 불, 내면의 불이 있다. 그 불 속으로 제물을 바치는 것이다. 분노를 우리의 깨어남 앞에 바친다. 스와하!

그 에너지, 그 모든 에너지를 변성시키는 법을 깨칠 때까지는, 저잣거리에서 살아야 한다. 우리는 우리의 의식을 사로잡는 것들로부터 해방되기 위해서 그것들을 주시하기 시작한다. 마음을 사로잡는 것들을 살피다가 우리는 십중팔구 그 속에서 우리가 애지중지하는 소유물들에 대한 집착을 발견한다. 그것들은, 예수가 "네 보물이 있는 곳에 네 마음도 있으리라." 하고 말한 대로, 우리의 마음을 잡아끄는 것들이다. '보물'이 당신의 소유물이라면, 거기에 당신의 마음이 있을 것이다.

당신이 매우 아름답고 비싼 무엇을 가지고 있다고 하자. 당신은 명상하려고 앉았는데, 명상에 들기도 전에 그것을 잘 감춰둬야 한다는 강력한 생각이 떠오른다. '그게 정말 안전하게 있나? 내가 금고를 잘 잠갔던가? 도둑이 들지는 않을까?' 생각이 꼬리를 물고 이어진다. 우리는 소유물의 쇠사슬에 얽매인다.

물론 소유물이 꼭 물질적인 것만은 아니다. 감정적인 소유물이나 지적인 소유물도 있다. 명상을 하고 있는데, 너무나 멋진 '아이디어'가 떠오른다. 당신은 이렇게 생각한다. '우와, 이 아이디어를 잊어먹어서는 안 돼. 이건 틀림없이 억만금을 벌 수 있는 아이디어야.' 혹은, 이런 생각은 어떤가? '이 아이디어를 꼭 기억해둬야 해. 이건 인류에게 크게 공헌할수 있을 테니까' 멋진 생각 아닌가? 그러고는 다시 명상에 들어가려고 애쓴다. 마음이 고요해지려고 할 때마다, 생각 너머로 넘어가려고 할 때마다, 잊어버릴까봐 겁이 나서 그 아이디어를 다시 붙잡는다. 그것이 정말 좋은 아이디어라면 반드시 기억날 것이라는 식의 믿음은 별로 강하지 못하다. 믿음은 깊은 신뢰감을 요구한다.

시간이 가면, 우리는 물질이든 감정이든 지식이든 그런 것들에 대한 집착이 우리를 우리가 원하는 것으로부터 오히려 떼어놓는다는 사실을 깨닫기 시작한다. 물질적, 심리적 소유물을 줄여가는 것, 우리의 삶에 일종의 청빈함을 들여놓는 일이 집착의 대상을 얻는 일보다 더 큰 호소력을 지니기 시작하는 것은 이때부터다. 나는 내가 사는 곳의 구석구석을 물건들로 채워놓곤 했다. 무엇보다 나는 전축과 멋진 음향기기를 필요로 했다. 그리고 그 위의 책꽂이에 가득 꽂힌 책들. 그다음엔 벽걸이 카펫과 보드랍고 따뜻한 물건들, 목욕용 소금, 향, 포도주, 음식…. 나는 내 주위를 사치스러운 물건들을 쟁여놓은 동굴처럼 만들었다.

그러나 수행이 깊어지자, 매사가 검소해지고 단순해지기 시작했다. 더 이상 그런 것들을 주위에 쌓아놓고 살 필요가 없어졌다. 그리고 지금은 누가 나에게 사방 벽이 하얗게 칠해진 빈 방을 준다면, 나는 바닥에 방석을 놓고 앉아서 그 모든 물건들을 갖고 느꼈던 것보다 더 큰 만족을 느낄 것이다. 내 삶은 더 단순하고 홀가분해졌다. 왜냐하면 이제는 물밀 듯 쇄도해 오는 온갖 경험이, 마음이 고요해질 때 느끼는 기쁨보다 흥미롭지 않기 때문이다.

이제, 소유물과의 관계에 관한 둘러보기를 마무리하고자 한다. 삶의 낭만을 즐기는 시기가 있고, 주변에 끌어모아 놓은 소유물들을 즐기는 시기가 있다. 그런 것들이 모두 떨어져 나가서 버리게 될 때도 온다. 또 그런 것들로부터 완전히 자유로운 사람이 되어서 그것을 도로 가져도 괜찮을 때도 온다. —하지만 집착은 없다. 나는 가네쉬푸리에 있는 스와미 묵타난다의 아쉬람을 자주 방문했다. 내가 그의 거실로 들어가면, 그는 은제 테이블 앞에 놓인 은제 의자에 앉아 18금 쟁반 위에 차려진 음식을 먹고 있곤 했다. 그의 거대한 은제 의자를 들려면 건장한 장정 두 명이 덤벼들어야 할 것이다. 나는 '이 사람이 무슨 요기란 말이야?' 하고 생각하곤 했는데, 나중에 그가 어떻게 수행했고 어떤 의식세계를 탐험했는지에 대해서 읽고 나서는, 그에게 그 모든 사치가 얼마나 '하찮은' 것인지를 알게 되었다. 그런 하찮은 것들의 세계 속에서, 그는 사람들이 금쟁반에 음식을 차려 바치면 그것을 먹는다. 그에게는 그것은 바나나잎에 차려진 음식을 먹는 것이나 다를 바가 없다! 그에게 그게 무슨 상관이겠는가?

그러니 나는 신께 이르기 위해서 모든 소유를 버려야 한다고 주장하는 것이 아니다. (예수는 "네 가진 것을 모두 가난한 이에게 주라."고 말했지만.) 그것은 우리가 이 전체 순환과정 속의 어디에 서 있는가에 달린 문제이다. 나는, 우리도 삶 속의 그 모든 소유물들과의 관계를 되돌아보고 싶어질 때가 생기리라는 말을 하는 것이다. 우리가 붙잡고 있는 것들을 조금 놓아버리고 싶어지지 않는지, 마음을 살펴보고 싶을 때 말이다. 『아쉬타바크라 기타 Ashtavakra Gita』*는 이렇게 말한다. "집착이 없는 성자는 세상 속에서도 고통을 겪지 않는다." 자신의 소유물과 아이디어와

---

* 고대 인도의 현인 아쉬타바크라와 미틸라 왕국의 왕 자나카의 대화록으로, 불이일원론 베단타 철학의 경전.

느낌들을 즐기는 것은 좋다. ─어느 순간에든 그것을 완전히 놓아버릴 수 있는 한에서만. 금쟁반? 그것도 좋다. 바나나잎 쟁반? 그것도 좋다.

소유물은 한 가지 예일 뿐이다. 우리의 원숭이 마음은 이것을 원하고 저것을 끌어모으며 늘 움켜쥐기만 하고 놓을 줄 모르는 소란스러운 괴물과 같다. 이 소란을 잠재우는 데는 시간이 걸린다. 소란스러운 마음은 그것을 받아들이기 어려워한다. 하지만 영적 여행길은, 다른 것은 몰라도 인내심만은 가르쳐줄 것이다.

통과해야 할 여러 층들이 있다. 겹겹으로 쌓인 집착의 층들이 있다. 우리는 태어날 때 모든 구나와 욕망과 정열과 감정과 생각의 힘을 함께 가져온다. 이것들은 모두 우리가 짊어진 짐 보따리의 일부이다. 그것은 모두 거기에 있다. 우리가 모든 욕망들을 끝장내지 않는 한, 그것은 우리를 어느 순간에든 다시 사로잡을 수 있다. 이집트의 신성한 경전 중 하나에는 이렇게 적혀 있다. "네 욕망을 너의 목표와 같은 수준에 있게 하라. 초인적인 희열을 열망한다면, 네 인간의 육신 속에 초인의 구조를 받아들이고 들여놓으라. 그리고 지옥 같은 심연은 언제나 정상 가까이에 놓여 있음을 알라."

나의 스승 하리 다스는 이렇게 말하곤 했다. "아흔 살 먹은 성자조차도 안전하지 않다." ─ 세속적인 것들이 돌아와서 다시 우리를 붙잡을 가능성은 언제든지 열려 있다는 뜻일 것이다.

수행의 마지막 순간까지도 거기에 나는 '누구'라는 개인성이 남아 있는 한, 그 누군가와 함께 몰려다니는 모든 것들이 잠입해와서는 그 힘을 행사할 기회를 호시탐탐 노릴 것이다. 우리의 싸움은, 우리 안에서 우리가 싸우고 있는 쿠루크셰트라의 싸움은, 이 모든 자연의 힘, 세상의 힘과의 싸움이다. 욕망은 에고를 부려서 생존과 생식에 대한 뿌리 깊은 집착심과 함께하면서 우리의 주의를 잡아끌려고 애쓴다. 우리가 포기행을 수행하고 있다면, 이런 욕망의 막강한 힘을 상대할 각오를 해야 할 것이다. 사실 그것이 이 수행의 요점이다. 힘의 위력을 '인식하여' 그것을 다스릴 수 있게 되어야 한다.

많은 사람들이 어쨌든 세상은 나쁜 것이고, 그 때문에 출가해야 한다는 식으로 '출가'라는 말을 이해한다. 문제는 세상이 사악하기 때문이 아니다. 문제는 우리가 세상에 너무나 '사로잡혀' 있기 때문이다. 우리는 자신이 빠져 있는 함정에서부터 출발한다. 스스로 집착에 의해 손발이 묶여 있는 상태에서 시작하여, 온갖 작전을 구사하면서 자신을 쇠사슬로부터 구출해내려고 애쓴다. 포기와 정화의 수행도 이런 굴레로부터 탈출하기 위한 작전 중의 하나이다. 그것은 일종의 '후디니 쇼'이다.*

그러니 우리가 포기행의 수행을 하는 것은 세상이 사악해서가 아니다. 우리는 다만 우리의 욕망덩어리를 단단히 붙들어서 그것이 우리의 의식을 지배하지 못하게 하려는 것이다. 그러니까 포기행이란 '좋은 사람'이 되는 것과는 아무 상관이 없다. 섹스를 포기하는 것이 좋다는 것도 아니고, 단식을 하는 것이 좋다는 것도 아니다. 좋은 사람이 되려고 포기행을 하는 것이 아니다. 좋은 사람이 되려고 애쓰는 것은 중생들이 흔히 빠지기

---

* 후디니(Houdini): 미국의 마술사. 결박 풀이, 탈출 등의 명인.

쉬운 함정이다. 포기하는 것은 버리기를 '원하기' 때문이다. 그것이 우리를 얼마나 사로잡고 있는지를 알기 때문에 그것을 하는 것이다. 눈앞의 만족, 눈앞의 초콜릿보다 훨씬 더 흥미로운 무엇을 발견했기 때문에 그것을 한다. 여행길에 나서고자 하는 욕망이 초콜릿에 대한 욕망보다 더 크기 때문에 버리고자 하는 것이다.

심리학을 하면서 우리는 '만족의 보류'에 관한 실험을 자주 했다. 의문은, 사람들이 과연 '나중에 큰 과자를 얻기 위해 눈앞의 작은 과자를 포기할까?' 하는 것이다. 눈앞의 작은 것을 버리게 하려면 나중의 것이 얼마나 커야 할지, 언제까지 기다리게 할 수 있을지 등, 모든 실험의 변수들이 동원되었다. 그 실험에서 우리가 당연하게 여겼던 것은, 사회란 본질적으로 즉각적 만족의 의도적인 보류—그러나 언제나 나중에 더 큰 만족을 얻기 위한—를 위한 훈련장이라는 사실이었다.

한편, 포기행은 '차원 높은 자기이익 추구'의 한 반영이다. 우리는 나중에 더 큰 과자를 얻기 위해 수행하는 것이 아니라, 욕망에 대한 집착 그 자체가 불가피하게 더 큰 고통을 가져올 것임을 깨달을 때 수행을 한다. 그것을 깨닫는 시점에, 우리는 자신이 정말 그 모든 것에서 해방되고자 하는지, 결단을 내린다. 이 같은 포기의 결단은 죄책감이나 두려움, 혹은 해야 하는 것과 하지 말아야 하는 것 따위로부터 나오는 것이 아니라, 지혜로부터 나온다.

우리의 문화는 포기의 길을 높이 평가하지 않는다. 우리의 문화는 더 많은 만족, 더 빠른 만족을 추구한다. 간디는 이렇게 말했다. "문명의 진면목은 욕망의 증식에 있는 것이 아니라 그것을 자발적이고 의도적으로 포기할 수 있는 태도에 있다." 욕망에 부채질만 해대고 있는 이 서구사회에서, 이것은 분명 씨도 안 먹히는 생각이다. 광고선전을 보라. 그것은 우리가 이야기하고 있는 것과 정반대되는 논리에 근거해 있다. 그것은 우리를 더욱 더 불만스럽게 만들고 더욱 더 많은 것이 필요하다고 생각하게 만드는 전략을 사용한다. 텔레비전에서는 우리 안에 또 하나의 욕망을 피워 올리도록 획책된 선전문구가 3~4분마다 하나씩 튀어나온다. "이것을 가지지 않으면 행복해질 수가 없나니, 너희는 이것을 원해야만 한다! 가져야만 한다!"

간디의 척도에 따른다면, 미국은 그 모든 풍요에도 불구하고 아직도 문명화되지 못했다. 미국 사람들이 그 많은 돈을 가지고 무엇을 하는지를 살펴보면, 대부분은 자신을 위해, 더 많은 육욕을 만족시키기 위해 돈을 쓴다는 것을 발견하게 된다. 그러다가 그 모든 것에 완전히 신물이 나고 그 욕망도 어쩔 수 없이 떨어져 나가는 것을 느끼기 시작할 때, 그들은 어디를 향해야 할지를 몰라 당황하게 된다. 그것은 모두 덧없는 것, 잠시 지나치는 것이기에, 그들은 결국 막다른 골목에 다다를 수밖에 없다.

이것을 깨달으면, 우리는 그 과정을 되돌려놓고자 하는 동기를 품게 된다. 하지만 그럴 때, 흔히 우리의 마음은 앞질러 나가서 '좋은' 사람이 되고자 닥치는 대로 소유를 포기하기 시작한다. 그것이 장애물이기 때문에, 그것에 질렸기 때문이 아니라, 그저 빨리 가고 싶은 것이다.

나는 포기행의 한 형태인 단식(음식에 대한 욕망 버리기)과 관련하여 두 가지 동기의 차이를 몸소 경험해본 적이 있다. 나에게 단식은 흥미로운 일이었다. 나는 음식과 늘 진한 관계를 맺어왔다. 나는 어머니로부터, 음식은 곧 어머니의 사랑이라고 생각하도록 배웠다. 그래서 열 살 때,

나는 이미 치수가 아주 큰 바지를 입었다.

그러다가 1967년, 나는 인도의 한 사원에 있었다. 나는 거기 있는 사람들이 모두 걸핏하면 단식을 하는 모습을 보았다. 그래서 어느 날 나의 스승에게 물어보았다. "하리 다스, 저도 단식을 할 수 있을까요?" (사실 나는 그렇게 말한 것이 아니라 내가 가지고 다니던 석판에다 글로 썼다. 그 당시 우리는 묵언수행을 하고 있었기 때문이다.) 하리 다스가 대답했다. "원한다면." 내가 물었다. "얼마나 오래 해야 할까요?" 그가 대답했다. "나흘 정도면 적당할 거야." 그래서 내가 물었다. "'당신은' 얼마나 오래 하십니까?" 그가 썼다. "매달 아흐레씩 하지." 나는 생각했다. '그래? 그가 할 수 있다면 나도 할 수 있어.' 그래서 나는 이렇게 썼다. "저도 아흐레 동안 하겠습니다." 그렇게 선언하는 나는 매우 거룩해 보였다.

때가 되어, 나는 단식을 시작했다. 나는 아흐레 동안 줄곧 음식 생각만 했다. 어릴 적 추수감사절에 먹었던 저녁 만찬이 생각났다. 구운 칠면조와 고구마와 그 위에 놓인 작은 마시멜로, 칠면조 뱃속에 채워 넣은 온갖 양념과 그 국물의 냄새, 그것을 한 입 넣었을 때의 맛까지 생생하게 그려보면서, 그 장면을 돌리고 돌리고 또 돌렸다. 미국에서 가보았던 모든 종류의 식당들을 떠올렸다. 북서부 식당의 게 요리, 샌프란시스코 오리지널 조 식당의 스테이크, 뉴올리언스의 프랑스식 생선 스튜, 보스턴의 랍스터 사바나 식당, 그리고…. 젠장! 나는 여러 해 동안 미식가와 대식가 사이를 오가고 있었던 것이 분명했다. 그러니 기억을 떠올리자면 한정이 없었다.

그래도 나는 단식을 끝냈다. 꼬박 아흐레를 해낸 것이다. 하지만 흥미로운 의문은, 열심히 단식하는 동안 내가 진짜 살찌우고 있었던 것은 무엇인가, 하는 것이다.

세 달 후에 다시 아흐레짜리 단식을 했을 때, 나는 그보다 훨씬 나아졌다. (그렇지, '나아지기'―에고의 새로운 여행이다!) 이번엔 요기가 먹을 수 있는 음식만을 생각하며 모든 시간을 보냈다. 그래서 나는 레몬을 뿌린 시금치, 김이 나는 한 대접의 밥, 금방 구운 뜨거운 자파티와 우유를 생각했다. 나는 '나도 이만하면 잘 하지 않아? 책에서 시키는 그대로 아흐레 단식을 하고 있잖아. 난 위대한 하타 요기가 돼가고 있어!' 하는 생각으로 이 모든 짓을 하고 있었다. 게다가 음식 망상에 빠져 있지 않을 때는 잠자지 않고 깨어 있는 시간을 찾아보기가 힘들었다.

세월이 흘렀다. 몇 년이 지나고 나서 나는 다시 인도에 와 있었다. 몇몇 친구들과 나는 작은 마을에 머물고 있었고, 그것은 또 한 판의 장기 단식을 시작하기에 좋은 기회로 보였다. 하지만 이번에는 정오에 음식 대신 레몬수나 생강차를 마신다는 사실 외에는 나는 내가 단식을 하고 있다는 사실조차 의식하지 않았다. 나는 그저 먹는 대신 다른 일을 하느라고 바빴다. 일정이 반쯤 지나고 나서야 나는 생각했다. '아, 이것이 바로 단식이라는 거로구나. 멋져!' 그것은 음식을 포기하는 것이 아니라 배고파하기를 포기하는 것이었다! 전에 나는 그것이 무엇을 하자는 것인지도 몰랐던 것이다. 내가 하고 있는 에고의 여행이 타파시야tapasya, 모종의 금욕행이라는 생각에 빠져 있는 바람에 그렇게 되고 말았던 것이다.

나는 진정한 타파시야란 내가 무르익어 있어서 자연스럽게 그것을 하게 되는 때에 일어나는 일임을 깨닫게 되었다. '그래, 물론이지. 지금 일어나고 있는 것이 바로 그거야.' 하는 느낌으로 기쁘게 그것을 하는 것이다. '휴! 이젠 그것 없이도 살 수 있어.' 하는 느낌으로 말이다. 그것은 자기부정이 아니라 풀려남이다. 라마나 마하리쉬는 말했다. "나는 먹지 않았다. 그러자 그들은 내가 단식을 하고 있다고 말했다." 바로 이 말 속에 타파시야의 핵심이 들어 있다. '우리가' 금욕행을 하고 있다고 생각하는 한—'나 좀 봐! 난 이걸 끊었다구!'—그것은 또 다른 에고의 여행일 뿐이다. 우리가 무엇을 끊었다고 생각하든, 우리는 두 손으로 에고의 속을 한껏 채워넣고 있는 것이다.

동양에는 정화와 포기행을 중심으로 구축된 요가체계가 있다. 그중의 하나가 아쉬탕가 요가—'팔지八支' 요가—라는 힌두교 전통이다. 이것에 대해서는 기원전 200년에서 서기 400년 사이에 파탄잘리가 소개했지만, 이보다 훨씬 오래전부터 행해져 온 요가수행법에서 나온 것이다. 아쉬탕가 요가는 이 게임을 순서대로 부분부분 해내도록 도와주는 일련의 단계로 짜여 있다. 그것은 신께로 가는 일련의 과정이어서, 그것을 잘 들여다보면 요가의 총체적 구조 속에서 포기행 같은 수행이 어떻게 작용하는지를 알 수 있다.

아쉬탕가 요가에는 정화를 위한 정교한 프로그램과 계율이라고 불리는 약간의 관련 수행법이 있다. 이것은 아쉬탕가 요가의 첫번째 두 가지를 이루는데, 그것은 각각 금계(禁戒, yama)와 권계(勸戒, niyama)로 불린다.

다섯 가지 금계, 즉 다섯 가지 정화, 혹은 자기억제는 해치지 않기, 거짓말하지 않기, 도둑질하지 않기, 음욕을 품지 않기, 소유욕을 품지 않기이다. 다섯 가지의 권계, 즉 준수계율은 순수, 만족, 규율, 경전 공부, 신에 대한 헌신 등이다.

권계와 금계 다음에는 세 번째 가지(支)가 있는데, 이것은 아사나, 곧 체위로서, 우리는 대개 이것을 하타 요가로 알고 있다. 그다음엔 프라마야나, 곧 호흡수행이 있는데, 이 또한 전통적으로 하타 요가의 일부로 간주된다. 이것이 전반부의 네 가지이다.

후반부 네 가지는 모두 명상과 관련된다. 먼저 프라티야하라로서, 마음을 감각으로부터 철수시키는 명상의 기초단계이다. 이것은, 마음을 거두어들여서 감각이 이리저리 옮겨 다니는 것을 주시하는 한편, 마음을 호흡에 두는 과정이다. 아쉬탕가 요가의 나머지 세 가지는 갈수록 더욱 깊어지는 명상의 단계들로서 다라나(집중), 디야나(선정), 그리고 마지막 가지인 사마디(삼매)는 수행자를 곧장 신께 데려다준다.

이 여덟 단계의 순서는 아무렇게나 정해진 것이 아니다. 앞의 단계는 뒤의 단계에 반드시 선행되어야 한다. 수행자는 각 단계를 순서대로 거쳐야 한다. 그 순서를 건너뛰어서는 안 된다. 내가 인도에 있을 때, 어느 날 마하라지가 말했다. "아무도 더 이상 하타 요가를 하지 않는구나." 나는 놀라서 대꾸했다. "예? 하지만 미국에서는 유행처럼 너도나도 하고 있는데요, 마하라지?" 그가 말했다. "아니다. 아무도 하고 있지 않다. 하타 요가는 권계와 금계의 두 가지 수행을 이미 마친 것을 전제로 해야 하는데, 요즘은 아무도 그 두 가지 수행을 전혀 하지 않아."

그러니까 아쉬탕가 요가에는 순서에 따른 여덟 단계의 수행이 있고 이제 우리는 첫째 단계인 금계가 포기행과 관련됨을 알 수 있다. 생각해보자. 우리는 자신이 포기행을 고려하고 있는 정도니까 영적으로 매우 높은 수준이라고 생각한다. 그런데 그것은 사다리의 맨 '첫번째' 계단이다. 우리는 겨우 걸음마를 하고 있는 것이다!

금계는 다섯 가지로, 살생하지 말 것, 거짓말하지 말 것, 도둑질하지 말 것, 음욕을 품지 말 것, 소유욕을 품지 말 것이다. 다섯 가지 '해서는 안 되는 것'이다. 힌두어로는 이것을 아힘사ahimsa, 사트야satya, 아스테야 asteya, 브라흐마차리야brahmacharya, 아파리그라하aparigraha라고 한다. 이성적으로 생각하면, 다 좋은 개념들로 들린다. 문제는, 그것을 지키고 살아갈 때 어떻게 될 것이냐이다.

첫번째 것부터 생각해보자. 살생하지 말 것. —이것은 내가 회피하다시 피 해왔던 주제이다. 어차피 『기타』는 온통 전쟁과 살육에 관한 내용이기 때문이다. 하지만 아쉬탕가 요가의 첫 가지의 첫 단계가 '살생하지 말 것'이다. 어쩔 것인가? 크리슈나가 아르주나에게 싸움에 뛰어들도록 부추 기고 있는 쿠루크셰트라의 상황은 어떻게 받아들여야 할까? 비폭력적인 사람이 어떻게 폭력적인 행위를 할 수 있단 말인가?

마하트마 간디는 비폭력의 으뜸가는 옹호자 중 한 사람이었다. 그는 평생 동안 『기타』를 공부하고 『기타』의 정신을 따라 살았다. 이런 모순에 의문이 떠오르는 것은 당연하다. 간디는 이렇게 말했다. "『기타』가 쓰여진 당시에는 사람들이 아힘사를 믿었음에도 불구하고, 전쟁은 금기가 아니었 을 뿐만 아니라 아무도 전쟁과 아힘사의 모순을 따지지 않았다."[1] 이것이 어떻게 가능할지를 생각하려면 상상력을 매우 멀리까지 뻗어가야 하리라. 사람들이 어떻게 전쟁과 아힘사 사이에서 모순을 발견하지 않을 수 있을까. 간디는 이어서 이렇게 말했다. "하지만 『기타』의 가르침을 온전히 실천하 고자 40년 동안이나 끊임없이 노력했음에도 불구하고, 나는 모든 형상과 모든 형태의 생물에 대한 아힘사를 완벽하게 지키지 않고는 완전한 포기행이 불가능함을 실감하지 않을 수 없다." 달리 말해, 간디는 여기서 『기타』를 예외로 간주하고 있다. 그러니까 그는 '아힘사를 지키면서 폭력을 행할 수 있는가?' 하는 논쟁에서 『기타』에서든 밖에서든 그래서는 안 된다고 주장하는 쪽인 것이다.

내가 이해한 바에 의하면, 이 딜레마는 인간적인 관점과 신비적인 관점 사이에 갈등이 존재한다. 박애주의자의 연민은 언젠가는 죽을 인간의 연민이다. 신비주의자의 연민은 우주가 창조되고 유지되고 파괴되는 방식과 관련된 연민이다. 크리슈나의 연민은 인간의 마음으로써 이해할 수 있는 연민을 초월한다.

지혜에는 다양한 차원이 있다. 의사가 고통을 덜어주기 위해 수술을 하지만 어쩔 수 없이 고통이 따르는 것과 마찬가지로, 파괴에도 나름의 목적이 있음을 이해하지 못할 바도 아니다. 크리슈나는, 분리된 자아에 동화되어 있는 인간들에게는 그 분리된 자아라는 착각을 깨부수어 주기 위해서 끔찍한 시나리오, 곧 전쟁 같은 시나리오를 얼마든지 만들어 줄 수도 있다.

이것은 간단한 일이 아니다. 아무리 아힘사를 지킨다고 해도, 우리는 세상 속에 있는 시바의 힘, 우주에 파괴와 혼돈을 가져오는 신의 측면과 어떻게든 타협점을 찾아야 한다. 인간인 우리는 최선을 다해서 아힘사를 행해야 하지만, 동시에 때로는 폭력을 요구하는 다르마를 기꺼이 존중할 줄 알아야 한다. 우리가 할 수 있는 것은, 우리가 가야 할 다음 단계에 대해 주의 깊게 귀를 기울이는 것뿐이다.

아힘사를 존중하고자 하는 우리의 모든 시도는 혼란과 모순투성이다.

예를 들자면, 나는 오랫동안 채식을 해왔다. 그것은 아힘사 타입의 멋진 행위이다. 하지만 나는, 우유는 마셨다. 채식을 하고 있던 시기의 어느 주말, 나는 오레곤에 농장을 가지고 있는 작가 켄 키지Ken Kesey*를 방문한 적이 있다. 켄은 내가 채식주의자라는 사실을 알고 있었고, 그는 물론 채식주의자가 아니었다. 장난꾸러기인 그는 이렇게 말하며 나를 끌고 갔다. "이리 와보게, 내가 농장 구경을 시켜줄 테니." 그는 나를 외양간으로 데려가서 젖소와 그 밖의 모든 것을 보여주었다. 나는 감탄했다. "오, 멋지군." 다음에 그는 밭을 구경시켜 주었다. "야, 정말 아름다워." 그다음에 그는 들판으로 데려가서 두 마리의 커다란 황소를 보여주었다. "이것들은 뭐 하러 기르는가?" 내가 묻자 그가 대답했다. "살찌워서 잡아먹을 걸세." 나는 짐짓 점잔을 부리면서 이렇게 대꾸했다. "오, 그렇군." 하지만 그는 내 심기를 간파하고 있었다. 그는 황소의 머리를 쓰다듬으면서 말했다. "이놈은 맛있을 거야. 이 부위는 정말 좋은 스테이크 감이지." 그는 황소의 부위를 손으로 짚으며 이렇게 말했다. 나는 황소의 눈을 들여다보면서 사랑의 메시지를 보내려고 애썼다.

그러자 켄이 내 눈을 들여다보면서 말했다. "이봐, 자네는 우유를 마시잖나. 우유를 마시려면 황소가 있어야만 하네." 그 말에 나는 문득 내 입장의 실상을 깨달았다. 나는 농장 출신이 아니어서 그 전에는 그런 사실을 전혀 모르고 있었다. 젖소가 젖을 내려면 가끔씩 새끼를 낳아야만 한다. 그리고 새끼를 낳을 때마다 그 절반은 수컷이다. 그걸 어떻게 처치해야 할까? 그들이 자연사할 때까지 먹여줄 수도 있을 것이다. 하지만 그것은

---

* 미국의 작가. 데뷔작 『뻐꾸기 둥지 위로 날아간 새』가 가장 잘 알려져 있다.

현실적인 짓이 아니다. 그런 딜레마 위에 내가 서 있었다. 나는 채식주의자이지만 그럼에도 두 마리 황소의 운명에 연루되어 있는 것이다.

나는 간디 아쉬람에서 만든 샌달을 오랫동안 신고 다녔다. 거기에는 '간디 아쉬람에서 만든 제품'이라는 낙인이 찍혀 있었다. 그들은 거리에 쓰러져 죽은 소의 가죽만을 사용하여 그것을 만든다고 했다. 그것은 샌달 만들 가죽을 얻기 위해 소를 일부러 죽이는 것과는 다르다. 소는 자연사했고, 그래서 요가 수행자들은 양심에 거리낌 없이 그 샌달을 신을 수 있다. 하지만 그래도 뭔가 좀… 당신도 알지 않나…. 게다가 이제 우리는 칼을 들이대면 식물이 어떻게 반응하는지에 관한 최신 정보까지 접하고 있어서, 당당하게 먹을 만한 식사거리가 점점 줄어들고 있다. 그렇지 않은가?

아힘사의 딜레마를 헤쳐나가는 데 있어서 내가 할 수 있는 것은, 무엇을 하든 최대한 '의식적으로' 하라는 말밖에는 없다. 미국 원주민들이 먹기 위해 동물을 죽일 때는, 그것을 먼저 신께 바친 다음 동물에게는 그들을 위해 자신의 생명을 준 데 대해 감사를 올렸다고 한다. 그들은 생존을 위해서 동물을 죽였고, 그것은 자연의 섭리에 관한 그들의 이해에 어긋나지 않았다. 이것이 의식적으로 행위하는 방식이다.

'영적인' 식사에 관해 정해진 법칙이 있다고 생각하지는 않지만, 요가의 여러 단계를 거치는 과정에서, 수행은 우리의 몸과 몸의 요구에 변화를 가져오고, 대개는 식습관에도 변화가 옴을 깨닫게 된다. 세속적인 생각과 일상사에 진지하게 사로잡혀 있는 한, 우리는 세계건강기구(WHO)에서 말하는 대로 일정량의 단백질과 탄수화물과 비타민과 미네랄 등을 필요로 하게 된다. 그러다가 우리가 더 가벼워지고 고요해져서 우주의 다양한 차원들에 더욱 연결되면, 우리는 또 다른 종류의 에너지로써 존재를 영위할 수 있음을, 그리고 식사를 바꿀 수 있음을 깨닫는다. 예를 들자면, 이전에 먹었던 것은 너무 부담스러워서 곡식과 과일과 채소와 유제품만을 먹기 시작한다. 그러다가 유제품조차 너무 부담스럽게 느껴지기 시작해서 채소와 과일과 견과류로 줄이고, 결국은 채소마저 부담스러워서 과일만 먹고 살게 될지도 모른다. 이런 식의 변천 과정에는 아무런 문제가 없다. 우리는 건강하고, 모든 게 다 괜찮다. 하지만 어제는 햄버거를 먹던 사람이 오늘은 과일만 먹으려고 한다면, 심각한 문제가 생길 수도 있다. 그렇지만 미리 준비가 되어 있는 사람이라면, 과일만 먹는 것은 자연스럽고 옳은 일이 될 것이다. 다른 것을 먹으면 너무 거칠게 느껴질 것이다.

영적으로 계속 성장해가면, 빛으로만 살 수 있는 경지에 도달할 수도 있다. 카톨릭 성녀인 테레자 노이만Teresa Neumann은 12년 동안이나 하루에 성찬용 전병 하나씩만 먹고 살았다. 그래도 그녀는 풍만한 몸매를 가졌다. 사람들이 그녀에게 물었다. "어떻게 이런 일이 있을 수 있습니까? 당신은 무엇으로 사나요?" 그녀가 대답했다. "나는 빛으로 산답니다."

안 될 게 뭐 있는가? 식물들도 그렇게 하잖는가? 엽록소, 햇빛, 에너지 변환―단도직입적으로 말하면, 에너지는 에너지이다. 우리가 무엇을 에너지로 바꿀 수 있느냐 하는 것은 우리 속에 어떤 수용체가 열려 있느냐에 달려 있다. 그리고 정화의 길이 목적하는 것 중의 하나도 그것이다. 그럼으로써 우리는 사용 가능한 모든 미묘한 에너지를 다루기 시작할 수 있다. 우리가 에너지 변환기라면, 우리는 어떤 에너지든지 받아들여서 흠뻑 취할 수 있다.

하지만 우리가 할 수 있는 최대한의 것은 우리가 알고 있는 것과 자신의 정체성에 대한 믿음으로부터 빼낼 수 있는 것뿐이다. 그리고 우리들 대부분은 아직 성녀 테레자가 아니다. 나는 내가 할 수 있는 한 최선을 다해서 비폭력적으로 살려고 애쓸 뿐이다. 나는 나의 생존을 위해 무엇인가를 길러서 죽여야만 할 필요를 최대한 줄이려고 노력한다. 그럼에도 불구하고 사실 나는 더 이상 채식주의자가 아니다. 나는 마하라지를 만난 직후부터 육류와 생선과 닭고기와 달걀을 먹지 않았다. 하지만 좀 지나고 나서는 나도 모르게 채식주의에 대해, '좋은 사람'이 된다는 것에 대해 모범생적인 함정에 빠져 있는 것인지도 모른다는 의구심이 들었다. 그래서 그것을 차단해야겠다고 생각했다. 그래서 나는 채식주의자 행색을 그만두기로, 그저 그것을 끊기로 했다. 그리고 이왕에 할 테면 제대로 해야 한다고 생각하고, 나는 유대인이니까 양쪽을 다 파기하는 돼지갈비를 먹는 것으로 채식을 끊기로 작정했다.

어느 중국음식점에 갔을 때의 일이다. 식당에 들어가 앉아, 돼지갈비를 주문했다. 웨이터가 내 앞에 음식을 내려놓자, 나는 그것을 축복했다. 별나게 '긴' 축복을 내렸다. 나는 마음속으로 돼지갈비를 마하라지에게 공양하고 말했다. "당신이 이상하게 여기실 것을 잘 압니다. 하지만… 그렇게 됐습니다. 당신은 제 속을 아시고, 제가 왜 이러는지를 아십니다. 그러니까… 그냥 그렇게 하겠습니다." 그러고는 돼지갈비를 맛있게 뜯어 먹었다. 내가 기억하는 한 그 돼지갈비는 '한 입 한 입' 맛이 그만이었다!

그것을 먹고 있다가, 두 테이블 건너편에 앉아 있는 한 신사를 의식하기 시작했다. 그는 양복 차림에 금시계를 차고 있었고, 내가 게걸스럽게 먹고 있는 동안 내내 차를 마시면서 나를 지켜보고 있었다. 마침내 내가 음식을 다 해치웠을 때, 그가 내 테이블로 걸어와서는 물었다. "잠시 앉아도 될까요?" "물론입니다." 내가 대답했다. 그가 말했다. "나는 여행중인 판매원입니다. 보스턴의 전자장비 회사의 제품을 팔지요. 당신 앞에 음식이 도착했을 때, 저는 막 일어날 참이었습니다. 그런데 당신이 음식에 축복을 하는 모습을 지켜보지 않을 수가 없었습니다. 그런데 그 축복이 너무나 강렬해서 당신과 이야기를 나눠보지 않고는 식당을 떠날 수가 없었습니다." 그는 근본주의 기독교인이었다. 우리는 차를 마시면서 성경과 예수에 관한 흥미로운 대화를 한 시간 반 동안이나 나눴다. 마지막으로 그가 말했다. "당신을 만나서 아주 즐거웠습니다. 정말 좋았습니다. 한 가지만 더 여쭤볼 게 있습니다. 저는 먹는 것에 대해 많은 의문을 가졌습니다. 뭘 먹어야 할지, 뭘 먹지 말아야 할지 말이지요. 그래서 말인데, 당신은 식사를 어떻게 하시는지 궁금합니다. 무엇을 드시나요?" 나는 식탁을 내려다보았다. 거기에는 한 더미의 돼지갈비뼈가 쌓여 있었다. 그것을 감출 수만 있었다면 무슨 짓이든 하고는 "에, 저는 물론 채식주의자이죠…" 하고 폼을 잡았을 테지만, 그럴 수가 없었다. 나는 그 순간의 내 꼴을 직면해야만 했다.

인도에 있을 때였다. 채식을 할 때였는데, 나는 '팰리스 하이츠'란 이름의 호텔에 묵고 있었다. 그것은 델리의 코넛 서커스라는 구역에 있는 히피 소굴이었다. 공교롭게도 내 방의 창문으로는 골목길 건너편의 깔끔한 식당이 내려다보였는데, (델리의 인도인들은 '서구화'되어 가고 있었다.) 닭고기 요리가 전문이었다. 오후 4시쯤만 되면 그들은 골목에서 그날 저녁에 요리할 닭들의 모가지를 비틀었다. 우리가 쇼핑을 하고 돌아와서 평화롭게 누워 있으면 갑자기 꼬꼬댁거리는 소리가 들려오곤 했다. 닭과 관련된 나의 모든 카르마가 돌아와 홰를 치면서 울고 있는 것만 같았다. 내가 일요일 저녁 식사로 먹었던 모든 닭들에 대한 카르마를 치르고 있는 셈이었다. 한 마리 죽으면 그다음에 또 한 마리…. 끝이 없었다.

하지만 재미있는 사실은 그런 일을 겪고 나서도 나는 가끔씩 그 콜로넬 샌더스 식당을 찾아갔다는 점이다. 나는 그 끔찍한 광경을 다 본다. 닭요리가 만들어지는 물리적인 과정의 끔찍함뿐만 아니라 내가 누군가로 하여금 살아 있는 짐승을 잡아 요리하게 해서 그것을 먹는다는 사실의 그 터무니없음까지도 다 알고 의식하면서도, 나는 그것을 먹는다. 그것도 맛있게 먹는다. 그러고는 또 그 끔찍한 장면 곁에 앉아 있는 것이다.

나는 더 이상 가짜 성자가 될 수 없었다. 자신을 정직하게 시인해야 했다. 나는 '정말' 닭을 먹고 싶진 않다. 그런데도 거기서 닭을 먹고 있다. 젠장, 닭을 먹는 쪽이나 먹지 않는 쪽 중 어느 쪽이 결국 나중에 더 큰 폭력을 불러올지 누가 알겠는가? 어느 편이 더 비폭력적일까? 닭을 먹고 싶었지만 참고 참았던 사람이 결국엔 불만이 쌓이고 쌓인 나머지 가해망상에 빠져서는 주변의 모든 사람들을 심리적 파멸로 몰아넣을 수도 있다. 닭고기를 먹지 않고 참았다는 것이 그런 결과를 낳을 수도 있는 것이다. 물론 이것을 하나의 핑곗거리로, 혹은 실질적인 논리로 제시하려는 것은 아니다. 단지 우리가 무엇을 포기할 것인가 말 것인가를 결정하려고 할 때 마주치게 될 심리적 딜레마에 대해 논하려는 것뿐이다. 자, 이제 우리는 지금까지 이야기해 왔던 이 모든 수행의 핵심에 다가가고 있다.

다른 금계들에 관해서는 좀 더 간략하게 짚어보고자 한다. 하지만 아힘사 같은 계행에 대해서는 그 깊은 의미를 충분히 맛보기 위해서 여유 있게 탐사해보는 것도 가치 있는 일이라고 생각한다. 우리는 이런 계행들을 원칙적인 수준에서 안이하게 받아들일 수도 있다. 삶 속에서 그것을 실천하고자 할 때 실제로 부딪히게 되는 문제들을 대면해 보려고 하지도 않은 채 말이다.

두 번째 금계는 사트야이다. 진실함, 거짓말하지 않음이다. 간디는 이렇게 말했다. "진실은 신이며, 신은 진실이다." 그리고 그의 삶은 가능한 한 진실에 가깝게 살려고 애써온 사람의 선언 그 자체였다. 한번은 한 여인이 어린 아들을 데리고 간디를 찾아왔다. 그녀가 말했다. "마하트마지, 제 아이에게 설탕을 먹지 말라고 말해주세요." 그러자 간디가 어머니에게 말했다. "사흘 후에 오세요." 사흘 후에 어머니와 아들이 다시 왔다. 그러자 마하트마 간디는 소년에게 "설탕을 그만 먹어라!" 하고 말했다. 어머니가 의아해서 물어보았다. "그런데 그 말씀을 해주시는 데 왜 사흘이 걸려야 했나요?" 간디가 대답했다. "사흘 전에는 제가 설탕 먹기를 그만두지 않았거든요" 이것은 기준을 아주 높여 놓는다. 이것은 자신에게 요구하기에는 아주 높은 수준의 진실성이다. 그리고 사트야 행은 이런 수준의 내적 진실성에 우리의 삶을 맞추는 일에 관한 것이다.

지금, 우리들 대부분이 머물러 있는 수준에서 보자면, 우리는 '모든' 차원에서 정직할 수 있을 만큼 진실성에 깊이 뿌리박고 있지 못하다. 하지만 우리는 어디에 있든 그 자리에서부터 정직해지기 시작할 수 있다.

진실에 귀 기울이기를 배우고, 진실에 따라 살기를 배운다. 거기에 상당한 대가가 따르더라도.

한번은 간디가 시위행진을 이끌고 있었다. 많은 사람들이 직장을 그만두고 먼 데서 와서 이 행진에 참가했다. 하지만 첫날이 지나자 간디가 인솔자들을 불러서 말했다. "이건 옳지 않다. 이 행진은 결국 좋은 생각이 아니다. 나는 행진을 해산한다!" 인솔자들은 흥분해서 대들었다. "하지만 간디 선생님, 그럴 순 없습니다! 이 행진에 참가하기 위해서 전국에서 사람들이 몰려왔습니다. 지금 와서 중단할 수는 없습니다!" 간디가 대답했다. "나는 절대적인 진실을 모른다. 절대적인 진실은 신만이 아신다. 나는 인간이다. 나는 단지 상대적인 진실을 알 뿐이다. 그리고 그것은 날마다 바뀐다. 내가 헌신해야 하는 것은 진실이지, 일관성은 아니다." 그러니까 나는 진실에 대한 나의 헌신을 존중해야 한다는 말이다. 비록 그것이 변덕을 의미하더라도.

영적인 길을 즐겁게 걸어갈 때, 우리는 종종 진실을 지키려면 변덕을 부려야만 한다는 사실을 깨닫곤 한다. 자신의 다르마를 발견한다는 것은 물 위에 떠 있는 과녁을 겨냥하는 것과 비슷하다. 그것은 한곳에 머물러 있지 않는다. 늘 자리를 바꾼다. 당신은 자신의 길이 무엇인지 알았다고 생각한다. 새로운 분장에 필요한 염주와 수행복과 배지 등등, 새로운 용품 일체를 방금 마련했는데, 갑자기 모든 일이 공허하고 의미 없고 끔찍해진다. 어쩌겠는가? "나는 진실에 헌신하지, 일관성에 헌신하지 않는다." 용품들을 가장 가까운 나눔 장터에 갖다주고, 갈 길을 가라. 시간이 좀 지나면, 당신은 도복을 사지 않고 빌린다. 왜냐하면 당신은 자신이 심심찮게 길을 바꿔 탈 것임을 알기 때문이다. 진실하게 살기 위해서 가능한 한 가장 진실에 가깝게 머물 뿐이다.

마하라지는 나에게 언제나 진실을 말하라고 가르쳤다. 그것은 그가 나에게 버릇처럼 하는 말 중의 하나였다. "람 다스, 진실을 말해라."

"예, 마하라지."

이런 대화가 마하라지와 나 사이에서 반복되었다. 그는 나를 침상 앞으로 불러놓고는 말했다. "람 다스, 분노를 버려라."

"예, 마하라지." 분노를 버리라. ― 멋지게 들린다.

그는 이 두 가지 훈계 사이를 오갔다. "람 다스, 진실을 말해라." "람 다스, 분노를 버려라."

당시 그 사원에는 나와 함께 온 서양인들이 버글거렸다. 그들이 몰려온 것은 모두 내 탓이었다. 마하라지는 누구에게도 자신과 만난 사실을 말하지 말라고 했는데 나는 말해버렸고, 이제 그들이 몰려와 있었다. 그들은 모두 나를 따라다녔다. 나는 그것이 정말 귀찮았다. 나는 그들이 아닌 인도인들과 어울리고 싶었다. 그래서 그들이 모두 지긋지긋해졌다.

그래서 나는 마하라지의 가르침에 대해 생각해보기 시작했다. 나는 이렇게 생각했다. '자, 봐라, 진실은 내가 이 사람들을 정말 좋아하지 않는다는 사실이다.' 나는 마하라지가 말한 대로 분노를 버리고 싶었다. 그러나 지금까지 나는 항상 좋은 사람이 되기를 원했고 화나지 않은 척했다. 화나지 않은 척하기 위해서 나는 진실을 외면해 왔다. 하지만 속은 늘 부글부글 끓고 있었다. 그래서 나는 결심했다. '이젠 반대로 하면 어떨까? 변화를 위해서, 진실을 말하는 거다. 그 진실이란 내가 이 사람들을 더 이상 참을 수 없다는 사실이다.'

그래서 나는 '매우' 정직하게 굴기 시작했다. 누군가가 내 방으로 들어오면, 나는 이렇게 소리쳤다. "꺼져버려. 지겹단 말이야." 그러면 그가 말했다. "내가 뭘 어쨌다고?" 그러면 내가 말한다. "아무튼. 네가 너무 착해서." 이리하여 '진실을 말하기' 2주일 만에 나는 그들 중 누구와도 말을 하지 않게 되었고, 그들은 모두 나를 호수 물속에 처넣을 궁리를 하고 있었다.

우리 서양인들은 모두 마을의 한 여관에 머물고 있었는데, 날마다 우리는 모두 버스를 타고 사원으로 오곤 했다. 그 당시 나는 마침 돈을 만지지 않는 타파시야를 행하고 있었다. 그것은 재미있는 금욕 실험이었다. 왜냐하면 그것은 호주머니에 약간의 잔돈을 지니고 있다는 것이 얼마나 강력한 힘이 되는지를 깨닫게 해주기 때문이다. 그것이 없으면 만사가 갑자기 고달파진다. 돈이 없으면 아이스크림 하나도 사 먹지 못한다. 게다가 남한테 의지해야 한다. 점심을 사 먹거나 버스라도 타려면 돈주머니를 대신 가지고 다녀줄 하수인이 필요하다. 하지만 당시 나의 인간관계는 모든 사람에게 신물이 난 상태였기 때문에, 나는 그들이 내 버스비를 내주도록 '허락할' 수가 없었다. 그것은 사원까지 15킬로나 되는 거리를 걸어다녀야 한다는 것을 의미했다.

그래서 나는 사원까지 걸어다녔다. 푸른 산과 숲을 지나는 아름다운 길이었지만, 나는 그 인간들에게 너무나 화가 나 있어서 산책을 전혀 즐길 수가 없었다. 길을 걷는 동안 줄곧 그들에게 화가 치밀었다. 내가 몇 시간이나 힘들여 걸어가는 동안, 그들은 사원에서 마하라지와 함께 즐거운 시간을 보내고 있을 것이었다. 그리고 나는 너무나 훌륭한 사람이어서 돈을 만지지 않고 있었다. 물론 나는 그 나쁜 놈들이 내 버스 삯을 내주도록 내버려두지 않을 것이었다….

사원에 도착할 즈음이면, 나는 분노로 달아올라 있곤 했다. 나는 그들이 점심식사를 마친 직후에 도착했다. 그들 중 하나가—내가 '가장' 꼴 보기 싫어하던 놈이—점심 접시를 가져와서 내 앞에 내려놓았다. 나는 '그의' 손에서 음식을 받아먹을 마음이 없었으므로, 나뭇잎 접시를 집어서 그의 얼굴을 향해 던져버렸다.

길 건너편에서 마하라지가 그것을 보고 있었다. "람 다스!"

나는 건너가서 그 앞에 앉았다. 그가 말했다. "무슨 문제가 있는가?"

"예, 저는 이 아다르마(법에 반하는 힘)를 견딜 수가 없습니다. 우리 안에서 우리를 더욱 깊은 미망 속으로 끌고 가는 그것을 참을 수가 없습니다. 저들 속에 있는 그것을 견딜 수가 없습니다. 저들은 모두가 너무나 불순합니다! 그것이 내 속에 있는 것도 견딜 수가 없습니다. 사실 저는 세상의 모든 사람들을 증오합니다. 당신만 빼놓고요."

그러고는 울음을 터뜨렸다. 그저 운 게 아니라 눈물을 쏟으면서 엉엉 목놓아 울었다. 마하라지는 나를 위로하려고 애썼다. 그는 내 머리를 쓰다듬어주고 우유를 가져오게 해서 나에게 먹였다. 그도 울고 있었고, 나는 계속해서 엉엉 울었다. 내가 실컷 울고 나서 울음을 멈추자, 그가 말했다. "내가 화내지 말라고 말한 걸로 아는데."

내가 대답했다. "예, 하지만 또 진실을 말하라고도 하셨습니다. 그런데 진실은 화가 난다는 겁니다."

그러자 그가 내 눈앞으로 얼굴을 바싹 들이대고는 말했다. "분노를 버리고 나서 진실을 말해라."

내가 입을 열었다. "하지만…" 그러다가 나는 문득 내 문제를 깨달았다. 내가 그에게 하려고 했던 말은 "하지만 그건 제가 아닙니다."였는데, 그 순간 눈앞에 관이 하나 나타났고, 그 관 속에는 내가 '나'라고 생각하던 그 형상이 누워 있었다. 그러니까 마하라지는, "난 네가 너 자신이라고 '생각하는' 그것이기를 그만두면 어떤 존재가 되는지를 가르쳐주고 있는 거야." 하고 말하고 있었던 것이다.

  그다음 순간 나는 그들을 모두 둘러보았다. 지긋지긋했던 그들을…. 그러자 한 껍질의 생각 밑에서 내가 그들을 너무나 깊이 사랑하고 있었음을 깨달았다. 내가 그들에게 화가 났던 유일한 이유는, 내가 만사는 '이래야 한다'는 모델을 가지고 있었는데 현실은 그렇지 않았기 때문이었다. 그것을 문득 깨달았다. 어떤 사람이 생긴 모습을 가지고 그렇게 생겼다고 화를 낼 수는 없지 않은가? 그것은 신을 능가하려고 덤비는 짓이다. 그들은 그저 신이 만들어준 대로 존재하는 것이다. 무엇 때문에 화내고 있는가? 누가 너에게 거짓말을 한다고? 그들은 그저 자신의 카르마를 따르고 있을 뿐이다. 그런데 왜 네가 화를 내는가? '글쎄, 나는 그들이 내게 거짓말을 하리라고는 생각지도 않았지.' 아하, 기대—거기에 네 문제가 있구나. 다음에 화가 나면 무엇에 대해 화가 나는지를 잘 살펴봐. 넌 신께서 네가 생각하는 대로 세상을 만들어주지 않은 것 때문에 화를 내고 있다는 걸 깨달을 거야. 하지만 신은 세상이 스스로 만들어가는 대로 세상을 만드신다!

  그러니 사트야 행(진실하기)은 우리의 모든 행위에서—사람들을 대함에서, 자신의 영적인 길을 헤쳐나감에서, 또는 무엇에서든—그것을 요구한다. 우리는 가능한 한 최선을 다해서 진실에 가까이 머물러야 한다. 마하라지는 이렇게 말했다. "진실은 가장 어려운 타파시야다." 그것은 가장 힘든 금욕행이다. 가장 힘든 수행이다. 그는 말했다. "사람들은 네가 진실을 말한다고 미워할 거야." 때로는 과연 그랬다. 그가 말했다.

"사람들이 너를 조롱하고 욕하고 심지어는 죽일지도 모른다. 하지만 그래도 진실을 말해야만 한다."

문제는, 우리가 보호해야 한다고 생각하는 자신의 어떤 부분과 동화되기를 그쳤을 때에야 비로소 진실을 말할 수 있다는 사실이다. 조롱받고 모욕당하고 죽임을 당하는 것이 '두렵다면', 진실을 말할 수 없다. 어떤 입지를 지키느라 바쁘다면, 진실을 말할 수 없다. 오직 우리가 자신이 우려하는 만큼 나약한 존재가 아님을 깨달을 때만, 자기에게 진실을 말할 힘이 있음을 안다. 가령 내가 당신에게 진실을 말했는데, 당신은 그것이 마음에 들지 않는다고 하자. 당신은 자리에서 일어나서 나가버린다. 그렇다면 그것은 당신의 문제이지 나의 문제는 아니다. 하지만 내가 당신의 사랑을 필요로 한다면, 나는 당신이 나가버리게 만드는 모험을 무릅쓸 수 없다. 그래서 나는 진실을 말할 수 없게 된다. 내가 당신에게서 뭔가를 필요로 한다면, 나는 결코 진실을 말할 수 없다. 그러므로 진실을 말하기 위해서는, 내 안에 있는 모든 요구를 포기해야만 한다. 이것이 사트야가 포기행의 하나인 이유이다. 우리가 버려야 할 것은 진실을 말하지 못하게 하는 집착이다.

진실에는 매우 멋진 점이 있다. 진실에 뿌리박으면, '정말' 뿌리박고 살면, 그의 말은 권능(사실 이것이야말로 '권능'의 의미이다.)을 지니게 되어서, 그가 무엇을 말하면 그렇게 된다. 누군가에게 축복을 주면, 축복이 그에게 주어진다. 그냥 그런 일이 일어난다. "나아라!" 하고 말하면, 그 사람이 낫는다. 이것이 말씀의 권능이다. 그 말이 온전한 진실의 자리로부터 나온다면 말이다. ―그러면 당신에게서 나오는 모든 말은 진실 그 자체의 가장 깊은 핵과 긴밀히 연결된 당신 속의 그 자리에서 나오므로,

모든 수준에서 참이다. 사트야 행이 가져오는 정화는 우리를 이 같은 진실의 차원을 위해 준비하게 해준다.

　세 번째 금계는 아파리그라하이다. 문자적으로 이것은 '쌓아놓지 않기'란 뜻이지만, '탐내지 않기', '소유하지 않기', '주고받지 않기' 등의 뜻으로 해석되기도 한다. '주고받지 않기'란 아무것도 오고 감이 없어야 한다는 뜻이 아니라, 그보다는 주고받는 정신에 관한 것이다. 이 계행은 주는 자와 받는 자가 동등함을 인식하게 한다. 그럼으로써 거래가 탐욕으로부터 자유로워질 수 있다. 이것이 아파리그라하 행의 핵심이다.

　나는 돈이라는 주제를 놓고 아버지와 늘 작은 씨름을 벌이곤 했다. 아버지는 매우 자애롭고, 멋지고, 부유한 사내였다. 나는 매우 자애롭고, 멋지고, '가난한' 사내였다. 그는 나에게 이렇게 말하곤 했다. "리치 Rich (생각해보면 이건 아주 웃기는 이름 아닌가?)* 뭐 필요한 거 있어?" 그러면 나는 언제나 이렇게 말했다. "아뇨." 그는 한 번도, "리치, 자, 천 달러다. 받아둬라." 해서 내가 "고맙습니다." 하고 대답하도록 만들어 본 적이 없다. 그는 꼭 "뭐 필요한 거 없냐?" 하고 물었다. 그때 내가 "예, 천 달러가 필요해요."라고 말만 한다면, 그 돈을 얻게 될 것이다. 하지만 내가 그걸 요구해야 했다면, 그 돈은 마치 거미줄처럼 온갖 것들을 주렁주렁 달고 왔을 것이다. 이를테면, '저 녀석은 아직도 날 필요로 하는군.'이라

---

* 리처드(Richard)를 줄여서 부르는 애칭이지만, 부자라는 뜻도 된다.

든가, '한심한 녀석, 아직도 번듯한 생활을 못하다니!'라든가, 아니면 '그럼 그렇지, 저 녀석들이 나한테서 바라는 건 돈뿐이야.' 하는 식의 생각들 말이다.

돈과 관련된 온갖 망상 때문에 우리들 대부분은 주고 또 받는 사업에는 발조차 들여놓지 못한다. 대부분의 경우, 무엇을 남에게 준다는 것은 우리가 그 대가로서 뭔가를 바라기 때문에 일어나는 일이다. 그것은 너그러움이 아니라 탐욕이다. 물질적인 대가는 아니더라도 최소한 받은 사람의 감사를 바라는 것이 인지상정이다. 그들이 우리에게 고맙다고 말하는 것을 듣고 싶은 것이다. '뭔가를 주었던 사람'이라는, 자신의 좋은 이미지를 반대급부로 원할 수도 있다. 익명으로 준 경우라 하더라도, 그것은 단지 좀 더 미묘한 형태의 위선일 뿐이다. "봐라, 내가 얼마나 훌륭한지를. 난 '익명으로' 희사한단 말이야." 알겠는가? 그저 에고의 또 다른 먹이일 뿐이다!

돈을 다룰 때, 자신이 한 회사의 회계원일 뿐이라는 상상을 해보는 것도 도움이 된다. 그건 당신의 돈이 아니다. 당신은 그저 그것을 책임 있게 관리하려고 있는 것일 뿐이다. 그것은 사실 아버지의 돈이 아니었다. 그는 그 순간에 그 에너지를 관리하고 있을 뿐이었다. 그 역할을 하는 것이 그의 카르마였기 때문이다. 당신의 돈이든 에너지 시장의 한 코너든, 그것을 다루는 것은 당신의 카르마이다. 하지만 그 에너지는 당신의 소유가 아니다. 우리는 모두가 그저 신의 에너지를 손에서 손으로 전달하고 있을 뿐이다.

사람들이 자주 나에게 이런저런 종류의 선물을 가져온다. 어떤 사람이 나에게 무언가를 주고 싶어 하는데 그것을 받을 수 없는 경우도 적지 않다. 내게 선물을 주는 대가로 뭔가를 '원한다'는 것을 느끼기 때문이다. 어떤 사람들은 그저 나와 함께 나누고 싶은 아름다운 물건이 있어서 가져온다. 그러면 나는 그것을 받아들인다. 나는 그것을 한동안 쓰고는 다른 사람에게 준다. 그것은 단지 에너지의 나눔이다. 내 것이나 네 것이 아니다. 결국 그게 누구의 것이겠는가?

미국이 해외원조로서 예컨대 비아프라* 같은 곳에 구호식량을 보낼 때, 담당자들은 물품 위에 '미합중국 기증'이라는 도장을 찍는다. 이것은 감사를 강요하는 것이나 마찬가지다. 결국은 모두가 우리를 미워한다. 구호식량을 보내고서도 미움을 받다니, 어리둥절하지 않을 수 없다. 그러나 그것은 애초에 우리가 준 것이 아니었다. 그것은 신의 밀가루이다! 우리가 왜 그것을 가지고 그토록 호들갑을 떨어야 하는가? 그것이 우리 땅에서 기른 것이기 때문에? '우리' 땅이라고? 그건 또 무슨 말인가? 나의 어머니는 자주 '우리' 땅을 둘러보시며, "저건 내 나무고, 저것도 내 나무고, 저것도 내 나무야…" 하셨다. '내 나무'라니, 아주 멋들어진 생각이다. 그것은 모두가 '신의' 나무이다. 누구도 무엇을 소유할 수 없다. 얼마나 터무니없는 생각인가? 우리는 단지 우리를 지나가는 에너지를 다루고 있을 뿐이다.

그 에너지를 가지고 있을 때, 우리는 그것에 대해 책임을 져야 한다. 우리는 그것을 사용하여 더 많은 천국을 만들어낼 수도 있고, 더 많은 지옥을 만들어낼 수도 있다. 우리는 그것으로 사람들의 고난을 덜어줄 수도 있고, 아니면 더욱더 깊은 미망 속으로 빠져들어갈 수도 있다.

---

* Biafra: 나이지리아의 남동부로, 1967년 비아프라 공화국으로 독립했다가 나이지리아 내전으로 1970년에 붕괴되었다.

그것을 어느 쪽으로 쓸 것인가는 우리가 그 에너지를 우리 것으로 보는지 어떤지, 그리고 다른 존재들을 '우리 자신'으로 보는지 어떤지에 달려 있다. 자신을 위해 재산을 빼돌리고 축적하면서, 동시에 다른 사람들에게 가슴을 열고 살 수는 없는 일이다. 아파리그라하를 행한다는 것은 우리에게 그 어떤 종류의 에너지가 주어지든 그것을 더욱 의식적으로 다룰 수 있도록 소유욕이나 탐욕 등 낮은 차원의 욕망을 버리는 일이다.

아스테야—훔치지 않기—의 뜻은 명백하다. 모두가 '우리'라면, 누구에게서 무엇을 훔치겠는가? 자기 자신을 벗겨 먹겠는가? 자신의 과자통에서 과자를 훔쳐 먹겠는가? 그것은 자신을 도둑질하는 것일 뿐이다. 당신의 우주에 '그들'이 존재하지 않는다면, 당신은 훔칠 수가 없다. 그것은 이처럼 단순한 것이다.

그러므로 훔치는 것은, 상대를 '타인'으로 보아야만 한다. 훔친다는 것은 우리를 너와 나라는 미망 속으로 더욱 깊이 끌고 가는 일이다. 분리라는 미망, 내가 누구라는 정체성의 미망에서 헤매고 있다는 뜻이다. 훔치지 않는다는 것이 아쉬탕가 요가 수행의 일부로 포함되어 있는 이유는, 바로 이런 영적인 관점의 고려 때문이다. 훔치지 말아야 하는 것은 우리가 흔히 생각하는 도덕적 개념 때문이 아니라, 무엇을 훔치기 위해서는 상대방을 '그들'로 만들어야만 하기 때문이다. 그것이 그들을 '우리'로 보지 못하도록 만든다. 그것이 일체성으로부터 멀어지게 한다. 그 이유는 이처럼 단순명백하다.

인간관계상 전혀 걸림이 없는 사람들과 어울리는 자리에 있어 보면, 늘 망상에 사로잡혀 있을 필요가 없는 그 해방감이 얼마나 흥겨운지를 깨닫게 될 것이다. 거기에는 해탈의 느낌 같은 것이 있다! 부정직의 요소가 개입되어 있는 인간관계에서 오는 그 모든 복잡한 일들을 정말 다시는 만들어내고 싶어 하지 않는다는 사실을 실감할 것이다.

그것은 마약을 소지한 채 세관을 통과할 때와 그런 것 없이 세관을 통과할 때의 느낌의 차이와도 같다. 환각제와 관련된 악명 높은 과거 때문에 나는 한동안 '블랙 리스트'에 올라 있었다. 세관원이 내 이름을 입력하는 순간 불빛이 번쩍거리고, 벨이 울리고, 관리들은 바쁘게 이리저리 전화를 걸어댔다. 나는 정말 '질 나쁜' 인간이었기 때문이다. 그들은 내 신발 속과 옷이란 옷의 호주머니를 다 까뒤집으면서, 나의 소지품을 몽땅 뒤지기 시작한다. 그러면 나는 그 자리에 앉아서 만트라를 외우면서 모든 광경을 지켜보며 즐긴다. 나는 성실한 국민의 공복들이 자신의 임무를 수행하는 것을 지켜본다. 시간이 지나면 그들은 내가 그런 상황이 흔히 유발하는 불안한 망상에 빠져 있지 않은 것을 알고는 대개 매우 상냥한 태도로 돌아선다. 그런 절차는 대개 두 시간씩이나 걸리곤 했지만 그래도 괜찮았다. 좀 천천히 움직이기를 배우고 있는 것일 뿐이니까. 그리고 결국 우리를 그런 무대에 올려 보내는 것은 언제나 마하라지이니까.

그러므로 우리 자신을 타인들로부터 분리시키는 것을 피하기 위해서는 그들을 벗겨 먹는 짓을 그만둬야 한다. 아스테야를 수행해야 한다. 대부분의 사람들이 자신은 명백한 형태의, 문자적 의미의 도둑질과는 이미 거리가 멀다고 생각하지만, 아쉬탕가 요가의 아스테야 수행은 그보다 훨씬 더 깊이 들어간다. 이것은 훨씬 더 섬세미묘한 수행이다. 이것은 다른 사람의 지갑과 같은 물질적인 대상에 한정되는 것이 아니다. 아스테야 행에는 과분한 칭찬을 받아들이지 않는 것이나, 다른 사람의 생각을 자신의 것으로 주장하지 않는 것 등도 포함된다. 그것은 가능한 한 가장 넓은 의미에서, 정당하게 자기 것이 아닌 것에 대해, 물질이든 다른 무엇이든, 그것을 훔치지 않는 것을 뜻한다. 이것이 아스테야이다.

음욕을 품지 않기를 마지막 주제로 남겨놓은 것은 대부분의 사람들이 이것에 대해서는 별로 듣고 싶어 하는 것 같지 않기 때문이다. 이것을 의미하는 '브라흐마차리야'라는 말은 문자적으로 '브라흐마의 제자답게 행동하기'를 뜻한다. 그리고 그것은 모든 형태의 욕망을 끊을 것을 요구한다. 그것은 모든 상황과 장소와 시간 속에서, 어떤 대상에 대한 생각과 말과 행위 형태의 모든 갈망을 버리는 것을 의미한다. 이건 정말 엄청난 일이다! 성 아우구스티누스는 이렇게 기도했다. "신이시여, 저에게 순결과 절제력을 주소서. 하지만 지금 당장은 말고요." 이것은 지금의 우리에게도 적절한 좌우명일 것이다. 짝짓기를 통해서 종을 퍼뜨리는 동물로 태어난 우리에게, 짝짓기를 둘러싼 그 모든 욕망이란 정말 강력한 것이다. 이것은 모두 두 번째 차크라와 관계된 것이다. 그곳에는 엄청난 에너지가 자리 잡고 있다.

우리 사회에서는 모든 것이 공모하여 '플레이보이'지를 경전으로 삼고 이 두 번째 차크라를 예배의 성전으로 만들려고 애쓴다. 간디는 "성행위를 하는 유일한 이유는 생식을 위해서이다."라고 말했다. 하지만 서양에는 이런 말을 들을 준비가 되어 있는 사람이 거의 없다. 내가 이 말을 인용했을 때, 사람들은 흥분하며 이렇게 말했다. "그따위 케케묵은 도덕적 규율을 우리에게 뒤집어씌우려고 하지 마시오. 지금은 성해방의 시대요."

(내가 간디의 이 말을 처음으로 인용했던 것은 버클리에서 행한 강연에서였는데, 그 당시는 성해방 운동이 막 일어나기 시작할 때였다. 청중은 50명 정도였는데, 맨 앞줄에 있는 한 커플은 바로 내 눈앞에서 서로 얽혀 성행위를 하고 있었다. 추측건대 그들은 성해방을 온몸으로 선언하고 있었던 것 같다. 내가 간디의 말을 인용하고 그의 사상과 그 말 배후의 논리를 설명하자, 그 커플은 점점 불편한 기색을 보이더니 몇 분 후에는 남자가 발기력을 잃어버려서인지 그들의 '선언'은 갑자기 완전히 중단되어 버렸다.)

하지만 브라흐마차리야는 우리에게 도덕적인 규율을 뒤집어씌우려고 하는 것이 아니다. 이것은 단식에서 그랬던 것과 마찬가지이다. 우리가 좋은 사람이기 때문에 그것을 하는 것이 아니라, 다만 그 욕망의 게임을 졸업할 준비가 되었기 때문에 하는 것이다. 절벽에서 떨어지거나 자동차가 뒤집히는 순간에 성욕을 느끼는 일이 드물다는 사실은 흥미롭다. 생존의 문제가 달려 있을 때, 욕망 따위는 사라져버리는 것 같다. 그것은 그저 장면 밖으로 사라져버린다. 그 순간 우리는 오로지 생존에만 매달린다.

이제는, 당신이 신께로 가는 데에만 몰두할 때에도 이런 일이 일어나지 않을까? 한번 상상해보라. 자동차가 전복될 때 성욕이 사라지듯이, 욕망이 그냥 사라져버린다. 뭘 일부러 일어나게 '만드는' 것이 아니다. 그냥 그렇게 되는 것이다. 진정한 브라흐마차리야란 그런 것이다. 욕망은 그저 사라져버린다. 그것을 이렇게 저렇게 밀쳐두는 것이 아니다. 왜냐하면 그런 식으로 파묻으면 욕망은 다른 곳에서 솟아오를 것이기 때문이다.

섹스나 식사나 호흡처럼 강한 욕망을 다루려고 할 때, 우리는 우리 속에 깊숙이 뿌리박은 어떤 것을 다루는 것이다. 그것은 우리 존재의 원초적인 무엇이어서 함부로 다룰 수가 없다. 사람마다 이런 시스템 속의 에너지 수준이 다르고 집착의 강도도 달라서, 어떤 사람에게는 맞는 방법이 다른 사람에게는 전혀 맞지 않을 수도 있다.

브라흐마차리야와 같은 정화 수행에 임할 때는 이런 사실을 염두에 두어야 한다. 어떤 이들에게는 이 생에서 결혼하여 자식을 가지는 것이 필요하고 전적으로 옳은 일인 것도 이런 이유 때문이다. 또 어떤 이들에게는 그것이 전혀 맞지 않아서 평생 몸부림을 칠 수도 있다. 성스러운 삶을 살기 위해 이렇게 저렇게 해야 한다는 모델을 마음속에 갖고 있으면, 우리는 자신에게 정말 필요한 것이 무엇인지를 진정으로 알지 못하게 된다.

이 모든 사실에도 불구하고, 아쉬탕가 요가에서 브라흐마차리야의 중요성을 강조할 이유는 얼마든지 있다. 그중 한 이유는, 욕망이 어떻게 인간관계를 망쳐놓는가 하는 것과 관계가 있다. 여기서는 사랑에 뿌리를 둔 성이 아니라 음욕에 대해서 이야기하고 있음을 먼저 분명히 해두자. 욕망은 상대방을 하나의 대상으로 만들어 놓는다. 사랑은 그와는 정반대의 작용을 한다. 어떤 사람에 대해 음욕을 품으면, 당신은 두 번째 차크라의 요구를 만족시켜 줄 대상으로서 상대방의 육신에 주목하게 된다. 상대방을 자신의 목적을 위해 요리할 재료로 바라볼 때마다, 당신은 자신이 신의 또 다른 화신을 대하고 있음을 망각한 것이다.

브라흐마차리야를 강조하는 두 번째 이유는, 성적 에너지는 그저 '에너지'라는 사실에 있다. 그것은 단지 또 다른 형태의 에너지일 뿐이다. 수행의 과정에는 다룰 수 있는 에너지의 총량이 매우 중요하게 작용하는 단계가 있다. 그런 시점에는 성 에너지를 다른 용도로 사용할 수 있도록 보존하고 싶어진다. 그래서 브라흐마차리야의 규율을 스스로 받아들인다. 아무튼 이것을 가르치는 것은 힌두 전통만이 아니다. 다양한 영적 전통에서도 영적 수행의 어떤 단계에서는 성적 활동을 최소화하는 것이 지혜로운 일임을 강조하고 있다. 성적 활동은 달리 쓰일 수 있는 에너지를 많이 소모시키기 때문이다.

장담하건대 그것은 사실이다. 내가 하타 요가와 프라나야마(요가 호흡)를 매우 열심히 수행하여, 오랫동안 호흡이 정지되고 척추를 따라 에너지가 상승하게 되었을 때, 나는 동원할 수 있는 에너지를 모두 가동시키고 있었다. 하지만 정욕은 언제나 숨어 있다! 나는 순수하고 정갈한 음식을 조금씩만 먹고 성적인 자극이 없는 인도의 사원에서 생활하고 있었지만, 성적 충동은 언제나 호시탐탐 불거져 나올 곳을 엿보고 있어서 결국은 몽정을 하거나 자위행위를 하게 만들었다. 그런 식으로 얼마 지나자, 나의 프라마야나 수행은 완전히 변질되어 버렸다. 수행이 제대로 되지 않았다. 거기에 동원할 에너지가 없어져 버린 것이다. 나는 브라흐마차리야를 행해야 할 이유를 몸소 목격했다. 그것이 실제로 어떻게 되는지를 경험을 통해서 깨달은 것이다.

물론 성 에너지를 영적으로 이용하는 다른 방법도 있다. 그것은 에너지를 보존하는 브라흐마차리야 수행과는 얼핏 전혀 다른 것처럼 보인다. 그것은 소위 탄트라 요가라는 것이다. 호색가들에게 어떤 상상을 하게 만들든, 탄트라는 사실 성적 활동을 영성화시키는 고도의 기법이다. 우선,

그것은 오르가슴과는 별로 상관없다. 그것은 에너지를 오랜 시간 동안 해방시킬 수 있도록 양극을 합일시키는 방법에 관한 것이고, 그 에너지를 사용하여 더욱더 순수하고 텅 빈 공간 속으로 진입하는 방법에 관한 것이다. 탄트라 요가의 기법은, 생성된 에너지를 오르가슴으로 급박하게 몰아가지 않음으로써 오랜 시간 동안 에너지를 머물게 하는 방법이다. 성적 탄트라 수행은 개인의 욕망을 만족시키기 위한 것이 아니다. 물론 그것이 즐길 만하지 않다는 것은 아니다. 이것이 탄트라 요가의 역설적인 면이다. 하지만 거기에 빠져서 그것을 즐기는 자가 되어버리면, 실패한 것이다. 성적 탄트라는 성적 춤사위를 하나의 우파야(길), 신계로 가는 도구로서 사용한다는 전제 위에 근거해 있다. 진실로 그런 식으로 사용하게 되면, 그것 또한 깨어남을 위한 강력한 도구가 되는 것이다.

하지만 탄트라는 자기기만에 빠지기 쉬운 길이다. 많은 사람들이 섹스는 포기하기 싫어하면서도 성스럽게 보이고는 싶어서, "나는 탄트라를 행하고 있다."는 식으로 말한다. 어떻든, 성적인 에너지를 포함해서 우주의 모든 에너지가 우리의 것이 될 수 있음은 사실이다. 그리고 자신의 진정한 본성을 마침내 깨달으면 언제나 신과 함께 머물며 그 상태를 즐길 수 있다. 하지만 그런 경지에 이르기 '전에는', 탄트라 수행은 가지고 놀기에 위험한 불덩어리이다. 탄트라를 오락거리가 아니라 수행으로 사용하도록 매우 주의하지 않으면 안 된다. 그것을 할 수 있는 탄트라의 도사들이 존재한다는 사실은 그것이 쉽다는 뜻이 아니다. 칼루 린포체는 트룽파와 그의 제자들에 대해 이야기할 때마다 이렇게 말하곤 했다. "새와 함께 산에 올라갔을 때는 새가 난다고 자신도 날 수 있다고 생각하지 마라."

금계의 목록에 브라흐마차리야를 포함시키는 이유가 하나 더 있다.

음욕은 상대방을 하나의 대상물로 전락시키고 저장된 에너지를 소모시킬 뿐만 아니라, 끈질기게 달라붙는다. 그것은 우리를 욕망의 함정 속에 가둔다. 욕망에 반응하여 어떤 행위를 할 때마다 우리는 그것이 나중에 또 나타나도록 힘을 더해주는 꼴이 되고 만다. 이것은 철학적 이론이 아니라 심리학에서 발견된 분명한 법칙이다. 욕망을 만족시켜줄수록 그 동기는 더욱 강화된다. 붓다가 말했듯이, "욕망은 고양이와 같아서 밥을 주면 자꾸만 찾아온다."

자신이 '욕망하는 자'라는 생각 속에서 헤맬 때마다, 우리는 욕망에 밥을 주는 것이다. 피자를 먹을 때 내가 정신없이 피자를 먹는 사람, 피자 맛을 즐기는 사람이 되어 있으면, 그것은 내가 나중에 피자를 먹고 싶은 욕망을 갖게 될 가능성을 더 높여놓는다. 하지만 피자를 먹는 다른 방법이 있다. 피자를 먹는 동안, 피자를 먹으면서 거기 있되 넋을 잃고 '피자를 먹는 사람'이 되지는 않는다. 피자를 먹는 즐거움은 있지만, 정신없이 '피자를 즐기는 사람'이 되지는 않는다. 그러면 피자를 먹는 행위를 둘러싸고 있는 나의 고요한 여유로움은 내 넋을 빼앗아 함정 속에 빠뜨리지 않는다. 오히려 그것은 나를 피자를 먹는 사람이 되고자 하는 집착으로부터 더욱 해방시켜서, 길을 걷다가 피자가게에서 풍겨 나오는 냄새에 마음이 끌려가는 일이 적어지게 한다. 피자를 먹는 행위 자체는 같아도, 이렇게 판이하게 다를 수 있다.

성에 있어서도 마찬가지다. 브라흐마차리야를 행하여 성생활을 포기한 다는 것이 반드시 그 게임을 그만두고 성생활을 배척한다는 것을 뜻하지만 은 않는다. 브라흐마차리야란 성과 관련된 행위를 어떻게 바꾸는가 하는 문제라기보다는, 그 행위가 우리를 다시 잠들게 하는 것이 아니라 더욱 깨어나게 해주도록, 행위에 대한 새로운 관점을 어떻게 발전시키는가 하는 문제이다. 진정한 브라흐마차리야와 진정한 탄트라는 둘 다 포기행이며, 두 경우 다 버려야 하는 것은 자신의 욕망 덩어리이다. 『기타』는 "진정한 출가자란 갈망하지 않는 자임을 알라."라고 말한다. '갈망하지' 않는 것, 이것이 브라흐마차리야의 깊은 의미이다. 얕은 수준에서는, 포기란 대상 그 자체를 버리는 것을 뜻한다. 하지만 더 심오한 수준에서는, 대상에 대한 집착, 그것에 대한 우리의 갈망을 버리는 것이다. 그렇게 되면, 우리가 그 행위에 개입하느냐 하지 않느냐는 정말 중요하지 않다. 왜냐하면 거기에는 집착이 없고, 집착이 없는 행위는 카르마를 만들어내지 않기 때문이다. 이토록 단순하다. 『기타』는 말한다. "구하지도 않거니와 무엇이 오든 만족하는 자는… '행위 속에서도' 매이지 않는다."

자, 이것이 아쉬탕가 요가라는 한 수행체계와, 그 속에서 포기와 정화의 행이 어떻게 활용되는지에 대한 개괄이다. 이 수행체계와 연관지어 자신의 삶을 비춰봄으로써, 우리는 이 모든 욕망의 덩어리들과 함께 어울려서 벌이는 우리의 춤사위가 얼마나 절실한 것인지, 그 수행이 얼마나 용의주도하고 정교한 것인지를 깊이 인식하기 시작했다. 어떤 욕망이 생기면, 우리는 이렇게 말한다. "이런 욕망쯤은 버릴 각오가 되어 있어." 그래서 한동안 그것을 끊는다. 그러다가는 그것도 나의 채식 경험과 같은 꼴이 되어버릴지도 모른다. ―아무래도 내가 이건 너무 일찍 덤빈 것 같아. 이건 내면에서 우러난 것이 아니라 생각이 앞섰던 거야. 난 육식을 포기할

'준비'가 안 됐어. 난 그저 그것을 포기할 준비가 되기를 '바랐던' 것뿐이야. 내 안에는 아직도 온갖 욕망이 다 들어 있었어…. 그러고는 나는 다시 육식으로 돌아갔었다.

하지만 그런 것들이 우리를 잡아끌 때, 우리는 그것들로부터 우리를 해방시켜 줄 정화행을 시작한다. 우리는 그것이 옳은 것이라고 느끼기 때문에 그것을 시작한다. 그리고 거기에 깊이 몰두해갈수록, 우리의 삶은 점점 더 가벼워진다. 삶이 가벼워지면, 우리 내면의 작업도 더 깊이 진척된다. 외부의 물결이 너무 거칠어지면 내면의 작업을 지속할 수 없다는 것을 알기 때문에 우리는 정화행을 한다. 우리가 이웃을 벗겨 먹고 이 사람은 미워하고 저 사람에게는 음욕을 품고 있어서, 마음이 탐욕과 분노와 욕정으로 가득 차 있으면, 명상이 정말 힘들어진다. 그런 상황에서는 마음을 가라앉히고 가슴을 여는 것이 어렵다. 그래서 우리는 정화 수행을 시작하는 것이다.

포기행을 맛보기로 한번 해보고 싶다면, 날마다 부딪히는 욕망을 하나 선택하라. 어떤 욕망을 고를 것인지 정하라. 이런저런 음식에 대한 욕망이 든 담배를 피우고 싶은 욕망이든, 다뤄보고 싶은 것을 아무것이나 골라라. 자신을 날마다 굴복시키는 그런 욕망을 고르라. 예컨대 아침마다 커피를 한 잔 마시고 싶은 욕망 같은 것 말이다. 그리고 하루만 그것을 하지 말아보라. 그리고 그다음 날에는 그것을 보통 때보다 더 많이 하라. 예컨대 두 잔의 커피를 마시라. 당신의 반응을 살펴보기 시작하라. 첫날과 둘째 날, 욕망에 대해 당신이 느끼는 느낌의 차이를 주목하라.

어쩌면 다음번에 당신은 두 가지 욕망을 한꺼번에 다루고 싶게 될 수도 있다. 하루는 한 가지 욕망을 참고, 다른 욕망은 두 배로 만족시켜라.

그리고 그다음엔 반대로 하라. 그에 대해서 당신의 마음에 어떤 일이 일어나는지를 매우 주의 깊게 살피라. 일기를 쓴다면 일기에 그것을 적도록 하라. 욕망이란 것을 모두 사람의 에너지를 완전히 빨아먹어 소진시키는 무엇으로만 보기보다는, 자세히 들여다보고 음미할 수 있는 대상으로 대하기 시작하라. 자신의 욕망과 우호적인 관계를 가지라. 그것에 늘 끌려다니지 말고, 어울려 놀아라. 일단 그것에 기계적으로 반응하는 대신 관찰하기 시작하면, 욕망이란 정말 재미있는 것이 된다.

포기행과 정화행이라는 게임은 모두가 하나의 '실험'이다. 욕망 덩어리에 집착해 있는 자기 자신을 얼마나 빨리 구출해낼 수 있는가 하는 실험이다. 그것이 욕망을 제거하기 위한 것이 아님을 유의하라. 그것은 잘못 이해한 것이다. 믿어도 좋다, 욕망은 가까운 곳에서 잠복근무를 하고 있다! 우리의 목표는 그저 욕망이 우리를 쥐고 있는 힘을 빼놓는 것이다. 그리고 전체적인 시야 속에서 욕망을 잘 이해하는 것이다.

포기행은 다른 모든 수행법과 다르지 않다. 우리는 일종의 독수리 타법을 하고 있다. 우리는 온갖 수행법을 이것저것 실험해보면서 이렇게 자문한다. '내가 이것을 할 준비가 되어 있을까?' 우리는 마음을 고요히 하고 귀를 기울인다. 그러고는 포기행을 시작하거나, 아니면 지금까지 해오던 것처럼 당분간 그대로 살기로 한다. 우리는 너무 애쓰지 않으면서 기울일 수 있는 최대한의 노력을 각각의 수행에 기울인다. 그저 최대한 진실하게, 깨어서, 자신과 함께 사는 법을 배워가는 것이다.

8
헌신과 스승

신을 향해 가는 온갖 다양한 길 중에서 우리는 이제 박티 요가, 곧 헌신의 길에 이르렀다. 이제 우리는 주로 스승들에 대해 속속들이 이야기하게 될 것이다. 스승들이 사용하는 방편들, 그것이 어떻게 작용하며 제자는 무엇을 하고 스승은 무엇을 하거나 하지 않는지에 관해 이야기할 것이다. 그리고 '나의' 스승인 마하라지에 관해서도 많은 이야기를 할 것이다. 왜냐하면 여러분은 믿지 않을지 몰라도, 그는 지금 우리의 배후에 존재하고 있기 때문이다. 이 모든 것이 사실은 그의 세계이고, 나는 그저 태엽 감긴 로봇일 뿐이다.

박티는 그 본질상 앉아서 지적으로 궁리해 볼 수 있는 수행법이 아니다. 헌신은 가슴의 일이다. 그러므로 가슴의 여행에 대해 '생각한다'는 것은 뭔가 불합리한 것이다. 헌신이란, 관념과는 별로 관계가 없는 영역에서 경험되는 무엇이어서 말로써 표현하기가 쉽지 않다. 페르시아의 신비가이자 시인인 하페즈Hafez는 이렇게 읊었다. "이성의 책에서 사랑의 마법을 배우려는 그대여, 나는 그대가 평생 그 핵심을 깨닫지 못하게 될까봐

적이 걱정되네."[1] 그는 헌신의 문제에 대해 우리가 그것을 '생각'으로 접근하려고 하는 한 그리 가까이 가지 못하리라고 말한다. 왜냐하면 헌신은 생각의 대상이 아니라, 느껴지는 것이기 때문이다. 그리고 그것을 느끼려면 직접 경험해보아야 한다. 자파(주문염송)를 통해서, 키르탄(찬송)을 통해서, 의식과 만트라와 기도를 통해서. 우리들 각자에게 사랑이 일어나게 하고 사랑 속에 녹아드는 모든 수행을 통해서. 그것이 박티 수행에 대해 알게 될 수 있는 유일한 길이다.

그러니 당신이 박티 요가에 대해 알고 싶고 아직 헌신적인 수행을 해본 적이 없다면, 이것을 하나의 기회로 삼아 탐사해보면 좋을 것이다. 해보고, 어떤 느낌인지를 살펴보라. 예컨대 예배의식이나 염송 등 자신에게 적당하다고 느끼는 방법들을 찾아보라. 내면의 헌신적인 품성을 기르라. 당신을 신께로 이끄는 어떤 형상을 헌신의 대상으로 삼을 수 있다. (인도에서는 이것을 이쉬타 데브Ishta Dev라고 한다.) 스승을 향해 헌신할 수도 있다. 가이아(대지의 여신)나 공空에 헌실할 수도 있고, 좋아하는 고양이에게 헌신할 수도 있다. 당신의 가슴을 열어주는 것이라면, 신의 형상이든 무엇이든 상관없이 거기에 헌신할 수 있다. 날마다 약간의 시간을 따로 정해놓고, 그 존재를 향해 몇 분 동안 무엇이든 헌신적인 행위를 하라. 노래, 기도를 하고, 촛불을 밝히고 음식을 바치라… 가슴을 열고, 사랑과 감사의 느낌을 키우라.

『기타』는 헌신에 뿌리를 두고 있다. 그것은 대개 신에 대한 봉사와 높은 지혜에 초점을 맞추고 있지만, 그 모든 것은 헌신이라는 틀 속에 들어 있다. 어느 시점에서, 크리슈나는 아르주나에게 말한다. "내가 너에게 이 모든 것을 보고 듣도록 허락하는 것은 너의 '사랑' 때문이다." 크리슈나가 아르주나에게 보여준 비전, 이 우주의 질서정연한 형상의 비전은, 제3의 눈이 열려서 '보지 않아도 보이는' 그런 비전이다. 그런 비전을 받게 된다는 것은 어마어마한 은총인데, 그토록 경이로운 계시가 아르주나에게 주어진 것은, 오직 아르주나의 사랑 때문이라고, 크리슈나에 대한 그의 헌신과 순수성 때문이라고, 크리슈나는 말하고 있는 것이다.

『기타』가 제시하는 순서를 따라, 우리는 우리가 말하는 소위 낮은 차원의 지식에서부터 출발한다. 낮은 차원이라고 해도 그것은 우리를 특정한 믿음, 곧 낮은 차원의 마음 상태로는 알 수 없지만 높은 차원이 되면 알게 될 무엇인가가 있을 것이라는 가능성에 대한 믿음으로 우리를 이끌어줄 것이다. 이것은 낮은 차원의 마음에게는 꽤나 큰 믿음의 도약이다! 이 믿음은 우리를 수행으로 이끌고, 그것을 통해 우리는 조금씩 열리기 시작한다. 그것이 우리로 하여금 약간의 계시나 직접적 체험을 갖게 하고, 그리하여 우리는 결국 높은 지혜, 신의 지혜로 인도된다. 하지만 야나 요가, 카르마 요가, 정화 등, 일련의 전체 과정은 헌신이라는 맥락 속에서 일어난다. 헌신이야말로 그 모든 것의 전제인 것이다. 그리고 그 모든 수행이 결실을 맺는 것은, 크리슈나에 대한 아르주나의 사랑 때문이다.

우리를 신께로 이끄는 수행에 관한 문헌들, 소위 신비문헌이라고 할 만한 것들 속에는, 사뭇 달라 보이는 두 종류의 신비체험이 묘사되어 있다. 그 한 가지 체험의 특징은, 현상계와 그 속의 모든 속박으로부터 벗어나는 것이다. 이것은 불교에서 이른바, '열반', 혹은 '해탈'에 이른 상태이다. 이것만큼이나 흔한 다른 종류의 신비체험에서는, 모든 것을 두루 감싸안는 사랑에 흠뻑 빠져드는 것이 그 특징이다. 이것이 신을 체험하는 두 가지 전형적인 방법이다.

흔히 야나 수행자와 박티 수행자 사이에는 엄청난 갈등이 있으리라고 생각할 수 있다. 한쪽은 머리의 길을 따르는 여행자이고 다른 한쪽은 가슴의 길을 따르는 여행자라서, 한쪽은 "감정적인 것에 휩쓸리지 마."라고 하고, 다른 한쪽은 "괜찮아, 사랑의 대양 속으로 어서 뛰어들어."라고 한다. 지성의 길이 명쾌하고 빈틈없는 데 비해, 헌신의 길은 상대적으로 매우 어설프고 감상적인 것으로 보일 수도 있다. 하지만 어떤 인도의 성자는 야나 요가와 박티 요가를 비교해 달라는 요청에 이렇게 대답했다. "야나 요가는 호롱불이고, 박티 요가는 보석이다. 보석은 빛이 비쳐야만 반짝이지만, 호롱불은 스스로 빛난다. 그러나 호롱불은 늘 돌봐야 한다. 기름을 부어주어야 하고, 심지를 갈아주어야 한다. 하지만 보석은 제 스스로 아무런 노력을 하지 않아도 늘 빛난다."

야나 요기가 박티 요기에게 흔히 제기하는 반론은, 그것이 이원론적이라는 것이다. 보석이 있고 또 광원이 있어야 한다. 그것이, 그들이 헌신에 대해 제기하는 문제의 핵심이다. 그러니까 헌신은 본질적으로 이원론적인 수행이라는 것이다. 박티 요가를 하려면 '무엇엔가'에 헌신을 바쳐야 한다. 하지만 결국 마지막에는 주체와 대상이라는 구분을 버려야 하게 된다. 그러니 애초에 그것에 너무 깊이 빠져들지 않는 것이 낫지 않느냐는 것이 야나 요기들의 주장이다. 이것이 논쟁의 전체 윤곽이다.

박티에 대한 비판자들은, 산 꼭대기로 올라가는 가마도 산 정상 자체를 닮아야만 한다는 생각을 붙들고 있다. 하지만 나 같은 박티 수행자는 이 의문을 다른 방식으로 제기한다. 나는 이렇게 물을 것이다. "비이원적 상태에 이르기 위해 이원론을 사용할 수는 없을까?" 이원론이 함정이 될 수 있다는 것은 명백한 사실이다. 헌신의 대상에 매일 수 있다. 야나 또한 함정이 될 수 있다. 이미 살펴봤듯이, 알고자 하는 욕구에 매일 수 있다. '모든' 방편은 함정이다. 우리는 단지 그 함정을 지혜롭게 택해야 하며, 그것들이 소기의 목적을 달성한 후에는 스스로 파괴되기를 바라야 한다. 이원론적인 방법은 지혜롭게 사용하기만 하면 비이원 세계에 이르는 최고의 탈것이 될 수 있다. 방편이 제대로 먹혀들면, 우리는 그 방편 너머로 가고, 그리하여 결국 모든 것이 떨어져 나간다.

그리하여 우리는 문제를 인식하면서도 박티 요가의 수행법들을 이용할 수 있다. 크리슈나는 『기타』에서 이렇게 말한다. "드러나지 않은 것과 일체가 되는 길'만을 따르는 것은 쉽지 않다." 이것은 '길 없는 높은 길'로 알려져 있다. '나'라는 개인성에서 비이원적 세계로 곧바로 뛰어들기란 쉽지 않다. 신을 직접 체험하는 지혜에 이르려면, 자신이 가고자 하는 곳에 일심으로 집중해야 한다. 그 길을 순조롭게 만드는 윤활유는, 자신이 향하는 것에 대한 강렬한 사랑의 느낌이다. 진리에 대한 사랑이든, 신에 대한 사랑이든, 스승이나 어머니, 혹은 공空에 대한 사랑이든, 아무 상관이 없다. 중요한 것은, 무엇이 되었든 그것을 향한 그처럼 강렬한 정서적 헌신을 바칠 때 우리의 가슴속에서 일어나는 일, 그것이다.

우리는 그런 종류의 사랑의 체험을 향해 끌리게 된다. 그리고 그것은 가슴을 아주 쉽게, 자연스럽게 열리게 한다. 그러면 그 열린 가슴이 우리로 하여금 마나스, 곧 저급한 마음과의 동일시를 돌파할 수 있게 해준다. 왜냐하면 우리는 사랑에 빠져서 눈코 뜰 새가 없기 때문이다. 모든 생각이 저절로 사랑하는 대상만을 향한다. 누군가를 사랑하게 되면, 그에 대한 생각을 멈출 수가 없다. 신과 사랑에 빠지면, 모든 생각이 오로지 신만을 향하게 된다. 에고의 우물 속에 빠져 있을 틈이 없다. 시편에서, 다윗은 이렇게 말한다. "가슴에 불이 붙으니, 나의 고삐도 바뀌누나." 『기타』에서 고삐를 마음을 통제하는 힘으로 비유하듯이, 다윗도 마차에 비유하여 말하고 있다. 가슴이 열리니 마음을 신을 향하게 하는 것도 쉬워졌다는 것이다. 헌신은 이런 식으로 야나 요가의 수행을 보완해 준다. 가슴의 고삐를 사용하면 마음을 특정한 방향으로 돌리는 일이 쉬워진다.

　나와 마하라지의 관계는 가슴의 관계, 사랑의 관계이다. 그에 대한 나의 사랑은 매우 이원적인 곳에서부터 싹텄다. 나는 그의 발을 만지고, 그의 형상을 보고, 그의 주변에 머물기를 원했다. 시간이 흐르자, 그 사랑은 줄어들었다기보다는 다른 식으로 자라났다. 그것은 갈수록 점점 깊어져서, 결국은 내가 그의 형상과 가까이 있든 말든 전혀 상관없어지는 지경에 이르렀다. 그리고 거기서 사랑이 더 깊어지자, 나는 '인도에 있는 그 사람'과는 더 이상 아무런 관계도 갖지 않게 되었다. 나는 그 '스승성(guru-ness)'의 속알맹이와 관계를 맺고 있었고, '내 속에서' 그것을 체험하기 시작했다. 내 지혜가 자라나고 가슴이 열리고 더욱 깊이 내맡기는 자세를 갖추어가는 동안, 그 관계의 속성은 끊임없이 변해갔다. 나는 훗날, 내가 사원의 문간에서 문기둥을 어루만지고 있었음을 깨닫기 전에는 그의 형상만을 예배했었다는 사실을 털어놓으면서 킥킥거리곤 했다. 나는 그 문기둥을 어루만지며 거기다 경배를 올렸다. 그러다가는 그것이 고작 문기둥에 지나지 않는다는 것을 깨달았다. 그 너머에는… 아……!

　헌신의 수행은 이렇게 작용한다. 우리는 스승과 스승이 우리 속에 일깨워놓는 사랑을 통해 문간으로 인도된다. 그러고는 그 안을 들여다본다. 거기서 본 것이 우리를 안으로, 안으로, 안으로 이끈다. 헌신이라는 방편이 우리를 가장 깊숙한 내면으로, 형상 없는 곳으로 곧장 이끈다. 그것은 우리를 위해 길을 닦아준다. 희생이나 포기행과 같은 것은 "난 할 수 있어!" 하는 라자스(활동성) 식의 태도로 덤벼들면 매우 어려워질 수 있지만, 사랑을 가지고 다가가면 믿기지 않을 정도로 쉬워진다. 당신도 틀림없이 해낼 것이다. 다시 강조하지만, 그것은 자신보다 사랑하는 사람을 더 위하는 강렬한 애정관계와 비슷한 것이다. 당신이 좋아하는 음식이 상에 잔뜩 차려져 있어도 당신의 관심은 온통 상대방이 그것을 많이 먹도록 하는 데에 가 있다. 당신은 먹지 않더라도, 상대방이 먹는 것만으로 배가 부르다. 세상의 부모들도 마찬가지이다. 사람들은 말한다. "당신은 아이들을 위해서 모든 것을 다 바치는군요. 당신이야말로 자기희생의 화신입니다!" 하지만 당신에게는 그것이 희생처럼 느껴지지 않는다. 기쁨일 뿐이다.

수행도 마찬가지이다. 메마른 가슴으로 행하는 금욕행은 무겁게 느껴진다. 하지만 사랑으로 그것을 하면, 당신은 이렇게 말할 것이다. "오, 예! 내 사랑하는 이를 위해 기꺼이 하지요. 그걸 포기하겠어요. 그렇게 하면 그에게 좀 더 다가갈 수 있을 테니까요." 사랑하는 사람에게 좀 더 다가가고 싶어서 안달일 때는, 무엇이든 당장 미련 없이 포기할 수 있다. '이것이 걸리는군. 그렇다면 이걸 그만둬야겠어.' 이것이 바로 박티 요가가 작용하는 방식이다. 이것은 가슴의 요가, 신을 향한 사랑을 열어주는 요가이다. 그것은 우리의 모든 감정과 정서를 불러일으켜 우리를 신께로 이어진 길로 매진하게 한다.

우리가 이야기해온 사랑이 로맨틱한 사랑이 아님을 분명히 이해하기 바란다. 그것은 "나는 그가 매력적인 성격을 지니고 있어서 너무 너무 사랑해." 하는 차원의 것이 아니다. 그것은 전혀 다른 종류의 사랑이다. 그것은 우리의 가장 깊은 가슴, 다른 모든 존재들을 만나는 사랑의 '장소'이다. 그것은 의식적인 사랑, 그리스도의 사랑, 혹은 아가페라고 불리는 것이다. 그것은 사랑스럽든 그렇지 않든 상관없이 태양처럼 모든 것을 비추어주는 그런 사랑이다. 그것은 앉아서 이 사람을, 혹은 저 사람을 사랑할 수 있을지 따지지 않는다. 그것은 그저 아무런 조건 없이 모든 것을 사랑한다. C. S. 루이스는 자신의 공상과학소설 『페럴란드라 Perelandra』에서 이 같은 사랑의 정신을 전했다. 그는 말했다. "저를 사랑하세요. 형제들이여, 저는 무한히 보잘것없는 존재입니다. 그러면 여러분의 사랑은 신의 사랑과 같아질 것입니다. 그 사랑은 여러분의 필요에 따라 나온 것도 아니요, 제가 사랑받기에 마땅해서 나온 것도 아니라, 그저 아낌없는 너그러운 성품에서 나온 것이기 때문입니다."

한 존재가 사랑이 되면, 그가 건드리는 것들은 모두 사랑이다. 그 모두가 사랑의 아우라 속에 머문다. 메허 바바는 이런 종류의 사랑의 속성을 이렇게 표현했다. "사랑은 내면으로부터 저절로 솟아나야 한다. 그것은 내외부의 어떤 힘에도 복종하지 않는다. 사랑과 강요는 결코 동반할 수 없다. 사랑은 아무에게도 강요될 수 없지만, 사랑 그 자체를 통해 내면에서 일깨워질 수 있다. 사랑은 그 본질상 스스로 소통한다. 사랑이 없는 이는 사랑을 가진 이로부터 사랑을 알게 된다. 진정한 사랑은 정복할 수도, 저항할 수도 없다. 사랑은 스스로 힘을 모으고 자기 자신을 펼쳐서, 결국 자신이 만나는 모든 사람을 변화시켜 놓는다."

사랑이 그 어떤 종류의 강요에도 복종하지 않는다는 메허 바바의 말은,

가장 미묘한 차원, 가장 미세한 심리적 강요의 수준까지 내려가더라도, 진실이다. 최고의 선의에서 나오더라도 강요는 여전히 통하지 않는다. 내가 누군가와 함께 앉아 있다고 하자. 나는 그 사람의 가슴이 닫혀 있음을 감지한다. 나는 "당신의 가슴을 여세요. 당신은 더 사랑해야 합니다." 하고 말하고 싶다. 하지만 그것이 그의 귀에 들리지 않으리라는 것을 안다. 그래서 나는 공작을 편다. "당신 인생의 이런저런 일에 대해서 말해주세요. 어떤 기분입니까?" 나는 그의 감정을 유도해냄으로써 그가 가슴을 열도록 미묘하게 강요한다. 하지만 물론 그것은 먹혀들지 않는다. 그래서 잠시 후에 나는 그것을 포기하고 애쓰기를 멈춘다. 대신에 나는 그저 그와 함께 놀고 그를 사랑한다. 나는 그저 사랑하는 그 사람과 함께 머문다. 그는 "난 아직도 아무것도 못 느껴요!"라고 할지도 모른다. 하지만 그러다가도 헤어지려고 일어설 때가 되면 이렇게 말한다. "포옹해도 될까요?" "아무것도 못 느낀다면서 왜 포옹하고 싶어하는 거죠?" "몰라요. 그냥."

사람들이 내게 "난 사랑을 못 느껴요. 당신이 이야기하고 있는 그런 것을 전혀 못 느껴요."라고 하면, 나는 토마스 머튼이 『명상의 씨앗 Seeds of Contemplation』에서 인용한 글귀를 떠올린다. 그는 이렇게 썼다. "기도와 사랑은, 기도가 불가능해지고 가슴이 돌덩이가 되었을 때 배우게 된다." 좌절이 바닥을 쳤을 때만 가슴이 열릴 기회가 찾아온다. 그러니 누가 나에게 "난 아무것도 못 느껴요. 난 속이 죽은 것 같아요."라고 하면, 나는 중대한 때가 왔다고 생각한다. 가슴이 열릴 수 있는 순간이 온 것이다.

하지만 좌절이 충분히 깊어야만 한다. 간혹, 여전히 빠져나갈 궁리를 하는 사람들을 본다. 그러면 나는 이렇게 말한다. "가셔서 고난을 좀더 겪으세요. 일 년쯤 후에 다시 오세요. 아직 고생을 덜 하셨어요."

사람들은 종종 그것이 자비로운 충고가 아니라고 생각하는 것 같다. 고난이 곧 은총이라는 진실을 알지 못하기 때문이다. 가슴이 막혀 있다는 느낌으로부터 생겨나는 고통이 결국은 우리의 가슴을 열어젖혀 줄 것이다. 이성은 이것을 결코 이해하지 못한다.

문제와 슬픔과 어려움에 부딪혔을 때는 (누구나 그렇듯이), 그 모든 것이 우리에게 주어진 은총의 증거라는 사실을 이해하기가 힘들다. 너무나 못 말리게 낙천주의적이거나 피학대음란증 환자의 말처럼 들린다. 고난이 은총이라는 말이 그럴듯하게 들리려면, 완전한 사랑과 믿음과 신뢰가 바탕에 깔려 있어야 한다. 마하라지는 말했다. "나는 고통이 너무 좋다. 나를 신께 바싹 다가가게 해주니까. 고난으로부터 야냐(지혜)를 얻는다. 병이 나서 아플 때 홀로 신과 함께 있게 되고, 고통스러울 때 신을 찾게 된다."

헌신은 우리를 이처럼 고통을 껴안을 수 있는 곳으로 데려다 놓는다. 사랑은 이토록 강하다. 성경은 말한다. "네 주 하나님을 온 가슴으로, 온 영혼으로, 온 힘을 다해 사랑하라." 자, 생각해보자. 이 말이 무슨 실질적인 의미를 가지고 있기나 한 것일까? 신을 온 가슴으로, 온 영혼으로, 온 힘을 다해 사랑한다는 것은 과연 어떤 실재, 내가 마음을 열 만한 실체적 대상을 두고 하는 이야기일까?

헌신의 요가의 역사는 가장 강렬한 사랑의 본보기, 압도적으로 강력한 사랑의 화신들에 관한 이야기로 가득하다. 구약성경 이사야서는 '취했으나 술 때문이 아니고 비틀거리나 술을 마셔서 그런 것이 아닌' 사람들에 대해 이야기한다. 그런 존재들, 완전히 사랑에 빠진, 사랑에 완전히 취한 존재들이 인도에도 있다. 그들은 마스트mast, 곧 '신에 취한 사람'이라고 불린다. 미국에서는 틀림없이 이런 사람들을 미친 사람으로 간주하여 정신병원에 보내버릴 것이다. 하지만 신에 취하는 것은 정신병이 아니다. 마스트들은 세상에 있지 않다. 그들은 마치 정신병자들처럼 불안한 상태여서 세상사에는 전혀 속수무책이다. 어떤 면에서 마스트들은 더 이상 세상 '속에' 있지 않다. 다섯 번째 차크라가 활짝 열린 그들은 신의 체험 속에 빠져 있다. 그들은 내면을 향해, 신을 향해 돌아서 있어서 자신의 몸이나 사회환경 속의 역할에 대해서는 전혀 돌볼 줄을 모른다. 그런 것들이 모두 떨어져 나가서, 그들은 더 이상 자신의 외부상황을 제대로 관리하지 못한다.

　인도인들은 마스트 같은 사람들이 영적인 변성의 과정을 겪고 있음을 이해한다. 메허 바바는 자주 돌아다니면서 마스트들의 몸을 씻겨주었다. 그는 그들이 머물 장소를 마련해주고 아쉬람에서 돌보게 했다. 다른 사람들은 아무도 그들 근처에 가려고 하지 않았다. 그들은 정신이 나가서 거칠고 자제할 줄 몰랐기 때문이다. 그런 단계를 거치고 있는 사람들을 가까이하는 것은 매우 성가신 일이다. 우리는 이렇게 말한다. "저 사람은 너무 신경질적이야. 사라져버렸으면 좋겠어." 하지만 우리 쪽에서 마음을 가라앉히면, 뭔가 다른 인식이 일어난다. 그 사람이 뭔가 매우 심오한 영적 각성의 과정을 겪고 있을지도 모른다는 사실을 인정하고, 그를 깊은 사랑과 동정으로써 대해야 한다는 점을 깨닫게 되는 것이다.

　라마크리슈나는 이처럼 강렬하고 헌신적인 사랑을 지니고 있었다. 그는 이렇게 말했다. "간절한 열망을 품은 가슴으로 신을 외쳐 불러라.

그러면 그를 볼 것이다. 사람들은 처자식을 위해서라면 한 대접의 눈물을 쏟아내고, 돈을 위해서라면 눈물을 홍수처럼 쏟아낸다. 하지만 신을 위해서는 그 누가 울어주는가?" 지금까지 살아오면서 무엇을 위해서 울었던지를 생각해보라. 누군가 당신에게 모욕을 준 때였는가? 무엇을 잃어버렸을 때였는가? 자신이 한심해졌을 때였는가? 어떤 때였든, 신께 더 다가가지 못해서 운 적은 없었을 것이다. 만일 당신이 그와 같은 필사적 열망으로 울며 신을 부른다면, '그러면 당신은 그를 볼 것이다.'

16세기에 라자스탄에서 태어난 아름다운 헌신자가 있다. 그녀의 이름은 미라바이Mirabai였다. 그녀는 자신의 헌신을 노래했고, 사랑의 송가를 수없이 지어냈다. 그녀의 시 한 편을 소개한다. "오, 검은 독수리야, 이 육신의 모든 살을 떼먹어라. 하지만 조심해서 이 두 눈만은 남겨다오. 내 두 눈은 아직도 신을 보기를 원한단다. 오 검은 독수리야, 이 눈마저 떼어 가려무나. 다만 그걸 삼키기 전에 그분 앞에 가져가서 공양을 올려주려무나."[2] 이것이야말로 분명 '강렬한' 사랑이다. 사실 냉철한 관점에서 본다면, 괴상하기 짝이 없는 말들이다. 하지만 무엇을 너무나 사랑한 나머지 다른 것은 전혀, 아무것도 개의치 않는 그런 경지를 상상할 수 있다면, 미라바이가 노래하는 그 상태를 당신도 경험할 수 있을 것이다. 육신은 아무런 의미가 없다. 오직 사랑만이, 오직 사랑만이 의미가 있다.

툴시다스Tulsidas는 16세기 말에 바라나시에서 살았던 힌두 시인이다. 그는 라마의 대단한 헌신자로서, 『라마차리타마나사Ramacharitamanasa』라 불리는, 『라마야나』의 대중판을 썼다. 이것은 완전한 헌신적 사랑의 유장한 서사시다. 툴시다스가 얼마나 사랑에 흠뻑 취해 있었는지를 살짝 엿보여주는 그의 말이 있다. 그는 사랑하는 라마에 대해 이렇게 말한다.

"나는 라마라는 이름을 가진, 우주의 주를 흠모하노라. 그는 라그후 가家의 우두머리이시고, 왕관 위의 보석이시며, 자비의 광맥이시고, 모든 죄악을 일소하는 분이시며, 미망의 힘인 마야를 통해 인간의 형상으로 나타나시는 분이로다. 모든 신들 중 가장 위대하시고, 영원하고 평온한 지복 속에서 지고의 평화를 주시는 분이시며, 범인의 인식 너머에 계시고, 죄 없이 만물 속에 편재하신 분이시라. 오, 라그후의 주여, 내 가슴에는 다른 열망이 없나이다. 당신의 발밑에 온몸으로 헌신하게 하소서. 오, 왕관 위의 보석이시여, 내 마음을 잘못으로부터 해방시키소서." 신을 대하는 그의 방식을 느낄 수 있을 것이다. 그저 사랑과 헌신과 달콤함뿐이다. 넘쳐나고 압도하는 사랑이다.

모든 박티 수행의 목적은 이런 종류의 사랑에 불을 지펴서 그것을 신께로, 혹은 스승께로 향하게 하는 것이다. 그것을 여호와 하나님이나 푸루샤트마Purushatma, 곧 크리슈나나 라마와 같은 '지고의 존재'라는 개념과 연결시켜도 좋다. 혹은, 물질 차원의 형상을 지닌 어떤 대상을 택해서 그를 문으로 삼아 결국은 사랑을 통해 그 너머로 나아갈 수도 있다. 어떤 형상이든, 우리는 그것에 가슴을 열어야 한다. 그에게 기도하고, 그를 찬송하고, 마음속에 항상 그를 떠올리라. 우리의 가슴을 일깨워준 그 존재를 향한 사랑에 부채질하여 불을 활활 지피도록 박티 헌신의 모든 방법들을 동원하라.

구루 크리파, 곧 구루의 방편은 박티 수행법의 하나이다. 이것은 구루에게, 그리고 구루의 은총과 축복에 마음을 고정시키는 특별한 형태의 박티 수행이다. 이것은 내가 개인적으로 따르고 있는 방법이기도 하지만, 이곳 서양문화권에서는 좀 별난 방법이라고 할 수 있다. 우리 서양인들은 구루라는 개념을 잘 받아들이지 않는다. 몇 해 전에 나는 두 명의 미국인 사회과학자들로부터 '원시 현상primitive phenomena'에 관해서 쓴 그들의 책에 대해 서평을 써 달라는 부탁받은 적이 있다. 그들은 '원시 현상'이라는 맥락 속에서 구루를 논하고 있었다. 나로 하여금 밥맛을 잃게 만든 내용이 여기 있다. "구루는 실제의, 혹은 환상 속의 권위적인 인물로서, 사람들이 바라고 욕망하는 일을 문화적으로 용인해주고 자신의 존재를 통해 그런 일이 일어나도록 돕는 것이 그들의 기본 역할인 것으로 보인다." 나는 이것이 지성이 구루에 대해서 이해할 수 있는 한계라고 본다. 그것이 밖으로부터 보이는 구루의 모습이기 때문이다. 그리고 그것이야말로 객관적 관점에서 구루를 바라볼 수 있는 '한계점'이다. 왜냐하면 구루와의 관계는 전적으로 '내면적'인 문제이며, 그런 종류의 지적 과정과는 아무런 상관도 없기 때문이다.

구루와의 관계에서 핵심은 사랑이다. 구루는 우리 내면에 놀라운 사랑을 일깨워주는 존재이다. 그리고 그 사랑으로써 우리를 이원성의 환영으로부터 깨어나게 한다. 구루와 제자 사이의 관계를 라마나 마하리쉬는 다음과 같이 아름답게 묘사했다. (당신도 상상해 보라.) "그것은 코끼리가 꿈속에서 사자를 보고 깨어나는 것과도 같다." 코끼리는 잠들어 있다. 그런데 '꿈속에' 사자가 나타나서 코끼리를 깨워놓는다. 라마나 마하리쉬는 이야기를 잇는다. "꿈속의 사자가 코끼리를 얼마든지 깨워놓을 수 있는 것과 마찬가지로, 스승의 은총을 흘낏 접하는 것만으로도 제자는 무지의 잠으로부터 실재에 대한 앎으로 깨어나기에 충분하다." 이것이 무엇을 의미하는 지를 주목해보라. 별개의 실체로 보이는 구루는 오로지 꿈속의 '분리라는 환영 속에서만' 존재한다. 구루의 방편이 작용하여 그것이 당신을 일깨워 놓는 순간, 구루는 그 어떤 것이기도 그쳐버린다. 그것은 자동 자폭장치를 내장하고 있다. 그것이 당신을 어떤 독특한 방식으로 열어줄 때까지, 당신은 그것을 사용한다. 그런 후에는 그것의 실체를 간파하고, 그것을 버린다. 구루는 당신과 아무런 상관없는 것이 된다.

나와 구루의 관계는 시간이 흐를수록 점점 더 이원성의 빛깔이 옅어져 갔다. 마하라지를 처음 만나고 얼마 후에 나는 정원을 사이에 두고 그의 맞은편에 앉아 혼자 이런 생각을 하고 있었다. '내가 여기서 뭘 하고 있는 거야? 저기 앉아 있는 저 몸뚱이가 다는 아니잖아.' 그 순간 마하라지가 한 노인을 부르더니 그에게 뭐라고 말했다. 그러자 그 노인은 내게 달려오 더니 내 발을 만졌다. 내가 대체 왜 그러느냐고 묻자 그가 대답했다. "마하라지께서 말씀하셨어요. '가서 람 다스의 발을 만져라. 그와 나는 서로를 완벽하게 이해하고 있다.'" 내가 '모포를 뒤집어쓰고 있는 저 늙은이는 아무것도 아니야.'라고 생각하는 순간, 마하라지는 "좋았어! 깨달았군. 됐어, 됐어, 됐어!"라고 반응한 것이다.

하지만 그런 것들은 내가 마하라지에게서 느꼈던 그 믿기지 않는 사랑을 결코 훼손하지 못한다. 깨어남이 일단 시작되면, 그동안 자신을 도와줬던 모든 존재들을 향해 깊은 사랑을 느끼지 않을 수가 없다. 사랑에 대한 나의 병적인 '요구'는 줄어들고, 그 자리를 채우는 것은 일종의 의식적인, 현존하는 사랑으로서, 그 안에서는 누구를 사랑하든 마하라지를 사랑하는 것이 된다. 그는 모든 존재이며, 모든 곳에 있기 때문이다.

내가 마하라지에 대해서 이야기할 때면, 사람들은 자주 이렇게 물어본다. "누가 나의 구루인지를 어떻게 알 수 있나요? 그를 만나면 어떻게 알아볼 수 있을까요?" 누군가가 마하라지에게 똑같은 질문했을 때, 그는 이렇게 대답했다. "그가 그대를 모든 면에서 영적으로 충족시켜줄 수 있다고 느끼는가? 그가 그대를 모든 욕망과 집착으로부터 해방시켜줄 수 있다고 느끼는가? 그가 그대를 궁극의 해탈로 이끌어줄 수 있다고 느끼는가? 이 모든 것을 그렇게 느낀다면, 그대는 구루를 만난 것이다."

이 질문에 대한 나의 간단한 답은 "확신감이 없으면 아니다."이다. 그가 당신의 구루라면, 아무런 의심도 일어나지 않을 것이다. 머리로는 결코 판단할 수가 없다. '이 사람은 내가 정한 구루 자격에 꼭 들어맞는다. 그러니까 나의 구루야.' 그러나 진정한 구루는 언제나 우리의 모든 기대를 저버린다. 당신은 '저런 저질 얼간이 같으니라구! 저런 자는 상종을 말아야지!' 하고 생각하더라도 결국은 그가 당신의 구루라는 확신이 들 때가 올 수도 있다.

사람들이 많이 던지는 또 다른 질문 하나는 "신께로 가기 위해서는 구루가 있어야만 합니까?" 하는 것이다. 글쎄, 외적인 스승을 가진다는 것은 난관을 뚫고 나가는 데에 확실히 도움이 된다. 그러나 저 너머에서 손짓하는 그 구루는 신이자 구루이자 참자아이자, 그 모두이다. 당신은 신과 직접 연결됨으로써 자신의 길을 찾을 수도 있고, 구루를 통해서 길을 찾을 수도 있으며, 참자아 속으로 깊이 들어감으로써 길을 찾을 수도 있다. 마하라지는 말했다. "구루는 외부에 있지 않다. 육체적인 차원에서 구루를 만나야만 할 필요는 없다." 구루가 당신에게 나타난다면 그건 멋진 일이다. 구루가 나타나지 않는다면 그것은 당신의 길이 아니다.

당신은 뭔가 다른 수행을 해야 할 것이다.

구루 크리파의 길은 단지 소수에게만 주어질지 몰라도, 그것이 곧 당신이 구루를 만나지 못하리라는 뜻은 아니다. 힌두교도들은 '우파구루upagurus'와 '삿구루satgurus'를 구분한다. 삿구루란 우리가 여기에서 이야기해온 그런 구루를 말한다. 그는 곧 깨달음의 문이다. 삿구루는 다양한 형체를 취할 수 있지만, 궁극적으로 구루는 '하나'다.

하지만 구도의 길에는 우파구루도 있다. 그것은 가르침이다. 그것은 '이리로 가시오, 저리로 가시오' 하고 가리키는 이정표와 같다. 사실 나는 이것이 그런 존재들을 바라보는 훨씬 더 생산적인 방법이라고 생각한다. 스승이 아니라 가르침으로 보는 방법 말이다. 이렇게 보면 우리는 여기서 한 수 배우고 저기서 한 수 배우고 다닐 수도 있다. '이분이 정말 내 스승일까?' 하고 고심에 빠져 있을 필요가 없다. 스승을 찾는 이 모든 여행길은 우리를 대헌신大獻身의 결심으로 인도한다. 그러면 우리는 머리를 싸매고 앉아서 자신이 과연 올바른 결정을 내리고 있는 것인지, 이리저리 비교하고 고민한다. 하지만 그 어떤 지적인 분석도 박티의 과즙이 넘쳐흐르도록 돕지는 못한다.

내면의 지혜가 닦일수록, 우리는 우리가 자신의 상황을 홀로 대면하도록 내버려져 있지 않음을 깨닫게 된다. 주변을 돌아보면 우리는 인도받고 보호받고 있음을 알게 된다. 혼자서 다 하고 있다고 생각할 때조차도 우리의 옆구리를 슬쩍 찔러주는 존재들이 줄곧 동행하고 있었다. 육체 차원의 삿구루와 우파구루 말고도 아스트랄 차원의 안내자와 다른 온갖 차원들의 존재들도 있다. 우리는 무수한 상대적 현실들의 층계 위에 앉아 있다. 육체적 존재들이나 아스트랄 차원의 존재들이나 모두가 다양한 방식으로 우리를 도와주고 있다. 우리는 우리를 도와 해방시켜 주고자 하는 선한 존재들의 연결망에 둘러싸여 있다.

르네 도말René Daumal의 『비유의 산 Mount Analogue』은, 의식의 산을 등정하는 과정에 관한 멋진 비유이다. 무엇보다 먼저, 여행자는 산의 존재를 상정해야 한다. 그리고는 어떻게 하면 거기에 도달할지 궁리해야 한다. 마침내 그들은 산을 오른다. 해설자는 이렇게 말한다. "다른 그 무엇도 고려하지 않은 우리의 계산으로써, 다른 모든 희망을 버린 우리의 소망으로써, 모든 육신의 안락을 포기한 우리의 노력으로써, 우리는 이 신세계에 발을 딛게 되었노라. 아니, 우리는 그렇게 착각했노라. 하지만 우리는 나중에야 깨달았노라. 우리가 비유의 산에 다가갈 수 있었던 것은, 그 보이지 않는 나라의 보이지 않는 문을 지키는 분들이 문을 열어주었기 때문이라는 것을. 우리의 눈으로는 볼 수 없지만 우리를 지켜보고 있는 그분들이 우리의 철없는 계산과 끈기 없는 소망과 제멋대로의 노력을 너그러이 받아들이고 응답하여 우리를 위해 문을 열어주었기 때문이라는 것을."

이처럼 외부의 구루가 꼭 필요하지는 않더라도, 굳이 구루가 있다고 가정해본다면, 그가 하는 일은 과연 무엇일까? 그러니까, 구루 크리파 수행이란 것은 대체 무엇일까? 무엇보다도, 나는 구루와 제자 관계의 가장 중요한 핵심은, 완전하고 전적인 신뢰감이라고 말하겠다. 제자는 구루가 하는 일은 무엇이든 제자를 위한 것임을 믿는다. 이 말이 짐

존스Jim Jones의 인민사원(존스타운) 집단자살 사건을 상기시키고 많은 반론을 일으킬 것임을 나도 안다. 하지만 진실로, 오직 절대적인 신뢰와 열린 마음만이 다른 존재로부터 전달되는 것들을 받아들이게 한다. 내가 마하라지의 은총을 받을 수 있었던 것은, 마하라지에 대한 나의 사랑과 완전한 받아들임 때문이었다. 은총이 강물처럼 그치지 않고 흐르는 가운데 서로 사랑으로 마음을 연다… 아, 그러면 그것이 안으로 흘러 들어온다. 마음을 여는 순간, 은총이 안으로 밀려 들어온다.

하지만 그렇게 일단 마음을 열면, 숨을 곳이 아무 데도 없다. 그의 삶은 완전히 투명해진다. 한번은 어떤 아쉬람에 갔는데, 그곳에서는 일주일에 18루피를 내면 동굴을 하나 빌려줬다. 돈을 내면 시중드는 사람이 동굴로 안내한다. 그는 나를 안에다 가두고 작은 구멍으로 음식을 넣어준다. 그것은 혹독한 수행을 하기 위한 한 가지 방식이다. 그때는 여름철이었고, 동굴 안은 매우 매우 더웠다. 그래서 줄곧 벌거벗고 지냈다. 명상할 때는 사타구니만이라도 가려야 하는 것이 상례였지만 그런 것에 신경 쓰기에는 너무나 더웠다. 나는 완전히 혼자였고, 더웠고, 그래서 벌거벗고 있었다. 나중에 돌아가서 마하라지를 만나자, 그는 대뜸 "옷을 입지 않는 건 좋은 일이야."라고 말했다. "아, 그래요, 마하라지? 감사합니다."

봄베이에 볼일이 있어서 간 적이 있다. 나는 요기로서, 아쉬람을 관리하는 재단 이사의 집에서 머물고 있었다. 그곳에 간 첫날 저녁, 그가 말했다. "의사가 나에게 심장이 안 좋으니 밤마다 위스키를 조금씩 마시는 것이 좋다고 했소." 내가 대답했다. "이해하겠습니다." 그러자 그가 말했다. "같이 마시겠소?" 하지만 인도에서는 술을 마시는 것이 좋은 모양새로 비치지 않을뿐더러 요기나 아쉬람의 이사라는 사람으로서는 더욱 그랬다.

하지만 어쨌든 약으로 먹는 것이니 융통성 좋은 나로서는 얼른 "그러죠"
하고 대답했고, 우리는 그의 방으로 자리를 옮겼다. 나는 그가 작은
잔에 약처럼 담은 술을 내올 줄 알았지만, 내 앞에는 얼음을 담은 대접과
소다수와 위스키 한 병, 두 개의 커다란 잔이 놓였다. 그러자 문득 소다를
탄 위스키를 정말 즐겨 마셨던 옛날 기억이 떠올랐다. 그는 자신의 잔을
먼저 채우고 내 잔도 채웠다. 그가 물었다. "소다수를 타겠소?" 그는
위스키에다 소다와 얼음을 넣고는 잔을 건넸다. 그것을 마시고 나는
완전히 취해버렸다. 나는 비틀거리면서 저녁 식탁으로 걸어갔는데, 부축
을 받지 않고는 자리를 찾아서 앉지도 못했다. 그의 아내가 우리 두
사람에게 음식을 먹여줬다. 그런데 그것은 시작일 뿐이었다. 그다음 날
저녁, 우리는 좀더 일찍 시작했다…. 그렇게 계속되었다.

사나흘쯤 지낸 후, 나는 브린다반에 있는 마하라지의 아쉬람으로 돌아갔
다. 돌아간 날 저녁, 마하라지는 자신의 침상으로 나를 불렀다. 그는
미국으로 건너간 한 요기에 관한 이야기를 꺼냈다. 그는 거기서 매우
헌신적인 여성들의 시중을 받고 있었다.

마하라지가 말했다. "그는 '여자들'과 함께 지내고 있어."

내가 대꾸했다. "예, 압니다. 마하라지."

"그는 그들을 뭐라고 부르지?"

"'어머니'라고 부릅니다."

"오, 그래? 나이가 얼마나 됐는데?"

"한 사람은 스무 살입니다."

"어머니라면서!!?" 그가 놀란 듯이 물었다. "그의 어머니들이 그에게
무엇을 먹이는지 아는가?"

"아뇨, 뭘 주지요?"

그가 말했다. "젖(milk)을 먹이지."

"그거 좋군요, 마하라지. '어머니의 젖'이라니, 완벽하네요."

"여자들은 밤마다 그에게 젖을 먹인다."

"멋지지 않은가요?"

그러자 그는 내게로 바싹 몸을 기울이더니, 은밀하게 말했다. "그들이 그 젖에다 무엇을 타는지 아나?"

"아뇨, 마하라지, 젖에다 뭘 타지요?"

그러자 그는 내 눈을 똑바로 들여다보면서 말했다.

"술!" 그러고는 웃고 웃고 또 웃어댔다.

이러니 내가 어디에 몸을 숨기겠는가? 지금은 그가 몸 안에 있지 않으니 그때와는 다르지 않겠느냐고? 내가 아는 그라면, 결코 그렇지 않다! 숨을 곳이 없으면 모든 것이 바깥으로 노출된다. 모든 것이 노출되면, 흐음⋯. 여기에 이렇게 있는 것이다. 내가 누구이든 나는 나로 존재해야 한다. 내가 다른 누구라고는 믿을 수 없는 일이 아닌가? 내가 누굴 속일 수 있겠는가?

내가 실감하고 있듯이, 모든 것을 알고 있는 누군가가 있음을 아는 순간, 당신은 해방된다. 숨는 게임은 끝이다. 이 얼마나 시원한가! 모든 비밀이 우스꽝스러워진다. 누군가가 이미 당신에 관해 모든 것을 알고 있으니까. 누군가는 이렇게 말한다. "어휴, 저 끔찍한 땟국물을 좀 봐라. 그래서 저 꼴인 거야." 마하라지는 나의 지저분한 구석을 속속들이 알고 있지만, 그래도 그는 여전히 날 사랑한다.

알려지고 사랑받는 것, 신뢰하고 마음을 여는 것, 이런 것들이 제자인 나의 눈에 비친 구루와의 관계이다. 하지만 구루의 눈에는 어떻게 비칠까? 구루가 '완제품'이라면, 구루가 제자와 함께 앉아 있을 때 구루의 내면에서는 그 관계가 어떤 모습일까? 나는 이런 말을 들었다. "스승과 제자는 두 사람인 것처럼 보이지만, 스승은 두 사람으로 가장한 그 뒷전에서 자기 자신을 즐긴다." 그것은 꽃이 자신의 향기를 맡으려고 코로 변하는 것과도 같다. 그러니까 구루의 관점에서는 아무 일도 일어나지 않는 것이다. 나는 마하라지 앞에 앉아 있곤 했지만 그 경험을 가장 잘 묘사하는 말은, 내가 마치 찰리 맥카시Charlie McCarthy*가 된 듯한 느낌이었다는 것이다. 나와 게임을 하기 위해서 그가 자신의 마음을 빚어서 나를 만들어 낸 것만 같은 느낌! 당신은 이렇게 말할 것이다. "하지만 왜 그런 짓을?" 글쎄, 그건 그에게 물어봐야 할 일이다. 나는 모르겠다.

구루에게는 아무런 일도 일어나지 않지만, 구루를 통해서 현실 속에 드러나는 법칙이나 과정은 그에게 모종의 행위를 요구한다. 때로 그런 행위에는 소위 싯디, 곧 초능력의 사용도 포함되어 있다. 마하라지는 나를 처음 만났을 때 모종의 싯디를 사용하여 몇 달 전에 내 어머니가 어떻게 돌아가셨는지를 알아맞혔다. 그것은 그가 '정상적인' 방법으로 알아낼 길이 없는 종류의 사실이었다.

그런 능력이 사용될 때, 우리는 구루가 앉아서 '이 능력을 써서 저

---

* 1930년대에 인기를 누렸던 복화술 인형 캐릭터.

녀석을 완전히 넘어가게 만들어야지.' 하고 생각하고 있으리라고 오해해서는 안 된다. 마하라지 같은 존재는 다르마의 법칙, 우주 법칙의 선언 그 자체이기 때문에, 적절한 순간에 특정한 사람의 의식에 전환을 일으켜서 그가 다음의 새로운 단계로 나아가게 해줄 말이나 행위를 하는 것이다. 구루는 무엇이든 그 순간의 다르마가 요구하는 일을 하면서, 그저 거기에 있다.

구루는 대개의 경우 제자에게 어떤 변화가 일어날 시기가 무르익었을 때 그것을 촉발시켜 주기 위해 싯디를 사용한다. 라마크리슈나는 이렇게 말했다. "덜 익은 견과의 껍질을 까는 것은 거의 불가능하지만, 마른 견과는 툭 건드리기만 해도 까진다."

이런 존재들과 함께 지내다 보면, 그들은 누가 준비된 상태인지를 늘 감지하고 있다는 사실을 깨닫게 된다. 날마다 수백 명의 사람들이 찾아와서 마하라지의 발을 만진다. 그는 그냥 내버려두고 계속 이야기만 한다. 그들은 음식을 대접받고, 사원을 떠난다. 이어서 또 다른 사람이 찾아온다. 내가 보기에는 음식이나 먹고 떠나가야 할 사람이다. 전혀 준비가 안 된 사람처럼 보인다. 그런데 마하라지는 하던 일을 멈추고 그 사람을 향한다. 그리고 그와 오랜 시간 대화를 나누고, 특별히 축복을 해주고 대접한다. 나의 이성적인 마음으로는 구루의 속마음을 헤아리기가 불가능했다. 그가 누구에게 어떤 이유로 무엇을 할지, 가늠이 되지 않았다. 어쨌든 그는 그 사람에게서 때가 무르익었음을, 약간의 다독거림이 필요함을 감지했던 것이다.

19세기 중반에 인도에서 태어난 쉬르디 출신의 사이 바바Sai BaBa는 '싯디 바바', 곧 '믿을 수 없는 초능력의 소유자'로 널리 알려졌다. 그는 개울로 내려가서 위와 창자를 꺼내어 물에다 씻은 다음 나무에 널어 말리곤 했다고 한다.

한번은 한 늙은 부부가 그를 찾아왔다. 그들은 죽기 전에 갠지스강으로 순례를 가려고 모아두었던 돈을 몽땅 잃어버렸다고 했다. 울고 있는 그들에게 사이 바바는 "걱정하지 마라." 하고 말하고는 발을 들었다. 그러자 그의 발가락에서 갠지스의 강물이 쏟아져 나오기 시작했다.

사이 바바는 이 마을 저 마을을 떠돌아다녔다. 그가 한 마을에 당도했는데, 그의 모습이 좀 기이했으므로 마을 사람들은 처음에는 그를 외면하고 아는 척하지 않았다. 하루는 그가 호롱불 기름이 떨어져서 예배의식을 올릴 수가 없게 되었다. 그는 집집마다 다니면서 기름을 얻으려고 했지만 아무도 기름을 주지 않았다. 그래서 그는 그것을 포기하고, 물을 떠서 축복을 내리고 그것을 램프에 부었다. 그러자 불꽃을 내며 탔다. 그런 일이 알려지자, 마을 사람들은 '뭔가'가 있다는 확신을 갖게 되었다. 그들은 그를 존경하고 가르침을 받으러 오기 시작했다. 그제야 사람들은 그가 하는 말을 귀담아 들을 준비가 된 것이다. 사람들이란 약간 흔들어줘야만 새로운 가능성에 마음을 연다. 싯디가 쓰여지는 방식은 대충 이런 식이다.

어떤 경우에 초능력이 쓰이는지에 관해 흥미로운 통찰을 주는 쉬르디 사이 바바의 일화가 또 있다. 한 여인의 어린 아들이 코브라에게 물렸다. 그녀는 사이 바바에게 아들을 구할 수 있도록 신성한 재를 좀 달라고 빌었다. 그러나 사이 바바는 주지 않았고, 아이는 죽어버렸다. 여인은 슬픔에 빠져 울며불며 다녔다. 사이 바바의 제자가 간청했다. "바바, 제발 저를 위해서라도 그 아이를 되살려주십시오." 그러자 사이 바바가 대답했다. "이 일에 끼어들지 마라. 일어난 일 그대로가 최선이다. 그 아이의 영혼은 이미 다른 몸속에 들어갔다. 거기서 그는 매우 훌륭한 일을 할 것이다. 이번에는 할 수 없었던 일을 하게 될 것이다. 내가 만일 그를 이 몸속으로 다시 불러들이면, 새로운 몸은 이 몸을 살리기 위해서 죽어야만 한다. 너를 위해서 그렇게 해줄 수도 있지만, 너는 그 결과를 생각해보기나 했느냐? 그 결과에 대한 책임을 질 각오가 되어 있느냐?"

이것이 구루가 초능력을 행사할 때 품는 진정한 자비심의 본보기이다. 제자는 단지 죽음과 어머니의 슬픔만을 보고 있었다. 사이 바바는 우리의 인간적인 감정이 그리는 것보다 훨씬 더 큰 그림에서 나오는 자비심을 보여주고 있는 것이다.

싯디에 관한 이야기들은 눈에 보이는 것 너머에 뭔가가 있음을 상기시켜 줌으로써 우리의 믿음을 강화시켜 준다. 스와미 묵타난다의 구루인 스와미 니티야난다Swami Nityananda는 정말 아름다운 요기였다. 또한 사이 바바처럼 매우 독특한 인물이었다. 날마다 수천 명의 사람들이 그를 보러 오곤 했다. 그러면 니티야난다는 그들에게는 눈길도 주지 않고 혼자 뭔가를 흥얼거리면서 앉아 있곤 했다. 그런데도 사람들은 어떻게든 그의 반응을 해석하는 방법을 깨쳤다. 그래서 그들은 그에게 와서 "바바지, 이 주식을 살까요?" 하고 묻고, 바바지가 "흐ㅇㅇㅇㅇ음…" 하면 "바바지께서 사라고 하시는군." 하고 주식을 사서 대박을 터뜨리곤 했다.

니티야난다는 그의 아쉬람 주변 도로를 포장하게 하면서, 아주 특별한 방법으로 돈을 지불했다. 일꾼들이 와서 땅을 파서 고르고 자갈을 깔았다. 하루 일과가 끝나면 니티야난다는 그들에게 말하곤 했다. "이제 집으로 가라. 가다가 아무 돌이나 눈에 끌리는 것을 집어들면 거기에 오늘 일당이 있을 거다." 하루에 2루피씩이었다. 일꾼들이 집으로 가는 길에 가까운 데서든 먼 데서든 눈에 띄는 대로 돌을 집어 들면, 거기에는 언제나 빳빳한 1루피짜리 지폐가 두 장 놓여 있었다. 그 이상은 없었다. 다른 돌을 집어 들어봐도 돈은 없었다. 일당을 이미 받았으니까.

그러다가 그런 이야기가 당국의 귀에 흘러 들어가서 의심을 사게 되었다. 구루에게 돈의 출처를 물어보기가 조심스럽기는 했지만 결국 그들은 이 문제를 조사하는 수밖에 없다고 판단하고, 경찰을 니티야난다의 아쉬람에 보냈다. 그들이 말했다. "바바지, 그러니까, 저희는 그 빳빳한 새 돈들이 다 어디서 나오는지가 좀 염려되어 왔습니다." 니티야난다가 대답했다. "이런, 너희들을 걱정시킬 마음은 없었는데…. 날 따라와. 그게 어디서 나오는지를 보여줄 테니까." 니티야난다는 밀림 속으로 걸어갔고, 경찰 두 명이 뒤따랐다. 그는 경찰들을 데리고 밀림 깊숙한 곳으로 들어가서 마침내 악어가 버글대는 한 호숫가에 당도했다. 니티야난다는 물속으로 성큼성큼 걸어 들어갔다. 경찰들은 호숫가에 선 채 조바심이 나서 외쳤다. "제발 조심하세요, 구루지!" 니티야난다는 그 말을 들은 척도 하지 않았다. 그가 한 마리의 악어를 향해 손짓을 하자, 악어가 그에게로 다가왔다. 그는 악어의 입을 벌리고 그 속에 손을 넣어서 빳빳한 지폐를 한 움큼씩 집어내기 시작했다. 경찰들은 걸음아 날 살려라 하고 도망가서, 다시는 오지 않았다. 상대가 만만찮았던 것이다.

마하라지도 돈과 관련된 일화가 있다. 그러고 보면, 구루들은 돈에 대한 우리의 집착을 놀려대는 것 같다. 아쉬람에 한 사두가 찾아와서는 마하라지가 소유물에 너무 집착한다고 비난을 늘어놓기 시작했다. 마하라지는 고개만 끄덕거리면서 그의 말을 다 들어주었다. 그러고는 그 사두에게 말했다. "당신 그 도티dhoti (치마 같은 인도식 남자 아랫도리 옷) 속에 꼬불쳐놓은 돈을 내놓으시오."

사두가 말했다. "무슨 소리요? 난 돈이라곤 없소."

마하라지가 다시 말했다. "그 도티 속에 감춘 돈 내놓으시오!"

그러자 사두는 더 이상 버티지 못하고 도티 속에 꼬깃꼬깃 감추어 두었던 몇 루피의 돈을 꺼내놓았다. 마하라지는 그것을 받아서 불 속에다 던져버렸다. 그러자 사두는 다시, 마하라지가 남의 돈을 못 쓰게 만들었다고 욕했다. 그러자 마하라지가 말했다. "어이쿠, 정말 미안하군! 난 당신이 돈에 그렇게 집착하는 줄을 몰랐소."

그러면서 그는 부젓가락으로 불 속에서 10루피짜리 지폐를 꺼내기 시작했다. 그는 사두를 바라보며 이렇게 말했다. "이 세상의 모든 돈이 다 내 거요."

싯디에 관한 이런 이야기들은 너무나 재미있다. 그리고 이런 일화들은, 우리가 구루를 얼마나 우리식으로 생각하기를 좋아하는지를 잘 보여준다. 하지만 재미있기는 해도 결국 이야기는 경험이 아니라 말일 뿐이다. 그리고 헌신의 느낌을 길러주는 것은 박티의 '실천'에 있다. 아무튼 헌신자에게 요가의 핵심이란 가슴과 생각이 늘 구루를 향하도록 만들어주는 박티 행을 실천하는 것이다. 그리고 그러려면, 우리는 온갖 헌신의 방법을 다 동원해야 한다.

스와미 묵타난다가 자신의 구루와 연결되어 있게 한 방법, 곧 그의 구루 크리파 행법은 일종의 명상법이었다. 그는 그의 구루를 명상했다. 그는 자서전에서 그 방법을 설명했다. "구루에 대해 명상하면서 그를 네 몸의 모든 부위, 머리부터 발끝까지 합체시키라. 그렇게 온몸을 합체한 다음, 마지막으로 자신이 구루 그 자체인 것처럼 느끼면서 명상하라. 구루가 네 안에 있고, 네가 구루 안에 있다. 털끝만큼도 의심하지 말고 이렇게 날마다 명상하라." 묵타난다는 이 명상을 계속하다가 마침내는 구루인 니티야난다와 완전히 합일되는 경지에까지 이르렀다. 묵타난다는 수행하는 대부분의 시간 동안 완전히 변신되어 있어서 자신이 어느 쪽인지조차 헷갈렸다고 한다.

이 같은 명상은 자신을 구루와 동화되게 하기 위한 기법이다. 이것은 의식을 바꿔놓음으로써 구루와 더 이상 분리되어 있지 않은 경지에 이르는 방법이다. 이것은 명상이지만 헌신에 뿌리를 둔 명상이며, 그 전 과정을 이끄는 것은 사랑이다.

그러니 니티야난다나 마하라지 같은 존재, 형상 없는 존재, 어디에도 속박해놓을 수 없는 존재를 하나 정하고, 그를 자신 속으로 합체시켜 들이라. 이것은 아이들이 부모와 동화되는 방식과도 흡사하다. 이 다른 존재를 점점 더 완전히 합체시켜, 마침내는 둘 사이에 아무런 차이가 없어지게 한다. 예수와, 붓다와, 마호메트와, 마하라지와, 혹은 내가 마음을 열고 있는 그 누구와도 할 수 있다. 그 존재가 내 앞에 앉아 있다고 상상하고, 그를 서서히 내 안으로 끌어들이라. 그를 조금씩 조금씩 나의 모든 부분들 속으로 끌어들여서, 마침내 어떤 식으로든 그가 나를 대체하게 하라.

이런 종류의 명상은 매우 강력하다. 하지만 나에게는 구루 크리파가 전혀 이런 종류의 것이 아니다. 나에게 그것은 내 구루와 매 순간을 함께하고, 내 삶이 그의 의식을 통해 반영되는 것을 지켜보는 과정이다. 내가 그를 하루에 얼마나 자주 만나는지 말해줄 수 있다. 나는 내 예배실, 자동차 운전석, 냉장고, 화장실 등, 모든 곳에다 그의 사진을 갖다놓았다. 나는 정말 이 존재와 어울려 지내기를 좋아한다!

마하라지에 대한 사랑은 내 마음을 열기 위한 나만의 방식이다. 마하라지는 언제나 거기 있고, 언제나 나를 일깨워준다. 누군가와 대화를 할 때면, 그가 내 구루가 된다. 누군가에게 화가 치밀면, 그가 나의 구루가 된다. 매 순간 나는 이 믿기지 않는 존재와 함께 어울리고 있는 것이다. 이 사랑의 존재, 빛의 존재, 이 편재하는 존재와 함께 말이다.

마하라지에 대한 나의 사랑은 순복의 과정이다. 나는 그가 나에게 최선이라고 생각하는 것에는 무엇이든 기꺼이 순복한다. 나는 나의 각본 대신 그가 만들어주는 나의 각본에 순복한다. 성 요한은 이렇게 말했다. "나를 보내신 그분이 나와 함께 있다. 그는 나를 홀로 버려두지 않았다. 나는 언제나 그분이 기뻐하실 일을 한다." 그리고 이 순복의 수행은 서서히 나를 변화시킨다. 이 수행은 나를 그로 바꿔놓고 있다.

내가 마하라지 안에서 발견한 것은 지성과 가슴을 모두 만족시켜주는 무엇이었다. 마하라지 주변의 공간은 강렬한 사랑, 대양과도 같은 사랑으로 채워져 있었다. 거기에는 어떤 기운, 어떤 장場이 있었다. 그것은 너무나 강렬해서, 그 근처에 있기만 해도 목욕을 한 것처럼 정화됨을 느꼈다. 지금도 그를 내 가슴속에 맞이하면 같은 일이 일어난다. 나는 그의 임재 속에서 순화된다.

이것이 나와 마하라지 관계의 속내이다. 그를 사랑하는 것, 그의 임재 속으로 나를 개방하는 것, 그에게 순복하는 것. 이것이 나의 박티 수행, 구루 크리파 수행이다. 하지만 사랑과 개방과 순복은 모든 박티 수행의 핵심이다. 우리는 이따금씩 가슴을 끌어당기는 존재들을 발견한다. 그것은 마하라지가 될 수도 있고, 아난다모이 마, 그리스도, 크리슈나, 알라, 혹은 신이 될 수도 있다. 이름은 마음대로 고르라. 그러고는 그 존재를 안으로 맞아들이라. 그 존재를 가슴속에 합체시키고, 자신을 그에게 바치라. 그에게 노래하고, 찬양하고, 기도하고, 꽃을 바치라. 우리는 사랑하고, 사랑하고, 열고, 연다. 그러고는 서서히, 갈수록 더 확실하게, 그러한 존재가 되어가는 자신의 길을 사랑하고 지켜본다.

9
수행의 사회적 측면

　이쯤에서 우리가 출발했던 곳을 돌아보면, 우리가 삶에 대한 전혀 낯선 관점을 형성해오고 있었음을 알아차릴 수 있을 것이다. 이 관점은 우리의 행위를 카르마 요가로 바꿔놓고, 명상이니 정화니 헌신이니 하는 수행 습관을 기르도록 만든다. 하지만 이 모든 것을 돌이켜보면서, 나는 어쩐지 뭔가를 덜 끝내고 남겨놓은 자리, 지금까지 대수롭지 않게 지나쳐 버린 어떤 영역이 남아 있는 듯한 기분을 느낀다. 그것은 우리의 인격과 관련된 모든 것, 우리 삶 속의 감정적, 사회적, 문화적인 모든 것과 관련이 있다. 더 나은 단어를 찾지 못해서, 나는 그것을 수행의 '사회적' 측면이라고 부른다. 나는 지금이야말로, 되돌아가서 우리 삶의 그러한 부분들을 좀더 자세히 살펴볼 때라고 생각한다. 왜냐하면 그 부분 또한 이 여행의 과정에서 바뀌어가야 하기 때문이다. 이 요리에는 모든 재료가 빠짐없이 다 들어가야 한다.

　일반적으로 '개인성'(personality, 혹은 인격, 개성)이라고 말할 때, 우리는 그것을 지극히 서양적인 맥락에서 바라본다. 개인성의 의미는 인도 같은 사회에서는 훨씬 덜 야단스럽다. 인도에서는 모든 사람들이 자기의 개인적 정체성이라는 맥락보다는 자기의 역할과 영혼이라는 맥락에서 서로 관계를 맺는다. 하지만 우리 서양인들은 개인으로서의 인격을 너무나 애지중지한다.

개인성에 주목한다는 것은 개인의 차이에 주목하는 것을 뜻한다. 나는 이렇고 저렇기 때문에 나다. 마음속에서 우리 자신을 정의하는 것은 그러한 차별성들의 총합이다. '나는 우울해.' '나는 자신 있어.' '나는 너무나 좋은 엄마야.' '난 느긋해.' 이런 개성을 스스로 발달시켜가는 과정은, 우리가 나 자신의, 그리고 다른 모든 사람들의 개인적 차이를 강조하고 주목하면서 자라왔음을 의미한다.

그런데 만일 개인 간의 차이에 대한 우리의 주의가 단순히 중성적이어서, 우리가 그냥 그것을 인식하고 신께서 자신을 나타내는 그 모든 방식을 음미하기만 한다면, 만사는 아무 문제가 없을 것이다. 하지만 그렇게 음미하는 대신 따지고 구별하는 태도에는 날카로운 비판의 칼날이 따르는 경우가 많다. 그리고 그것은 다른 사람들에 대한 불평과 비난, 자기 자신에 대한 병적인 비관을 초래한다.

우리 중 많은 사람들, 어쩌면 대부분은, 어릴 때부터 깊은 열등감이나 무력감, 혹은 자기비하감을 느끼고, 그것을 자아상의 씨앗으로 심어놓은 듯하다. 그것은 너무나도 깊은 나머지 거의 신학적인 성질을 띤 원죄의 느낌과 연결되어 있다. 그것은 비관념적인 감정의 차원에 있다. 그것은 어릴 때부터 일찍이 습관화되어 온, 그저 육감처럼 느껴지는 열등감이다. 그것이 어떻게 발달되어 왔는지를 설명해줄 역학에 신경 쓸 필요는 없다. 다만 틀림없어 보이는 것은, 그것이 꽤나 일반적이라는 사실이다.

그런데 우리는 그런 느낌의 근원을 찾는 대신, 우리의 인격을 발달시켜 온 뿌리를 찾는 대신, 그런 느낌을 원래 그런 것으로 받아들이고 주변을 두리번거리다가 그것을 자신의 특정한 성격으로 치부해버리기 일쑤다. 우리는 자신에게서 발견한 개인적 차이 하나를 가지고, 그것을 자기비하나 뭔가 잘못되었다는 느낌의 원인이라고 탓한다. 우리는 우리가 느끼는 방식의 원인으로 우리 자신의 어떤 성격이나 특색을 찾아내어 탓하곤 한다. 문제는, 그것이 우리로 하여금 심리학자라면 부정적 핵-에고 (core-ego)라고 부를 만한 개념과 씨름하게 만든다는 것이다.

내가 심리치유사였을 때, 나는 모든 사람이 자기의 '문제'를 하나씩 가지고 있다는 사실에 늘 놀라곤 했다. 모든 사람들이, 그것만 아니었으면 삶이 괜찮았을 것이라고 말했다. 코가 이렇게 생기지만 않았다면… 가슴이 조금만 더 크다면… 가슴이 좀더 작다면… 오르가슴을 더 진하게 경험할 수 있었다면… 집안이 더 부자였다면… 내가 어릴 때 부모가 헤어지지 않았다면… 떨어져서 흉터가 생기지만 않았다면… 머리 색깔이 달랐다면… 이웃에 같이 놀 친구가 많았다면… 아버지가 좀더 자애로웠다면…. 모두가 자신만의 문제를 가지고 있었다. 이 목록이 정확하게 당신의 것을 맞히지 못했을 수도 있지만, 장담하건대 40퍼센트는 족히 넘는 사람이 여기에 해당할 것이다. 그리고 나머지 60퍼센트는 무슨 말인지 이해했을 것이다.

우리는 자신의 '잘못된' 문제에 너무나 감정적으로 매여서, 주위의 세상을 바라보는 모든 방식에 그런 색깔을 입히기 시작한다. 자신의 코에 심각한 문제가 있다고 생각하면, 다른 사람들의 코를 유심히 보게 된다. 성공한 모든 사람들이 얼마나 '멋진' 코를 가지고 있는지 등등.

모든 부정적인 자기 묘사는 자신이 뭔가 충분치 않다는 느낌의 표현방식인 것이다. 그리고 자신이 뭔가 충분하지 않다고 느끼면, 자신에 대해 주변 사람들이 말하는 모든 솔직한 느낌에 대해 매우 약해진다.

재미있는 이야기를 들려주겠다. 1964년쯤에 일어난 일이다. 티모시 리어리와 나는 몇 해 동안 같이 일해 왔지만 여러 면에서 더 이상 서로 동의할 수 없는 상태에 이르게 되었다. 우리는 실제로 얼마 동안 떨어져서 일했지만 아직도 다양한 일에 함께 관여하고 있었다. 나는 우리 비영리단체의 회계이자 감독이었고, 우리는 또 뉴욕의 공동체인 밀브룩Millbrook을 함께 운영하고 있었다. 티모시는 여행을 자주 했기 때문에 나는 당시 그의 아이들의 법적 보호자였다.

나는 1964년에 유럽에서 얼마 동안 지낸 후에 밀브룩으로 돌아왔다. 내가 떠나 있을 동안은 티모시가 밀브룩을 운영했고, 그가 인도를 여행하고 있을 때는 내가 그것을 맡았다. 나는 티모시와 매우 틀어진 상태였지만, 그의 아이들과는 죽이 잘 맞았다. 어느 날 저녁, 내가 그의 아이들과 함께 앉아 있을 때 그가 들어와서 말했다. "얘들아, 내가 한 가지 일러줄 말이 있다. 리처드 아저씨(나)는 사악한 사람이야."

그러자 그의 아들이 말했다. "에이, 아빠 왜 그러세요! 아저씨는 괴짜일 수는 있지만, 사악하진 않아요."

그러자 티모시가 말했다. "아냐, 아냐. 리처드 아저씨는 악마야."

나는 거기서 터져버렸다. (그 시절에 나는 곧잘 그랬다.) 그래서 이렇게 말했다. "좋아, 티모시. 내가 악마라면 넌 미친놈이야."

내가 예상했던 대로 그도 거기서 터져버렸다. 그래서 우리는 둘 다 완전히 맛이 가버렸다.

거기서 나는 밀브룩을 떠나 캘리포니아로 갔다. 하지만 티모시의 말이 내 머릿속에서 작동을 개시했다. 속에 깊이 숨어 있던 '나는 충분치 않다'는 느낌이 완전히 깨어났다. 나는 생각했다. '젠장, 그게 맞을지도 몰라. 난 살면서 확실히 썩어빠진 짓을 했어. 넌 내가 정말 나쁜 놈이라고 생각해? 넌 내 속에 근본적으로 부패하고 타락한 뭔가가 있다고 생각해?' 나는 마음속으로 그것을 곰곰 되씹고 있었다.

그해 가을, 나는 당시 같이 살고 있던 여자와 함께 LSD를 복용했다. 체험에 들어간 도중, 나는 그녀에게 티모시에 관해 이야기하면서, "그래, 티모시는 내가 사악한 놈이라고 생각해." 하고 말했다.

그녀는 나를 바라보았다. 그 당시의 의식 상태에서 그녀가 무엇을 보았는지는 상상할 수 없지만 그녀는 이렇게 말했다. "글쎄, 어쩌면 그런지도 모르겠는걸요."

그것은 우리 관계의 종말이나 다름없었다. 나는 그녀에게 발기불능이 되었고, 그녀는 다른 남자와 도망쳤다. 하지만 그녀의 말은 티모시가 나에게 일깨워놓은 것에 불을 질러놓아서, 정말로 나를 괴롭히기 시작했다. 넌 내가 정말 사악한 놈이라고 생각하니? 두 사람이나 그렇게 말했어. 그래, 난 역시 그런 놈인 게 틀림없어.

그러다 이듬해 늦겨울, 나는 혼자서 아주 깊은 LSD 체험을 했다. 나는 안으로 안으로 안으로, 내가 정말 사악하다고 느껴지는 내면의 장소로 들어갔다. 나는 거울 앞에 서서 될 수 있는 한 가장 사악한 사람이 되었다. 나의 사악한 생각들을 하나하나 떠올렸다. 정말이지, 나 자신이 끔찍하게 무서웠다!

하지만 나는 거기서 멈추지 않았다. 나는 계속해서 더 깊이 들어갔다.

나는 내가 자신을 사악하게 생각하는 관점을 넘어갔다. 나는 돌고 돌고 돌아왔다. 그리하여 내가 그냥 나인 자리까지 왔다. 나는 지저분한 짓을 많이 하고, 아름다운 짓도 많이 한다. 나는 선하지도 악하지도 않다. 나는 그냥 그렇다. 선도 있고, 악도 있다. 그리고 나는 여기 있다.

그 자리에는 예전에도 와봤었다. 하지만 그때는 친구한테서 사악하다는 말을 들어본 적이 없었고, 그래서 이번만큼 나의 '사악함'에 대해서 치열하게 파고들 기회가 없었다. 그래서 전에는 선과 악을 넘어선 자리를 그처럼 확연하게 느껴보지 못했던 것이다. 그 이후로 나는 내 속의 선악에 관한 문제로부터 홀가분하게 벗어났고, 결국 그 해프닝은 오히려 나에게 커다란 선물이 되었다.

그로부터 1년 반 후, 티모시가 구속되었다. 나는 일단의 사람들과 함께 그를 위한 항소 기금을 마련했다. 티모시와 나는 그때까지도 서로 냉담했지만, 어쨌든 함께 일은 하고 있었다. 당시 나는 뉴욕에, 티모시는 밀브룩에 살았다. 하루는 새벽 두 시쯤에 밀브룩에서 전화가 왔다. "티모시가 환각제를 복용했는데 밤새도록 당신을 부르고 있어요. 당신과 할 얘기가 있다고 밀브룩으로 와달라고 해요." 그를 본 지가 여섯 달쯤 되었을 때였다.

다음날, 나는 차를 빌려서 티모시를 만나러 밀브룩으로 갔다. 방에 들어가니, 티모시는 바닥에 누워 있었다. 그는 일어나서 내게로 와서 나를 포옹했다. 그리고 말했다. "리처드, 자네가 이 한 가지 사실을 알기를 바라."

"뭔데, 티모시?"

"자넨 사악하지 않아."

"그래, 고맙군. 나도 이미 알고 있어. 하지만 자네가 그렇게 말해줬던 것을 고맙게 여기고 있어. 왜냐하면 자네가 날 그 지경으로 밀어 넣어주지 않았다면, 나는 그걸 깨닫게 해준 그 모든 발버둥을 쳐볼 생각조차 안 했을 테니까 말일세."

이것은 좀 빗나가는 얘기인지는 몰라도, 이왕 환각이라는 구더기가 든 깡통을 열어놨으니 환각제에 관해서도, 그것이 어떻게 영적 여행과 맞물리는지에 대해서도, 이야기해보는 것이 좋겠다. 환각제의 사용은 대부분의 사람들이 생각하는 것보다 역사가 오래된 일이다. 『바가바드 기타』에서 크리슈나는 "나는 소마Soma다."라고 말한다. 크리슈나가 말한 '소마'는 고대의 힌두 요기들이 신비체험을 하기 위해서 사용했던 식물 추출액이다. 소마가 정확히 어떤 것이었는지는 잘 모른다. 그것에 관한 지식은 수백 년 전에 잊혀져버렸다. 그 화학성분이 어떠했든 그것은 신들의 약, 신들의 음료였다. 그것은 존재를 변성시켜 '영으로 변신시키는' 음료였다. 『리그 베다』에는 '천 개의 눈을 가진 한 방울의 수정'이라는, 소마를 찬양하는 시가 있다. 그 시는 소마를 복용한 경험을 이렇게 묘사한다.

우리는 소마를 마셨노라.
그리하여 불사의 존재가 되었노라.
우리는 빛을 얻었고

신들을 발견했노라.

60년대에 환각버섯과 LSD 연구에 관계했던 사람들도 그런 환각제들을 통해서 비슷한 체험을 했다. 그것은 우리를 영적으로 열리게 했다. 그것은 진정한 성체聖體였다. 올더스 헉슬리는 그것을 '무상으로 주어진 은총의 선물'이라고 했다.

힌두교 수행체계들은 소마와 비슷한 물질에 대한 언급을 많이 한다. 예를 들어, 파탄잘리의 아쉬탕가 요가에는 의식을 변성시키는 물질의 사용에 대한 언급이 있다. 요가 수행의 뿌리는 환각버섯이라고 생각하는 사람들도 있다. 그것은 고든 왓슨Gordon Wasson의 이론이다. 고든 왓슨은 균류학자이다. 균류학자가 되기 전에 그는 뉴욕의 모건 게런티 트러스트 회사의 부사장이었다. 그러다가 멕시코에서 테오나나카틀Teonanacatl, 곧 '신들의 살'로 알려진 신성한 버섯에 흥미를 가지게 되었다. 그것은 실로시빈 성분을 함유한 버섯 중의 한 가지로서, 사람의 의식을 변성시킬 수 있었다. 그는 테오나나카틀을 체험한 뒤 모건 게런티 회사 부사장직에서 물러났다. 그리고 세계 각지를 여행하면서 버섯과 그것의 종교적 용도를 연구했다. 그는 '버섯돌'(버섯 모양으로 깎은 돌)이 있음을 발견했고, 그것이 매우 오래된 고대 종교와 관련되어 있다는 사실을 알아냈다. 그의 이론인즉슨, 인도의 원조 요기들은 북부 산악지방의 버섯 복용자들이었는데, 그들이 인더스 계곡으로 내려오면서 그곳에 신성한 버섯이 자라지 않음을 알고는 원래 버섯이 도달할 수 있게 해주었던 것과 동일한 의식상태를 재생시키기 위한 노력으로서 그 모든 요가 수행법들을—프라나야마와 하타 요가와 라자 요가 등을—개발해냈다는 것이다.

그러한 지식이 인도에만 있었던 것도 아니다. 캘리포니아 산타 크루즈의 민속식물학자인 칼 하인리히 Carl Heinrich는 예수가 최후의 만찬에서 제자들에게 나눠주었던 '빵'이 사실은 파리버섯이라 불리는 환각버섯으로서, 중동지방의 빵과 비슷하게 생겼는데 맛이 좋고 환각 효과가 있어서 널리 알려져 있었다고 주장한다. 서양에서도 환각물질이 이용되었다. 고대 그리스인들의 제례의식에 '화학을 통한 더 나은 삶'을 위한 의식변성 방법이 포함되었다는 데는 더 이상 이견이 없어 보인다. 엘레우시스 비전의식 Eleusinian Mysteries에서는 보리균류에서 추출된 키케온 kykeon이라고 불리는 약이 사용된 것으로 보인다. 엘레우시스 의식에는 한꺼번에 3천 명쯤의 사람들이 참석했는데, 플라톤과 아리스토텔레스도 입문자들 중의 한 사람이었다.

물론, '신세계'에는 환각 선인장인 페요테 peyote가 있었다. 나는 페요테 의식에 참가해본 적이 있다. 그것은 아메리카 원주민들에게 전통으로 내려오는 아름다운 의식이다. 이 같은 의식의 가치는 환각체험을 완전히 의식화儀式化한다는 점이다. 거기에는 사회적인 형식이 있다. 그래서 어떤 사람이 긴장해서 악몽과 같은 일을 겪으면, 집단은 처치법을 가지고 있어서 그 사람을 도와줄 수 있는 것이다. 우리 모두는 하룻밤 내내 함께 지내면서, 힘든 지경에 빠진 어떤 사람을 도왔는데, 그 사람이 거기서 빠져나오지 못하면 해가 뜨지 않을 것이라고 믿었다. 새벽 4시가 되었다. 길고 추운 밤이었다. 모두 해가 뜨기를 열망하고 있었지만, 그 사람이 곤경을 돌파하고 나오기 전에는 불가능한 일이었다. 그를 돕는 일이 모든 사람의 임무가 되었고, 그 사람을 향해 쏟아지는 사랑과 관심은 엄청났다. 그것은 강력한 의식이었다.

마하라지를 처음 만난 지 얼마 지나지 않았을 때, 하루는 그가 내게 '요기 약'이라고 부르는 LSD를 어디에 두었느냐고 물었다. 그래서 나는 가방을 뒤져서 알약 통을 꺼냈다. 나는 내가 갖고 있던 세 알의 LSD를 보여주었다. 매우 많은 양인 900마이크로그램이었다. 그는 그것을 받았고, 내가 보기에 분명히 그것을 입에다 털어 넣는 것 같았다. 그러나 오후 내내 그는 평소와 다름없이 계속 이야기하고, 늘 하던 것과 똑같은 일을 했다. 아무런 특별한 일도 일어나지 않았다.

그 후 나는 미국으로 돌아와서 그 경험을 글로 쓰고, 강연할 때도 이야기했다. 하지만 마음속에서는 작은 의심이 나를 괴롭혔다. '넌 그런 생각이 안 들어? 그가 교묘한 손재주나 최면암시 같은 것으로 실제로는 약을 삼키지 않고 등 뒤로 던져버렸을지도 모르잖아. 정말 확실해? 의심이 안 든다고?' (보라, 이 생각하는 마음의 부산한 움직임을!)

그 후 내가 다시 인도로 갔을 때, 마하라지가 하루는 나를 자신의 침상으로 불러서 말했다. "저번에 네가 인도에 왔을 때 말이야, 나에게 약을 준 적이 있지?"

내가 대답했다. "예, 마하라지."

그러자 그가 물었다. "내가 그것을 먹었던가?"

"글쎄요, 그랬다고 생각합니다."

그가 물었다. "무슨 문제 있어?"

"아무것도 아닙니다."

그러자 그가 말했다. "그래, 됐어. 자오Jao, 자오!" — 가라.

다음날 아침, 마하라지가 다시 나를 침상으로 불러서 말했다. "그 약 좀더 있나?"

"예, 있습니다."

그가 말했다. "가져와, 가져오라구."

그래서 나는 가방에 든 LSD를 가져왔다. 이번에는 모두 다섯 알이었는데 그중 하나는 캡슐이 터져 있었다. 그는 안 터진 네 알을 받았다. 그것은 1,200마이크로그램의 순수한 LSD로, '엄청나게' 많은 양이었다. 그는 거의 무언극을 하듯이, 그 알약을 하나씩 하나씩 정성스럽게 혓바닥 위에 올려서 삼켰다. 그가 약을 먹었다는 것에 대해 내 마음속에 일말의 의심도 남지 않도록!

그는 네 알을 다 삼키고는 물었다. "파니Pani? (물 마셔도 돼?)"

내가 말했다. "예, 물론이죠."

그가 소리쳤다. "물, 물 좀 가져다줘."

그는 약간의 물을 마셨다. 그러고는 물었다. "이 약이 날 미치게 만들까?"

"아마도요. 원하시는 건 뭐든 하실 수 있을 겁니다." (여러분은 내가 어떤 분 앞에서 어떻게 지껄이고 있는지 똑똑히 기억해 두시기 바란다.)

그가 물었다. "얼마나 걸릴까?"

"한 시간쯤요."

그러자 그는 한 노인을 불렀다. 노인은 쇠줄이 달린 커다란 구식 회중시계를 가지고 있었다. 마하라지는 그 노인을 침상 위 자기 옆에다 붙잡아 앉혀놓고는 시계를 들여다보고 있었다. 한 편의 완벽한 코미디 장면이었다! 한 시간쯤 지나자, 마하라지는 몇 분 동안 담요를 덮어쓰고 있다가 완전히 미친 사람의 표정으로 변한 얼굴을 내밀었다. 혓바닥이 밖으로 축 늘어졌고, 눈은 사팔뜨기가 되어 있었다. 나는 가슴이 덜컥 내려앉았다. '이런 맙소사! 내가 무슨 짓을 저지른 거야? 그가 저번에는 LSD를 먹지 않았던 게 틀림없어! 그는 사람의 마음을 잘 읽으니까 내가 그 사실을 알고 있는 것을 눈치챈 거야. 그래서 이번엔 정말 먹어야겠다고 생각한 거지. 하지만 그는 그게 어떤 결과를 가져올 짓인지를 몰랐어. 그래서 이제 그는 완전히 미쳐버린 거야. 이 점잖은 노인네를 어떡하면 좋지? 내가 큰일을 저질렀어!'

이런 생각을 하고 있는데 갑자기 마하라지가 정색을 하고 나를 쳐다보더니, 웃음을 터뜨리기 시작했다. 그는 나를 놀려대며 웃고 또 웃었다. 그러고는 다시 시침을 떼고는 늘 하던 대로 사람들과 이야기하고 과일을 던져주고 하면서 예전처럼 행동하는 것이었다.

시간이 더 지난 후에 마하라지가 노인의 시계를 가리키면서 물었다. "자, 자넨 어떻게 생각하나?"

내가 대답했다. "약이 안 듣는 것 같군요."

그가 물었다. "좀더 센 것은 없나?"

"아뇨, 마하라지, 더는 없습니다."

그는 그저 어깨를 으쓱하고는 말했다. "대부분의 요기들은 그 약을 먹는 것을 두려워할 거야. 오래전에 쿨루 계곡에는 그런 것들이 알려져 있었지. 하지만 이제는 다 잊혀져버렸어. 사람들은 이제 그런 것에 대해서는 아무것도 몰라."

나중에, 내가 마하라지에게 물어보았다. "마하라지, 이런 약을 복용해도 괜찮은 것입니까?"

"분위기가 차분한 곳에서 먹는다면, 네 마음이 매우 평화롭다면, 네가 혼자 있으면서 마음이 신을 향해 있다면, 유용할 수 있지. 그리스도를 만나 절을 올릴 수도 있을 거야." (영의 임재를 경험할 수 있다는 뜻이다.)

그는 이어서 말했다. "하지만 두 시간밖에 머무를 수가 없어. 그 후에는 돌아와야 해. 그리스도에게 절을 올리는 것보다는 그리스도가 되는 게 낫잖아. 하지만 그 약은 절대 그렇게 만들어주지는 않지. 그건 궁극의 사마디가 아니야."

그러나 그것이 쓸모가 없다는 뜻은 아니었다. 마하라지는 말했다. "그런 종류의 체험은 큰 도움이 될 수 있어. 성자를 단 몇 시간 동안만 만나도 믿음이 한층 강해져. 하지만 사랑은 LSD보다 훨씬 더 강력한 약이야."

(마하라지의 인도인 제자 한 사람에게 내가 마하라지에게 LSD를 주었던 이야기를 했더니 그는 이렇게 말했다. "그건 아무것도 아닐세." 그는 몇 년 전에 한 사두가 마하라지를 찾아왔을 때의 이야기를 해주었다. 인도에서는 일부 사두들이 경건해질 목적으로 비소를 복용한다. 그들은 그것을 아주 미량으로 먹는다. 그러면 목숨에는 지장을 주지 않고 오히려 환각제와 비슷한 작용을 한다. 마음을 고양시켜 주는 것이다. 이 사두는 2년쯤 복용할 수 있는 양의 비소를 가지고 있었다. 사람을 열 명쯤 죽일 수 있는 양이었다. 마하라지가 사두에게 말했다. "비소는 어디 있느냐"

사두가 말했다. "오, 마하라지, 저는 그런 건 없습니다."

마하라지가 또 말했다. "네 비소를 내놔라!"

사두는 어쩔 수 없이 도티 속에서 통을 꺼내어 마하라지에게 건넸다. 마하라지는 통을 열어서 그것을 모두 입속으로 털어넣었다. 사람들이 모두 울고불고 난리였다…. 그런데 아무런 일도 일어나지 않았다.)

두 번째 인도 여행에서 돌아와서 내가 처음으로 LSD를 복용한 곳은 캔자스주의 살리나스였다. 분위기가 차분한 곳이었고, 나는 평화로웠다. 혼자 있었고, 내 마음은 신을 향해 있었다. 여건은 좋아 보였다.

그 세션은 완전한 B급 통속 드라마로 시작되었다. 나는 패닉 상태에 빠져 악몽 같은 환각여행을 한 것이다. 나는 벌거벗은 채로 모텔 방을 뛰쳐나가 지배인에게 달려가, '날 도와주세요, 난 죽어가고 있어요!' 하고 소리칠 뻔했다. 그러나 방문 손잡이를 잡는 순간, 내 눈앞에 장차 벌어질 장면들이 지나갔다. 내가 사무실로 달려가는 장면이 보이고, 지배인이 앉아 있는 모습이 보이고, 그의 눈에 내가 어떤 몰골로 비칠지도 보였다. 머리가 벗겨지기 시작한 중년의 남자가 벌거벗은 채 125호실에서 뛰쳐나와서는 "나 죽어요, 나 죽어요!" 하고 비명을 지르고 있다. 그러고는 경찰과 정신과 의사와 안정제 주사가 보이고, 그다음에 벌어질 모든 광경이 보였다. 그래서 나는 생각했다. '그래, 그보다는 나은 방법이 있을 거야.'

나는 문 앞에서 뒤돌아섰다. 그리고 침대에 앉아서 생각했다. '죽음을 피할 방법이 있을까?' 나는 그 답이 '노'라는 것을, 어떤 방법도 '없다'는 것을 깨달았다. '어느 누구'로 살다 보면 40년쯤 걸리겠지만, 그래도 어쨌든 나는 죽을 것이었다. 나는 정말 깨달았다. 깊이 체험했다. 죽음은 절대적으로 피할 수 없는 것임을. 내가 '누구'라고 생각하는 이상, 언젠가는 죽을 것이었다.

그래서 나는 포기했다. 마하라지에게 말했다. "그것이 일어나야 할 일이라면, 지금 일어나게 해주세요. 저는 준비됐습니다. 저는 죽고 싶어요."

나는 텔레비전 앞에 누웠다. 화면 한가운데에 마하라지의 사진을 붙여놓 있었다. 그래서 방송 화면이 마치 그의 머릿속에서 나오는 것처럼 보였다. 나는 그렇게 누워서 죽음을 기다렸다.

그러다가 나는 마하라지의 모습을 친견했다. 그는 『바가바드 기타』 11장에 묘사된 것과 정확히 똑같은 방법으로 나타났다. 방 안은 온 우주로 가득 채워졌다. 마하라지는 이 모든 존재들로 나타났다가 다시 그것들을 자신 속으로 거둬들였다. 그는 모텔 방의 침대 위에 그렇게 앉아서 계속 웃고 있었다. 우주는 그에게서 쏟아져 나왔다가 쏟아져 들어갔다.

그다음에는 텅 빈 공간이 있었다. —아무런 생각도 없는 순간이 이어졌다. 이어지고 있다는 생각도 없었다.

마음이 멈춘 틈새 순간들이 지나가고 맨 처음 떠오른 생각은, '우와! 이제 나는 원하는 대로 뭐든지 될 수 있어!'였다. 그 생각과 함께 나는 다시 환생하기 시작했다. 그러니까, 나의 카르마가 그 짧은 무념무상의 순간에 종지부를 찍게 하여 '나'가 자신을 다시금 내세우고 나선 것이다. 나는 그리스도를 친견했지만, 그리스도가 되지는 못했던 것이다.

사실이다. 하지만… 돌아왔을 때, 나는 이전보다 더 자유로워져 있었다.

환각체험은 우리 문화계에서 꽤 오랫동안 중요한 화두가 되어왔다. 우리 중에는 환각체험을 통해서 인생 여행의 중요한 전환점을 경험한 이들이 많기 때문에, 그것을 평가하는 데 있어서 나는 이 점이 진지하게 반영되어야 한다고 생각한다. 환각체험은 나 자신의 깨어나는 과정에서도 중요한 역할을 해주었고, 그래서 나는 그것에 영적으로 합당한 대우를 해주고 싶다.

자, 다시 티모시와 나의 이야기로 돌아가자. 알다시피, 나는 나 자신의 느낌을 다른 방식으로 보기 시작했다. 나는 티모시가 나에게 부정적 감정을 투사하여 내 속에 일으켜놓은 모든 느낌들로 시달렸지만, 그것들은 결국 서서히 서서히 나를 위한 가르침이 되었다. 그리고 그것은 인격(개인성)의 게임을 송두리째 바꿔놓았다. 그 시점에서는, 그 문제가 나를 좌절시키는 것이 아니라 오히려 해방시키는 도구가 되었다.

그것이 반전이다. 우리들 감정의 게임을 반전시키는 방식이 바로 그것이다. 우리를 붙들어 매는 분노나 좌절이나 권태나 외로움 등, 그 모든 감정적 상태를 다룰 수 있는 기술이 있다. 그것을 밀어내려고 안간힘을 쓰거나, 그것으로 신에게 화풀이하는 대신, 그것을 맞아들이고 그것이 가져오는 가르침에 대해 감사하고 음미하는 것이다. 이렇게 상황을 뒤집어버리면, 우리는 거기에서 해방될 수 있다.

'분노'를 예로 들어보자. 누가 내 심기를 건드리면, 나는 정말 불같이 광분한다! 그런데 아드레날린이 뿜어져 나오면서 내 상표인 '광분'에 불이 붙을 찰나! 문득 거기에 그 상황의 우주적 유머가 슬쩍 끼어든다. "또 걸려들었어!" 하는 마하라지의 목소리가 들리는 것이다. 누군가 우리의 기대를 어그러뜨릴 때, 만사는 이래야 된다고 '생각하는' 우리의 모델이 일그러질 때, 우리는 화가 난다. 그리고 이 게임에서 우리의 전략은, 우리가 이런저런 모델에 '매달리게' 되는 바로 그런 곳들을 잡아내는 것이다. 그러니 주변 사람들이 따라다니면서 우리를 일깨워주는 역할을 해준다면, 그 이상 무엇을 더 바랄 수 있겠는가? 그들이 우리를 화나게 해줄 수 있다면, 얼마나 고마운 일인가? 그것이야말로 자비행이 아닌가? 그들로서야 '의식적으로' 자비행을 하는 것은 아니겠지만, 그래도 우리 입장에서는 자비의 행위인 것이다. "당신이 제 속의 벌레를 잡아내 주셨습니다. 감사합니다."

자, 여기서 문제는, 소소한 마음 씀씀이가 이어지는 가운데 개인성에 갇혀서 분노하는 순간부터 '아이쿠, 또 걸려들었네!' 하고 지켜보는 자의 수준에 이르기까지 시간이 얼마나 걸리느냐이다. 수행을 통해 우리는 이 과정을 단축시키고 있는 것이다. 우리는 자신들의 반응을 통해 카르마를 또 만들어놓기 전에 가능한 한 신속히 깨어나는 법을 배우고 있는 중이다.

(분노라는 주제에 관한 작은 우스개 여담: 뉴욕에 사는 내 친구가 편지에다 이렇게 써 보냈다. '이스트사이드의 중심가에서 한 여자가 차창 밖으로 머리를 내밀고 주먹을 휘두르면서 자신의 차를 추월한 트럭 운전수에게 화를 내는 것을 봤다네. 그녀는 분노에 차서 적당한 말을 찾으려고 애를 쓰고 있었어. 그러더니 마침내 소리를 지르더군. "너… 너… 너… 이 별나게 희한한… 신의 화신아!"')

그러니 우리는 비하감도, 분노도, 모두 수행을 위한 재료로 써먹을 수 있다. 외로움은 어떨까? 많은 사람들에게 친숙한 방법이 하나 있다. 외로움을 엄격하게 치료적인 관점에서 보자면, 우리는 다른 사람들과 접촉하지 않는 (정신역학적으로) 심리적 공간 속으로 들어가게 될 때 '외로움'이라 불리는 무언가를 느낀다고 말할 수 있다. 외로움을 이런 식으로 표현하는 것 자체가 벌써 그 외로움의 맛을 떨어뜨리지 않는가? 완전히 객관적인 입장에서 바라보는 것 자체가 우리에 대한 그것의 지배력을 약화시켜 놓는다.

외로움은 사람들이 곧잘 벌이는 통속극의 일부다. 당신이 방 안에 혼자 있다고 하자. 모두가 당신을 떠나버렸다. 아무도 당신을 걱정해주지 않는다. 당신은 사랑받지 못한다는 생각과 자기연민에 빠져 있다. 영적인 입장에서, 당신이라면 이 모든 것을 어떻게 대하겠는가? 당신이 명상과 같은 자기중심을 잡아주는 수행법에 익숙해 있다면, 상황을 통제하기가 어렵지 않을 것이다. 그리고 마음이 좀 가라앉으면, 내면에서 이렇게 속삭이는 우주적 유머의 목소리를 듣기 시작할 것이다. '우와, 저 자기연민을 좀 보게나. 칼로 댕강 잘라버려.' 그러니까, 찾으려고만 하면 그것은 바로 거기에 있다. 외로움과 함께 있는 당신 안의 감식가는 그 진수를 맛보면서, 그 고난의 매운맛을 음미한다. 외로움은 언제나 당신의 다른 부분으로서 거기에 있다.

이런 식의 관점에서 외로움을 다루기 시작하면, 그 개념도 전환되기 시작한다. 예를 들면, 우리는 '홀로 있음'과 '외롭게 있음'이 다르다는 사실을 발견한다. 영적 여행에서는 정말로 철저히 혼자임을 경험하게 되는 때가 있다. 우리는 결국 모두가 혼자임이 분명해지기 때문이다. 영적 수행의 새내기 과정에서, 우리는 때로 자신이 완전한 외톨이임을 불현듯 실감하는 순간들을 맞는다. 그런 경험을 할 때, 늘 해오던 식으로 구태의연하게 대처하면, 우리 안에서는 해묵은 감정적 반응만 일어나게 된다. 그리고 일종의 반사적인 움츠림을 야기하게 되는 경우가 많다. '완전 외톨이'라는 것은 우리가 자기라고 생각하는 그에게 아주 끔찍한 일이기 때문이다. 그 두려움의 주위에 약간의 여유 공간을 만들어줄 수 있는 수행법, 긴장을 약간 늦추고 잘 살펴볼 수 있게 하는 수행법을 알고 있다면, 우리는 그것이 전혀 다른 종류의, '외로움'이 발 붙일 수 없는 '홀로 있음'임을 깨닫게 된다. 우리는 외롭지 않다. 곁에 누군가가 있어서 외롭지 않은 것이 아니라, 거기에 아무도 없기 때문에, 우리 자신조차 없기 때문에 그렇다.

이 책을 읽는 많은 분들이 저마다 곤경을 겪고 있을 것이다. 우리는 자신을 정의할 때 사용하도록 훈련받은 개인 간의 차이에 대한 감정 섞인 모델에 근거하여, 자신의 정체성과 세상을 살아가는 방식에 관련하여 에고의 아성을 쌓아왔다. 그런데 이제 우리는 그런 구닥다리 사고방식과는 전혀 맞지 않는, 자신과 타인과 세계에 대한 새로운 인식과 영역을 경험하고 있다. 이 둘을 어떻게 조화시킬 것인가? 그 모든 이치를 어떻게 이해해야 할까? 어떻게 대응해야 할까?

작은 게임을 해보자. 우리의 인식의 장場이, 순간 순간 경험하는 모든 것이, 텔레비전 수상기와도 같아서 채널을 돌리기만 하면 자신의 현실을 바꿀 수 있다고 가정해보자. 1번 채널에 맞췄을 때, 어떤 사람을 본다면 우리는 습관적으로 보아왔던 방식으로 그를 바라본다. 다시 말하면, 우리는 그를 우리 자신의 욕망 시스템에 기반하여 바라본다. 앞에서도 말했듯이, 당신이 성적으로 흥분해 있다면 누가 적당한 상대인지, 누가 그 경쟁자인지, 누가 무관한 대상인지를 살피는 식이다. 이것이 우주를 나눠 놓는 우리의 방식이다. 만일 당신이 제3차크라에 중심을 둔 권력지향적인 성취자라면, 당신은 모든 사람을 힘과 통제의 영역에다 놓고 볼 것이다.

당신은 누가 만만하고 누가 나를 위협하는 상대인지, 힘의 위계구조 속에서 누가 어느 위치를 차지하고 있는지를 살핀다. 만일 당신이 운동선수라면, 당신은 사람들의 몸매를 살핀다. 당신이 자신의 피부색에 관심을 가지고 있다면, 당신은 거기에 주의를 기울인다. 이런 모든 것들이 1번 채널에 있다.

이제 채널을 한 칸만 돌려보자. 우리는 이제 사람들을 조금 더 깊이 들여다본다. 이제 우리 눈에 띄기 시작하는 것은 그들의 개성이다. 저 사람은 쾌활하고, 저 사람은 정말 무뚝뚝하고, 또 저 사람은 침울하다. 자신의 개성을 영위하는 차원에 몰두해 있는 사람은 다른 사람들도 같은 차원에서 바라보는 경향이 있다. '저 사람은 나에게 친절했어. 저 여자는 좋은 사람이야. 어머니 같아.' 그것들은 심리적인 변수들로서, 우리가 자신 속의 그런 것들에 주목하면, 다른 사람들에게서도 심리적인 측면들을 찾아내려고 한다.

채널을 한 칸 더 돌리면, 우리는 아스트랄 차원으로 들어간다. 이곳은 우리의 자신에 대한 인식과 상호 간의 인식이 신비적인 스토리 라인과 연결되는 곳이다. 예를 들면, 각자의 점성학적 유형과 같은 것들이다. 그런 분류에 따르면, 세상에는 열두 가지의 분류법밖에 존재하지 않게 되어서, 우리는 모든 사람을 사자자리나 천칭자리, 처녀자리 등으로 바라보게 된다. 어떤 사람을 만날 때, 우리가 만나는 것은 별자리다. "흠, 여기 이 사람은 염소자리가 틀림없군." 그러면 그 사람은 이렇게 말할지도 모른다. "난 염소가 아니라, 프레드예요, 프레드!" 그러면 우리는 이렇게 말한다. "글쎄, 그건 당신이 생각하는 방식이고, 사실을 말하자면 당신은 염소자리요." 그 차원에서는 그것이 현실이다.

3번 채널 너머의 쇼에 맛을 들이기 시작하여, 이 물질 차원 뒤에는 온갖 다른 차원들이 있고 거기에서도 자신이 어떤 정체성을 지니고 존재한다는 사실을 깨달으면, 온갖 새로운 가능성들에 매혹되기 쉽다. 그것들은 모두 이 물질 차원보다 많은 샥티(창조 에너지)와 연결되어 있어서, 우리가 그중 한 차원에 들어가게 되면, 우리는 물질 차원보다 훨씬 더 생생하고 현실적으로 느껴지는 그 속으로 금방 빨려들게 된다. 다른 채널들에서 자신의 새로운 정체성들을 발견하는 순간, 우리는 자신에 대한 낭만적인 이미지를 투영시켜 당장 그 새로운 자아를 주인공으로 하는 무대에 올리려 드는 경향이 있다. 그래서 물질 차원의 자아와는 결별한다. "흠, 난 이제 더 이상 마이클이 아니야." 그리고 이렇게 갖다 붙인다. "실은, 나는 메시아야." 우리 중 많은 사람들이 다양한 방법을 통해 TV 채널을 돌려 다른 차원으로 갔다. 그리고 자신의 새로운 정체성에 매혹됐다. 우리는 옷을 바꿔 입었다. 새로운 옷을 입는 것이 재미있을지는 모르지만, 우리는 이전과 마찬가지로 서로 간의 차이에 마음이 사로잡혀 있다. 하지만 게임의 목적은 자기가 맡을 신나는 새로운 역할을 만들어내는 데 있는 것이 아니다. 오직 그 모든 것을 버리고, 버리고, 또 버리는 데에 있다.

채널 1—육체적 자아; 채널 2—감정적 자아; 채널 3—아스트랄 자아.

여기서 채널을 한 칸 더 돌리면, 영혼의 차원이라고 부를 수 있는 것이 나온다. 이제 다른 사람들을 볼 때 우리가 발견하는 것은, 자신을 마주 보고 있는 또 하나의 영혼이다. 우리는 타인의 눈을 들여다보고 거기서 우리와 비슷한 또 하나의 존재를 발견한다. "너 거기 있니? 난 여기 있어! 와, 멋지다!" 육신과 인격과 별자리 등 개인의 모든 차이를 담고 있는 포장지는 여전히 거기에 있다. 여전히 '나'로부터 분리된 누군가가 거기에 있지만, 이제 서로 간의 차이는 하나의 막, 속알맹이를 싸고 있는 포장지처럼 보인다. 우리는 두 존재로서 여기에 있다. 각자의 특색을 가지고. 그러나 우리는 영락없이 서로 닮아 있기도 하다.

우리는 부모, 혹은 자식과 관계를 맺는다. 우리는 오랜 세월 그들을 그나 그녀의 역할만으로 대한다. "이분은 내 엄마야." "저분은 내 아버지." "얘는 내 아들." "얘는 내 딸이야." "저건 내 막내둥이 메리 제인이지. 인사해, 우리 메리 제인." 이제 채널을 한 칸 돌리고서, 메리 제인을 바라본다. 갑자기 거기에는, 메리 제인 안에는 메리 제인이 아닌 다른 존재가 있다. 그건 메리 제인이 아니다. 그것은 영혼, 그녀의 또 다른 부분이다. 그것은 이렇게 말을 건다. "나 여기 있어. 난 너와 똑 닮았어."

우리는 네 가지 채널에 대해 이야기했다. 현실에 대한 네 가지 다른 방식의 경험이다. 효율을 위해서, 그래서 몽유병자처럼 삶을 통과해 가도록, 우리는 대개 자신의 지각을 채널 1번, 혹은 채널 1번과 2번에만 고정시켜둔다. 한술 더 떠서, 어떤 차이가 있든 각자의 차이란 변하지 않는 것이어서, 모든 사람을 과거나 지금이나 똑같은 사람으로 대해도 된다고 생각한다. 당신이 어제 메리 제인이었다면, 나는 오늘도 당신이 메리 제인일 것이라고 생각할 것이다. 나는 당신을 당신의 과거에 근거해서 대할 것이라는 말이다. 내가 당신을 얼간이로 분류했다면, 앞으로도 변함없이 당신을 얼간이로 대할 것이다. 왜냐하면 당신이 어제 얼간이였다면 오늘도 얼간이일 가능성이 너무나 다분하기 때문이다. 이것이 '사회적 관계의 효율성'이라는 것이다.

하지만 내가 다른 사람을 만났을 때 서로 간의 차이에 주목하지 않고, 지난번에 만났을 때의 인상에 의존하지 않고, 그 모든 것을 넘어, 그/그녀를 영혼으로 바라본다면, 나와 똑같은 또 하나의 존재로 바라본다면, 어떻게 될까? 그러면 매 순간은 새로운 순간이 될 것이다. 그리고 우리는 만날 때마다 전혀 다른 놀이를 할 수 있을 것이다. 매사가 한층 더 흥미로워진다. "이번에 넌 누구니?"

3번과 4번 채널에서 세상을 들여다볼 수도 있다는 사실을 깨닫고 나면, 우리는 의식적으로 다른 사람들과 어울려 그 차원에서 시간을 보내기 시작한다. 우리는 다른 사람들이 거기에 오도록 강요하지 않는다. 그것은 그들에게 달려 있다. 이곳은 단지 우리가 우리의 '내면에서' 기르기 시작한 관점이다. 우리는 다른 사람들을 동료 영혼으로 생각한다. 그에게 무언가 '말을 해야만 하는' 것은 아니다. 그냥 우리로서 있으면 된다. 하지만 그런 관점에서 자신과 타인을 바라보다 보면, 우리는 상대방이 원하기만 하면 마음대로 서로 합류할 수 있는 공간을 만들어내게 된다. 우리는 만나는 모든 존재들이 마음 놓고 성장할 수 있는 환경이 되어줄 수 있다. 그리고 그런 관점에서, 그런 일이 모든 인간관계에서 언제나 가능하다는 인식이 싹트게 된다.

예컨대 나와 아버지의 관계를 보자. 내 아버지는 자신이 내 아버지라는 생각에 싸여 있었다. 그는 물론 자신이 누구인지를 알고 있었다! 그는 자신의 모든 정체성을 확실히 꿰고 있었다. 그는 공화당 지지자이고, 가족을 사랑하는 사람이며, 이런저런 물건들을 소유하고 있는 사람이었다. 그리고 그와 내가 함께 있을 때, 그는 무엇보다도 내 아버지였다. 그것은 내가 그의 아들이 되어야만 함을 뜻했다. 하지만 나의 관점에서 보면, 그는 그저 또 하나의 존재였다. 이번 생에 내가 그의 아들인 몸으로 태어나 그가 나의 아버지가 되었을 뿐, 그는 모든 존재들 중 한 존재였다.

우리가 부자 관계를 맺게 된 것은 우리의 카르마 때문이었다. 우리는 서로가 상대방의 업보라고 볼 수도 있다. 그러나 그 모든 것의 배경에 있는 것은, "너 거기 있니? 난 여기 있어, 굉장하군!"이었다.

그것이 내가 있는 자리에서 바라본 모습이었다. 그렇지만 내가 날마다 그에게 "당신 거기 있어요?" 하고 말했다면, 그는 이렇게 대꾸했을 것이다. "또 그 얼간이 같은 소리로구나." 게다가 나의 관점을 누구에게 주입시키려고 애쓰는 것은 내 일이 아니다. 『기타』 3장은 이렇게 말한다. "지혜로운 자여, 자기 일에 열심을 부리는 지혜롭지 못한 자의 마음을 훼방하지 말라. 그가 몸바쳐 일하게 하고 좋은 일을 하고 있다는 기쁨을 느끼도록 내버려두라. 자연의 힘에 속아 지배받는 자들은 그 힘의 작용에 매여 있도록 내버려두라. 이것을 보는 자여, 보지 못하는 자들을 방해하지 말라."

그러니 나의 일은 아버지에게 "보세요, 당신은 사실 제 아버지가 아니에요." 하고 말하는 것이 아니었다. 그는 나의 출생증명서를 가지고 있었고, 그것이 그의 현실이었다. 나의 역할은 '내 인식의 영역 안에서' 우리의 관계에 또 하나의 다른 차원을 더하는 것뿐이었다. 나는 그를 내 아버지로 보았지만, '동시에' 나와 같은 또 하나의 영혼으로 바라보았다. 하지만 그 영혼은 그의 생애와 관련된 생각들과 완전히 동화되어 있는 그런 인생이었다. 그는 그것들에 너무나 동화되어 있어서, 그의 관점에서 볼 때는 그런 생각들이 조금도 틀림없는 현실이었다. 그건 좋다. 나의 관점이 어떤지 그에게 말해줄 필요는 없다. 우리는 함께 앉아서 부자간의 대화를 나눈다. 그러는 한편, 나는 늘 나만의 만트라를 외운다. 나는 부자간의 대화를 나누면서도 동시에, 우리가 그저 두 영혼으로서 함께 춤을 추고 있는 그 내면의 장소에 앉아 있다.

물론 내가 덧붙인 차원은 단지 하나의 차원일 뿐이다. 그것은 아버지가 존재하는 차원보다 더 낫지도 않고 못하지도 않다. 하지만 최소한 그것은 하나의 대안을 제공했다. 내 마음은 하나의 장소를 만들어내고 있었다. 그곳에서는 그가 원하기만 한다면 얼마든지 자신의 역할의 한정된 조건, 아버지로 하여금 그것만이 자신의 역할이라고 생각하게 만드는 그 조건을 버릴 수 있었다.

그 공간 안에서 이따금씩 일어나는 일은 정말 멋졌다. 한동안 부자간의 대화를 나누다가 이야깃거리가 떨어지면, 우리는 말없이 함께 앉아 있었다. 자기 역할에 사로잡혀 있다가 역할거리가 떨어지면, 대사가 떨어지면, 사람들은 안절부절하지 못한다. 하지만 아버지와 내가 그렇게 되었을 때 우리는 그저 침묵 속에서 함께 앉아 있었고, 우리는 이내 명상 속에 함께 앉아 있는 듯이 느꼈다. 우리는 말을 잊고 그저 거기에 함께 있곤 했다.

3번 채널과 그 이상의 채널에서 작동할 때, 우리는 자동적으로 사람을 대하는 방식을 바꾸기 시작한다. 타인을 대하는 방식에 공정함, 공평무사함 같은 것이 생기기 시작하는 것이다. 어떤 사람과의 관계가 어떻든, 거기에는 동일한 보편적 룰이 적용된다. 우리의 부모든 자식이든 적이든 친구든 상관이 없어진다. 우리는 그들을 모두 똑같은 방식으로 대하기 시작한다. 모든 사람이 '헨리 아저씨'가 된다. 모든 사람을 대함에 있어서 우리는 그 모두가 여러 몸으로 분신하여 놀이를 즐기는 신임을, 모든 존재가 하나의 화신化身임을 인식한다. 『기타』는 이렇게 말한다. "적과 아군에 대한 사랑이 동등한 자, 명예와 불명예 앞에서 영혼이 초연한 자, 비난과 칭송 앞에서 이리저리 흔들리지 않는 자, 이 세상에 집을 두지 않은 자, 그리고 사랑을 지닌 자, 이 사람이 내가 사랑하는 이다."

3번이나 4번 채널에서 타인들을 바라볼 때, 우리는 그들을 심판하거나 비난하지 않는다. 우리는 그들 각각의 존재의 완벽함을 알아보고, 사람들에게 온갖 판단을 갖다붙이기를 그친다. '넌 이래야 해.' '넌 저래야 해.' '당신이 좋은 아버지라면 이렇게 할 텐데….' '우리 애는 OOO가 될 거야.' '내 환자는 OOO하게 될 거야.' '능력 있는 직원이라면 절대로 … 않을 거야.' 이 모든 심판과 기대의 목소리들이 들리는가? '내 남편은 OOO해야 한다고 생각해.' '나는 아내란 모름지기 OOO하기를 바란다.' 이보다 더 인간관계를 갉아먹는 짓이 어디 있겠는가?

숲에서 나무를 바라보면서 "저 참나무가 느릅나무였으면 좋겠네."라고 말할 사람은 없다. 어째서인지는 몰라도, 우리는 나무를 저마다 제 생긴 그대로 놔둔다. 각각의 나무가 그저 생긴 그대로 완전함을 인정한다. 하지만 사람의 경우에는 달라진다. 사람들은 나를 두고 이런저런 사람이어야 한다고 마음대로 생각하고, 내가 그런 기대에서 어긋나면, 만사가 엉망진창이 된다! 우리는 죽치고 앉아서 모든 사람에 대해 이의를 달고 온갖 판결을 내린다.

우리의 이런 심판은 문제에 부딪힌다. 사실, 모든 사람은 언제나 자신이 할 수 있는 최선을 다하고 있다는 것. 마하라지는 늘 이렇게 말했다. "람 다스, 만사가 완벽한 것이 보이지 않나?" 모든 사람이 '있는 그대로' 완벽하다. 모든 구나들이 씨줄과 날줄처럼 엮이고 상호작용하여 우주를 자아낸다. 또한 각 개인들 속에서 그 씨줄과 날줄들은 고유의 독특한 방식으로 엮여서, 불안정성의 또 다른 완벽한 표현물을 만들어낸다. 그리하여 한 사람이 당신에게로 온다. 그녀는 혼란해하고, 불안해하고, 화를 낸다. 당신은 그 속에서 완전함을 본다. 당신은 말한다. "멋지다! 저건 화난 인간의 모습을 한 신이로군. 그대, 희한하기 짝이 없는 신의 화현이시여!" 그대는 모든 화신들에게 그들이 표현할 필요가 있는 것을 적확하게 표현하도록 공간을 내어준다.

우리가 그런 차원들에서도 존재함을 기억해내기 시작할 때는, 우리와 같은 게임에 열중하는 다른 사람들과 함께 지내는 것이 도움이 된다. 우리와 마찬가지로 깨어나고 있고 자신을 닦아가고 있는 사람들과 어울려 노는 일은 재미있다. 그런 사람들을 우리는 사트상satsang, 상가sangha, 혹은 도반道伴이라고 부르는데, 이것은 영적 여행에서 매우 중요하므로 불교에서는 '삼보三寶' 중의 하나로 꼽고 이렇게 맹세한다. '부처님께 귀의합니다, 불법에 귀의합니다, 승가僧家(상가sangha의 한역)에 귀의합니다.'

사트상이 중요한 것은 그것이 우리로 하여금 1, 2번 채널에 빠진 채 허우적거리지 않도록 지켜주기 때문이다. 도반들과 함께 있을 때는 내가 '이그…!' 하면 상대방도 '이그…!' 할 수 있지만, 그 찰나에 우리는 양쪽 다 이렇게 생각한다. '볼만하군! 이 사람 좀 봐' 이것이 도반들과 어울리는 재미다. 우리는 모두가 같은 여행길을 가고 있으며, 사실은 서로를 깨워주기 위해 이곳에 존재하는 것이라는 말도 있다. 우리는 아직도 이 '감쪽같은'

인생 드라마 속으로 깜빡깜빡 빠져들곤 하지만, 그럼에도 그 배후에는 우주적인 놀이가 숨겨져 있음을 알고 있다.

우리는 시공간에 근거를 두고 있지 않은, 영혼의 만남인 사트상을 가질 수 있다. 우리는 대인관계를 시공간이라는 차원 속에만 한정하여 생각하는 습관에 젖은 나머지, 신물이 났음에도 불구하고 낡은 드라마 속으로 자꾸만 빠져들어 가곤 한다. 누군가가 우리 곁을 떠난다고 하자. 그가 멀리 떠나간다. 그러면 우리는 한바탕 소설을 쓴다. '안녕! 보고 싶을 거야!! 네가 떠난다니 끔찍해!' 그리고 우리는 정말 그 모든 감상 속으로 깊숙이 빠져든다. 하지만 몇 분 후에는 그 소설을 완전히 잊어버리고, 지금 하고 있는 일에 몰두한다. 그리고 그 사람을 다시 만나면, 그것이 마치 엊그저께의 일이었던 것처럼 느낀다.

어느 날 밤, 나는 텍사스주에 사는 한 친구에게 전화했다. 그를 마지막으로 본 것은 12년 전쯤이었다. 그때 나는 그의 아내를 함께 만났었다. 우리는 전화로 과거 이야기를 나누다가 2분쯤 후에 지금 여기로 돌아왔다. 12년이란 세월이 쏜살처럼 훌쩍 지나갔다. 하지만 친구는 계속 이렇게 말하는 것이었다. "널 다시 만나서 같이 놀 수 있으면 참 좋겠는데." 나는 생각했다. '놀 수 있으면 좋겠다고? 우리가 지금 뭘 하고 있다고 생각하는 거야? 지금 여기, 이렇게 함께 있잖아!' 당신은 우리의 몸뚱이가 —이 크고 괴상한, 노쇠해가는 몸이— 서로 만나서 끌어안는 것이 지금 전화로 이야기를 나누고 있는 것보다 어떻게든 더 '진짜'라고 생각한단 말인가? (그 상황에서 전화는 또 뭐람? 전화가 진짜로 필요했을까? 그도 여기 있고, 나도 여기 있다, 그러니까…)

나는 사람들에게 말한다. "다시는 내가 그리워할 수 있는 사람이 없다."

왜냐하면 아무도 다시는 나에게서 떠나갈 수가 없기 때문이다. 알겠는가? 나는 더 이상 물질적 시공간 차원에서만 살고 있지 않다. 1, 2번 채널에 매여 있는 상태에서 벗어나면, 우리의 오고 감이 예전에 우리가 생각했던 그런 식이 결코 아님을 깨닫게 된다. 이 세상을 3번 채널 이상의 차원에서 경험하면, 다시는 외로워질 수가 없다. 외롭다는 것은 가능한 이야기가 아니다. 혼자가 되려고 어디로 '갈' 수가 있단 말인가? 내가 마하라지로부터 무슨 수로 떠날 수 있단 말인가? '그의' 여행이 무엇을 위한 것인지는 이미 말했다. 당신은 내가 욕실에 들어가서 문을 닫아건다고 해서 혼자가 될 수 있다고 생각하는가? 어리석기 짝이 없는 생각이다.

모두가 한 생각 차이다. 살아 있는 영, 의식들의 공동체, 내면의 구루—당신이 뭐라고 부르고 싶어 하든, 그것은 모두가 한 생각 차이다. 한 생각! 당신이 외로움을 타느라 바쁘다면, 할 일은 앉아서 명상하는 것밖에 없다. 한 생각만 건너면, 외로움은 존재하지 않는다! 자신이 분리되어 있다는 '생각'—외로워하는 그것—을 내려놓는 순간, 우리는 다시 지금 여기에 와 있다. 그리고 '다시 돌아온 지금 여기'에는, 나와 똑같은 다른 존재들이 있다. 또한 우리는 하나밖에 없다. 왜냐하면 4번 채널—'너 여기 있니? 나도 여기 있어!'—또한 마지막 채널이 아닌 것이 확실하기 때문이다. 거기서 더 가보고 싶다면, 그래서 채널을 한 번 더 돌리면, '다른 사람'을 바라보다가 그것이 다름 아닌 자기 자신임을 깨닫게 될 것이다. 모든 형체들, 모든 분리성은 잠시 지나가는 쇼일 뿐이다. 모든 감정, 모든 인간관계가 한갓 환영일 뿐이다. 몸, 인격, 별자리, 영혼— 이 모든 것이 단지 자신이 자신을 껴안고 추는 춤사위이다. 스스로 자신을 분리된 존재라고 상상함으로써 일어나는 춤인 것이다.

10
죽음

대부분의 사람들은 죽음이라는 주제를 피해가고 싶어 하는 것 같다. 『기타』는 말한다.

> "몸속에 깃든 자,
> 유아기와 청년기와 노년기를 거쳐
> 또다른 몸으로 옮겨간다….
> 태어난 자에게 죽음은 필연적인 것,
> 죽은 자에게 탄생 또한 필연적인 것이니,
> 피할 수 없는 것을 두고 애달파하지 말지라."

이것이 『기타』가 천명하는 기본 입장이다. 하지만 사람들은 수십 년 『기타』를 읽으면서도 여전히 죽음을 슬퍼하고 끔찍이도 두려워한다. 우리는 대부분 죽음에 대한 생각을 멀리 떼놓으려고 무진 애를 쓴다. ― 자신의 죽음에 대해서는 특히 더. 왜냐하면 대부분의 인간들, 대부분의 존재들에게는 자신에게 가장 익숙한 그 실체를 상실한다는 것이야말로 가장 끔찍한 생각이기 때문이다. 우리의 가장 뿌리 깊은 두려움과 불안은 생존에 관한 것이어서 학문적, 추상적으로는 아무렇지 않게 죽음을 이야기하다가도, 그것을 개인적이고 친밀한 화제로 삼는 일은 별로 반기지 않는다. 죽음을 실제로 느끼게 되는 수준까지는 그 문제를 우리 안에 들여놓고 싶어 하지 않는 것이다.

그러니 이 문제를 우리 각자의 것으로 만들기 위해서, 즉 그것을 눈앞으로 가져와서 실감해보기 위해서, 죽음에 대한 나의 인식이 바뀌게 된 몇 가지 개인적인 경험을 이야기하고자 한다. 이 경험들은 내가 1960년대에 가졌던 믿음 상태로부터 나를 지금의 상태로 데려다 놓았다. 그냥 그 이야기들을 그대로 털어놓겠다. 내 인식을 바꿔놓은 것이 바로 그 경험들이었으니까.

심리학자였던 시절, 나는 인격과 육신이 '진짜'라고 보는 관점에 상당히 집착해 있었다. 그리고 그 당시의 나에게는 그것만이 진짜일 뿐만 아니라 '유일한' 현실이었다. 사람이 죽으면 죽은 것이고, 그러니 죽으면 그만이라고 믿었다. 죽음에 대해서 할 수 있는 일은 아무것도 없으므로, 죽음을 무시해버리고 살아 있는 동안 삶을 즐기는 수밖에 없었다. 당시의 내 생각에 삶이라는 게임의 목표는 매 순간을 최대한 행복하게 사는 것이었다. 죽음은 행복과는 별로 상관없는 것이 확실해 보였으므로, 죽음이란 주제는 피해가거나 부인하는 것이 최선의 방책이었다. (물론 당시의 심리학자들은 '부인한다'는 표현은 쓰지 않고 '현실적으로 대처한다'고 했을 것이다.)

그러다가 나는 환각제를 복용하기 시작했다. 알고 보니 그것은 나에게 죽음에 대해 가르쳐준 진정한 스승이었다. 환각의 세계를 탐사하던 중에 내가 평소에 알고 있던 그런 존재로서의 나 자신이 사라져버렸다가 잠시 후에 다시 평소의 의식으로 돌아오는 경험을 여러 번 했다. 심리학적으로 말하자면 나는 죽었다가 다시 태어났고, 그런 체험들이 나와 죽음의 관계를 매우 의미심장하게 바꿔놓았다.

그런 죽음과 재탄생 체험들 중의 하나로서 모텔에서 체험한 이야기를 앞에서 소개했다. 또 하나의 체험은 내가 실로시빈을 처음 복용해 보았을 때의 일이다. 앞서 말했듯이, 나는 티모시의 집에서 환각버섯을 복용했다. 그 환각여행 중에 나는 어두침침한 거실에 혼자 앉아 있었다. 그러다가 문득 거실을 가로질러 2~3미터 앞에 한 사람이 서 있는 것을 발견했는데, 그것은 놀랍게도 '나 자신'이었다. 그 '나'는 박사 가운에 사각모를 쓰고 서 있었다. 나는 '우와, 저건 리처드 앨퍼트 교수님이잖아.' 하고 생각했다. 거기서부터 그는 나의 다양한 사회적 신분들을 하나씩 바꿔가며 보여주었다. 교수, 비행기 조종사, 첼리스트, 연인, 성취자 등으로 연이어 내 모습이 나타났다. 조종사 헬멧과 안경을 쓴 리처드, 턱시도를 입고 첼로를 연주하는 리처드 등…. 마치 의상발표회 같았다. 나는 각각의 역할을 하는 나를 그냥 지나가게 했다. 그러다 마침내 방 저쪽에서 내가 본 것은 어릴 때의 리처드였다. 내 부모님은 이 존재에게 처음으로 온갖 꼬리표를 달아주기 시작했다. 쟨 착한 애야, 아니, 쟨 나쁜 애야… 등등으로 이름표를 붙였다. 그다음에 거기 서 있었던 것은 '리처드의 속 알맹이'였다. 그를 보자 나는 약간 불안해졌다. 나는 생각했다. '이것마저 지나가게 하면 나는 기억을 잃어버리지 않을까?' 하지만 나는 자신을 다독거렸다. '난 아직 내 몸을 가지고 있으니까, 괜찮을 거야.'

그러나 그것은 성급한 결론이었음이 밝혀졌다. 왜냐하면 내가 앉아 있던 소파를 내려다보았을 때, 내 눈에는 텅 빈 소파밖에 보이지 않았기 때문이다! 소파 위에는 아무도 앉아 있지 않았던 것이다.

내가 받은 심리학 교육은 이런 순간에 대해 미리 어떤 경고도 해주지 않았다. 나는 혼비백산해서 티모시를 소리쳐 부르려고 하다가 문득 유대인의 장난기가 돌아와서 이런 생각을 떠올렸다. '가만, 그런데 이 가게 주인은 누구지? 그러니까, 소리치려고 하는 자는 누구지?' 만약 내 몸을 포함하여 내가 나라고 생각했던 모든 것이 '없다면', 이렇게 남아서 소리 지르려는 자는 대체 누구란 말인가? '그자'는 누구인가? 그러자 갑자기 모든 불안감이 사라져버렸다. 썰물처럼 빠져나가 버렸다. 내 안에 있는 새로운 존재를 만난 듯한 느낌이었다. 그 존재는, 내가 지금까지 나라고 여겨왔던 그와는 아무 상관이 없었다.

이 경험을 통해서 '내가 지금껏 나라고 여겨왔던 그'는 더 이상 나를 겁에 질리게 하지 못하고 힘을 잃기 시작했다. 하버드 대학교가 나를 쫓아내어 교수직을 잃었을 때도 나 자신을 잃었다는 느낌은 전혀 들지 않았다. 나는 그저 교수 신분을 잃었을 뿐이다. 대머리가 되었을 때도, '내 머리가 빠지고 있어!' 이런 식이 아니라 '머리카락이 떠나가고 있네!' 하는 식이었다. 나의 정체성은 내 육신과 인격, 사회적 신분과는 점점 더 관계가 멀어져 가기 시작했다.

죽어가는 과정이란 전적으로 '놓아 보내기'에 관한 것임이 분명해진다. 그래서 나는 나의 환각체험들을 작은 예방주사, 즉 놓아 보내기를 연습할 기회로 받아들였다. 놓아 보내고, 놓아 보내고, 하나씩 하나씩 놓아 보내고, 그다음엔 더 큰 것을 하나 놓아 보내는 것이다. 내가 사용했던 환각버섯과 기타 환각제들은 이런 놓아 보내기 과정을 해낼 수 있는 기회를 주었다.

—내 인격과, 내 에고와, 내가 나라고 생각했던 모든 것들을. 그리고 그 죽음과 재탄생 체험을 통해 죽음에 대한 나의 이해는 변화되었다.

우리가 이미 알고 있는 것을 박사논문들은 어떻게 확인해주는지 알고 싶지 않은가? 버클리의 캘리포니아 대학교에서 행한 연구는, 3년 이상 명상을 해온 사람이나 환각제를 복용해본 사람들이 전체 인구 중의 어떤 사람들보다도 죽음에 대해 훨씬 더 초연하다는 사실을 보여주었다.

시카고 의대의 연구원인 에릭 캐스트Eric Kast는, 말기암 환자들을 대상으로 LSD를 이용하여 선구적인 연구를 했다. 간호사였던 한 환자는 이렇게 말했다. "그래요, 난 암으로 죽어가고 있다는 걸 알아요. 하지만 이 아름다운 우주를 좀 보세요!" 그 순간에 그녀는 죽어가고 있는 한 사람과의 동일시로부터 떨어져 나와, 이 우주와 하나가 된 것이다. 그 안에서 그녀의 죽음은 하나의 작은 조각에 지나지 않았다.

내가 처음으로 환각버섯을 먹어보았던 그 무렵, 티모시와 나는 MIT의 방문교수로 와 있던 올더스 헉슬리와 함께 연구를 시작했다. 올더스는 우리에게 『티베트 사자의 서』를 소개해주었다. 매우 비범한 책이었다. 그 고대 경전은 사후 49일 동안에 일어나는 일들을 잘 겪어 나가도록 안내해주기 위해서 티베트 라마승들이 사자死者에게 읽어주는 내용을 담고 있었다. 당신이 죽어가는 동안에 누군가가 옆에 앉아서 "바로 여기, 여기에 그대로 머무세요. 매 순간 속에 머물면서 죽음과 함께 있으세요. 놓아 보내세요… 괜찮아요. 놓아 보내세요… 괜찮아요." 하고 속삭여주는 셈이다. 이 얼마나 환상적인 '도움 시스템'인가! 죽음을 준비하려고 마음먹은 사람이라면, 이렇게 해줄 사람을 일찌감치 물색해두는 것도 아주 좋은 생각일 것이다.

『티베트 사자의 서』는 바르도, 곧 중음계中陰界에 관한 책이다. 그것은 물질 차원을 떠난 후에 영혼이 거쳐 가는 의식의 상태들, 혹은 현실 차원들이다. 중음계는 죽고 나면 갑자기 나타나는 그런 것이 아니다. 그것은 현실의 차원들로서 늘 존재한다. 그것은 바로 여기, 바로 지금 존재한다. 『사자의 서』에서 언급하는 모든 중음계는 우리가 볼 수만 있다면 바로 여기에 있다. 하지만 우리가 살아 있는 한 에고에 눈이 가려서 그 차원들을 보지 못한다. 이는 우리로 하여금 현실의 일상적 상태에 초점을 맞추게끔 만드는 에고의 술수 중 하나이다. 하지만 죽어버리면 에고가 더 이상 그 짓을 못하므로 우리는 갑자기 그런 다른 차원들을 보게 되는 것이다. 우리가 그런 차원들에 눈이 열려 있다면 지금 당장이라도 모든 중음계를 경험할 것이다.

『티베트 사자의 서』를 읽을 때 놀라웠던 점은, 중음계의 상태에 관한 묘사를 읽을 때마다 '맙소사, 이건 지난 목요일에 버섯을 먹고 경험했던 거잖아!' 하는 대목에 부딪히게 된다는 사실이었다. 우리가 '묘사할 수 없는', 혹은 '말로 할 수 없는' 환각체험들이 묘사되어 있는 2,500년 전의 책을 본다는 것은 정말 소름끼치는 일이다. 보라, 그 모든 것을 25세기 이전에 이미 다 소상히 적어놓았지 않은가!

그래서 티모시와 랄프 매츠너와 나는 『티베트 사자의 서』를 환각여행의 언어로 '번역'하여 『환각 체험 The Psychedelic Experience』이라는 이름의 책으로 출판했다. 우리는 『사자의 서』를 환각제 복용을 통한 죽음과 재탄생의 안내서로 생각했다. 우리는 환각제를 신성한 방법으로 사용하게 해주는 안내서를 쓰고 싶었다.

초기의 환각제 체험을 통해서 이런 모든 변화를 겪어가던 즈음, 어머니가 돌아가시려 하고 있었다. 어머니는 혈액에 문제가 생겼는데 그것이 비장을 붓게 했고, 결국 의사들이 비장을 제거해야 한다고 했을 때, 어머니는 이미 돌아가시고 말았다. 어머니와 함께하면서 겪었던 그 모든 과정도 죽음에 대한 또 하나의 큰 가르침이 되었다.

어머니가 죽어가는 과정에서 나는 우리가 신체의 노쇠를 얼마나 외면하고 감추려고 애쓰는지를 깨달았다. 그것은, 우리가 일어나는 그대로의 현실을 외면하려고 애쓰는 노력들 중의 일부이다. 어머니의 죽음이 매우 가까웠을 때 뵈러 간 적이 있다. 어머니의 잇몸이 곪아서 의치가 맞지 않게 되자, 간호사가 그것을 빼버렸다. 나는 한 번도 이가 없는 어머니의 모습을 본 적이 없었다. 어머니는 아들이 그 모습을 볼 새라 죽음을 앞두고서도 마지막 남아 있는 기력으로 부채를 들어 입을 가리곤 하셨다. 이 같은 사소한 장면들 하나하나가, 노쇠해가는 신체를 인정하지 않으려고 우리가 얼마나 안간힘으로 버티고 있는지를 여실히 보여준다.

나는 죽음을 부인하려고 애쓰는 광경을 무수히 목격했다. 어머니가 죽음에 가까워지면서, 나는 병원에서 많은 시간을 보냈다. 나는 이런저런 환각제에 취한 상태로 가기도 했는데, 어머니도 통증을 줄이기 위해 이런저런 약을 먹고 취해 있었다. (물론 어머니는 나와는 달리 그것을 의사의 '처치를 받았다'고 표현했다.) 어머니와 나는 함께 말없이 앉아 있곤 했는데, 우리는 손을 마주 잡고 침묵 속에서 함께 명상에 잠긴 채 경이로운 존재감을 느끼는 순간들을 공유했다. 우리가 그렇게 앉아 있는 동안에 간호사, 의사, 아버지, 숙모, 숙부 등 다른 사람들이 병실에 들어오곤 했다. 그들은 모두 눈앞에서 일어나고 있는 현실을 신경질적으로 부인하려고 애썼다. 그들은 이렇게 말하곤 했다. "거트, 전보다 '훨씬' 더 좋아 보여요."

그렇게 말하고 밖에 나가면, 다른 말을 했다. "일주일을 못 넘길 것 같아."

끔찍한 일이었다. 아무도 그녀를 진실하게 대할 수 없었다. 왜냐하면 그들은 모두 죽음을 인정하기가 너무 두려웠기 때문이다.

죽음을 부인하면, 그것은 전체 시스템과 그 속의 모든 관계 속에 스며든다. 한번은 한 젊은 간호사가 심장병으로 죽어가는 환자를 지켜본 이야기를 해주었다. 그녀는 날마다 그 병실에 들어가는 일이 얼마나 죄스러웠는지를 이야기했다. 자기는 살아 있을 것이고 같은 나이의 그(환자)는 죽으리라는 것을 뻔히 알고 있기 때문이었다. 그녀는 말했다. "저는 그가 나와 대화하고 싶어 한다는 것을 알았어요. 하지만 언제나 가벼운 농담이나 적당히 둘러대어 안심시키는 뻔한 거짓말로 화제를 돌려버렸지요. 환자도 알고, 저도 알았어요. 하지만 그는 나의 필사적인 회피와 불안감을 알아차리고는, 그런 나를 가엾게 여기며 다른 사람과 나누고 싶었던 이야기들을 삭혀버리고 말았지요. 그리고 죽어서 더 이상 나를 괴롭히지 않게 되었고요."

또 어떤 간호사는 환자가 "나는 죽을까요?" 하고 단도직입적으로 물을 때면 사람들이 흔히 해주는 대답을 자신의 일기에다 적어놓았다고 했다.

설교형: "그렇게 말씀하시면 안 돼요, 존스 씨. 자신이 언제 죽을지는

아무도 몰라요."

사실 전달형: "맥박이 강하고 안정되어 있어요. 안색도 좋으시고요. 오늘은 돌아가시지 않을 것 같네요, 존스 씨."

정면 부인형: "오늘은, 아니 내일도 돌아가실 것 같지는 않습니다."

회피형: "저는 그런 것을 대답할 수가 없습니다. 의사 선생님께 여쭤보세요. 선생님은 더 잘 아실 테니까요."

철학자형: "미래가 무엇을 감추고 있는지는 아무도 모른답니다."

동문서답형: "저 사진은 누구 사진이죠?"

농담형: "아이, 왜 그러세요, 존스 씨. 저보다 더 오래 사실 것 같은데요, 뭘."

그리고 마지막으로, 질문을 완전히 무시하고 돌아서 버리는 방법이 있다.

한번은 나와 단둘이 있을 때, 어머니가 말했다. "리치, 난 내가 죽을 걸 알아. 그런데 아무도 그것에 대해서는 입밖에 내려고 하질 않는구나."

내가 대답했다. "예, 어머니 말씀이 맞는 것 같아요. 어머니는 곧 몸을 떠나실 것 같아요."

"넌 죽으면 어떤 일이 일어날 거라고 생각하니?"

"글쎄, 잘 모르겠어요. 하지만 어머니의 몸은 서서히 노쇠해져 가고 있어도, 정말 중요한 것은 별로 바꿔놓지 못할 거예요. 저는 그 사실을 깨달았어요. 어머니는 여전히 제가 아는 그 사람이고, 저도 또 여전히 어머니가 아는 그 사람이잖아요. 그리고 우리는 이렇게 여기 있고요. 그래도 이 모든 노쇠과정은 진행되고 있어요."

나는 또 이렇게 덧붙였다. "제가 읽고 경험한 바에 비춰보면, 사람이 몸을 떠나도 모든 것이 거의 같은 식으로 계속되지 않을까 생각해요. 처음에는 약간 혼동도 일어나겠지만 그것이 정리되고 나면… 괜찮아질 거예요."

우리는 이런 시간들을 가졌다. 어머니와 나는 함께 평화로움을 느낄 수 있는 장소를 발견했던 것이다. 하지만 모르핀이나 의사들이 처방한 약의 효력이 떨어지기만 하면, 어머니는 곧장 중류 가정의 유대인 주부 모습으로 돌아가곤 했다. 어머니는 자신이 죽어가고 있다는 사실을 받아들이지 않고 늘 '훨씬 더 좋아지고 건강해지고' 있었다. 늘 자신의 주변을 장악하고 정리하느라 바빴다. "이것 좀 옮기고 저것 좀 해다오."

마지막으로 살아 계신 모습을 뵈었을 때도 그랬다. 우리는 방에서 아름다운 만남의 시간을 보내고 있었다. 그런데 바로 그때 배관공이 화장실을 고치러 올라왔다. 그러자 어머니는 배관공에게 일을 지시하느라 내가 거기 있다는 사실마저 완전히 잊어버렸다. 그렇게 어머니는 자기 존재를 나타내기에 열심이었고, 그것이 내가 본 어머니의 마지막 모습이었다.

나는 어머니의 장례식에 가려고 LSD를 복용했다. 그것이 일을 재미있게 만들어주었다. 왜냐하면 그녀 역시 장례식에 함께 있었기 때문이다. 어머니와 나는 함께 다니면서 모든 것을 정말 아름답게 바라보았다. 우리는 사랑하는 사람들이 한자리에 모였다며 즐거워했고, 장례식은 우리 둘에게 매우 행복한 행사였다. 하지만 그 일은 내 입장을 좀 난감하게 만들었다. 왜냐하면 가장 인기 있는 장례식 관습에 따라 상주들과 문상객들이 관을 사이에 두고 마주 앉아 있어서 문상객들이 상주들의 얼굴을 낱낱이 지켜볼 수 있었기 때문이다. 나는 어머니와 함께 있었기 때문에 무척이나 행복했지만, 미소를 한 번이라도 지었다가는 만사가 끝장날 상황임을 알고 있었다. "저것 좀 봐라! 저놈은 마약쟁이야. 보면 모르겠어? 어머니의 장례식에 와서도 웃고 있다니. 저런 몹쓸 놈!"

하지만 장례예배 도중에 어머니께서 이 게임에 다른 식구들도 끌어들인 덕분에 흥미로운 순간이 연출되었다. 아버지와 어머니는 결혼기념일마다 붉은 장미꽃을 한 송이씩 교환하셨고, 그것은 그분들의 변치 않는 사랑의 징표였다. 장례식에서 어머니의 관은 온통 장미꽃으로 덮여 있었다. 관이 중앙통로를 지나가다가 바로 아버지가 앉으신 줄 앞을 지날 때, 붉은 장미꽃 한 송이가 떨어져서 아버지의 발치에 놓였다. 자, 매우 보수적인 보스턴 출신 변호사이자 철도회사 전 회장이었던 아버지와 같은 줄에는 뉴욕의 잘나가는 주식중개인인 큰형, 롱아일랜드 출신으로 잘나가는 주식중개인의 아내인 형수, 그 당시에는 자신이 그리스도라는 착각에 빠져 있었던 둘째 형, 그리고 내가 앉아 있었다. 우리는 모두 그 장미꽃을 내려다봤다. 우리는 물론 결혼기념일 장미의 사연을 다 알고 있었다. 예배가 끝나고 일어서서 나갈 때, 아버지가 몸을 구부려 그 장미꽃을 주웠다.

우리는 밖으로 나가서 장지로 이동하기 위해 캐딜락 리무진에 올랐다. 아버지는 장미꽃을 들고 있었고, 아무도 말을 하지 않았다. 마침내 그리스도인 형이 입을 열었다. "흠, 어머니께서 아버지께 메시지를 전하신 것 같아요." 그러자 차에 탔던 모든 사람이 그 말에 동의했다! 상상할 수 있겠는가? 그리스도와 나만이 아니라 변호사와 주식중개인과 롱아일랜드 출신의 아내마저도 동의한 것이다. 그들은 모두 "그래요, 맞아요. 어머니께서 메시지를 보내신 거예요." 하고 말했다. 아름다운 순간이었다. 가족 모두가 감정에 젖어들어 모든 냉소주의와 의심을 초월하여 그와 같은 일이 실제로 일어날 가능성의 공간을 허용한 것이다. ―'저 너머로부터' 어머니가 보낸 메시지가 전해져 왔다는 것, 그것은 어머니의 어떤 부분이 아직도 우리 곁에 있음을 의미했다.

물론 아버지의 즉각적인 반응은 "이 장미를 어떻게 하면 잘 보존할 수 있을까?"였다. 그는 물질주의자니까, 그렇잖은가? 메시지를 받은 것만으로는 충분하지 않다. ―장미꽃을 보존해야 한다. 그리하여 대책 수립에 불이 붙었다. 무수한 전화 통화가 오간 끝에, 우리는 장미를 '영원히' 보존해 줄 모종의 액체가 든 예쁜 플라스틱 통에 장미를 넣어줄 수 있는 회사를 찾아냈다. 그리하여 우리는 이 붉은 장미꽃을 영원히 가질 수 있을 것이었다. 우리는 꽃을 항공편으로 보냈고, 그 꽃은 예쁜 플라스틱 통에 담겨서 되돌아왔다. 우리는 그것을 받침대 위에 올려놓았다.

그리고 몇 해가 지났다. 장미의 보존처리가 완벽하지 못했음이 판명되었다. 장미는 시들어버렸고, 물은 온통 혼탁해졌다. 이제 받침대 위에는 이 혼탁해진 액체가 담긴 통이 놓여 있게 되었다.

마침내 아버지가 재혼할 때가 왔다. (신부는 아름다운 여자였고, 내가 신부행진을 인도했다.) 이제는 받침대 위에 놓인 이 영원의 기념물을 어떻게 해야 할지가 문제였다. '영원토록 보존해야 할' 애물단지, 그것을 어떻게 할 것인가? 글쎄, 그것은 점점 구석자리로 밀려나다가 결국은 영원히 보존해야 할 물건들을 위한 장소인 차고 뒤편의 캐비닛 속으로 좌천되었다. (나중에 나는 그것을 구출해서 내 예배의식용 탁자 위에 오랫동안 모셔놓았다. 그러다가 몇 차례 이사를 하는 중에 어디선가 잃어버렸다. 이제 나는 그것이 어디 있는지도 모른다.)

죽음에 관한 가장 심오한 가르침은 나의 스승 마하라지로부터 얻었다. 흥미롭게도, 내가 그와 인연을 맺는 과정에 어머니가 몇 번이나 끼어들곤 했다. 맨 먼저 어머니가 나타난 것은, 내가 네팔의 호텔방에 앉아서 친구인 데이비드 파드와David Padwa와 함께 일본으로 갈까, 아니면 바그완 다스와 함께 인도로 가서 사원 순례를 할까 하고 고민하고 있을 때였다. 일본으로 가는 것은 안전한 일등석이었다. 반면에 인도로 돌아가는 것은 돈에 쪼들리는 고생길에다 험한 일이었다. 그렇게 앉아서 무엇을 할까, 고민하고 있을 때 어머니가 나타났다. 어머니는 애타는 동시에 기쁨에 찬 표정으로 나를 내려다보았다. 중류층 엄마 역할에 열중하는지, 그녀는 애를 태우고 있었다. "넌 언제나 자리를 잡고 어엿한 사회인이 될래?" 하지만 나를 품는 다른 부분은 이렇게 말하고 있었다. "그래, 잘 한다, 얘야, 잘 하는 거야." 나는 언제나 어머니에게 그런 측면이 있다고 생각해 왔지만 허구한 날 중류층 엄마의 상像과 맞상대하느라, 그리고 엄마란 존재에 대한 프로이트 식의 분석에 익숙해져서, 그것을 발견할 수가 없었다. 하지만 그런 그녀가 카트만두의 호텔 방에 나타나서 인도로 가라고 부추겨주고 있었다. 나중에야 알게 되었지만, 마하라지가 나를 인도에서 기다리고 있던 참이었다.

몇 달 후, 나는 처음으로 마하라지를 만났다. 그가 내 마음을 날려 보내고 그를 향해 가슴을 열도록 한 것은 바로 어머니에 관한 몇 마디 말을 통해서였다. 처음 만나던 날, 마하라지는 이렇게 말했다. "네 어머니는 작년에 돌아가셨지." 그는 눈을 감더니 또 말했다. "죽기 전에 배가 많이 부어올랐어."

그것은 사실이었다. 비장이 부었기 때문이다.

"그렇습니다." 하고 내가 대답했다. 그러자 그가 영어로 딱 한 단어를 말했다. 그는 나를 똑바로 쳐다보면서 말했다. "비장(spleen)." 그는 어머니가 죽는 원인이 되었던 장기를 영어로 말하고 있었다. 그 말 한 마디가 내 마음을 급정거시켰다. 어떻게 알았을까? '그가 어떻게 그걸 알았을까?' 내 마음은 핀볼 게임기의 구슬이 함정에 갇혀 꼼짝달싹 못하고 멈춘 상태와도 같았다! 그때 내 가슴이 그에게로 열렸다.

그다음 날, 마하라지가 나에게 말했다. "아느냐, 네 어머니는 매우 높은 존재야."

나는 통역자에게 다시 확인했다. "어머니가 매우 높은 존재'였다'고 하지 않았나요?"

통역자가 다시 묻자 마하라지가 말했다. "아냐 아냐, 그녀는 매우 높은 존재'야'."

나는 갑자기 모든 것이 뒤집혀 보였다. 나는 이 높은 존재가 보스턴 출신 중류층 유대인 여자의 몸을 입었지만, 미묘한 방식으로 내가 밖으로 나돌아다닐 수 있도록 지지해주면서 한편으로는 감쪽같은 중류층 아낙네의 모습으로 늘 가장해 왔음을 비로소 깨달았다. ─사실, 그녀는 이런 가장假裝으로 대부분의 시간 동안 자신을 속여왔다. 나는 마하라지의 그 말을 통해 어머니를 재인식하기 시작했고, 우리가 벌여온 드라마 속의 일시적 역할들의 배후에 있는 '존재'를 인식하기 시작했다.

마하라지는 죽음에 대한 나의 태도를 완전히 바꿔놓았다. 그는 자주 죽음에 대해 이야기했다. 그는 이런 말을 하곤 했다. "몸은 죽는다. 하지만 영혼은 죽지 않는다." 몸은 지나간다. 모든 것은 영원하지 않다. 신의 사랑만 빼고. "죽을 때는 아무것도 가져갈 수 없다. 세상은 한갓 꿈, 하나의 환영이기 때문이다." 마하라지에게 죽음이란 그 환영의 감옥으로부터 나오는 일이었다. ─그는 죽음이란 것을 이렇게 불렀다. "중앙교도소 탈출".

어느 날, 한 제자와 함께 길을 걷다가 마하라지가 말했다. "아무개(늙은 여제자)가 방금 죽었다." 그러고 그는 계속해서 웃었다.

같이 걷던 제자가 말했다. "그녀가 죽었다면서 뭐가 그렇게 우스운가요?"

마하라지가 놀란 표정을 지으며 대답했다. "그럼 넌 내가 이 꼭두각시 인형들 중의 하나인 척하란 말이냐?"

그는 자기가 슬픈 척을 해야 하느냐고 묻고 있었다. 그녀는 그저 그녀의 역을 다하고 무대를 떠났을 뿐이다.

어느 날, 마하라지는 사원의 침상에 누워 있었다. 그가 갑자기 몸을 일으켜 앉더니 말했다. "누군가가 여기에 있다."

곁에 있던 사람들이 말했다. "아뇨, 마하라지. 아무도 없습니다."

그가 말했다. "아냐, 아냐. 방금 누군가가 왔어. 모두 내가 아무것도 모르는 줄 아는군."

몇 분 후에 한 남자가 사원으로 들어와서는 마하라지의 침상 쪽을 노려보았다. 그는 마하라지의 오래된 제자가 부리는 하인이었다. 마하라지가 그를 향해 소리쳤다. "난 안 갈 거야. 안 가. 그가 죽어가고 있다는 건 알지만, 난 안 갈 거야."

그 하인이 말했다. "그걸 어떻게 아셨나요, 마하라지? 가족들조차 모르는 걸요. 하지만 맞아요. 그가 죽어가면서 당신을 계속 부르고 있어요."

마하라지가 말했다. "아니, 아니, 난 안 갈 거야."

다른 사람들이 모두 간청했다. "마하라지, 제발 가주세요! 그 사람은 그토록 오랫동안 당신의 제자였잖아요."

그러나 마하라지는 계속 "아니, 아니, 난 안 간다." 하고 되풀이했다.

결국 마하라지는 바나나를 하나 집어서 하인에게 주며 말했다. "옜다. 이것을 그에게 줘라. 괜찮아질 거다."

하인은 절을 하며 감사를 표하고는 바나나를 들고 집으로 달려갔다. 그는 바나나를 으깨어서 죽어가는 사람의 입에 넣어주었다. 그는 바나나를 받아먹었다. 그리고 마지막 한입을 베어 먹고 나서 죽었다.

자, 우리는 이 이야기를 어떻게 받아들여야 할까? '괜찮아지기는' 뭐가 괜찮아진단 말인가? 마하라지는 그가 살아나리라고 말하지 않았다. 그저 괜찮아질 거라고만 말했다. 우리는 왜 그 말을 그 제자가 몸을 입은 채로 더 살게 될 것을 뜻했다고 생각했을까?

내가 1967년에 처음 인도에 갔을 때는 랜드로버를 타고 다녔다. 나와 내 친구 데이비드는 커다란 랜드로버를 몰고 인도를 여행했다. 테이프 레코더에서는 비발디의 협주곡이 울려 퍼지고, 우리는 참치 통조림을 먹고 소독한 물을 마셨다. 벌레들이 못 들어오게 차창을 꼭 닫고 다녔다. 바라나시에 도착해서 우리는 특급 영국식 호텔에서 묵었다. 하지만 바라나시의 거리로 나가자 모든 것이 우리 눈앞에 적나라하게 펼쳐져 있었다.

바라나시는 죽어가는 자들의 도시다. 여기서는 우리 문화처럼 죽음을 감추지 않는다. 바라나시에서는 누가 죽으면 오렌지색 천에 싸서 일종의 칠성판 위에 눕힌다. 그러면 사람들이 그것을 메고 거리를 지나 가트ghat*로 간다. 그 노천에서는 모든 사람이 라마 신의 이름을 찬송한다. 모든 것을 인간미 없게 만들어놓은 우리의 장례식과는 너무나 대조적이다. 힌두교도들은 바라나시에서 죽기를 원한다. 거기서 죽으면 죽음의 순간에 시바 신이 와서 라마 신의 이름을 죽는 자의 귓가에 속삭여주고, 그것이 그를 깨달음으로 데려간다는 것이다. 달리 말해, 게임의 내용을 우리가 이해한다면, 이곳은 죽을 장소로서는 매우 신성한 곳이다.

바라나시의 풍경은, 인도인들도 『사자의 서』를 읽는 티베트의 라마승들처럼 죽음의 순간에 우리의 마음이 어디를 향해 있는지가 매우 중요하다고 이해하고 있음을 보여준다. 이 두 종교는 모두 윤회론을 믿으며, 죽음에 대한 영적 시각 속에 두 가지 중요한 요소를 담고 있다. 첫째는 죽음의 순간에 무엇을 생각하느냐가 중요하다는 믿음이고, 둘째는 환생하지 않는 비결이 집착하지 않는 것이라는 믿음이다. 바라나시와 『사자의 서』는 모두 죽음의 순간에 곧바로 문을 통과해 신의 품에 안길 수 있는 조건을 만들어준다. 이들은 각각 죽음의 순간 그 자리에서, 일이 어떻게 되어가고 있는 것인지를 이해할 수 있도록 깨우쳐주는 고유한 상징체계와 의식체계를 만들어냈다. 크리슈나는 『기타』에서 이렇게 말한다. "죽음의 순간에 나를 생각하라." 이것이 그렇게 되도록 하는 방법들이다.

하지만 처음 바라나시에 갔을 적에는 내 눈에 이런 것들이 전혀 보이지

---

* 강으로 내려가는 널찍한 계단이 있어서 각종 종교적 행위가 이뤄지는 장소.

않았다. 당시 거리를 지나면서 본 것은, 모두 문자 그대로 피골이 상접한 인간들의 군상이었다. 그중 많은 사람들이 문둥병이나 기타 끔찍한 병에 걸려 있었다. 수백 명이나 되는 사람들이 동냥그릇을 들고 몸을 질질 끌며 다녔다. 그들은 모두 자신의 화장에 쓸 땔나무를 겨우 살 만한 돈이 든 쌈지를 사타구니 정도나 가릴 수 있는 옷이나 사리(전통 여성복) 속에 간직하고 있었다.

나는 그런 곳, 바라나시의 거리를 걷고 있었다. 나는 방금 멋진 호텔 레스토랑에서 배불리 식사를 하고 디저트로 아이스크림까지 먹었다. 그 식사비는 아마도 이 사람들이 평생 구경해본 적도 없는 거금일 것이다. 내 호주머니 속에는 여행자 수표가 들어 있었고, 나는 바라나시를 관광하려고 밖으로 나왔다. 하지만 많은 것을 볼수록 나는 점점 더 불편해졌다. 왜냐하면 주변의 모든 사람들이 너무나 불쌍하게 느껴졌기 때문이다. 그들은 먹을 것도 제대로 없는데 내 호주머니에는 여행자수표가 잔뜩 들어 있다는 사실이 나를 견딜 수 없게 했다! 나는 말 그대로 호텔로 도망쳐와서 침대 밑에 숨었다. 그건 나에겐 너무 심한 일이었다. 어떤 면에서는 마치 싯달타가 늙고 병들어 죽어가는 사람들을 처음 목격했던 상황과도 비슷했다.

내가 바라나시로 다시 간 것은 몇 달 지나지 않아서였다. 하지만 그 사이에 나는 마하라지와 함께 지냈고, 게임의 본질을 새롭게 이해할 수 있는 가능성에 마음이 열려 있었다. 그리고 그 덕분에 나는 바라나시가 무엇을 의미하는지를 이해하기 시작했다. 나는 화장터가 있는 가트를 거닐었다. 화장 가트는 시신을 화장하는 갠지스 강둑의 장소이다. 거기서는 영원 전부터 그렇게 타오르고 있었던 것처럼 화장불이 꺼지지 않고 있다. 나는 화장 가트의 한가운데 서서 하룻밤을 지새웠다. 주위에는 온통 시신이 타고 있었고, 살 타는 냄새가 연기와 함께 자욱했다. 방망이로 해골을 부수는 광경을 지켜보고, 시바 신이 '라마, 라마, 라마' 하고 속삭이는 소리를 들었다.

이제, 거리에서 몸을 질질 끌고 다니는 사람들을 보았을 때 나는 전혀 새로운 것을 보고 있었다. 나는 그것을 '그들의' 관점으로 바라보았다. 그리고 놀랍게도, 그들이야말로 '나에게' 크나큰 연민을 느끼고 있다는 것을 문득 깨달았다. 왜냐하면 그들은 성공했고, '내가' 성공할 가능성은 실로 매우 희박해 보였기 때문이다. 어디로 가는지도 모르는 채 이리저리 방황하는 나를 보라. 입장이 갑자기 반전되었다. 상황에 대한 그런 새로운 이해와 함께 내 눈에 보인 것은 그 광경을 채우고 있는 깊은 환희였다. 그들은 '행복했다.' 그들은 자신이 목표에 거의 다 왔음을 알고 있었다.

마하라지의 시신이 장작더미 위에서 화장되고 있을 때, 한 늙은 제자가 "스리 람, 자이 람, 자이, 자이 람! 스리 람, 자이 람, 자이, 자이 람!" 하고 밤새도록 목청이 터져라 찬가를 불렀다. 다음날 아침에 사람들이 그에게 왜 슬퍼하는 기색도 없이 밤새도록 찬가를 불렀느냐고 물었더니, 그는 이렇게 대답했다. "화장 불을 바라보니 그 속에 마하라지께서 웃음을 터뜨리면서 똑바로 앉아 계셨고, 그 곁에서는 라마 신께서 빨리 타라고 머리에다 버터기름을 부어주고 있었다. 그리고 머리 위로는 남신과 여신들이 뿌려주는 꽃잎이 비처럼 쏟아지고 있었다."

육신은 죽지만 영혼은 죽지 않는다. 그것이 마하라지가 말해온 것이다. 또한 예수가 말하려고 했던 것이기도 하다. 예수가 우리 모두에게 말하고 있었던 것은 이렇다. "이봐, 겁먹지 마. 어떻게 하는지를 내가 보여줄 테니까. 너희들은 너무 걱정이 많아. 그러니 내가 다 보여줄게. 그러면 너희도 더 이상 두려워하지 않을 거야. 나는 모든 고난을 겪어내겠어. 심지어는 최후의 의심까지도. '아버지시여, 아버지시여, 왜 나를 버리시나이까?' 하고 말이야. 나는 그 모든 것을 몸소 겪겠어. 그것이 다 정말 아무렇지도 않다는 것을 너희들이 볼 수 있도록. 나는 심지어 죽기까지 할 거야. 그것도 별것 아니란 것을 보여주겠어. 그러고는 다시 돌아와서 너희를 만날게. 그 모든 것이 다 괜찮은 일이며 죽음이 바꿔놓는 것이 별로 없음을 깨닫게 하기 위해서 말이야."

'십자가에 매달리신 가엾은 예수'라는 생각을 버리기만 하면 얼마나 시원한 해탈을 맛볼 수 있는지, 나는 그 가르침의 힘을 깨닫기 시작했다. 두려워할 것은 아무것도 없다. ―이것이 예수의 진정한 가르침이었다.

라마나 마하리쉬가 암으로 죽어가고 있을 때, 제자들이 말했다. "스승님, 제발 당신의 몸을 낫게 하십시오!"

그러자 그가 대답했다. "아냐, 아냐. 이 몸은 다 됐어."

제자들은 더욱 간청했다. "저희들을 떠나지 마십시오! 저희를 떠나지 마세요!"

제자들은 울음을 터뜨렸다. 그는 당혹스런 표정으로 제자들을 바라보다가 말했다. "떠난다고? 어리석은 소리 하지 마라. 내가 어딜 갈 수가 있단 말이냐?"

그는 제자들에게 이렇게 말한 것이다. ―나는 여기에 있다. 죽음은 아무것도 바꿔놓지 않는다. 떠나는 것은 단지 몸뿐이다.

자, 이 모든 경험들—환각제와 어머니와 마하라지—이 나에게 누적되기 시작하여 죽음에 대한 나의 사고방식을 바꿔놓았다. 그것은 내게 세상을 새로운 관점으로 보게 해주었다. 나는 우리가 문화라는 이름으로 이 주제와 관련하여 자신에게 어떤 짓을 벌여왔는지를 깨닫기 시작했다. 우리는 '밀실 속에 감춰놓고 점잖은 자리에서 발설되지 않게만 하면 죽음이란 존재하지 않는 것'이라고 믿으려고 엄청나게 애를 쓴다. 그러나 사실은 우리가 그렇게 감추려고 애쓸수록 죽음은 더욱 두려운 대상으로 변해간다. 나는 그것을 깨달았고, 그래서 나는 죽음에 좀 더 주의를 기울여보기로 마음먹었다. 나는 강연이나 워크숍 같은 곳에서 죽음을 더 많이 거론하기 시작했다. 그리고 죽음과 관계를 맺는 확실한 방법은 죽어가는 사람들과 어울리는 것임이 분명해 보였다.

　지니 피퍼는 올더스 헉슬리와 로라 부부의 친구였는데, 내가 그녀를 만났을 때 그녀는 골반암으로 죽어가고 있었다. 지니는 한때 어니스트 헤밍웨이의 팬이었고, 신비주의 따위와는 별 인연이 없었다. 그녀는 그런 것이 다 쓸데없는 소리라고 생각했다. 처음 만났을 때, 그녀는 그런 것에 대해 반박할 거리를 많이 가지고 있었다. 그녀는 내게 물었다. "죽는다는 일에 대해 당신은 어떻게 생각하세요?"

　내가 내 생각을 말하자 그녀가 말했다. "난 그게 다 쓰레기라고 생각해요!"

　몇 주일 후, 그녀를 다시 만나게 되었다. 그녀는 매우 허약해져 있었다. 이야기를 나눌 기력도 없었고, 통증이 심했다. 암세포가 뱃속과 허벅지의 신경을 모두 삼키고 있어서 그녀는 침대 위에서 통증의 고문에 몸부림치고 있었다.

나는 지니의 방으로 들어가서 침대 곁에 앉았다. 그리고 명상에 들어갔다. 하지만 나는 그녀로부터 멀어져서 내 속으로 들어가는 명상을 한 것이 아니라, 눈을 뜨고 그녀의 노쇠해가는 육신을 명상했다. 나는 불교 명상법을 활용했다. 스님들은 시신이 썩도록 버려두는 공동묘지에서 전통적으로 이 명상법을 사용했다. 그들은 거기서 시신이 부어오르고, 벌레가 생기고, 곪아 짓무르고, 결국 뼈만 남는 과정을 명상했다. 이 명상법의 가치는 몸에 대한 집착을 떠나게 한다는 데 있다. 어떤 사람들은 이 모든 것을 매우 역겹게 느낀다. 그들은 시신에 대한 명상을 매우 좋지 않다고 생각한다. 하지만 그것은 사실 긍정적 사고방식에 빠진 사람들이 보이기 쉬운 거부의 몸짓일 뿐이다.

지니와 함께 명상을 하면서, 나는 노쇠한 육신의 고통을 보았다. 하지만 그것이 야기하는 감정에 흥분하기보다는 그 느낌을 그대로 받아들이면서, 그것을 지켜보았다. 그것은 있는 그대로 완벽했다. 우주의 경이에 찬 아름다움이었다. 방 안은 아주 아주 평화로워졌고, 아주 아주 그윽해졌다. 공간 전체가 일종의 푸르스름한 빛으로 가득 찼다. 정말 특별한 순간이었다. 그 공간 속에서 함께 20분쯤 지내고 나자, 지니가 나를 향해 몸을 돌리며 말했다. "너무나 평화로운 느낌이에요."

하지만 그러는 중에도 그녀의 몸은 통증에 몸부림치고 있었다. 통증은 여전히 거기에 있었다. 그것은 없어지지 않았다. 하지만 지니는 통증에 시달리는 그 사람과 동일시된 자리에서 빠져나와 있었다. 더 이상 예전의 그녀가 아니었다. 그녀는 그 '배후'에 있는 존재와 연결되어 있었다.

지니와 함께한 그 경험은 통증에 어떻게 대처해야 할 것인지에 대해 약간의 가르침을 주었다. 죽음과 관련하여 가장 힘든 것은 통증과 두려움이다. 준비되어 있지 않고 의식이 깨어 있지 않으면, 통증과 두려움이 큰 혼란을 야기한다. 마음은 그 와중에 길을 잃어버릴 것이다. 죽음에 다가가려면 전략이 필요하다. 명상을 할 때, 다리와 무릎이 아파오면 그 통증과 함께 앉아 있는 법을, 그것에 마음을 열어놓는 법을 배우게 된다. 죽음에 이르러 뜻밖에 극심한 통증이 닥쳐오더라도 그에 대처할 수 있는 방법을 터득하게 하는 긴 여행의 첫발을 내딛는 것이다. 나에게 지니는 스승이었다. 그녀는 그러한 과정의 필요성을 보여주었고, 그런 통증에 대처하는 법을 깨닫도록 도와주었다.

죽어가는 사람들과 어울림으로써 내가 얻은 또 하나의 깨달음이 있다. 우리 문화가 의식적인 죽음을 위해 여유를 베푸는 데 얼마나 무능한가 하는 것이다. 우리에게는 바라나시가 없고, 그 대신 병원이 있다. 내 친구 데비 러브가 죽어가고 있었다. 그녀는 네팔과 히말라야에 관한 아름다운 책을 여러 권 썼던 피터 매테이센의 아내이기도 했다. 그녀는 뉴욕의 마운트 시나이 병원에 입원했는데, 병원이란 곳은 죽기에 정말 번거로운 곳이다. 그들은 온갖 수단을 다 동원해서 사람이 살아 있게 만들도록 구조화되어 있다. 그러니까 환자가 죽는다는 것은 병원 시스템의 실패를 뜻한다.

데비는 뉴욕 선원禪院의 회원이어서, 이 선원의 동료 회원들은 저녁에 선원 대신 그녀의 입원실에 와서 좌선을 하기로 결정했다. 그래서 저녁마다 그들은 마운트 시나이 병원에 모였고, 데비의 병실은 이내 선원으로 변신했다. 병실은 작은 예불실로 변했다. 수련자들은 모두 검은 도복을 입고 벽 앞에 줄지어 앉아 좌선을 했다.

데비의 방에서 좌선 수련판이 벌어지던 첫날, 회진하던 한 무리의 젊은 레지던트들이 명상 도중에 들이닥쳤다. 그들은 문을 열고 몰려 들어왔다. "안녕하세요, 오늘은 좀 어떠세요? 어디 차트를 봅시다. 오늘은 고분고분 지내셨나요? 저녁은 다 드시고요?" 하는 쾌활하고 상냥한 대사를 할 준비를 갖추고서. 그런데 그들은 선원의 한복판으로 들어와 있었다. "안녕하세요, 오늘은 좀…"까지는 나왔지만, 그들은 말을 멈추고 말았다.

사흘째 저녁이 되자, 그들은 난입 대신 문을 살그머니 열고 들어와서 몇 분 동안 조용히 서서 차트를 들여다보고는 떠났다. 그들은 자신들의 일만 하고, 판을 깨지 않았다. 그들은 럭비팀의 전담의와도 같았다. 의사는 게임에 끼어들지 않는다. 그들은 선수가 다리를 부러뜨리면 돕기 위해서 거기에 있을 뿐이다. 그들은 그 시스템의 주인이라기보다는 하인이다.

데비의 경험은 제도권 한가운데서도 의식적인 죽음을 위한 공간을 확보할 수 있다는 가능성을 나에게 보여주었다. 하지만 단지 죽음을 받아줄 뿐만 아니라 후원해주고 북돋아주는 그런 환경을 가질 수 있다면 물론 더욱 멋진 일일 것이다. 그래서 나는 '죽음의 전화'라고 이름 붙일 만한 프로그램을 생각해냈다. ─"만일 당신이 죽어가고 있고, 의식적으로 죽기를 원한다면 우리에게 전화를 하세요. 그러면 우리는 의식적으로 죽기를 원하는 누군가(말하자면 당신)와 함께하는 경험을 통해서 자기 자신을 들여다보기를 원하는 사람을 보내드리겠습니다."

아무튼, 죽는 일에는 전문가가 따로 없다. 하지만 나를 포함해서 많은 사람들이 죽어가는 사람과 함께하는 일이야말로 엄청나게 강력한 수행임을 깨닫고 있다. 그리고 죽음을 앞둔 사람들 중에는, 그 공간 안에 진정으로 함께할 수 있을 만큼 내면을 깊이 수행한 사람이 곁에 있었으면 좋겠다고 생각하는 사람들도 많이 있다. 그래서 죽음의 전화는 마치 중매쟁이처럼, '죽는 사람'과 안내자를 서로 연결시켜 주는 역할을 할 것이다.

나는 서양에도 결국은 바라나시가 생길 거라고 상상해본다. 사람들이 와서 이렇게 말하는 곳이 생기리라고 생각한다. —"내가 죽고 싶은 곳은 바로 이런 곳이야. 죽음을 거부하고 생명을 붙드느라 정신없지 않은, 이런 사람들 틈에서 죽고 싶단 말이야."

죽음을 위한 이런 장소에서 사람들은 자신이 원하는 종류의 의사를 선택할 수 있을 것이고 얼마 동안 명상할 것인지, 어떤 종교 분위기 속에서 죽을 것인지를 스스로 정할 수 있을 것이다. 그들은 기독교적 상징, 이슬람교나 불교나 힌두교적 상징, 혹은 그 어떤 상징이든 선택해서 그 속에서 죽음을 맞을 수 있다. 각각의 전통의식을 행하는 사람들을 이곳에서 쉽게 구할 수 있을 것이고, 우리는 모든 전통이 포함되도록 최선을 다할 것이다. — 예컨대 위칸(마술숭배교), 조로아스터교, 라스터패리아교(에티오피아 황제를 믿는 종교)까지도. 그러니까 죽는 사람이 죽음의 순간에 신을 향해 갈 수 있도록 그 가능성을 최대화할 수 있는, 죽는 사람이 느끼기에 가장 이상적인 환경을 만들어주도록 최선을 다하는 것이다. 그러나 '서양의 바라나시'가 아무리 멋진 미래의 꿈이라고 할지라도, 현재로서는 우리가 가진 것으로써 해내야 한다. 그런 점에서 데비의 경우는 그것이 어떤 방식으로 가능할지를 멋지게 가르쳐주었다.

아무튼 이상적인 환경 속에서 죽으려면 그렇게 준비할 시간이 있어야 하지만, 실제로는 상당수가 그렇지 못할 것이다. 어떤 사람들에게는 죽음이 뜻밖에 갑자기 들이닥친다. 이런 일은 누구에게나, 어느 순간에나 일어날 수 있다. 나는 나로파에서 일주일을 지내는 동안에도 악성종양이 생겼다는 사실을 알게 된 여성, 산에서 떨어져 죽은 남자아이, 그리고 자동차 사고로 남편을 잃은 여인의 경우를 접했다. 모두가 뜻밖이었고 마음을 여지없이 혼란스럽게 만들어놓은 사건이었다.

갑작스런 죽음은 영적으로 대처하기가 여러 모로 어렵다. 우리를 올바른 방향으로 돌려줄 외부적 환경을 마련할 시간이 없기 때문이다. 마음속으로 대비할 겨를도 없다. ─그냥 바로 일어난다! 그러면 그 순간의 내면적 상태가 어떠한가가 가장 중요한 문제가 된다. 죽음이 '그 어떤' 순간에도 일어날 수 있음을 깨닫게 되면, 우리는 매 순간의 마음 상태에 좀 더 관심을 기울이기 시작한다. 우리는 자신에게 이렇게 물어보기 시작한다. '내가 지금 죽는다면 내 마음은 신을 향하게 될까?'

만트라와 같은 수행은 바로 이런 곳에서 도움이 된다. 호주머니에 염주를 지니고 다니면서 걸어다닐 때 염주를 굴리면서 염송한다. '크리슈나, 크리슈나, 크리슈나', 혹은 '그리스도, 그리스도, 그리스도', 혹은 '라마, 라마, 라마', 혹은 '알라, 알라, 알라.' 평생 신의 이름으로 마음을 온통 채워왔다면, 죽음의 순간에도 거기에 있을 가능성이 많아진다.

마하트마 간디는 어느 평범한 날, 암살자에 의해 세 발의 총알을 맞았을 때 정원을 거닐고 있었다. 그는 '으악!' 하거나, '내가 총을 맞았다!'거나, '인도 만세!'라고 하지 않았다. 그는 그저 "람" 하고 죽었다. 그는 전혀 뜻밖의 순간에조차 준비가 되어 있어서 곧바로 신을 향해 갔다. 그저,

"예, 가요. 어머니, 이것 좀 봐요. 끈이 풀렸어요. 난 이제 자유예요!"
— 이렇게 말이다.

죽음의 순간에 가장 필요한 것은 깨어 있는 명료한 의식이다. 우리 삶에서 죽음은 가장 심오한 순간이므로 그것을 대비하는 정도의 존경심은 보여주어야 한다. 그래야만 그것이 닥쳤을 때 의식적으로 맞이할 수 있을 것이 아닌가? 공자는 이렇게 말했다. "아침에 도를 이루면 저녁에 죽어도 좋다." 수행이란 어느 순간에도, 아무리 뜻밖의 순간이라도, 자신의 존재에 관한 생각을 내려놓을 수 있도록 대비하는 것이다.

죽어가는 사람들과 함께함으로써 내가 배운 것이 하나 더 있다. 그것은 죽음을 둘러싸고 펼쳐지는 그 모든 통속극 속으로 나도 이들과 똑같이 너무나 쉽게 휘말려 들어갈 수 있다는 사실이다. 나 자신이 죽음과 관련된 주제를 얼마나 뿌리 깊이 거부하고 있는지를 스스로 깨달았던 것이다.

히피 출신 평화운동가인 웨이비 그레이비Wavy Gravy가 한번은 호지킨병(악성 육아종증)에 걸린 청년을 소개시켜 주었다. 내가 죽어가는 사람들과 함께하는 일에 관심이 많음을 알고 만남을 주선해준 것이다. 우리는 그의 집에서 만났다. 나는 그 청년의 옆에 앉아서 말했다. "살날이 얼마 남지 않았다고 들었다."

그가 대답했다. "예."

내가 물었다. "그것에 대해 이야기해보고 싶니?"

그는 자신이 어떻게 죽을 계획인지에 대해 이야기했다. 그는 이 병의 말기인 4B라는 단계에 와 있었다. 그는 지금까지 온갖 치료를 다 받아보았고, 이제는 말기증상의 고통을 면하기 위해서 혼자서 그것에 대처하기로 작정했다. 그는 LSD를 복용하고 나서 헤로인을 과량 복용할 작정이었다. "그거 그럴듯하게 들리는구나. 하지만 용의주도하게 준비해서 약 기운에 흥분하거나 마비되지 않도록 조심해야만 한단다. 사전에 연습을 해보고, 때가 왔을 때도 의식이 깨어 있게 하는 방법을 알아야 할 거야."

그가 말했다. "돌아다니기 힘들 정도로 기력이 떨어지면 그때 하려고 해요."

"원하는 대로 하려무나. 그건 너의 죽음이니까."

그러자 그는 담배에 불을 붙였다. 나는 그의 손이 심하게 떨리는 것을 보았다. '이크, 내가 무슨 짓을 한 거야? 내가 죽음을 너무 가볍게 이야기해서 그를 겁에 질리게 만들었구나. 저 모습 좀 봐.'

그래서 나는 그에게 말했다. "얘야, 내가 너무 겁을 주었니? 그건 나라면 그렇게 하고 싶지 않아서야."

그러자 그가 말했다. "아, 아니에요. 당신은 몰라요! 저는 죽을 수 있는 강한 의지를 찾아 지금까지 헤맸어요. 당신은 그런 주제 근처에만 가도 완전히 겁에 질려버리지 않은 첫번째 사람이에요. 당신은 제게 필요한 힘을 주고 있어요. 전 지금 그 힘에 완전히 압도되어 있는 것뿐이에요."

그 이후로 그와 나는 함께 어울려 다니기 시작했다. 우리는 실제로 그의 죽음에 대해 대화를 나누는 장면을 영화로 찍었다. 약 기운 때문에 머리가 빠지고 있었지만, 그는 언제나 히피 스타일의 긴 가발을 쓰고 다녔다. 나는 그에게 가발을 벗게 했고, 사람들은 그것을 보고 놀랐다.

그 아이와 함께한 경험은 나로 하여금 내가 얼마나 쉽게 죽음을 부정하고 그것을 둘러싼 멜로드라마 속으로 휩쓸려 들어갈 수 있는지를 깨닫게 했다. 어느 날 오후, 나는 그와 캘리포니아의 1번 고속도로를 자동차로 달리고 있었다. 이 길은 매우 좁고 구불구불하고 바다를 향해 곧바로 떨어지는 내리막길이 있는 도로다. 내가 운전하는 동안 그는 뒷좌석에 비스듬히 기대어 앉아 있었고, 우리는 파도와 하늘과 아름다운 날씨를 찬양했다. 기름을 넣기 위해서 주유소에 멈췄다가 다시 차에 오르려고 할 때 그가 말했다. "아저씨, 제가 운전해도 될까요? 어쩌면 이게 운전을 해볼 수 있는 마지막 기회가 될지도 모르니까요."

이건 정말 중요한 문제 아닌가? 스물세 살짜리 아이가 운전을 하고 싶어서 큰 모험을 감행하려는 것이다. 그래서 나는 말했다. "물론 되지."

그가 운전석에 앉았고, 우리는 출발했다. 첫번째 모퉁이에 다가가고 있을 때, 나는 문득 그가 핸들을 돌리기에는 기력이 너무 약하고, 우리는 절벽을 향해 곧장 달리고 있다는 사실을 깨달았다. 그래서 나는 아무렇지도 않은 척 가장하려고 무척 애쓰면서 손을 뻗어서 핸들을 돌려 방향을 잡아주었다. 그러자 이번에는 길이 반대쪽으로 꺾였고, 나는 또다시 아무렇지도 않은 척 핸들을 돌려주어야 했다.

나는 그렇게 은밀히 운전을 하며 앉아 있다가, 문득 내가 현재의 순간을 거부하는 엄청난 공모에 연루되어 있음을 깨달았다. 그의 불안은 골이 깊었고, '나는 아직도 건재하다'는 생각에 대한 집착은 너무나 필사적이어서 그는 이 순간 자신이 진정 어떤 상태인지를 받아들이지 못하고 있었다. 그는 운전하기에는 너무나 기력이 모자라는 사람이었다. 그런데 나는 그의 생각에 보기 좋게 휘말려든 것이다! 그 허구 속으로 여지없이 빨려

들어간 것이다. 그래서 말했다. "너 아니? 우린 지금 뭔가 공모를 하고 있는 거야. 네가 아직도 운전을 할 수 있다고 가장하는 짓 말이야. 지금은 넌 뒷좌석에 누워서 그냥 시시덕거리고, 난 네 기사 노릇이나 하고, 이래야 되는 거라구. 넌 과거를 붙잡으려고 애쓰지 말고 그냥 지금 있는 그대로를 편안하게 받아들여야 한단 말이야."

나는 선가禪家의 일화를 그에게 들려주었다. 한 사내가 호랑이에게 쫓겨 도망가다가 절벽에 매달리게 되었다. 그런데 아래를 내려다보니 저 밑에서는 또 한 마리의 호랑이가 어슬렁거리고 있었다. 그래서 그는 위아래로 호랑이에게 포위된 채 절벽에 간신히 발끝을 디뎌 몸을 맡기고 있었다. 그런 그의 눈에 문득 산딸기 한 알이 빨갛게 익은 채 코앞에 탐스럽게 달려 있는 모습이 들어왔다. 그는 그 산딸기를 따서 입에 넣었다. 그 이야기의 마지막 구절은 이랬다. "야, 정말 맛있구나!"

나는 그 친구에게 말했다. "이 순간의 딸기 맛을 즐기란 말이야."

멜로드라마 속에 휩쓸려서 순간의 진실을 부정한 그 경험은, 나에게 그 공모가 얼마나 유혹적인 것인지를 보여주었다. 그리고 죽어가는 사람과 함께 있을 때, 우리가 얼마나 쉽게 그 부인의 과정에 사로잡히게 되는지를 깨달았다.

죽음에 관한 연구로 유명한 정신과 의사인 엘리자베스 퀴블러 로스가 정의한 죽음의 다섯 단계에서 부인否認은 그 첫번째 단계이다. 그것이 왜 그 첫번째 반응인지는 쉽게 알 수 있다. 죽음은 우리가 생각하는 자신과 너무나 어울리지 않기 때문에 우리는 그저 그 가능성을 부인하는 것이다. 누구에게든 그가 당장 죽을 것이라고 말하면 그는 대뜸 이렇게 부인할 것이다. '아니, 난 아니야. 진단이 잘못된 것이 틀림없어.' 그렇게 부인하는 다음에는 분노가 뒤따른다. '누가 내게 이런 짓을 한 거야?!' 그다음엔 세 번째 단계로, 그것을 바꿔놓으려는 흥정이 따라온다. '약을 꼬박꼬박 잘 먹으면 좋아질 거야.' 흥정이 제대로 먹혀들지 않는 것이 확실해지면 좌절이 자리 잡는다. 그리고 마침내 그다음에 오는 것이 받아들임이다.

그러나 나는 엘리자베스가 끝까지 갔다고는 생각하지 않는다. 받아들임은 가능성의 최종점이 아니다. 그 다섯 단계는 모두 죽음을 맞아 겪게 되는 '심리적' 단계들일 뿐, 아직 영적인 태도에는 못 미친다. 받아들임은 단지, '좋아, 난 죽을 거야. 맞아' 이렇게 말하는 것일 수 있다. "'나'는 죽을 거야." 이 말에는 아직도 미묘한 집착이 묻어 있다. 영적인 태도는 우리를 받아들임 너머로 데리고 간다. 영적인 길을 가는 사람에게 죽음은 하나의 기회, 하나의 문이며, 우리의 모든 수행은 그 순간을 위한 준비로서 행해진다.

윤회론을 받아들인다면 우리는 죽음의 순간에 떠올리는 생각이 매우 중요하다는 사실을 알게 된다. 왜냐하면 바로 그 생각이 그다음에 일어날 일에 영향을 미치기 때문이다. 그러니까, 죽음의 순간에 어떤 생각을 떠올리든, 우리는 그 욕망이 성취되고 실현되는 차원으로 가게 되는 것이다. 이것은 앞서 인용했던 『기타』의 구절 속에 잘 요약되어 있다. 크리슈나는 이렇게 말한다. "신께 기도드리는 자는 신께로 간다." 하지만 신의 세계든 지옥의 세계든 간에 그것은 모두 다양한 '세계'일 뿐이다. 그저 또 하나의 형체, 또 하나의 환생일 뿐이다. 그것은 이번 생에 태어났던 세계보다 더 흥미로워 보일 수도 있다. 하지만 모두 우리와 신 사이에 드리워진 또 하나의 베일에 지나지 않는다.

더 이상 어떤 형체도 입고 싶지 않다면, 죽음의 순간에 품을 수 있는 최상의 생각은 무념이다. 죽음의 순간에는 모두가 투명한 빛 속으로 들어간다. 모든 사람이. 각자가 브라흐만, 니르바나, 공을 체험한다. 그러나 강력하게 끌어당기는 카르마의 힘, 우리를 형체 속으로 다시 끈질기게 끌어들이는 생각과 느낌과 인식의 강력한 충동에 저항하려면 영적으로 준비된 마음, 단련된 마음이 필요하다. 강렬한 욕망이 일어나면, 우리는 곧장 따르던 빛으로부터 등을 돌려 자신의 카르마에 이끌려서 중음계를 한 단계 한 단계 내려가기 시작한다. 그리하여 마침내 그 욕망이 실현될 수 있는 차원으로 내려가는 것이다. 그러나 죽음의 순간에 어떤 욕망도 없는 사람, "이것은 삶이고, 이것은 죽어감이고, 이것은 죽음이다. 그렇다!" 라고 말할 수 있는 사람, 그 사람은 아무것도 움켜쥐지 않고 아무것도 밀쳐내지 않는다. 그리하여 죽음을 통해 그는 생과 사의 쳇바퀴를 벗어난다. 그는 죽음을 통해 신으로 태어난다.

마무리 말

큰 사랑 안에서 살기

마무리에 이르렀으니, 흔히 그러는 것처럼, 우리가 거쳐온 여행길을 돌아보고, 그리하여 우리가 이제는 어디쯤 와 있는지를 살펴보도록 하자. 그러기 위해서는 몇 가지 할 일이 있다. 첫째는 우리가 따라왔던 생각의 여러 갈래들을 한데 모으고, 뭔가 종결감이 느껴지도록 그 끄트머리들을 한데 묶는 것이다. 그리고 다음으로는, 이 모든 것이 『바가바드 기타』와 대체 어떻게 연결되는지를 숙고해보는 것이다.

나중 것을 먼저 하자면, 이 책과 『기타』의 관계는 우리가 처음에 예상했던 것보다는 좀 더 미묘한 차원의 것임을 모두가 깨달았으리라고 생각한다. 이것은 『기타』에 관한 책이 되리라고 생각했고, 또 오랜 세월 『기타』를 공부한 것들이 집약되어 나온 것이기는 하지만, 정확히 따지자면 그중 많은 부분이 『기타』와는 직접 관련이 없다. 예컨대 이것은 분명 『기타』에 관한 학술적 강연은 아니었다. 『기타』의 구절들에 대한 해석도 아니었다. 가장 정확하게 말하자면, 이 책은 『기타』가 근거하고 있는 밑바탕의 개념들에 관한 이야기로서, 『기타』의 수행법을 우리들 각자의 영적 삶 속에 가져올 수 있는 몇 가지 방법들에 관한 사색이다. 이것이 우리가 탐사해온 『기타』의 측면들이다.

그것들을 모두 한데 모아서 마무리 짓는 일에 대해서는, 우리가 그 가르침을 각자 체험의 빛 속으로 가져오고, 각자의 가슴속에서 때가 무르익어서 저절로 일어날 때까지 기다려야 할 것이다. 하지만 그것을 모두 한데 묶어서 한 보따리로 산뜻하게 꾸리지는 못하더라도, 대신 이 책을 관통해 온 굵은 줄기들을 정리해 보는 일은 가능할 것이다.

돌이켜보니 이 모든 것의 밑바닥에 깔려 있는 주제는 우리에게 수행길의 지도를 제공해주는 『바가바드 기타』의 방식과 관련된 것 같다. 『기타』는 우리를 브라흐만 속으로 합일되어 들어가게 하기 위해서 요가와 수행의 체계를 정해준다. 그리고 아르주나에게 그랬듯이, 그런 수행법들이 제대로 작용하면, 신비로운 비전이 찾아온다.

『기타』 11장에서 우리는 그 비전이 어떤 것인지를 맛볼 수 있다. 아르주나가 크리슈나에게 말한다. "저는 당신에게서 진리의 말씀을 들었습니다. 하지만 제 영혼은 이 모든 것의 주인인 당신의 모습을 목도하기를 열망합니다." 그러자 아르주나가 그동안 쌓아온 수행의 덕으로 인해서, 크리슈나는 그에게 '신의 눈'을 부여한다. 그리하여 아르주나는 크리슈나의 '우주적' 모습을 목도할 수 있게 된다. 그것은 경외에 찬 광경이었다. 아르주나는 수천 개의 태양이 빛나는 것처럼 찬란한 우주의 모습이 눈앞에, 온 사방에 펼쳐진 것을 본다. 모든 창조물들이 크리슈나 안에서 들락거린다.

그 광경은 아르주나의 넋을 온통 압도해버린다. 그가 말한다. "저는 어떤 인간도 보지 못한 것을 보며 환희를 누립니다. 하지만 한편으로 제 가슴은 두려움에 떨고 있습니다. 저를 불쌍히 여겨서 부디 인간의 형체로 되돌아와 주소서."

그 비전은 아르주나의 마음이 소화해내기에 너무나 벅찼다. 그는 크리슈나가 인간의 형체로 돌아온 모습을 다시 보고 싶었다. 그러나 그 체험의 결과로 아르주나에게 남아 있던 의심들은 모두 지워지고, 그는 그저 자신의 다르마를 다하는 일에 순복한다. 그때부터 크리슈나는 아르주나에게 훨씬 더 직접적인 방법으로 가르침을 준다. 말하자면 유혹과 시험이 지나간 것이다.

중요한 것은, 그 체험이 아르주나를 찾아왔을 때, 그는 이미 영적으로 매우 순수한 삶을 살아왔다는 사실이다. 죽이지 않고 훔치지 않고 거짓말하지 않고 탐하지 않고 물건을 주고받지 않는 등의 모든 계율은 크리슈나가 아르주나를 대할 때 이미 당연한 것으로 전제되고 있었다. 우주적 형체의 계시는 이 모든 것이 이미 지켜지고 크리슈나의 가르침을 통해서 아르주나가 상당히 높은 지혜를 얻은 다음에 온 것이다.

신비의 비전에 대한 준비를 갖추는 일은 중요하다. 우리가 낮은 지혜와 높은 지혜에 대해 이야기했던 것을 기억해 보라. 낮은 지혜는 보통의 지성이 이해하고 개념화하고 조작하고 즐길 수 있는 것이고, 높은 지혜는 오직 입문을 통해서만 오는 것이다. 높은 지혜는 오로지 직접적 체험을 통해서만 온다. 그것이 '되어야만' 하는 것이다. 『기타』는 이 모든 과정으로 우리를 인도한다. 『기타』는 앞의 몇 장에서 낮은 지혜를 보여준다. 그다음에는 높은 지혜로 다가가기 위한 바탕이 되는 정화가 뒤따른다. 그리하여 높은 지혜를 통해 우리는 그와 함께 오는 모종의 체험을 할 수 있게 된다. 11장에서 아르주나에게 찾아오는 것과 같은 체험이 그 예이다.

그런데 환각제를 통해 우리 중 많은 사람들에게 일어난 일은, 그 순서가 뒤바뀌었다. 우리는 1장에서 10장까지 읽기도 전에 11장의 체험부터 읽은 것이다. 우리는 그것을 체계적으로 이해하지 못한 채로, 그런 것을 수용할 수 있을 정도의 정화 과정도 없이, 아찔한 광경을 봐버린 것이다. 그것이 그 모든 '악몽 체험(bad trip)'의 진상이다. 그러나 방법이 지독하긴 해도 그런 비전들이 때로는 우리로 하여금 돌아가서 정화수행을 추구하고 높은 지혜를 추구하게끔 하여 신비의 비전을 향한 발사대를 조금씩 개선시켜주었다. 이처럼 미국에 출현하기 시작한 요가가 『바가바드 기타』에 제시된 순서와 일치하지 않기는 했으나, 우리는 환각제를 통해서 너무나 세속적이고 외부지향적이고 철학적, 유물론적이던 우리의 사고방식을 날려버리고, 우리가 들어야 할 것을 들을 태세를 갖추게 되었다. 높은 지혜가 선언하는 그것, 곧 해탈한 존재가 되기 위해서.

그리하여 우리는 우리가 따를 준비가 되어 있는 모든 수행법에 대해 말해주기를 기대하면서 『기타』에 귀를 기울이고 있는 것이다. 앞서 말했듯이, 어떤 면에서는 그 모든 수행법이 마약과도 같은 것임을 알면서도 우리는 그렇게 한다. 수행의 필요를 느끼고 있기 때문에, 직관적으로 이끌리는 것이다. 그냥 우리 안의 무언가가 옆구리를 찔러 수행을 하라고 부추기기도 한다. 우리는 거기서 진퇴양난을 느낀다. '깨달음을 얻는 것'에 관한 드라마를 포함해서 우리의 모든 드라마가 그저 또 하나의 미묘한 가리개임을, 그리고 그 가리개가 우리의 진정한 본성을 보지 못하게 하고 있음을 알기 때문이다. 깨달음을 얻으려고 하는 그것은 깨달음을 얻지 못하도록 방해한다. 하지만 그것은 우리의 수행을 더욱 깊게 이끌어가는 자극제가 되어준다. 그러면 그 수행은 좀 더 순수해진다. 이렇게 순환은 이어진다. 한 계단 위에서 보면 깨달음은 방편의 사용을

'포함한다'. 해야 할 일은 아무것도 없다. 하지만 우리는 삶 속의 모든 가능성에 대한 완전한 개방 상태에서, 자신에 대해 뭔가를 하는 쪽으로 이끌리게 된다.

수행을 시작할 준비가 되었을 때, 『기타』는 우리의 삶에 포함시킬 수 있는 온갖 다양한 요가의 과목들을 가르쳐준다. 요가란 사실 신께 가까이 다가가려는 뜻으로 실천하는 모든 행위를 뜻한다. 거기서 핵심은 '의도적인 행行'의 부분이며, 그래서 요가는 우리 삶의 모든 부분과 연결될 수 있다. 마틴 바버Martin Barber는 이렇게 말했다. "신께 이르는 길에서 성화될 수 없는 인간의 행위는 없다."

『기타』가 다양한 요가 수행법에 대해 알려주기는 해도, 그중 가장 중요한 것은 카르마 요가의 길임이 분명하다. 앞서 말했지만, 『기타』는 부분적으로는 불교에 대한 힌두교의 대응이다. 그것은 세상을 피하여 호젓한 곳으로 물러나는 대신 세상에 참여하는 영적 길을 포용한다.

나는 『기타』를 기본적으로 카르마 요가의 교본으로 본다. 영으로 하여금 행동하게 하는 안내서인 것이다. 나는 『기타』의 가르침이 간디와 마르틴 루터 킹의 삶에 반영되어 있음을 발견한다. 『기타』는 명상의 삶이라기보다는 행위의 삶을 위해 마련된 요가의 길이다. 『기타』는 세상 속에서, 우리들 삶의 한가운데에서 어떻게 영적 추구를 해나가야 할지를 말해준다. 우리는 우리의 모든 행위를 신께 바침으로써, 아무런 집착 없이 행위함으로써, 자신을 행위자로 봄이 없이 행위함으로써, 그 길을 가게 된다.

우리는 그 순수하고 초연한 행위의 자리에 이르기 전에 먼저 다른 많은 단계를 거치게 될 것이다. 그리고 그 각각의 단계들은 우리의 수행에 고유한 몫의 기여를 해줄 것이다. 예컨대, 아직도 '나는 카르마 요가를

'해야만' 해'라는 느낌을 가지고 행위하고 있다면 우리의 행위는 죄책감과 노여움으로 오염될 것이며, 그만큼 그것은 '순수한' 카르마 요가가 되지 못할 것이다. 하지만 바로 그 불순함이 자신의 행위를 더욱 깊게 들여다보게끔 우리를 몰아가는 힘이 될 것이다. 그리하여 수행을 통해 지혜가 맑아질수록 동기는 더욱 순수해지고 우리의 카르마 요가도 변해갈 것이다.

앞에서 우리는 카르마 요가와 희생이 별도의 수행법인 것처럼 이야기했다. 하지만 사실 가장 높은 카르마 요가는 동시에 희생 행위의 완전한 표현이기도 하다. 진정한 카르마 요가의 수행에서, 우리는 자신과 자신의 만족을 희생하여 사심 없는 다르마에 부합하는 행위를 하고자 한다. 희생 의식은 하나의 순환을 마무리 짓고자 하는, 받은 것에 대한 보은으로서 되돌려 바치고자 하는 내면의 깊은 열망을 만족시킨다. 크리슈나가 화신으로서 물질계에 내려오기로 했을 때, 그것은 '희생의 행위'이다. 인간이라는 옷을 껴입어야만 하는 신의 입장을 상상할 수 있겠는가? 그건 가렵고, 좀이 쑤시고, 잘 안 맞고, 답답한 노릇일 것이다. 하지만 물질계에 다르마를 바로 세우기 위해서 크리슈나는 형체를 입고 나타난다. 그 희생이 우리에게 내려와 바쳐진 것이다. 그러니 순환을 마무리 짓기 위해서, 하나의 원을 완성시키기 위해서, 모든 것을 신성하게 만들기 위해서, 우리는 자신을 제물로 되돌려 바치는 것이다. 형체 없는 것으로부터 형체로, 형체로부터 형체 없는 것으로 변천하는 모든 움직임이 하나의 거대한 찬양, 끊임없는 변성의 불 속에 바치는 거대한 공양물이 된다.

이 모든 것이 당신에게 너무나 감상적이라고 느껴진다면, 나날의 행위를 더 높은 의식에 바치는 것으로 대신하라. 모든 것을, 하루하루를, 하는 일 하나하나를 자신의 깨어남을 위해 바치라. 운전을 하든, 기름을 넣든,

잠자리를 준비하든, 이빨을 닦든, 배변을 하든, 무엇을 하든 그것을 당신의 깨어남이라는 방앗간의 곡물이 되게 하라.

우리가 행하는 모든 행위를 세속적인 눈으로 바라볼 수도 있고, 그와는 다른 눈으로 바라볼 수도 있다. 우리의 본성과, 우리가 여기서 하고 있는 일을 새롭게 정의해주는 눈으로 바라보는 연습을 해보라. 나는 '이빨을 닦고' 있는가, 아니면 '신께로 가는 하나의 길로서 이빨을 닦고' 있는가? 그것은 우리의 선택에 달려 있고, 그런 관점의 전환에는 심오한 무엇이 있다. 그것은 진정 우리의 인식의 장을 재창조하는 과정, 하나하나의 행위로써 우리의 온 우주를 재창조하는 과정이다.

우리는 삶의 어떤 부분도 제물로 바꿔놓을 수 있다. 누군가와 말썽을 빚고 있다면, 그것을 수행으로 삼으라. 당신의 제단에 그 사람의 사진을 올려놓으라. 나는 나와 정말 치열하게 다투고 있는 사람들의 사진을 내 푸자 테이블에 올려놓고 있다. 마하라지는 내게 이렇게 말했다. "타인들과 어떤 짓을 하든, 그들을 네 마음속에서 밀어내지 말아라." 그래서 지금 내가 노여워하고 있는 그 사람이 내 푸자 테이블 위에 놓여 있다. 아침에 명상을 하러 가면 나는 그 사진을 본다. 그러면 그 사람에게 마음이 닫힌다. 그래서 나는 그 사진과 함께 앉아 있다. 나는 노여움을 내려놓을 수 있을 때까지, 그 존재를 새롭게 바라볼 수 있을 때까지, 그 사람을 신으로 볼 수 있을 때까지, 그와 함께 앉아 있다. 나는 내 감성의 불에 할 수 있는 한 가까이 다가간다. 그러면 정말이다, 그것은 정말 뜨거워진다!

희생과 포기는 비슷한 종류의 수행이다. 어떤 면에서 희생은 포기 행위를 하나의 의식으로 만들어준다. 영적 수행에는 포기, 타파시야(고행),

금욕을 위한 자리가 있다. 이런 수행에 끌리기만 한다면 자신에게 스스로 규율은 가하는 것은 해볼 만한 일이다. 원한다면 단식을 하는 것도 좋다. 단식을 하면 자신이 얼마나 음식에 집착하는지를 실감하게 된다. 원한다면 브라흐마차리야(금욕)를 하는 것도 좋다. 그럼으로써 자신이 얼마나 성욕에 휩쓸리는지를 깨닫게 된다. 타파시야는 우리가 집착하는 모든 것을 의식 속으로 가져올 수 있게 한다. 그런 집착들을 밖으로부터, 지켜보는 자의 자리로부터 바라볼 수만 있다면, 우리는 그런 감각의 욕망에 번번이 힘없이 빨려 들어가지 않을 것이다. 우리의 마음이 늘 그렇게까지 바깥을 헤매도록 허용하지만 않으면 우리는 다시 내면의 '빛'을 향할 수 있을 것이다.

이것이 금욕의 목적이다. 신께로 가지 못하게 붙드는 것으로부터 우리를 해방시켜 준다는 이유로 금욕이 좋게 느껴진다면, 그것은 포기행을 수행할 때가 왔음을 알려주는 좋은 징조이다. 반대로 단지 '훌륭해지기' 위해서 이를 악물고 수행하고 있다면 그것을 좀 나중으로 미루는 것이 좋을 것이다. "나는 얼마나 '많은 것을' 포기할 수 있을까?" 하고 재기 시작하고 있다면, 그것은 잘난 체하는 마음이 숨어들고 있다는 꽤 확실한 표시다. '나는 섹스도 포기했고 육식도 포기했고 우유도 포기했고 또….' 이 무슨 에고의 짓거리인가! 이것은 단지 '집착하지 않기'에 집착하는 것일 뿐이다. 포기조차 포기하지를 못한 것이다! 궁극적으로 포기행이란 이런저런 일로 '괴로워하기'를 포기하는 것이다. 그리고 바로 그런 일이 일어날 때, 포기의 길에서 그 모든 멜로드라마적인 부분들이 사라지기 시작한다. 이 게임은 우리가 얼마나 음식을 적게 먹을 수 있는지, 섹스를 얼마나 적게 할 수 있는지, 옷을 얼마나 적게 입을 수 있는지를 보여주려는 것이 아니다. 그런 것은 어리석기 짝이 없는 짓이다. 게임의 목적은 '자유로워지는' 데에 있다. 가지는 것에 집착하지 않고, '가지지 않는' 것에도 집착하지 않고, 자유로워지는 것만이 목적인 것이다.

포기행은 종착역으로 가기 위한 수단이다. 일단 자유로워지면, 포기는 의미가 없어진다. 집착에서 자유로워지는 순간, 우리는 우주의 모든 것을 쓸 수도 있고 쓰지 않을 수도 있다. 사실 그때는 모든 것이 쓸 수 있는, 우리의 것이 된다. 우주의 모든 에너지는 마음대로 쓸 수 있는 에너지이다. 우리는 자유로워지기만 하면 그것을 모두 마음대로 쓸 수 있다. 하지만 오직 집착이 없어지고 난 '후'의 일이다. 왜냐하면 그때라야 왕국의 열쇠가 우리에게 맡겨지기 때문이다. 욕망과 집착이 없어지면, 우리는 오직 다르마에 의해서 이끌릴 때만 행동할 것이다. 그때가 되면, 카르마 요가를 하는 데에 방해가 되는 상황에 우리는 더 이상 한시도 주의를 빼앗기지 않게 될 것이다.

『기타』에서 카르마 요가만큼 중심적인 위치를 차지하지는 못하지만, 박티 요가도 『기타』의 메시지에서 중요한 위치를 점하고 있다. 12장에서 크리슈나는 박티가 요가의 가장 높은 형태라고 말한다. 그는 아르주나에게 말한다. "항상 나를 가슴속에 두고 늘 나를 사랑하고 예배하는 자, 나는 이들을 최고의 요기로 꼽는다."

박티 요가와 카르마 요가는 날줄과 씨줄처럼 서로 엮여서 하나의 천을 이룬다. 크리슈나는 아르주나에게, 사랑으로 자신을 받드는 자는 가슴속으로부터 자신의 인도를 받으리라고 말한다. 순수한 다르마로부터 행위하는 것, 즉 신의 뜻으로부터 모든 행위를 인도받는 것이 카르마 요기의 목표이다. 그리고 크리슈나는 여기서, 그것을 성취하는 길은 그 공식에다 사랑을 더하는 것뿐이라고 말해주고 있다.

그래서 우리는 사랑을 더하여 박티 수행에 몰입한다. 그와 동시에 우리는 자칫 잘못하면 헌신의 대상 안에서 주저앉아 그것을 거쳐 더 나아가지 못하게 될 위험성이 있음을 깨닫게 된다. 박티에는 낮은 차원의 박티와 높은 차원의 박티가 있는데, 낮은 차원의 박티는 매우 이원론적이다. 그것은 '외부에 있는' 어떤 사람, 또는 사물을 예배하는 것이다. 차원 낮은 박티는 대개 갈구하고 매달리는 일종의 집착과 함께 온다. 여기에는 아무런 잘못이 없다. 그것은 박티가 작용하는 방식의 일부이다. 그 본질을 이해하고 더 나아갈 수 있도록 지혜를 계속 키워가는 한, 그것도 좋다.

나 자신도 '차원 낮은 박티'의 자리로부터 출발했다. 마하라지라는 존재에 대한 개인적 수준의 엄청난 사랑을 느끼면서 시작되었다. 나를 사랑하고, 돌봐주고, 먹여주고, 입혀주고, 머리를 쓰다듬어 주고, 수염을 잡아당겨 주고, 큰 가르침을 주는 사람이 거기 있었다. 나는 지금껏 그런 사랑을 받아본 적이 결코 없었다! 매우 감상적인 수준에서, 나의 가슴이 그를 향해 열렸다. 나는 그냥 그 '큰 아버지'를 사랑했다. 하지만 그 사랑을 통해서 나는 자신을 그에게 열어젖혔고, 그래서 그가 나에게 준 모든 가르침들이 내 속으로 곧바로 쏟아져 들어왔다. 왜냐하면 내 가슴은 활짝 열려 있었기 때문이다. 그리고 그렇게 활짝 열린 상태에서 그로부터 쏟아져 들어온 그 가르침은 나의 존재를 계속 재정의시켰고, 결국 그의 형체에 대한 나의 집착—그에 대한 개인적 수준의 사랑—

이 떨어져 나가기 시작하며, 그 자리에 뭔가 다른 것이 채워졌다. 그것은 그가 나에게 보여주고 있던 것, 그의 형체 너머에 버티고 있던 그것에 대한 사랑으로 변했다. 그 시점에서, 그에 대한 나의 사랑은 나의 열림을 위한 수단이 되었던 것이다. 이것이 박티, 곧 헌신의 요가가 작용하는 방식이다.

『기타』 9장은 크리슈나가 아르주나에게 이렇게 말함으로써 끝난다. "항상 나를 생각하고 항상 나를 사랑하라." "너의 마음과 너의 가슴을 나에게 주어라. 그러면 너는 나에게 오리라."

여기서 우리는 일종의 연쇄고리 같은 수행법을 발견한다. 먼저 카르마 요가와 박티 요가가 연결된다. 크리슈나는 가슴을 통해 제자의 행위를 인도한다. 그리고 이제 우리는 박티 요가와 야나 요가가 연결되어 있음을 발견한다. 신께 이르기 위해서는 가슴과 마음을 다 주어야 한다. 우리는 차원 낮은 박티에 빠지지 않도록 지혜를 갖춰야 한다. 그러나 생각하는 마음은 박티의 가슴이 더해져야 균형이 잡힐 수 있다. 야나 요가와 박티 요가의 이러한 조합이 이루어지면, 강력해진다! 헌신은 갈수록 선명해지고 확고해지며, 지혜는 갈수록 섬세해진다. 박티는 공空을 통과하여 사랑의 다르마로 우리를 데려간다.

파파 람다스Papa Ramdas는 인도의 성자였다. 그는 1884년에 태어나 망갈로르에서 마더 크리슈나바이Mother Krishnabai와 함께 아쉬람을 이끌었다. 파파 람다스는 모든 인간이 몸과 가슴과 지성을 가지고 있으므로 영적 성장을 위해 그 세 가지를 다 사용해야 한다고 했다. 그러지 않으면 몸의 일부분만 움직이고 나머지 부분은 내버려두는 것과 마찬가지라고 말했다. 몸은 사심 없는 봉사(카르마 요가)를 위해 사용하고, 가슴은 헌신(박티 요가)을 위해 사용하고, 마음은 통찰(야나 요가)을 위해 사용해야 한다고 말했다. 그러니까 각각의 요가는 삶에 대한 새로운 전망을 일깨우기 위해 인간인 우리의 각 측면들을 활용하는 기술이라는 것이다.

모든 야나 요가 수행법은 마음을 자신에게로 되돌리는 방법이다. 파파 람다스는 이렇게 썼다. "인간은 지성을 탐구하기 위해 사용해야 한다. 실재인 것과 아닌 것을 구별할 줄 알아서 실재가 아닌, 세상의 덧없는 것들에 대한 집착을 놓아야 한다." 그는 주의를 실재가 아닌 것―우리가 보통 '현실'이라고 부르는 것―으로부터 실재로 돌려야 한다고 말한다. 이와 같은 경구, 그것이 뜻하는 바를 명상하는 것, 파파 람다스와 같은 존재의 글과 가르침을 공부하는 것도 야나 요가의 한 형태이다. 그다음에는 마음으로써 마음을 물리치는 화두선이나 자아탐구 같은 야나 요가의 형태가 있다. 명상이나 만트라처럼 마음을 집중시켜 주는 수행법도 있다. 그리고 지켜보기처럼 마음으로부터 자신을 한 걸음 물러서게 하는 수행법도 있다.

나는 지켜보기 수행이 우리에게는 매우 중요한 영적 훈련이 될 수 있다고 생각한다. 그것은 우리를 삶의 드라마 밖으로 빠져나올 수 있게 해주기 때문이다. 그것은 자신의 경험을 달리 바라볼 수 있는 또 다른 차원이 존재함을 보여준다. 이 수행에서 혼동의 위험성이 있는 것은, 우리 마음속의 분별하는 목소리를 영적 주시로 오인하는 것이다. 그뿐 아니라 이 게임의 정체를 처음으로 조금씩 파악하기 시작할 때, 그리고 자신의 행로에서 한 발짝 물러설 수 있게 되기 시작할 때, 우리는 종종 매우 분별적인 형태의 '지켜보기'를 하게 된다. 일종의 '기준'을 가지고 판단을 하는 것이다. 당신은 붓다를 기준으로 삼는다. 혹은 그리스도나 크리슈나나 마하라지를 기준으로 삼는다. 그리고 그 기준 옆에는 자신의 행동과 생각과 느낌이 있다. 당신은 그것들을 나란히 두고 자신의 행동을 그 기준에 비교하고 심판한다. 이것은 슈퍼에고라고 알려진 것의 연장이다. 이것은 자신을 더욱 꼼짝달싹 못하게 곤경 속으로 끌고 가는, 다분히 감정적인 짓이다. 말할 나위도 없이, 이것은 자신을 해방시키는 데 도움이 되지 않는다.

영적 수행에 유용한 종류의 지켜보기는 이와는 전혀 다른 성질의 것이다. 그것은 좋다, 나쁘다는 심판이 아니다. 모든 것이 동등하다. 이 지켜보기는 그 무엇도 바꿔놓고자 하지 않는다. 그저 모든 것을 바라볼 뿐이다. 그것은 어떤 것에도 목적을 두지 않는다. 자신의 깨달음을 위해 헌신하지 않는다. 자신을 앞서게 하려고 애쓰지 않는다. 그것은 그저 지켜봄이다. 그밖의 다른 아무것도 아니다.

하지만 이러한 관점으로 옮겨가면서 지켜보기의 힘을 길러갈수록 경험자가 되기를 포기하게 되는 자신을 발견한다. 지켜보는 자가 되기 위해 경험의 짜릿한 스릴을 희생하는 것이다. 우리는 원한다면 언제든지 지켜보는 자가 될 수 있다. 고요히, 흔들림 없이 모든 것을 그저 인식하기만 한다. 단지 관점을 살짝 바꾸기만 하면 된다. 저쪽에서 보겠다는 '의도'만 있으면 된다. 그게 전부다. 하지만 그렇게 하려면 경험자가 되기를 포기할 각오가 되어 있어야 한다.

이런 종류의 지켜보기를 발전시키려면, 약간의 운신할 수 있는 공간을 가져야 한다. 내가 영적 수행을 위한 충고로서 맨 먼저 '자신에게 약간의 여유를 주라'고 하는 것도 이 때문이다. 자신의 시간과 마음속을 늘 어떤 내용물로 가득 채워 넣으려고 하지 말라. 자신을 위해 빈 공간을 만들어주라. 한 발짝 뒤로 물러나서 자신의 여행을 지켜보기가 쉬워지도록.

그런 다음 그저 해보라. 지켜보라. 판단하지 말라. 바꿔놓으려고 하지 말라. 지켜보는 것 외에는 아무것도 하지 말라. 그러면 당신 속의 많은 응어리들이 단지 발견되지 않았기 때문에 남아 있었을 뿐임을 깨닫게 될 것이다. 그저 지켜보기만 하는 '나'의 빛 속으로 그것을 가져다 놓으면, 그것은 변하기 시작한다. 당신은 손가락 하나 까딱하지 않는데도 말이다! 당신이 한 것은 오로지 자기 존재의 다른 부분, 다른 모든 것을 지켜보는 데 사용할 수 있는 그 부분과 하나가 되기 시작한 것뿐이다.

예컨대, 나는 여기 이렇게 앉아서 지켜보고 있다가 갑자기 손을 움직인다. 나는 지켜본다. 그러므로 움직임을 알아차린다. 이제 나는 자신에게 이렇게 말할 수 있다. '넌 손을 왜 자꾸 움직이냐?' 이것은 심판이다. 아니면 이렇게 말할 수도 있다. '손이 움직이는 걸 알아차렸으니 멈춰야지.' 이것은 하나의 반응 프로그램이다. 하지만 판단과 반응 프로그램의 배후에는 그저 지켜봄이 있다. 손이 움직이고, 알아차리는 주시자, 그밖에는 아무것도 없다.

하지만 이러한 지켜봄의 수준에서조차 우리는 여전히 이원적인 틀 안에서 작용한다. 지켜보는 자는 여전히 '대상'을 지켜본다. 그러나 그다음에 또 다른 종류의 지켜봄이 나타난다. 전적인 비집착으로부터 나오는, 모든 것을 두루 다 인식하는 지켜봄이다. 그 자리에 이르면, 또 다른 변성이 일어난다. 이때 나는 여전히 지켜보는 자이지만 또한 즐기는 자이다. 나는 경험이며, 경험자이며, 전적인 참여자이다. 이중에 내가 아닌 부분은 없다. 크리슈나가 "나는 지켜보는 자이다. 나는 모든 전장을 아는 자이다"라고 말할 때 가리키는 것이 바로 이 지켜보는 자이다. 이것은 에고의 지켜봄이 아니다. 이것은 야나 요가의 수행이 아니다. 이것은 신이다. 브라흐만이다. 이 수행은 그 자체를 초월한다. 그것은 나를 모든 것 속으로 녹아들게 하고, 모든 것을 지켜보는 자리로 나를 데려다준다. 내가 곧 모든 것이기에. 이것이 높은 지혜가 나오는 일체성 (oneness)의 자리, '너머의 너머'이다.

그러면 이 모든 것은 어떻게 총합되는가? 이 모든 것은 우리의 수행과 관련하여 무엇을 의미하는가? 영적 여정에서 우리는 저마다 다른 지점에 있다. 뭔가 새로운 출발점에 제대로 서 있다고 느끼는 사람들이 있는가 하면, 길에서 벗어나 헤매고 있다고 느끼는 사람들도 있다. 규칙적인 수행을 하는 사람들도 있고, 다음에 무엇을 해야 할지를 모르는 사람들도 있다. 우리 중 많은 사람들이 수행에 관해 많은 혼란을 겪고 있다. 난 무엇을 해야 할까? 내가 제대로 하고 있나? 이 길보다 나에게 더 좋은 길이 또 있을까?

수행의 길을 찾을 때 염두에 두도록 권하고 싶은 전략이 몇 가지 있다. 그 첫번째이자 가장 중요한 것이 '긴장을 풀라'는 것이다. 그다음에 무엇을 할 것인가는 별로 중요하지 않다. 왜냐하면 그게 무엇이든 간에 그것은 당신이 다음에 배울 거리가 될 것이기 때문이다. 그리고 어쨌든 중요한 것은 당신이 하는 '일'이 아니다. 그것을 누가 하는가, 그것이 당신 내면의 어디서 나오는가 하는 점이 중요하다. 내가 말하고자 하는 바는, 우리가 고민하고 번민하는 모든 선택과 결정이, 우리가 표현하고 싶어 하는 것과는 달리, 실제로는 그렇게까지 복잡하고 멜로드라마적이지는 않다는 것이다.

두 번째 전략은, 내면에 귀 기울이는 법을 배우는 것이다. 어느 순간에든 자신이 관심을 기울이는 것에 대한 내면의 직관적인 느낌을 신뢰하기를 배우라. 그렇게 하다 보면 전혀 뜻밖의 경험을 하게 될지도 모른다. 사실은 이미 그렇다. 예컨대 오늘 명상수련에 참가하는 사람들 중 대다수가 몇 년 전만 해도 그런 것이 가능한 것인지조차 몰랐을 것이다. 모처럼만의 휴가를 하루에 열여섯 시간씩 방석 위에 앉아서 몸을 뒤틀면서 보낸다는 것이 상상이나 할 수 있는 일인가? 하지만 어느 날 갑자기 그것이 당연한 것처럼 느껴진다. 그것이 다음에 해야 할 당연한 일처럼 느껴지는 것이다.

그러니 자신의 영적 여행의 다음 단계가 어떤 것이어야 한다고 생각하느라 머리를 굴리기보다는 직관의 소리에 귀를 기울이는 편이 낫다. 그것은 앞으로 자신에게 정직해져야 한다는 것을 의미한다. 직관의 지혜가 시킨다면 바꾸기를, 혹은 바뀌기를 두려워하지 말라. 수행을 시작하고, 거기에 완전히 헌신하고, 그것을 깊이 들이키라. 하지만 그러다가 당신은 그것이 당신을 위해 마련해놓은 한계를 경험하기 시작한다. 이럴 때 당신이 잘 빠져드는 태도는, 그대로 뭉개기 위해 자신의 직관적 지혜를 부인하거나 방법을 비판할 꼬투리를 찾기 시작하는 것이다. 그만둘 핑계가 될 테니까. 하지만 여기에 좀 더 세련되게 대처하는 방법은 그저, '지금으로서는 더 이상 할 일이 없다.'고 말하는 것이다. 아무런 판단도 하지 않는다. '그것'이 아름답지 않다는 것도 아니고, '당신'이 아름답지 않다는 것도 아니다. 단지 이렇게 말하는 것이다. '지금으로서는 우리가 더 이상 같이 할 일이 없구나.'

이제 당신은 매사에 자신의 가슴을 신뢰해야 한다. 왜냐하면 당신의 결정에 대해서 스승에게서나 동료 제자들에게서나 큰 지지를 받을 수 있을 것 같지는 않기 때문이다. 스승은 이렇게 말할 것이다. "넌 떠나면 안 돼. 여길 떠나면 지옥의 함정에 빠질 테니까." 겁이 날 테지만 너무 걱정하지 말라. 자신의 직관적인 가슴을 신뢰해야만 한다. 한때는 가슴이 우리를 스승에게로 데리고 왔지만, 그때 가슴을 믿었다면 지금 그것이 '떠나라'고 하는 말도 믿으라. 스승을 떠나든, 5년 후에 다시 돌아와서 "저…, 제가 실수를 한 것 같네요." 하고 꼬리를 내리든, 잘못된 것은 하나도 없다. 실수는 과정 속에서 절대적으로 필요한 것이다.

일단 마음을 놓고 가슴을 신뢰할 줄 알게 되면, 당신은 자신을 데려다 줄 바로 그 길로 이끌리고 있음을 발견할 것이다. 그 순간에 자신을 이끄는 것이 무엇이든, 거기에 전념하라. 그러다 어느 순간, 강변에 앉아서 바위를 바라보다가 그것의 신성함을 느끼게 되고, 그것이 당신을 자기 밖으로 이끌고 갈 것이다. 또 어떤 순간에는 자연이 아니라 다른 어떤 것이 그 일을 해줄 것이다. 어떤 때는 그것이 예수에 관한 어떤 말 한 마디일 수도 있다. 그러면 가슴이 열리고 영성의 불꽃이 튀는 것을 느낄 것이다. 지성이 너무나 명료하고 정치해져서, 그 모든 현상의 파노라마를 조망하고 만물의 경이로운 설계의 핵심을 꿰뚫어, 그것이 당신을 생각

너머로 데려다 줄 수도 있다. 이 모두가 서로 다른 순간들이다. 한 순간에는 어떤 것이 편안하고 좋고 유용하다. 다른 순간에는 다른 것이 또 그렇다. 그저 그것들 속으로 흘러들어 갔다가 흘러나오라. 그것을 사용하고, 그다음엔 버려라. 그것은 중요한 것이 아니다. 중요한 것은 어떤 수행법, 또는 어떤 스승에게 매달리는 것이 아니다. 중요한 것은, '이 순간' 살아 있는 영성 속으로 우리를 열어젖힐 수 있다면 무엇이든지 활용하는 것이다. 어떤 수행을 해야 할지 말아야 할지 조금이라도 의심이 든다면, 멈추라. 수행을 하는 데 조금이라도 불안한 느낌이 있으면, 내가 왜 그것을 하고 있는지 조금이라도 의심이 든다면, 멈추라. '수행'이란 말을 듣기도 전에 살던 방식으로 되돌아가서 살아라. 스위치가 켜지기 전으로, 명상이나 기도를 시작하기 전으로, 말도 안 되는 이 모든 것들을 알게 되기 전으로 돌아가라. 정확히 과거로 돌아가서 정신 나간 이 모든 짓을 잊어버리라. 그리고 무슨 일이 일어나는지 잘 살펴보라. 뭔가 내면의 실마리에 이끌려 영적인 책을 뒤적이다 몇 구절을 읽게 되거나, 조용히 앉아서 촛불을 응시하게 될 수도 있다. 그렇더라도 당신이 어디에 끌리고 있는지를 지켜보기만 하라.

우리 안의 모든 의무와 해야 하는 것들을 잠재울 수 있게 되면, 지금껏 해온 그 모든 청교도적 윤리 행각을 집어치울 수 있게 되면, 우리는 자신이 스스로 인정했던 것보다 이미 훨씬 더 멋진 존재임을 깨닫게 될 것이다. 우리는 정신없이 쫓겨서 앞으로 달리고 있으면서도 늘 자신을 뒤에서 밀어붙여야만 한다고 생각한다. 이것을 알면, 우리는 수행이 자신을 어딘가로 데려다주는 무엇이 아님을 깨닫게 된다. 수행이란 우리 자신을 그 길 위에서 치워버려서 우리로 하여금 장애물이 되지 않기 위해서 하는 것이다.

마음을 가라앉히고 무엇을 할 것인지에 귀를 기울이다 보면, 자신의 길에 감정적인 것들이 많이 가로놓여 있음을 발견하게 된다. 그것들과 잘 지내려면, 우리가 쌓아온 모든 개인적인 것들을 청소해야 하는데, 청소한다는 말은 먼저 그것들을 직면해야 함을 뜻한다. 누구나 마음속에 많은 것들을 감춰놓고 있다. 자신에 대한 생각들, 조잡하거나 개인적이거나 모욕적이거나 이상한 것들, 생각만 해도 구역질 나는 것들…. 다른 사람이 들여다보기를 결코 원치 않는 것들이 우리 속에는 너무나 많다. 우리는 청소해야 할 대상들의 목록을 만들 수 있다. 하지만 그게 무엇이든, 그것들은 우리 자신에 대해 너무나 거북한 기분이 들게 만든다. 그래서 그저 피하고만 싶어진다. 우리는 그것들을 마음속 후미진 곳에다 처박아놓고 들여다보지 않는다.

나는 사람들과 상담할 때, 그들이 이런 것들을 테이블 위에 내놓고 들여다볼 수 있게 도와주고자 한다. 그럴 때, 가끔씩 사용하는 방법이 있다. 나는 상대방에게서 떨어져 앉아서 말한다. "서로 상대방의 아즈나 ajna (양미간보다 약간 위, 제3의 눈이 위치하는 자리)를 주시하기로 합시다." 그러고는 그에게 말한다. "다른 사람에게 털어놓기엔 너무 거북하거나 당황스럽거나 구역질나거나 불쾌하거나 두렵거나 조잡한 것이 마음에 떠오르면, 주저하지 말고 저에게 털어놓으세요." 이것은 "코뿔소를 생각하지 마세요"라고 말하는 거나 마찬가지다. 그의 마음에 곧장 떠오르는 것은 가장 감추고 싶은 것들이다. '나는 혼자 있을 때 콧구멍을 후벼요.' 혹은 '엄마와 섹스를 하고 싶어요.' 무엇이든 지금껏 숨겨왔던 것들을 떠올리게 된다. 그 사람이 정말 솔직해져서 마음에 떠오르는 것들을 내게 털어놓을 수 있게 되면, 그 고백이 그것들을 빛 속으로 가져다 놓고, 그것들을 놓아보내는 첫번째 단계가 된다.

이 훈련은 또한 우리로 하여금 자신이 생각만큼 허약하지 않다는 사실을 깨닫게 한다. 이 작업을 시작하면 곧 이렇게 말하는 사람이 있다. "오, 안 돼요. 그건 말할 수 없어요!" 그러다가는 그것을 붙들고 잠시 씨름을 하다가 결국 이렇게 말한다. "좋아요, 말할게요. 나는 아버지의 물건을 생각하면서 자위행위를 해요. 그 전에 두 다리를 묶지요." 이렇게 말하고 그는 나의 반응을 살핀다. 그는 내가 숨을 죽이거나, 흠칫하거나, 흘겨보기를 기다린다. 하지만 나는 그저 앉아서 염주를 굴리면서 "람, 람, 람…" 하고 만트라만 외우고 있다. 그러면 그는 '뭐든' 말할 수 있다! 그게 뭐든 간에 그건 또 하나의 말일 뿐이다. 그래, 그렇다. 뭐 또 다른 게 있는가? 뭐 또 별난 게 있는가? 당신은 자신이 정말 '특별한' 것을 감추고 있다고 생각하는가? 나는 사람들과 이 연습을 몇 년이나 해왔다. 그런데 지금까지도 그다지 별나고 새로운 말을 들어본 적이 없다. 이런저런 약간의 변주는 있었지만, 정말 새로운 것이라고는 없었다. 나를 까무러치게 놀라게 한 것은 하나도 없었다. 만트라를 외우면서 앉아 있는 자리에서 보면, 그건 모두 그냥 지나가는 생각, 생각, 생각들일 뿐이다.

그러니 그걸 다 내놓으라. 그걸 다 잘 살펴보라. 하지만 일단 모든 것을 표면에 내놓고 밝은 대낮의 빛으로 살펴보고 나면, 그것을 얼마나 빨리 놓아버릴 수 있는가 하는 것이 다음 문제가 된다. 다음 단계가 중요하다. 그것을 깔고 앉아 뭉그적대서는 안 된다. 그런 통속극은 이미 신물 나지 않았는가? 그것을 놓아 보내라. 괜찮다. 그래, 당신은 추잡하고 음탕하고 게으르고 정떨어지고 저질이고 꼴통이고 탐욕스럽고 미친 듯하고 욕쟁이에다 복수심에 불타며 비열하다. 맞다. 그리고 이것이 현주소다. 그렇지 않은가? '그리고 이것이 현주소다.' ─다른 말로 하자면, 그게 인간들의 꼬락서니다! 우리는 모두 그 일부분이다. 무엇을 할 수 있겠는가? 결국 그 모든 것을 그냥 놓아 보내버리는 수밖에 없다. 그것을 머릿속에서 놓아 보내라. 놓아주라. 그뿐이다. 그렇게 하면 가뿐한 해방감이 찾아온다.

그 모든 끔찍한 것들을 밝은 곳에 내놓은 다음에는 그것을 뒤집는 연습을 함으로써, 즉 자신의 아름다움과 존엄함을 살펴봄으로써, 균형을 맞춰주는 것이 좋다. 나라는 존재의 놀라운 아름다움을 스스로 경험하게 ─깊이 경험하게─하라. 자기비하의 느낌이 뒤를 당기게 놔두지 말라. 가슴의 빛을 느끼고, 내면에서 지혜의 깊이를 더듬어보라. 그것과 함께 앉아서, 그것이 내 존재 속으로 깊이 스며들게 하라. 이런 훈련은 우리가 빠져 있는 에고의 그 모든 부정적 짓거리를 벌충할 수 있게 도와준다.

자신의 존엄성을 경험하는 또 다른 방법은, 자신을 예수나 관세음보살이나 라마나 붓다와 같은 '빛의 존재'로 인식하는 것이다. 그가 자기 '외부'에, 자기의 맞은편에 있는 모습을 심상화하는 것부터 시작하라. 그런 다음에는 점차 그 존재를 자기 자신 속으로 끌어들이기 시작하라. 호흡으로써 이것을 도울 수 있다. 숨을 들이마실 때마다 이 존재를 자신 속으로 더욱 깊이 끌어들이는 것이다. 숨을 내쉴 때마다 그 존재의 현존이 자신을 채우는 것을 느끼라. 그 존재를 가슴속으로, 존재의 중심으로 끌어들이라. 그 존재가 점점 확대되어서 자신을 가득 채워 자신이 되게 하라. 자신으로 하여금 빛과 사랑의 존재가 되게 하라. 그런 다음에 스스로 물어보라. "내가 그 존재가 되어 있는 동안에 내 속의 그 모든 '부정적인' 것들은 다 어디로 갔는가?"

그러니까 지금까지 내가 권한 것은, 몸과 마음을 이완하고, 자신의 가슴을 신뢰하고, 어떤 방법이든 청소 작업을 하라는 것이다. 수행의 전략에 관한 나의 마지막 권고는 이것이다. —다르마를 신뢰하라. 심지어 에고의 수준에서는 뭔가 속는 듯한 느낌이라고 할지라도, 그것을 신뢰하라. 우리에게 작용하는 법칙이 매우 자비롭다고 생각할 수 있다면, 그 생각은 우리의 수행에 아주 큰 도움이 된다. 내가 자비롭다고 할 때, 그것이 에고를 행복하게 해주거나 심지어는 우리를 살아 있게 해주는 '좋은' 무엇을 뜻하지 않음을 유념하라. 카르마를 통해 우리를 자비롭게 인도해주는 어떤 것, 우리를 '깨어나도록' 도와주는 것이라야 우리에게 진정 유익한 것이라 할 수 있는 것이다.

내가 아는 다르마란, 우리의 진화 여정을 돕도록 설계된 어떤 시스템이다. 우리는 모두가 진화의 여정에 그 일원으로서 참여하고 있다. 그리고 매 순간 우리에게 일어나는 모든 경험은 하나의 선물, 우리에게 주어지는 가르침이다. 우리에게 필요한 것은, 그것을 있는 그대로 감사히 음미할 수 있게 해주는 인식의 관점이다. 지금 이 순간, 바로 지금, 당신은 그것이 당신을 일깨워주는 선물임을 깨닫고 있는가? 그것은 당신이 에고라는 껍질을 깨고 나올 수 있게끔, 당신과 신 사이의 분리가 녹아내리도록 돕게끔 완벽하게 고안되어 있다.

내가 아는 법칙은, 우리 모두가 매 순간 은총 속에 살고 있다는 것이다. 은총에서 떨어져 나오는 유일한 것은 우리 자신의 생각하는 마음이다. 우리는 스스로 떨어진다고 '생각하기 때문에' 떨어진다. 생각을, 단지 '생각'을 버리는 순간, 우리는 은총 속에 있다. 신은 언제나 한 생각 건너편에 있다. 그리고 그 생각을 잠재우는 순간, 우리는 다시 돌아와 있다.

그리하여 법칙과, 그것이 어떻게 작용하는가 하는 문제가 자유의지와 결정론, 카르마와 책임이라는, 아직도 해결되지 않은 의문으로 우리를 다시 데려왔다. 버몬트에서 트룽파와 대담을 나눈 적이 있었는데, 그가 내게 말했다. "흑마술사들을 어떻게 봅니까?"

　내가 대답했다. "트룽파, 흑마술사라뇨? 저는 흑마술사를 본 적이 없습니다. 게다가 저는 그런 사람들에 대해서는 아무 생각도 없습니다. 제 스승이 저를 돌봐주시니까요. 그게 그의 일이거든요. 저는 그저 신을 사랑할 뿐입니다."

　그러자 린포체가 말했다. "당신은 발을 빼고 있군요. 지금은 중요한 시기이고, 우리는 책임을 져야 합니다, 람 다스."

　나는 그것에 대해 잠시 생각하다가 그가 나를 놀리고 있는 거라고 결론지었다. 그래서 이렇게 말했다. "모든 시기가 다 중요한 시기지요, 린포체. 그리고 신께서 그 모든 책임을 지십니다."

　그가 대답했다. "아닙니다. 당신은 이해를 못 하고 있군요. '당신이' 책임을 져야 합니다."

　잠시 생각해보다가 나는 트룽파가 어떤 면에서는 옳고, 내가 정말로 발을 빼려고 하고 있다고 믿게 되었다. 내가 만일 '흑마술사'의 존재를 부인한다면, 선악으로 얼룩진 이 물질세계를 부정한다면, 나는 함정에 빠진 것이다. 나는 이 세계와 만상에 대한 '두려움'으로 그것을 아예 부정해버리는 함정에 빠진 셈이다. 그것은 세속적인 분별에 빠져서 모든 것의 배후에 있는 '하나'를 인식하지 못하는 것보다 조금도 나을 게 없다.

그래서 나는 그 '책임'이라는 개념에 대해 몇 년 동안 곰곰이 사색을 해 보았다. 그러자 자유의지와 결정론, 그리고 그 둘이 동시에 다 옳다는 역설에 대한 이해가 갈수록 깊어지기 시작했다. 자유의지와 결정론은 마치 샌드위치처럼 서로 층을 이루고 있었다. 자신의 진정한 본성을 깨닫기 시작하기 전까지 우리는 카르마의 법칙 속에서 살고 있고, 그것은 기계처럼 작동한다. 하지만 그 기계적인 작동 속에서도 우리는 자신이 선택을 한다고 '생각'하고, 그래서 선택을 해야만 한다. 우리는 자신의 '자유의지'를 행사해야만 한다. 그러다가 뭘 조금 더 알게 되고, 그리하여 우리에게는 자유의지가 없다는 것을, 그 모두가 단지 드러나는 법칙 아니면 가해진 법칙임을 깨닫는다. 모든 것이 그저 법칙에 따라 우리를 지나간다. '선택'처럼 보이는 것들까지 포함하여. 그래서 우리는 "내겐 책임이 없어. 난 단지 작동하는 카르마일 뿐이야."라고 말한다. 하지만 우리는 거기서 계속 더 나아가서 구나를 초월하고, 브라흐만의 경지에 이른다. 그리고 그 경지에서는 우리의 의지가 진실로, 완전히, 절대적으로 자유롭다. 원하는 것은 무엇이든지 할 수 있다.

단 한 가지 장애물이란, 거기에 이르면 우리 안에 욕망이랄 것이 하나도 남아 있지 않게 된다는 것이다. 완전한 지복의 상태에서 바랄 게 무엇이 있겠는가? 그런 자리에서 '자유의지'로써 하게 되는 유일한 행위란, 다르마의 작용에 이끌려서 하는 행위뿐이다. 즉, 우리는 오로지 법칙을 충족시키기 위해서만 행위한다. 왜냐하면 그 밖에는 할 일을 상상할 수도 없기 때문이다. 우리는 다르마의 순수한 도구가 되도록 자신을 내맡기는 데에 자유의지를 발휘한다. 그토록 오랜 세월 우리를 지배해온 모든 욕망들은 어떡하냐고? 그런 것쯤은 생각 하나로써 충족시킬 수 있다. 그것들이 이미 오래전에 사라져 없어지지 않았다면 말이다. 행위를 충동질하는 개인적 사연은 더 이상 없다. 그래서 전적으로 자유로움에도 불구하고 순리 속에서 자신의 역할을 충족시킬 행위만을 하게 된다.

그렇다면 나는 책임이 있는가, 없는가? 글쎄, 있기도 하고 없기도 하다. 그건 지금 내가 어디에 서 있는가에 달린 문제다. 요즘 나는 양쪽 차원을 모두 인식하려고 애쓰고 있다. 모든 것을 구루께 내맡기는 것과, 동시에 내가 추는 춤사위의 책임을 떠맡는 것. 나에 관한 한, 모든 일은 마하라지에 의해 되어간다. 하지만 나는 할 수 있는 한 완벽하게, 책임감 있게 최선을 다해서 내 역할을 한다. 나는 양쪽의 관점이 동시에 이루어지도록 하는 법을 배우고자 애쓴다. 처음에는, 마하라지를 만나기 전에는, 내가 모든 결정을 내린다고 생각했다. 그러다가 오리발의 함정에 빠져서는 이렇게 말했다. "마하라지께서 알아서 하신다." 이제 나는 그것이 양쪽 다 맞는 것임을 깊이 이해하고, 그 역설이 주는 모든 다채로운 맛을 음미하며 살아간다.

그렇게 가고 또 간다. 우리는 우리의 본성이라는 이 복잡하고도 다층적인 차원을 끌어안고 살아가는 법을 배우려고 애쓴다. 자신이 발을 들여놓은 길을 인식하고, 그것이 자신을 어디로 데려갈지를 안다. 그것이 모두 불가피한 전개임을 알고, 그 과정 속으로 더욱더 자신을 내맡긴다. 그런 한편으로 우리 모두는 저마다의 인연을 따라 법칙대로 끌려가고 있는 것이다. 우리는 모두 상대방의 업이며, 그게 모두 구루가 벌이는 게임이다. 모두가 신의 릴라(유희)이다. 우리와 우리의 삶, 우리가 벌이는 통속극과 수행, 그 모든 것이 단지 신의 놀음이다.

크리슈나는 신이 우주에 그 모습을 드러내는 다양한 방법을 이야기해준다. 신은 형상을 지어내는 자로서, 또한 그가 지어낸 형상으로서, 또한 그 각각의 형상 속의 본질로서, 자신을 표현한다. 크리슈나는 말한다. "나는 브라흐만이다. 나는 형상 없는 자, 시간도 공간도 없으며 시작도 끝도 없는 브라흐만이다. 각각의 인간들 속에서는 브라흐만의 불씨인 아트만, 그것이 곧 나다."

그러니 크리슈나는 모든 인간을 지어냈으며, 크리슈나는 모든 인간이며, 크리슈나는 모든 인간 속에 있다. 우리는 모두가 크리슈나이다. 우리는 모두가 신이다. 우리의 영혼은 거듭되는 환생을 겪어가면서 우리를 신으로부터 격리시키고 있는 가리개를 하나씩 하나씩 걷어낸다.

우리는 서서히 이 모든 것이 설계된 경이로운 속내를 이해하고 음미하기 시작한다. 생각해보라. 이 모든 것이―이 '모든' 것이!―이미 완벽하게 짜인 예정대로 가고 있는 것임을, 이 모든 것이 우리를 이 환생의 춤사위와 그 모든 무수한 형상과 역할을 거쳐서 단지 신께로, 하나(the One)로 되돌아가게 하기 위한 길임을.

우리는 가끔씩 이 장면들의 무대 뒤를 흘깃 들여다보고, 각자의 삶을 저마다 제 갈 길로 전개되고 있는 하나의 스토리로 바라본다. 위기와 결정과 선택의 기로에 서면, 우리는 대개 '이젠 어떻게 해야 되지?' 하고 망설인다. 하지만 다음 순간, 우리는 책장을 넘겨보고 그것이 모두 이미 인쇄되어 있는 각본임을 깨닫는다. 그것은 미스터리 살인극과도 같다.

그 책 42쪽에서 당신은 식료품 창고로 걸어가고 있는 집사이다. 하지만 당신은 또한 그 책을 읽고 있는 독자이기도 하다. 그리고 어쩌면 그것을 전에 이미 읽은 사람인 것 같기도 하다. 그래서 어쩐지 당신은 집사가 창고에 도착하면 어떤 일이 벌어질지를 다 알 것 같다. 그리고 마침내 당신이 준비가 다 되고 때가 무르익으면, 바로 자신이 그 작가이기도 함을 깨닫게 된다.

그리고 집사와 독자와 작가의 배후에, 브라흐만과 프라크리티의 배후에, 형상과 형상 없는 것의 배후에, 그 모든 양극성과 차이의 배후에, 내가 있다. 형상 없는 것에서부터 형상에 이르기까지, 형상에서부터 형상 없는 것에 이르기까지—모두가 하나다. 이 형상과 형상 없는 것의 춤사위를 깨우쳐가는 가운데, 우리는 만물의 신성함을 깨닫는다. '만물이', 어느 것 하나 예외 없이 신성함을 깨닫는다. 우리는 그 깨달음을 소중히 여기고, 그 신성함을 존중하기 시작한다. 우리의 삶 속에 다시 혼을 불어넣음으로써, 신성한 것들을 받드는 법을 재발견함으로써, 우리 자신을, 우리의 삶을 신께 드리는 희생제물로서 불 속에 바침으로써. 그러면 만사는 갈수록 가벼워지고, 모든 것이 점점 더 명료하고 투명해진다. 우리는 아직도 각자의 춤을 춘다. 하지만 거기에 에고가 끼어드는 일은 갈수록 줄어든다. 춤사위가 점점 가벼워진다. 우리는, 땅을 밟지 않고서도 걸을 수 있음을 배워가고 있다.

『바가바드 기타』의 체화를 위한 실습 코스

『기타』가 삶의 중심이 되어 생활 속에서 살아 숨쉬게 해줄 사다나(영적 수행을 위한 프로그램)를 소개한다.

A. 수행일기 쓰기

B. 묵상(시간, 죽음을 포함한 다양한 주제에 관하여)

C. 명상

D. 지켜보기

E. 주기와 받기

F. 침묵

G. 타파시야(금욕, 예를 들면 단식, 욕망 다루기 등)

H. 하타 요가 아사나와 호흡법(프라나야마)

I. 자파 요가

J. 교회나 절에 다니기

K. 키르탄

L. 사트상

M. 푸자 테이블

N. 카르마 요가

A. 수행일기 쓰기

『바가바드 기타』를 깊이 이해하고 음미하게 되면서 일어나는 통찰과 경험을 기록으로 남기라. 일종의 수행 일기를 쓰는 것이다. 일정한 기간 동안 『기타』를 공부하면서 일기를 쓰다 보면, 『기타』는 삶 속에서 더욱 더 살아 있는 무엇이 되어 당신을 더 열려 있게 하고 더 깨어 있게 해줄 것이다. 일기를 쓰는 것은 우리가 끊임없이 변해가는 존재여서 불변의 고정된 자아란 없다는 사실을 우리에게 상기시켜 주는 역할을 한다. 버크민스터 풀러는 자신의 일기에 '나는 하나의 동사인 것 같다.'라고 썼다.

맨 먼저, 1장에서 아르주나가 처했던 곤경을 자신의 경험에 비추어보고, 그와 같은 곤경을 겪은 적이 있는지, 지금 그러한 곤경 속에 있는 것은 아닌지, 잘 살펴보고 생각하고 느낀 바를 표현해 보라. 아르주나가 느꼈던 절망, 혼돈, 내적 갈등, 낙담, 경험에 대한 흥미 상실, 낡은 습관에 매달리고 싶은 욕망 등과 같은 것을 당신도 이 인생 여정에서 느끼게 될 것이다. **당신 자신의 개인사 중에서** 아르주나가 처했던 상황에 당신이 공감할 수 있는 근거가 될 만한 어떤 일화나 상황이 있었는지, 떠올려 보라.

그다음에 기록할 내용은, 각각의 다양한 연습에 대한 당신의 반응, 그리고 강의록을 통해 당신이 깊이 경험하게 된 것들이다. 각 항목은 마음 가는 대로 짤막하게 써도 되고 길게 써도 된다.

의미 전달을 위해 적절하다고 느낀다면 어떤 형식을 취해도 좋다. 긴 일기 형식이 될 수도 있고, 산문보다는 시의 형식을 띨 수도 있다.

당신의 영적 성장에 도움을 준 다른 존재들의 말, 혹은 사진이나 그림 등, 무엇이든지 넣어도 좋다. 청중이나 독자를 의식하지 말라. 자신과 자신의 세계를 바라보는 당신 자신의 짤막한 촌평, 그리고 기타의 가르침에 대한 당신의 생각 등 당신의 솔직한 경험을 기록하라. 의식의 오솔길을 헤쳐 나아가는 당신만의 여행기가 되어야 한다.

일기를 쓰기 전에, 글이 나오는 근원 지점에 더 가까이 다가갈 수 있도록 명상을 하면 도움이 된다. 마음을 맑게 하여 아무런 생각도, 애씀도 없는 열린 공간을 만들 수 있다면, 말이 절로 떠오를 것이고 당신은 그것을 종이 위에 옮겨 쓰기만 하면 된다.

B. 묵상

지적인 사람들의 특징은 자신이 이해할 수 없는 것을 좋아한다는 것이다. 그들은 이해할 수 없는 것을 보면 "오 좋아요, 아주 좋아."라고 말한다. 쉽게 이해할 수 있는 것을 보면 그들은 "새로운 게 없네, 별로야."라고 말한다.

참된 영적 수행과 지적인 성취는 애초에 서로 어울리지 않는다. 지성적으로 내린 마음의 결론은 감정의 자리인 가슴의 확신으로 이어져야 하고, 그러면 그 감정은 실제 행동으로 끝을 봐야 한다.

영적인 공부는 고양된 기분과 겸손, 양쪽을 다 가져다줄 수 있다. 숭고한 진리 말씀은 우리의 마음과 가슴에 기쁨과 영감을 가져다줄 것이다. 그리하여 우리는 공부를 계속해 나갈 수 있는 추진력을 얻게 된다. 진리의 본성을 이해하고 온전히 소화하려는 지성의 노력에는 본래부터 한계가 있음을 깨달으면 겸손이 찾아온다. 말씀이 맛보기는 될 수 있으나, 결국 우리는 '말씀'이 실체가 아님을 겸손히 깨닫게 된다. 공부가 진척될수록 우리의 마음은 계속 영감을 받고, 겸손해져서 뒷전으로 물러난다.

무엇에 집중할 때, 우리는 언제나 우리의 마음이 만들어낸 어떤 대상에 집중한다. 하지만 마음이 충분히 차분해지고 순수해지면, 집중의 행위는 올더스 헉슬리가 말했듯이 '진정한 묵상이 가능해지는, 깨어 있는 수동성과 열림의 상태' 속으로 녹아든다. 진정한 묵상은 진정한 기도이며, 신성과 하나 된 상태이다. 낮은 수준의 묵상은 산만한 생각이다. **수준 낮은**

묵상 속에서 길을 잃지 말라.

연습

이 연습은 날마다 일찍, 아침의 중심잡기 수행을 마친 후에 하는 것이 좋다. 바로 지금 당신에게 특별히 의미가 있어서 내면의 어떤 곳을 건드리는 『바가바드 기타』의 한 구절을 골라서 그 구절을 몇 차례 반복해서 읽으라. 이성적인 마음으로 그 구절의 의미를 이해하려고 노력해 보라. 이제 그것을 다시 읽고, 그 의미를 속안에 품으라. 알음알이로 그것을 이해하려 들지 말고, 그저 그것을 품고 앉아 있으라. 원하는 만큼 깊이, 그것을 가슴 깊이 품으라. 원한다면 이 마지막 단계를 한 번 더 하라. 그 구절이 당신을 어디로 데려가든지 놓아두라. 마음속에 떠오르는 잡념과 이미지는 그저 지켜보기만 하라.

하루를 지내는 동안, 초조해지거나 서두르게 되거나 지루해지거나 혹은 그저 중심을 잡고 싶어진다면, 『기타』의 구절을 떠올리고 그것이 다시 당신을 내면으로 데려가도록 놔두라.

진정으로 자유로워지기를 원한다면, 그리고 『기타』의 진리를 따라 사는 것이 실제로 당신을 해방시켜 줄 것임을 이해하고 믿는다면, 『기타』가 점점 더 당신 일상의 불가분한 일부가 되어가는 것을 발견하게 될 것이다.

『기타』와 함께하는 이 연습은 당신이 정해놓은 기간 동안 매일 하는 것이 가장 좋다.

여기에 더하여, 가끔씩 다음과 같이 다른 대상을 택하여 묵상해 보라.

1. 성화 (묵상을 계속하다 보면 어떤 그림도 성화가 될 수 있음을 깨닫게 될 것이다.)

2. 꽃, 낙엽, 바위, 나무 등. 냇가에 앉아서 물에 대해 묵상하는 것도 매우 강력한 연습이다.

3. 모든 존재에 대한 자애, 자비심, 평정심 등과 같은 거룩한 품성.

4. 버스 정류장에서 바라보는 장터 등, 세상 풍경.

5. 그 밖에 무엇이든 당신을 더 깊은 이해의 자리로 데려다주는 것 (예컨대 인간관계 등).

6. 시간.

'몸은 언제나 시간 속에 존재한다. 영은 언제나 시간이 없으며, 혼은 이중적인 창조물이어서 인간 존재의 법칙에 의해 몸과 어느 정도 연루되어 있어야만 하지만, 원한다면 자신을 영과 하나가 되게 하여 영을 경험할 수 있다.'   —올더스 헉슬리

'시간은 빛이 우리에게 닿지 못하게 막는다. 신에 이르는 데 시간보다 큰 장애물은 없다.'   —마이스터 엑크하르트

'우리의 진정한 미래는 지나가는 시간의 내일 속에 있는 것이 아니라, 지금 속에서 진행되는 우리 자신의 성장에 있다.'   — 니콜

시간이 무엇인지, 그리고 시간과 관련하여 우리의 삶이 어떻게 기능하는지에 대한 느낌을 키우기 위해서는 다음의 실험들을 해보면 도움이 된다.

연습

다음을 순서대로 하나씩 각각 10분 동안 하라.
1. 호흡, 곧 숨이 몸 안으로 들고나는 것을 지켜보라.
2. 좋아하는 음식을 먹으라.
3. 눈을 감은 채 TV를 시청하거나 라디오를 들으라.
4. 아무것도 하지 말고 앉아 있으라.

각각의 연습을 할 때 시간에 대한 인식이 어떻게 바뀌는지를 알아차리라.

연습

20분 동안 고요히 앉아 있으라. 수행일기의 한쪽을 세로로 두 칸으로 나누어 각각 **과거**와 **미래**라는 제목을 달라. 각 제목 아래에 당신의 생각들을 단순히 나열하라. 얼마나 많은 생각이 이 두 범주 아래에 쓰이는지를 살펴보라.

연습

2차원으로만 이루어진 세계를 상상해 보라. 온통 면(길이와 너비)으로만 이루어져 있지만 3차원으로(두께만큼) 아주 살짝 연장된, 종이와 같은 세계다. 이 종이의 세계에 살고 있는 존재를 상상하라. 그들은 그들의 세계와 그 안에 놓인 것들 외에는 아무것도 인식하지 못한다. 이제 연필로 종이를 뚫는다고 해도, 그들은 연필과 종이가 교차하는 부분의 단면밖에 인식하지 못할 것이다. 그들의 세계에서는 그것만이 연필의 전부이기 때문이다.

우리와 시간의 관계도 마찬가지 방식으로 한정되어 있다는 사실을 상상해 보라. 우리에게 연필은 연필 끝에서 지우개 부분까지 전체로서 존재하지만, 그들에게는 종이 위의 단면으로서만 존재한다. 우리가 '현재의 순간'이라 부르는 시간은 그들 세계 속의 연필 단면에 해당된다. 우리는 종이 세계의 존재들이 2차원적 감각을 통해 알고 있는 그것을 단지 상대적인 현실, 곧 연필의 일부에 지나지 않는 것으로 인식한다. 마찬가지로 '지나가는 시간'에 대한 우리의 감각 또한 단지 상대적인 현실에 지나지 않는지도 모른다는 사실을 깊이 묵상해 보라.

만일 우리 중의 누군가가 종이 세계로 내려가서 2차원의 시야와 사고습관을 익히게 되었다고 하자. 그들에게 이 세계는 그보다 무한히 크고 다른 세계의 한정된 표현에 지나지 않는다고 설명해 준다면 그들은 어떻게 반응할까? 여기에 비추어 당신의 시간관념을 살펴보라.

묵상해 본 대상들의 목록을 일기에 적고, 원한다면 소감도 적어 보라. 처음 했을 때 그것을 '진정으로' 이해하지 못했거나 온전히 소화하지 못했다면, 나중에 한 번 더 해보고 싶어질 수도 있을 것이다.

C. 명상

마음을 고요히 가라앉히는 것은 요가의 다른 모든 수행을 위해 유일하고도 가장 중요한 바탕이 될 것이다. 나로파 대학이 이 수업을 위해 명상 홀을 제공해 주었다. 명상을 규칙적으로 하는 습관을 가지고 있지 않다면 이 명상 홀들 중 한 곳에서 날마다 규칙적으로 명상을 해보는 것이 도움이 될 것이다. 다른 수행자들이나 숙달된 명상가들이 함께한다면 명상이 더 쉬워진다. 이 수업이 끝난 후에도, 어디서든 방해받지 않을 고요한 장소를 찾아 명상을 해보라.

코스가 진행되는 동안 매주 테라바다 불교(남방 소승불교) 전통의 사티파타나 위빠사나 명상 교사가 일련의 정통 명상 수행법을 안내해줄 것이다. 일과 시간에는 명상 교사와 다른 스텝들이 당신이 부딪히게 될 모든 어려움에 대해 상담해 줄 것이다.

당신이 이미 다른 형태의 명상에 익숙해 있는 사람이거나 나로파 대학의 다른 수업에서 명상 지도를 받고 있다면 그것을 계속해도 된다.

D. 지켜보기

'문득 내가 나 자신을 기억하기를 까먹었다는 사실이 떠올랐다!'
—우스펜스키

지켜보기 방법을 익히는 것은 수행의 길에서 유용하다. 결국 나중에는 다른 수행법들과 함께 버리게 될 것이지만. 열매가 자라면 꽃은 떨어져야 한다. 그것은 일어나는 현상을 아무런 분별도 일으키지 않고 초연하게 바라보는, 지성이 스스로 만들어낸 자리이다. ("존재의 실상을 보고자 한다면, 어떤 것에 대해서도 반대하거나 옹호하는 견해를 품지 말라.") 그저 있는 그대로 보라. 지켜보는 자는 자기 자신이 상상으로 만들어낸 자아의 열기와 자신의 투사물 사이, 그 서늘한 공간에 거한다. 지켜보는 자는 에고의 한 측면으로서, 에고의 다른 측면들에 무의식적으로 달라붙어 있는 당신 자신을 빼내는 데 사용된다.

무의식적이고 기계적이고 조건화된 존재로서 사는 긴 시간에 비하면 우리의 의식이 깨어 있는 순간은 너무나 짧다. 우리는 주의의 끈을 늘 놓치고 산다. 자신의 본성을 보았다가는 다시 까먹어버리고, 다시 찾곤 하면서 주변의 힘에 이리저리 끌려다닌다.

하지만 이 지켜보는 자는 욕구나 결심만으로는 임재하게 만들 수가 없다. 특정한 기법과 연습을 통해 길러져야 한다. 이를 위해 마음 챙김 명상법이나 평소의 패턴에서 우리를 끄집어내주는 연습 방법들을 이용할 수 있다. 이 수업의 많은 연습들이 우리로 하여금 새로운 렌즈를 통해 자신의 존재를 관찰할 수 있게 해줄 것이다. 이 수업에서는 또 지켜보는 자아가 자리 잡도록 도와줄 특별한 마음 챙김 명상법을 가르쳐줄 것이다.

우리를 평소의 패턴에서 끄집어내어 주는 상황들은 우리가 작동하는 방식을 더 분명히 관찰할 수 있게 해준다. 침묵 시간이나 단식 등이 그 예다. 하지만 일상적인 활동 안에 내재된 성질을 정확히 볼 수 있을 만큼 활동의 속도를 늦출 수 있다면 우리의 모든 활동이 지켜보기에 이용될 수 있다. 문을 열거나 샐러드를 먹거나 설거지를 하는 등의 모든 행위를 마음 챙김 연습으로 만들 수 있다. 우리가 평소에 '버리고 지나쳤던' 낱낱의 활동들이 다도茶道 명상과 같이 맑은 의식의 성질을 지니게 할 수 있는 것이다.

지켜보는 자는 가치를 저울질하지 않는다. 당신의 행동을 심판하지 않는다. 그저 그것을 알아차릴 뿐이다. 그러므로 당신이 예컨대 사다나에 도움이 되지 않는 음식을 먹는 등, 욕망 때문에 어떤 행동을 하고서는 그렇게 한 자신을 자책한다면… 지켜보는 자는—그가 마침내 나타난다면 —단지 다음을 알아차리기만 할 것이다. a) 그는 이런저런 것을 먹고 있다. b) 그는 그런 것을 먹은 자신을 자책하고 있다. 그러니까 지켜보는 자는 욕망을 따라 움직이는 '당신'과 감독하는 에고(super-ego)인 '당신', 곧 두 개의 '당신'을 알아차릴 것이다.

이 점은 중요하다. 대부분 사람들은 속으로 허구한 날 가치를 저울질한 다. '이 일을 했으니 난 훌륭해.' 아니면 '저런 짓을 했으니 난 나빠.' 저울질하는 그 역할 또한 묵상의 대상으로 삼아야 한다. 지켜보는 자는 당신이 깨닫든 말든 상관하지 않는다. 그저 그 모든 상황을 알아차릴 뿐이다. 그것을 명심하라.

지켜보는 자의 등장

처음에 당신은 자아를 행위자로부터 분리해낼 필요성을 머리로 이해했기 때문에 지켜보는 자를 채택했다. 아마도 당신은 자신의 지켜보는 자를 마음이 고요하고 초연한 상태에 있을 때만 이따금씩 기억해낼 것이다. 마음이 산만해지는 순간 당신은 지켜보는 자를 잊어버린다. 나중에 '돌아와서야' 자신이 까먹고 있었다는 사실을 떠올리게 된다.

예컨대 당신은 길을 걸어가고 있는 자신을 지켜보면서 걸어간다. 당신은 행복한 기분이고 그 행복한 느낌을 지켜본다… 그런 상태가 이어지던 중에 뭔가 언짢은 대상이나 사람을 마주친다. 아드레날린이 온몸에 뿜어지고, 당신은 화나는 생각에 사로잡힌다. 이 시점에서는 '화난 나'가 당신이다. **한참 후**에야 당신은 자신이 지켜보기로 했다는 사실을 상기해낸다.

당신은 다시는 잊어먹지 않기로 다짐한다. 오호라, 당신은 다른 '당신들'의 유혹이 얼마나 교묘한지를 까맣게 알지 못한다. 당신은 다시 길을 걸어가고 있는 자신을 지켜보면서 걸어가고, 다른 것들도 지켜본다. 이번에도 당신은 당신을 언짢게 만드는 또 다른 상황에 부딪힌다. 당신은 지켜보는 자(때로는 **중심**이라고도 불린다)를 또 잃어버린다. 다시금 내분비선이 활동을 시작하고, 당신은 화난 생각에 휩싸인다. 하지만 이번엔 드라마가 펼쳐지는 도중에 당신이 '깨어난다'… 그러니까 당신은 자신이 처해 있는 궁지를 깨달은 것이다. 하지만 이 시점에서는 화난 당신에게서 풀려나기가 어렵다. 왜냐하면 당신은 이미 많은 만족을 얻고 있기 때문이다. (그건 한참 성행위를 하던 도중에 멈추려고 애쓰는 것과도 같다.) 그래서 당신은 '지켜봐야 한다는 건 알아. 하지만 저자는 꼭 벌을 받아야만 해.' 하는 식의 핑계를 둘러댄다. 그러고는 얼마간의 자기정당성을 확보하여 '화난 당신'의 역할 속으로 다시 기어 들어간다. 그렇게 당신은 이런 경험을 수천 번 거친다.

(얼마나 오랜 세월이 걸리든) 시간이 지난 후, 당신은 자신이 아직도 이전처럼 자주 지켜보는 자를 잊어버리기는(잠에 빠지기는) 하지만 조금씩 더 빨리 '기억해내기' 시작하고 있음을 깨닫는다. 그러니까 당신은 잠에 빠지는 것 자체가 당신을 '깨워주기' 시작하는 경지에 다가가고 있는 것이다. 이것은 상당한 진일보이다.

다시 시간이 지나고, 그 모든 것은 훨씬 더 섬세해진다. 이제 당신은 길을 걸어가고 있고, 이번에도 그 모든 것을 지켜본다… 그리고 다시금 '언짢은' 상황이 등장한다. 이번에는—당신이 화를 내려고 하는 찰나—지켜보는 자가 말한다. '화를 내려고 하고 있군.' 대개 이런 자각은 '화난 당신'이 공급받고 있는 에너지의 회로를 차단하고, 그러면 '화난 당신'은 떨어져 나간다. 그러니 이제는 잠에 빠지는 상태와 깨어나는 상태 사이의 시간이 상당히 짧아지고 있는 것이다. 동시에 당신은 자신이 이전처럼 자주 잠에 빠지지(지켜보는 자에서 떨어져 나오지) 않는다는 사실을 알아차리기 시작한다. 하루가 지나가는 동안 당신은 삶의 드라마가 펼쳐지는 것을 지켜보는 주시자의 자리에 중심을 잡고 머물러 있다.

시간이 흘러 당신이 지켜보는 자의 자리에 뿌리를 내리면, 그것은 더 이상 무엇을 의식하는 자리처럼 느껴지지 않고, 마침내는 그 모든 행위를 둘러싸고 있는 영원불변하고 광활한 현존의 느낌만이 남을 것이다.

E. 주기와 받기

'주지도 말고 받지도 말라.'   —파탄잘리

'내가 너희에게 주는 것은 세상이 주는 것과 같지 아니하니라.'
                                                    —예수

'성자와 새는 모아들이지 않는다.'   —님 카롤리 바바

   주고받는 일은 끊임없이 변화하는 우주의 에너지 흐름—그 안에서 우리는 모두가 하나이고 만유(모든 음식과 책과 집과 차와 옷과 우주의 모든 에너지)가 우리 모두의 것인—의 한 부분에 지나지 않는다. 달랑 모포 한 장밖에 가진 것이 없고, 그것마저도 수시로 누군가에게 주곤 했던 마하라지는 말했다. "왜 내게 돈을 주는가? 우주의 모든 돈이 내 건데." (그러면서 그는 웃었다.) 우리 모두가 그것을 공유한다—그것은 우리 모두의 것이며 누구의 것도 아니다. 파탄잘리는 '주지도 말고 받지도 말라'고 했다. 주는 자도 받는 자도 되지 말라. 그저 영원무궁 변화하는 에너지의 텅 빈 통로가 되라. 진정으로 주는 일은 자발적인 자비의 상태에 거하는 것, 열린 가슴의 공간 속에 거하는 것이다. 진정으로 받는 일도 마찬가지다. 당신은 그 공간으로부터 누군가의 요구를 알아차리고, 할 수 있다면 그것을 채워준다. 어떤 이기적 동기도 없다. 순수한 행위이다.
   그것이 하나의 차원이라면, 다른 차원에서 우리는 대부분 뭔가를 소유하

고 있고, 더 많이 소유하고 싶어 한다. 무엇을 줄 때, 거기에는 대개 '이건 내 거야' 하는 느낌이 있다. '나는 그걸 네게 주는 거야. 그러면 그건 네 것이 되지. 그러니 날 너그러운 사람으로 여기고 나에게 감사해야 해. 그리고 그걸 주지 않았을 때보다 날 더 좋아해야 돼.' 우리의 선물은 종종 트로이의 목마가 된다—그 속에는 마음의 병정들이 잔뜩 숨어 있다. 준다는 행위를 통해서 남에게 권세를 부리고 싶어 하는 우리의 욕망을 채우는 것이다.

힌두어에는 '감사합니다'에 해당하는 일반어가 없다. 감사를 표하는 말을 듣기가 힘들다. 인도의 전통에서 준다는 것은 자신의 **다르마**를 행하는 것일 뿐이다. 그저 명을 받아서 적당한 것을 주는 것일 뿐, '내가 해야 할 일을 하는데 왜 감사를 받아야 한단 말인가?'

우리의 주고받기 습관의 대부분은 에고가 지어낸 분리의 느낌에서 나온다. 그것은 우리가 진정한 주기와 받기를 경험하지 못하게 막는다. 주기와 받기를 경험한다는 것은 가슴의 공간, 중심 속에 그저 거하면서 에너지가 지나가게 하는 것이다. 그 공간 속에서 고요히 머물고 있을 때는 자비심—조건 없는 사랑—이 절로 일어난다. 대부분의 사람들에게 그 중심으로 가는 가장 직접적인 길은 명상이다. 중심에 있을 때, 당신은 열림을 느낀다. 당신은 자신이 행위자가 아님을, 주는 자도 받는 자도 아님을 안다.

그 수행법은 그 의식의 자리에서 주고받고, 자신이 그렇게 하는 것을 지켜보도록 노력하는 것이다. 다음 수행법들 중 당신에게 어려워 보이는 것 한 가지(당신이 어디에 깊이 집착해 있는지를 보여줄 것이다.)와 쉬워 보이는 것 한 가지(자신에게 더 친절해지고 더 느긋해지고 더 많은 시간

동안 자신의 집착을 지켜볼 수 있게 해줄 것이다.)를 택하라. 각 연습을
한 후 그에 관해 일기를 쓰라.

주기 연습

1. 길거리에서 사람들에게 과일을 나눠주라. 여러 사람들에게서
   다양한 반응을 경험할 수 있도록 몇 시간 동안 나눠주기에 충분한
   양을 가지고 가라. 두 곳—굶는 사람이 많은 곳과, 그렇지 않은
   곳—에서 해볼 수도 있다. 두 곳에서 당신 자신의 내적 외적
   태도가 어떻게 달라지는지를 지켜보라. 결과에 집착하지 말라.

2. 당신의 소유물을 사람들에게 나눠주라.

3. 별 애착이 없는 물건을 다른 사람에게 주라. 그런 다음에는 당신에
   게 소중한 물건을 다른 사람에게 주라.

4. 당신이 좋아하는 사람에게 선물을 주라. 그런 다음에는 모르는
   사람이나 친하지 않은 사람에게 선물을 주라.

5. 두 가지 선물을 주라. 하나는 사서 주고 하나는 만들어서 주라.

6. 부모님이나 자녀에게 선물을 주라.

7. 이름을 밝히지 말고 이웃에 돈을 나눠주라.

8. 정신병원이나 고아원이나 양로원에 과일이나 과자를 가져다주
   라.

9. 한 아이에게 선물을 하라. 그 다음에는 한 어른에게 선물을 하라.

10. 시간을 나눠주라. 친구에게, 또는 사회시설에서 한 시간 또는
    하루 종일 봉사하라.

11. 모든 것을 나눠주라! (수행일기만 빼고.) 이 수업의 관리자들은 이 수행을 해보지 않았기 때문에 우리는 풍문에만 의거하여 이것을 유용한 수행법으로 제시하고 있다.

받기 연습

1. 하루 동안은 오직 다른 사람들에 의해 주어진 것만을 먹고 살라. (하루가 끝날 때까지 자신이 무엇을 하고 있는지를 아무에게도 말하지 말라.) 인도에서는 많은 요기들이 이 금욕수행을 한다. 이 연습은 당신이 주된 행위자가 아님을 깨닫게 도와주고, 당신을 위해 행해지고 있는 것들에 눈뜨게 해준다.
2. 최근에 당신이 받은 것들을 떠올리고, 그것을 받았을 때 당신의 반응이 어땠는지를 생각해 보라.

"무엇이 주어지든지 항상 만족하는 사람, …어디에 걸림이 없이 행위하는 사람." ―『기타』 4장 22절

"인도의 가난한 성자 투카람이 하루는 사탕수수대를 열 개 얻었다. 집으로 돌아가는 길에 그는 자신의 것 하나를 남겨두고 아홉 개를 거지들에게 나눠주었다. 집에 도착해서 아내에게 그것을 말하자, 아내는 남은 사탕수수대로 그를 때렸다." ―마하라지가 들려준 이야기

F. 침묵

"온 세상이 말로 고문 받고 있다.
말하지 않고 사는 자는 아무도 없다.
그러나 사람은 말에서 자유로워진 만큼만
말을 이해할 수 있다."

—사라하 (밀교 수행자)

침묵 속으로 깊이 들어갈 수 있는 날을 하루 잡아놓으라. 일은 미리 처리해두었고 몸에 필요한 것들은 다 준비해두어서 말을 해야 할 필요가 생기지 않을 시간을 마련하라. 친구들이 이해해 줄 수 있도록 이 연습에 대해 친구들에게 설명해놓는 것이 좋을 것이다. 하루 중 일부를 사람들과 함께 지내더라도 말은 하지 말라. 필요하다면 짤막한 쪽지 글을 사용하라. 침묵하되 자비로우라. 당신 때문에 다른 사람들이 긴장하게 만들지 말라. 침묵을 지키기 위해서는 너무 치열하게 애를 써야만 해서 주변의 분위기가 어색하거나 불편해지기 시작한다면, 수행을 중단하고 좀 더 잘 처리할 수 있는 날을 기다리라.

지켜보는 힘을 기르면서 그에 대한 성찰을 일기에 기록하는 이 지속적인 수행 코스 중에서, 이 침묵의 날도 한 부분이다. 침묵은 자신의 여러 가지 소리들에 귀를 기울일 수 있는 여지를 제공해 준다. 이러한 내면의 대화뿐만 아니라 다른 사람들은 대화를 어떤 식으로 활용하는지에 대한 당신의 알아차림 등, 침묵의 다른 가르침들에 대해서도 기록한다.

말하고 싶은 충동이 올라올 때는, 이 에너지를 영적 확언이나 만트라, 기도문, 삼귀의三歸依 등 당신에게 알맞은 내면의 속삭임으로 돌려놓으라.

하루 중 최소 한 시간은 몸과 입과 마음의 침묵 수행에 바치라. 몸이 편한 자세를 찾아내어 척추를 똑바로 세워 앉으라. 한 시간 동안 **아무런 움직임 없이** 앉아 있기로 마음먹으라. 동시에 명상이나 기도를 통해 마음의 침묵을 수행하라. ("내면의 침묵이란 자아를 내려놓는 일, 곧 에고의 느낌 없이 사는 일이다." ―라마나 마하리쉬) 그러면 당신은 이미 입의 침묵을 실천하게 될 것이다. 이 세 가지 침묵, 곧 몸과 입과 마음의 침묵을 '숭고한 침묵 Noble Silence'이라고 한다.

침묵에 관한 영감적인 글

"이곳에서 나는 사람들이 침묵을 그 어떤 것보다 두려워한다는 것을, 그리고 이야기하려는 성향은 자기방어에서 일어나며, 언제나 뭔가를 외면하려는, 자신에게 진실을 털어놓고 싶어 하지 않는 마음에서 나온다는 것을 깨달았다.

자신을 침묵시키면, 즉, 조금 깨어나면, 그는 즉시 사람들의 말에서 억양의 차이를 감지하고 거짓말하는 것을 알아차린다." ―우스펜스키

"고요는 행위의 주인이다." ―도덕경

"나의 삶은 귀 기울이는 것이다―
말하는 것은 그분의 일이다.
나의 구원은 듣고 응하는 것이다.

이를 위해서는 내 삶이 고요해야 한다.
고로 나의 침묵은 나의 구원이다."   ─토머스 머튼

"침묵은 심령의 에너지를 절약해 주고 집중력을 키워준다."
                    ─ (마지막 40년의 생애를 침묵했던) 메허 바바

"침묵은 신의 언어이다.
그것은 또한 가슴의 언어이다."   ─스와미 시바난다

"고요히 있으라, 그리고 내가 하나님 됨을 알지어다." ─시편 46

"침묵은 참의 어머니이다."   ─토머스 머튼

"말로 표현될 수 있는 것만이 말해진다."   ─아난다 모이 마

G. 단식과 금욕 수행

"거북이가 머리와 네 발을 집어넣듯이, 명상 속에서 쾌락의 느낌에
끌리는 모든 감각을 철수시키면 그는 고요한 지혜가 된다."
　　　　　　　　　　　　　　　　　　　　—『바가바드 기타』 4장 58절

타파시야, 곧 금욕 수행은 집착을 다루는 가장 직접적인 방법이다.
단식, 침묵, 성적 절제 등은 널리 행해지는 금욕 수행이다.

영적 수행으로서의 단식은 신체를 정화시켜 줄 뿐만 아니라 내면의
소리가 평소보다 더 분명히 들릴 정도로 의식을 바꿔놓는다. 단식은
그 소리들에게 씨름할 상대를 대주기도 한다. 지켜보는 자의 자리에
머물 수 있다면, 당신은 그 소리들이 다투는 소리를 거친 수준에서부터
미세한 수준까지 다 듣게 될 것이다.

그 불 속으로 뛰어들어 보라. 정해진 기간 동안 먹기를 완전히 멈추어
보라. 이것은 당신에게 욕망을 (아마도 무수히 거듭하여) 지켜볼 수 있는
공간을 제공해 줄 것이다. 욕망은 당신이 아님을 알게 해줄 공간, 욕망이
어떻게 일어나고 떨어져 나가는지를 지켜보게 해줄 공간을 제공해 줄
것이다. 그리고 이 내면의 씨름으로부터 당신 내부의 불순물들을 태워줄
불이 일어난다.

하루 종일(24시간 동안) 음식을 끊기로 **단단히** 결심하라. 그 결심의
말이 내면의 더 깊은 자리에서 들리도록, 잠들기 직전이나 아침 명상
직후에 결심을 해도 좋다. 그리고 나면 오전 중에 에고의 다양한 소리들

중 하나가 '오늘은 해야 될 일이 많아서 내일 시작하는 게 훨씬 더 낫겠어.'라고 하거나, '요만큼만 먹는 건 괜찮을 거야.' 하더라도, 당신은 결심을 떠올리면서 그 말을 무시해버리고 단식을 계속할 수 있다.

단식을 시작하기 전에, 단식 중 주스를 마실지, 과일을 먹을지, 아니면 물만 마실지를 정하라. 어떤 이는 가장 순수한 단식은 물만 마시는 것이라고 말한다. 마하라지는 '뭐든 조금은 마시라'고 했다. 어떻게 하든 탈수현상을 예방하기 위해 충분한 수분(물, 혹은 설탕을 넣지 않은 허브티 등)을 섭취하는 것이 중요하다. 단식 도중에 무엇을 마실지를 결정해야 하게 된다면, 정말로 단식을 계속할 것인지 마음이 흔들릴 수도 있다. 가장 단순한 방법이 최선이다. 미리 규칙을 정해놓고 유혹이 찾아올 때마다 자신에게 그 규칙을 상기시키라. "금욕하는 영혼에게서 감각의 쾌락은 사라진다. 욕망은 남아 있을지라도." (『기타』 4장 59절)

단식은 상대적으로 조용한 날에 하는 것이 가장 좋다. 하루 종일 일거리에 마음이 쏠려 있으면, 자신이 단식을 하고 있다는 사실조차 잊어버리고 괴로운 공복감만 느낄 것이다. 에고의 작용을 알아차릴 수 있도록 내면의 고요를 유지하도록 힘써야 한다.

금욕은 의지의 행위이고, 의지는 에고를 강화시키는 데에도, 복종시키는 데에도 사용될 수 있다. 영적인 자만이나 자기연민, 혹은 경쟁심이 일어날 수 있으니 경계하라. 하지만 이 연습을 신께 바치는 공양물로서 행한다면, 에고가 자신을 드러낼 여지는 거의 없어질 것이다.

수행일기는 단식 중에나 단식이 끝난 후에 쓰도록 한다. 그런 통찰은 평소에는 하기 어렵다.

음식의 세계로 부드럽게, 존경심을 품고 돌아오라. "피조물들은 음식을 통해 존재하게 된다." 첫 식사로는 주스나 과일을 섭취하고, 단식을 마친 다음날은 과식하지 않도록 주의하라. 소화기관이 감당해내지 못할지도 모른다. 음식을 대하는 자신의 태도를 계속 지켜보라. 단식이 어떻게 음식을 조금 더 의식적으로 먹는 습관을 들여주었는지를 살펴보라.

"그대에게 정말로 소중한 것을 내게 바치라,
그대가 가장 큰 열망을 품고 있는 그것을.
그와 같은 공양의 결실은 말할 수 없이 크다."

―스리마드 바가바탐

H. 하타 요가 아사나와 프라나야마

수업 기간 내내 몸을 자신이 머무는 사원처럼 여기고 주의를 기울이면 좋을 것이다. 건강하지 못하고 긴장된 몸은 가슴을 열고 마음을 집중하려는 노력에 큰 장애물이 될 수 있다. 마음과 감정의 성향이 바뀌면 그 자체로 몸이 차분해지고 조화로워지게 되는 것도 맞지만, 반대로 몸을 정화시키면 그것이 마음과 가슴의 조화를 도와주는 것도 사실이다.

하타 요가는 신체를 고요히 안정시키고 조율하여 활력을 되찾게 하는 힌두교 전통의 수행법이다. 이것은 일련의 명상적인 체위, 곧 '아사나'를 의식적으로 취하고 호흡을 제어하는 수행(프라나야마)이다. 그밖에도 어떤 아사나는 에너지를 해방시키거나, 한 형태에서 다른 형태로 변환시키거나, 몸의 한 부위에서 다른 부위로 보내는 일, 그리고 (영적 신경인) '나디'와 혈액의 정화에 주로 관여한다.

5주일 동안 하타 요가를 집중 수련하면, 다음의 극적인 변화가 일어날 것이다:

1. 명상을 하는 동안 몸에 주의를 빼앗기지 않고 고요히 앉아 있을 수 있는 능력이 커짐.
2. 미묘한 신체반응에 예민해짐으로써 특정한 음식이나 담배, 약물 등에 대한 욕망이 제어됨.
3. 신체의 전반적인 조화와 평안감이 커짐.

하루에 20분 정도만 연습하는 것도 좋은 시작이 될 수 있다.

이미 아사나와 프라나야마 수행법을 알고 있는 사람들도 많지만, 모르는 사람들은 전문가를 찾아가 안내를 받으라.

이번 수련회에서는 수리야 나마스카람('태양 예배')이라 불리는 일련의 복합 아사나를 가르쳐줄 것이다. 이것은 조용한 곳의 평평한 자리에서 4-6회씩 행해야 한다. 옷차림은 가볍고 느슨해야 한다. 식후 두 시간 이내에는 하지 말라.

연습
수리야 나마스카람: 해맞이 예배

전통적으로 이것은 이른 아침 시간에 태양을 마주보고 예배하는 마음으로 행한다. 이것은 아사나 수행을 시작하기에 좋은 방법이다.

숨을 내쉬면서 1) 똑바로 서서 양손바닥을 가슴 앞에 모아 합장한다,
숨을 들이쉬면서 2) 엄지를 서로 겹친 채 양팔을 머리 위로 치켜올린다. 양발을 바닥에 단단히 고정한 채 몸을 뒤로 젖히며 위를 쳐다보라.
숨을 내쉬면서 3) 손을 떼면서 몸을 앞으로 굽히라. 무릎을 펴되 살짝 굽어 있게 하라. 머리는 양팔 사이에 늘어뜨리고 가능하다면 손바닥을 바닥에 대라.
숨을 들이쉬면서 4) 왼쪽 다리를 뒤로 빼면서 무릎이 바닥에 닿게 하라. 오른발은 양손 사이 그 자리에 남아 있다. 눈을 위로, 뒤로 향하면서 척추를 뒤로 젖혀 펴라.
숨을 내쉬면서 5) 오른쪽 다리도 뒤로 빼어 양발이 만나게 하라. 몸 전체가 활처럼 굽혀진다.

숨을 들이쉬면서 6) 양무릎을 바닥에 닿게 하고, 이어서 부드럽게 가슴과 턱도 바닥에 내려놓으라. 양손바닥은 어깨 아래에 놓여야 한다.

숨을 멈추고 7) 골반은 바닥에 댄 채 머리와 목과 가슴을 치켜 올리면서 시선을 위로, 뒤로 보내라.

숨을 내쉬면서 8) 머리를 양팔 사이로 집어넣으면서 엉덩이를 들어 올려 다시 활처럼 굽혀진 자세(5번)로 돌아오라.

숨을 들이쉬면서 9) 왼쪽 다리를 양팔 사이로 당겨 왼쪽 무릎이 턱에 닿게 하라. 고개를 들어 시선을 위로 보내라.

숨을 내쉬면서 10) 오른쪽 다리를 앞으로 당겨 양무릎을 펴서 3번 자세로 돌아오라.

숨을 들이쉬면서 11) 상체를 일으켜 뒤로 굽히면서 2번 자세로 돌아오라.

숨을 내쉬면서 12) 양팔을 내려 합장하며 1번 자세로 돌아오라.

주의: 분주한 마음을 고요히 가라앉히려면 동작을 천천히 취하고, 멍한 마음을 깨우려면 동작을 빠르게 취하라.

'해맞이 예배': 일련의 요가 체위인 수리야 나마스카람의 열두 가지 동작이다.

I. 자파 요가

'말'은 나날의 경험에 대한 인식을 바꿔주는 가장 강력한 도구 중 하나이다. 영적 자각의식을 계속 깊어지게 해주는 단어나 문장을 되풀이해서 외는 것은 중요한 것을 '상기시켜 주는' 즉각적인 방법이 될 수 있다. '라마'나 '크리슈나' 같은 신의 다양한 측면에 붙은 이름을 되풀이해서 외는 것이 그런 식으로 작용한다. 혹은 우리의 가슴 속에 피는 연꽃 위의 보석을 상기시켜 주는 티베트의 주문 '옴 마니 파드메 훔'도 비슷한 용도로 사용된다.

만트라의 단어나 주문이 계속 이어지도록 돕기 위해서 염주(말라 mala, 혹은 묵주로 불림)와 같은 것을 계속 굴리기도 한다.

만트라 수행을 시작할 때는 오로지 만트라 수행만을 할 수 있도록 최소한 3, 4시간 혹은 그 이상의 긴 시간을 따로 내기를 권장한다. 이것은 초기 투자 기간이다.

그런 다음에는 아침마다 깨어나면 '기억이 떠오르는 즉시' 만트라 수행에 들어가라. 처음에는 소리내어 하라. 그러다가 적절하다고 느껴질 때부터는 만트라가 입안에서만 외어지게 하라. 나중에는 만트라가 마음속에서 외어지다가 마지막에는 오직 가슴속에서만 소리가 이어진다. 마음속의 되뇌임마저 떨어져나가고 나면 남는 것은 느낌뿐이다. 그러면 이 만트라의 느낌에 '귀 기울이기'는 데만 집중하라.

하루의 나머지 시간은 가능한 한 만트라가 계속 이어지게 하라. 만트라가 입술로만 반복되고 가슴속에서 되뇌어지지 않는다고 해도 걱정하지 말라. 끈질기게 계속하면 결국은 그 소리 자체가 스스로 가슴의 동굴을 찾아갈 것이다.

걸어 다닐 때도 만트라가 보조를 맞추게 하라. 만나는 모든 사람 안에서 만트라가 진동하는 것을 깨달으라. 심지어 그들의(그리고 당신 자신의) 불순물 안에서도 만트라가 진동하는 것을 깨달으라. 마음이 고요할 때는 만트라가 당신이 허용하는 만큼 섬세하고 미묘해지는 것을 알아차리라. 당신이 허우적거릴 때도 만트라는 당신이 필요로 하는 만큼 강하고 거칠게 거기에 있다. 어떤 욕망이, 어떤 상황이 당신을 만트라에서 떼놓는지를 알아차리라. 그런 다음 부드럽게 만트라로 되돌아오라. 탓할 것은 아무것도 없다.

만트라의 사용에 관한 가장 아름다운 이야기 중 하나는 R. M. 프렌치가 번역한 『순례자의 길 The Way of the Pilgrim』이다. 이 이야기에서는 한 단순한 사내가 '주 기도문'을 외움으로써 자신과 주변 사람들의 삶을 바꿔놓는다.

"이제 나는 세상의 그 무엇보다도 귀하고 달콤한 주 기도문을 끊임없이 외며 다닙니다. 때로는 하루에 45킬로미터를 걸어 다니는데도 전혀 걷고 있다고 느껴지지 않습니다. 나는 내가 주 기도문을 외고 있다는 사실밖에는 아무것도 의식하지 않습니다. 매서운 추위가 파고들면 나는 더욱 열심히 주 기도문을 외고, 그러면 즉시 온몸이 더워집니다…. 그리고 주 기도문을 외는 동안 나는 환희에 가득 차 있습니다. 내게 무슨 일이 일어나고 있는지는 신만이 아시지요."

"만트라의 효과와 힘은 각자의 영적인 태도와 지식과 감수성에 달려 있다. 만트라의 소리는 (물리적인 소리가 동반되긴 하더라도) 물리적인 소리가 아니라 영적인 소리이다. 그것은 귀로는 들리지 않고 오직 가슴으로만 들을 수 있다."　　　　　　　　　　　　　　　　　　—라마 고빈다

"그대 입술의 문 앞에 '라마'의 이름을 보석 램프처럼 놓아두라. 그러면 그대의 뜻대로 안팎에 빛이 거하리라."　　　　　　　　　　　—툴시 다스

J. 교회나 절에 다니기

"나의 이름으로 둘만 모여도 내가 거기에 있으리라."   —예수

"나를 예배하는 자는 내게로 온다."   —크리슈나

"그리스도와 크리슈나는 하나다."   —마하라지

예배의 요가는 미국이 택한 수행의 길이다. 미국의 많은 에너지가 예배를 수행의 한 방법으로서 제도화하는 데에 쏟아졌다. 대부분의 도시에는 여러 군데의 교회와 절과 사원이 있다. 대부분의 미국인들에게는 교회에서 드리는 예배 외의 다른 영적인 길(명상, 출가, 묵상, 봉사 등)이 낯설게 보인다. 불행히도 많은 교회에서 초기의 의식이 일으켰던 영적인 힘은 많이 사그라들었다.

많은 사람들이 '무언가를 얻으려고' 교회에 가지만, 많은 교회들이 그것을 더 이상 가지고 있지 않다. 하지만 그런 의식들은 대개 '성령 속에서' 만들어졌기 때문에, 그것을 다시 빛을 나누기 위한 기틀로 회복시키려면 거기에 성령을 다시 부어넣기만 하면 된다.

『기타』가 가르치는 것과 같이 헌신적인 태도로 교회에 다니면 당신은 기존의 의식 속에서 살아있는 성령을 만날 수 있고, 그로써 당신은 성령을 다시 부어넣는 이 과정에 동참할 수 있다. 당신이 지니고 있는 헌신적인 가슴과 예배형식 사이의 상호작용을 통해 당신은 다시금 살아있는 신을

깨달을 것이다.

지켜보는 힘이 커져갈수록, 우리는 신성한 에너지와 함께 우리가 진실로 거하는 그곳과 우리 사이에 놓인 많은 장막을 걷어내기 시작할 수 있다.

연습

교회나 절 두 군데를 다니라. 같은 날, 혹은 각각 다른 날에 다녀도 된다. 당신이 자라온 곳이 아닌 교회의 예배에 먼저 참석하라. 그런 다음 어릴 적부터 다녔던(다녔다면) 곳에 나가라. 최대한 온전히 집중하여 예배에 참예하라. 친교의 공간을 찾는 동시에 지켜보기를 유지하라. 신도들이나 성직자들의 모습을 관찰하면서 비판하는 등, 스스로 행사에 참여하지 않고 뒤로 빠지기 위해 부리는 술수를 지켜보라. 기도와 찬송과 이웃 존재들과 성상들과 임재감을 향해 가슴을 열라.

이 경험은 관계할 일이 없었을 사람들과 친밀한 분위기를 나눌 수 있게 해준다. 이 특별한 상황이 다른 참여자들(구도의 길의 동료 순례자들)에 대한 당신의 인식(투사)에 변화를 가져다주고, 그들과 가까워지거나 멀어진 느낌이 들게 만드는 방식을 지켜보라. 짜임새 있는 예배형식이 기도나 찬송을 통해 당신을 신께 내맡기게 만드는지, 아니면 집단 예배의식 속에 그저 몸만 끼어있게 만드는지를 살펴보라. 이 경험에서 무엇이든 배운 게 있다면 수행일기에 기록하라.

K. 키르탄

키르탄이란 가슴을 정화하여 열리게 하는 힘을 지닌 헌신적 요가 수행법으로, 신의 이름을 찬송하는 것이다. 헌신에도 여러 수준이 있듯이, 키르탄도 마음의 어떤 상태에서든, 진화의 어떤 수준에서든 행해질 수 있어서, 더 깊은 차원의 열림과 이해로 이끈다.

키르탄은 친교의 도구로서 음악을 사용한다. 하지만 그것은 음악적 재능과는 상관이 없다. 노래를 얼마나 아름답게 하는가도 중요하지 않다. 중요한 것은 가슴으로 노래하는 것이다. 인도에서 신께 바치는 노래를 할 때, 맨 마지막으로 노래하는 사람은 흔히 치아도 없고 삐걱거리는 목소리에 거친 기침까지 섞인 노인이었다. 하지만 그는 자신이 누구를 향해 무엇을 노래하는지를 알고 있기 때문에 모든 사람을 완전히 감동시키곤 했다. 이처럼 신과의 친교는 감동적이고 강력했다.

키르탄 수행을 위한 가르침은 언제나 초연한 기분으로 하라는 것이다. '죄를 면하고자' 하는 마음이나 분별하고 심판하는 태도를 버리라. 열린 마음으로 그 안으로 들어가서 이 방법이 작동하는 방식을 경험하는 데 필요한 노력을 하도록 자신을 허용하라. 키르탄을 부르기 위해 '헌신적인 기분'을 느껴야 할 필요는 없다. 내면에서 새로운 것이 나올 공간을 만들어 줌으로써 생각이나 기분은 지나가게 하라. 행복감을 느끼면 행복하게 노래하라. 지루함을 느끼면 지루하게 노래하라. 그저 그 모든 것을 신의 이름의 불 속에다 바치라. 더 많은 것을 버릴 수 있게 될수록 당신의 주의는 더 많이 그 만트라의 주위를 맴돌 것이다.

누군가가 주고받기 방식의 찬송을 이끌고 있다면, 듣는 것도 노래하는 것만큼이나 중요해진다. 그리고 그것은 원숭이 같은 마음이 방황하지 못하도록 도와줄 것이다.

우리는 힌두교의 전통 '야갸yagya'(성화聖火 의식)와 찬송을 함께할 것이다. 밤을 새워 하는 찬송 수행을 위해서 깔고 앉거나 누울 때 쓸 담요와 베개를 지참하라. 잠시 눈을 붙이고 싶을 때는 그 자리에 누우라. 당신은 꿈속에서 만트라를 하게 될지도 모른다. 그것은 하룻밤 공간을 함께하는 격식 없는 경험이다. 몸의 차원에서 함께하는 데 필요한 것이라면 무엇이든(마실 쥬스 등) 가지고 오되, 소박하게 준비하라.

깊이 들어갈수록 아는 것은 줄어들고 더 현존하게 된다. 때로는 자신이 만트라를 찬송하고 있는 것인지 만트라가 당신을 찬송하고 있는 것인지 구분이 되지 않을 수도 있다. 혹은 자신이 멀찍이 뒤로 물러나 있어서 찬송을 하는 동안, 그 전 과정과 생각들이 내면의 깊고 고요한 자리로부터 주시되고 있으며, 만트라를 반복할 때마다 그 자리가 더욱 깊어지고 더욱 '여기에' 있게 되는 것을 발견하게 될 수도 있다.

키르탄은 헌신적인 요가(박티 요가)의 수행법이다. 신을 경애하는 이들에겐 신의 이름을 부르는 소리 자체가 환희를 가져다준다. "가장 높은 경지에서 신의 사랑이란 곧 해탈의 영원한 희열에 다름 아니다."

> "오 마음이여, 신의 이름을 품고
> 끝 모를 가슴의 심연 속으로 뛰어들라,
> 거기엔 온갖 (사랑의) 보석이 묻혀 있나니.
> 대양의 밑바닥이 텅 비어 있다고 믿지 말라

첫 다이빙에서 실패하거든
확고한 각오로 자신을 다지고
깊이 뛰어들어 신의 세계를 찾아 들어가라."　　　　　—라마크리슈나

"그 이름을 한 번 들으면 그대는 머리카락이 솟구치며 눈물을 뿌린다. 그러면 그대는 더 이상 헌신의 의식을 행할 필요가 없음을 확실히 안다. 그저 이름을 되뇌는 것만으로 충분하게 될 것이다." —라마크리슈나

"우리가 쌓아올린 죄가 아무리 태산 같아도 진실한 가슴으로 신의 이름을 부르는 즉시 그것이 땔감이 되어 그 모든 것을 불에 태워 버린다."
　　　　　　　　　　　　　　　　　　　—H. P. 포더

L. 합동 사트상

　구도의 길을 가는 다른 사람들과 내면의 작업을 공유하는 것은 서로가 서로를 도와주는 유용한 방법이 될 수 있다. 서로를 통해 의식을 일깨우려는 그런 공동의 결연은 다양한 방식으로 행해질 수 있다.

연습

　한 가지 방법은, 두 사람이 서로 60센티미터 정도 떨어진 채 말없이 마주보고 앉아 있는 것이다.

　상대방의 눈과 얼굴을 동시에 볼 수 있도록 상대방의 미간에 시선을 맞추라. 편안히 이완하라. 이렇게 30분 동안 앉아 있으라. 이 시간 동안, 혹은 따로 시간을 내어,

1. 상대방을 이 지구에 몸을 입고 내려온 한 존재로서 잘 살펴보라.
2. 자신이 주시받고 있음을 인식하고 상대방의 눈에는 자신이 어떤 존재로 보일지를 묵상하라. 주시받고 있는 기분을 알아차리라. 어디서 분별심이 기어들어 오는지를 알아차리라.
3. 상대방이 어떤 존재인지에 대한 당신의 모델이 계속 변화해 가게 놔두라. 그 각각의 모델에 주목하여 알아차린 다음 놓아 보내라.
4. (긍정적이든 부정적이든) 특정한 생각, 이미지, 혹은 감각을 붙들고 있지 말고 그저 흘러가게 하라.
5. 몸과 인격으로서 만난 그 뒤편, 자신과 상대방의 내면에서 더

깊은 자리를 찾아보라.

6. 미간에 시선을 맞춘 채 그저 앉아 있으라.

수행일기에 경험을 기록하라. 마음이 사회적인 불안심리에 방해받지 않고 자유롭게 노닐 수 있도록, 서로 상대방에게서 본 것을 입밖에 내지 않기로 미리 약속하라. **서로가 원한다면** 자기 안에서 경험한 것을 서로 공유하는 것은 괜찮다.

연습

다른 방법은, 몇 시간 동안 다른 사람과 함께 다니면서, 상대방에게 일어나고 있는 일을 하나의 자연처럼 냉철히 연구하는 '주시하고 보고해 주는 자'의 역할을 서로 주고받는 것이다. 지켜보는 사람은 마음을 고요히 유지한 채 그저 상대방이 어떤 상황에 어떻게 행하는지만을 알아차리라. 주시를 받는 사람은 냉철한 관찰자에게 보이고 있는 그대로 자신의 삶을 경험하라. 분별심을 일으키지 말라.

경험을 수행일기에 기록하라.

M. 푸자Puja 테이블

　내면의 중심, 곧 명상적인 태도를 기르려면, 달리 말해 가슴의 동굴에 연결되려면, 에너지를 재충전할 수 있는 조용한 외부적 공간을 마련하는 것이 가장 요긴하다.

　푸자 테이블(제단)을 차릴 때는 피난처가 될 수 있는 조용한 장소를 택하라. 조급해진 마음으로, 아니면 누구에게든 화가 난 마음으로 집에 오더라도 푸자 테이블 앞에만 앉으면 '실상에 대한 기억'이 떠오른다.

　대개는 신성한 존재의 그림이나 조각상, 아니면 꽃, 과일, 아름다운 돌이나 조개껍질, 그밖에 자기 내면의 가장 높은 자리를 연상시키는 물건을 푸자 테이블 위에 모신다. 여기서 당신은 형체를 취한 신을 예배할 수 있다. 가슴이 열리게 해준다면 어떤 방식이라도 좋다. 노래를 하든, 명상을 하든, 음식을 공양하든, 종, 촛불, 만트라, 향 등을 사용하여 의식을 올리든, 혹은 당신과 푸자 테이블이 함께 만들어낸 그 공간 속에서 그저 노닐 수도 있다.

　테이블 위에 그림만 한 장 올려두고 싶을 수도 있다. 예컨대 붓다가 당신의 연결선이자 피난처라면 부처상이나 그림 한 장만이 당신이 제단 위에 올려놓고 싶은 것의 전부일 수도 있다. 당신을 그 자리로 데려다주는 존재의 다양한 상들을 올려놓아도 된다.

　푸자 테이블은 예배의 장소일 뿐만 아니라 자신에 대한 의식적인 작업을 하기에 좋은 장소이다. 예컨대 당신은 그리스도에게서 큰 사랑을 느껴서 예수의 초상화를 테이블 한가운데에 모신다. 그런데 시바의 에너지는 너무 격렬해서 생각하고 싶지가 않다. 그렇다면 예수 초상화 곁에 시바의 그림이나 그의 상징물인 링감을 (혹은 당신이 의식하기에 진짜 어려움을 겪는 존재의 초상화를) 올려놓으라. 우호적이고 고요한 분위기 속에서라면 당신이 푸자 테이블 앞에 앉아 있는 동안 당신과 시바의 관계는 더 깊은 차원에서 연결될 수 있고, 그리스도와 시바라는 두 정체 사이의 관계도 올바로 정립될 수 있다. 만약 당신이 섹스에 집착해 있다면 성모 마리아나 아난다모이 마Anandamayi Ma의 그림, 아니면 포르노 사진(당신이 이번 생에 남성이라면)을 올려놓는 것도 괜찮다. 그리고 일과 중에 만나는 모든 여성들에게서 그들의 신성한 본성을 느껴보려고 애쓰라. 어쩌면 그리스도와 붓다의 그림 사이에 부모님의 사진을 올려놓는 것도 지금의 당신에게 의미 있는 일이 될 수 있다.

불상은 단지 붓다의 상징물이 아니다. 그것은 붓다 자체다. 라마 신의 그림은 그저 한 장의 그림이 아니다. 그것은 라마의 진정한 영의 현현이다. 이것을 깨달으면 어디에 있든지 거기가 가슴을 열어 지고의 존재의 임재를 느낄 수 있는 곳, 당신의 푸자 테이블이 된다.

> "베다도, 금욕생활도, 가난한 자에게 베푸는 보시도, 제사상의 공양물도 그대의 눈에 내가 보이게 해주지 않는다. 오로지 사랑으로써만 인간은 나를 볼 수 있고, 알 수 있고, 내게로 올 수 있다."
>
> ―『바가바드 기타』 11장 53, 54절

N. 카르마 요가

"무슨 일이든 하라. 하지만 그대 행위의 결실은 내게 바치라."
— 『바가바드 기타』에서 크리슈나가

"행위 속에서 무위를
무위 속에서 행위를 보는 자는 실로 지혜롭다.
그는 행위에 참여하면서도
아트만의 평정 속에 고요히 머물러 있다."
— 『바가바드 기타』

『바가바드 기타』의 중심요소는 신께 바치는 행위, 곧 초연한 마음으로 행하는 행위이다. 강의에서 우리는 이 요가를 길게 논한다.

이 요가의 과정을 경험하기 위해서는 신께 바치는 제물로서 봉사할 기회를 주변에서 찾아보아야 한다. 물론 당신은 결국 모든 행위(이 수업을 하는 것도 포함하여)를 카르마 요가의 한 수행으로서 경험하게 될 것이다. 하지만 당신이 카르마 요기의 태도에 친숙해질 때까지는 특정한 연습을 하는 것이 좋다. 수업 기간 동안 일주일에 최소한 한 가지의 카르마 요가 연습을 하도록 애쓰라. 수행일기를 적어나가면 우리가 함께하는 이 짧은 기간에도 당신은 이 방법의 미묘한 효과를 감지하면서 자신의 태도에 변화가 생기는 것을 깨달을 수 있을 것이다.

연습

일상적으로 하는 활동이 아닌 일, 즉 당신이 익숙해져 있는 행위자 역할에 금방 빠져들지 않을 만한 일을 찾아보라. 당신이 주로 지적인 일을 하는 사람이라면 육체적인 일을 택하라. 그러면 아마도 까먹지 않고 자신의 행위를 신께 바치기가 쉬울 것이다.

날마다 규칙적으로 하는 몇 가지 활동을 골라서, 그것을 카르마 요가의 정신으로 행하기를 시도해 보라. 평소에 '즐기는' 행위와 평소에 '싫어하는' 행위를 하나씩 고르라. 그 행위에 따라오는 감정적 부수물과 카르마 요기의 태도 사이에는 어떤 관련이 있는지 살펴보라.

보충 수업

A. 위빠사나 명상

B. 음식에 대한 마음챙김 명상 —조셉 골드스타인

C. 불교식 식사공양 명상 —잭 콘필드

D. 사트상 명상

E. 말라 사용법

F. 차크라

A. 위빠사나 명상

있는 그대로의 우주와 함께 있기. 소리, 몸의 감각, 그 각각의 느낌이 그저 있는 그대로 거기에 있게 놓아두기. 의식은 때로 새소리에 이끌리고, 때로 몸의 차가운 부위에 이끌리고, 때로 통증에, 때로 생각에 이끌린다. 의식이 이 감각에서 저 감각으로, 생각에서 생각으로 건너뛰는 것을 알아차리라. 몸에 불편을 느낀다면 그저 부드럽게 몸을 움직이라. 움직이고자 하는 의지를 알아차리고, 그다음에 움직이라.

의식은 회중전등의 불빛과도 같음을 알아차리라. 빛줄기는 한 곳을 비췄다가 다음에는 다른 곳을 비춘다. 그것은 살갗의 어떤 감각에 집중되어 있다가도 금방 불현듯 떠오르는 기억이나 계획으로 초점을 옮겨간다. 또 의식의 빛줄기가 소리를 비출 때는 어떤 소리에 이끌린다. 당신의 의식은 일어나는 낱낱의 감각과 생각에 이끌려가고, 그런가 하면 또 어느새 다른 것으로 옮겨간다.

의식이 이것에서 저것으로, 저것에서 그것으로 이리저리 움직여 다니게 놓아두라. 한 순간 전에 느꼈던 감각이 지금은 사라지고 없음을 알아차리라. ―그것은 지금 어디에 있는가? 의식이 다른 것으로 끌려간 것이다.

집중은 명상의 과정 중 하나이다. 그것은 아주 단순하게 말해서, 의식의 빛줄기를 한 점에다 가져다놓고 그 지점에 머물러 있게 하는 것을 뜻한다. 그리고 의식이 그 지점을 떠날 때마다 아주 부드럽게 도로 제자리에 데려다놓는 것이다. 집중의 초점으로는 어떤 것이든 사용할 수 있다. 촛불이나 미간이 될 수도 있다. 우리의 경우에는 전통적으로 사용되는 초점, 곧 호흡을 사용할 것이다. 하지만 호흡 전체를 따라가는 것은 힘들 것이므로 호흡의 아주 작은 요소, 즉 매 호흡에 수반되는 작은 감각을 택한다. 그렇게 할 수 있는 두 부위가 있다. 첫 번째 초점은 코끝, 콧구멍 바로 안쪽이다. 숨을 들이쉴 때마다 당신은 콧구멍 바로 안쪽에 공기가 부딪히는 느낌을 느낄 것이고, 내쉴 때마다 공기가 콧구멍 안쪽을 지나가는 느낌을 느낄 것이다. 그러니 그 지점에 의식을 집중할 수 있다. 숨을 들이쉴 때마다 '들이쉼'이라고 알아차리고, 내쉴 때마다 '내쉼'이라고 알아차리라.

다른 초점은 아랫배이다. 아랫배 안쪽에는 근육이 있다. 당신은 숨을 들이쉴 때마다 그것이 부풀어 오르고 내쉴 때마다 들어가는 것을 느낄 수 있다. 아랫배가 올라올 때마다 '올라옴'이라고 알아차리고, 내려갈 때마다 '내려감'이라고 알아차리라. 이 두 가지 초점에 대해 잠시 실험을 해본 후에 그중 하나를 택하라. 그리고 나머지 명상 시간 동안 자신이 택한 초점에 머물러 있으라. 콧구멍 끝에서 '들이쉼'/'내쉼'이라고 알아차리든가, 아랫배에서 '올라옴'/'내려감'이라고 알아차리라.

이 지점을 이제 당신의 주 대상이라고 부르겠다. 그것은 마치 꽃의 중심부와도 같아진다. 당신은 의식을 그 중심부, 곧 코끝이나 아랫배에 머물게 한다. 그리고 당신의 마음, 의식이 주 대상에서 어떤 생각이나 감각으로 떠나갈 때마다 의식이 끌려간 것을 알아차리고 아주 부드럽게 의식을 주 대상으로 되돌려놓으라.*

명상은 매우 부드럽고 달콤한 수행법이다. 당신은 주 대상이 마치

---

* 이 명상법은 람 다스의 오디오 테이프 '위빠사나 명상법'에서 옮겨온 것이다. 이것은 집중 명상의 한 본보기이다. 여기서 주의는 주 대상—여기서는 호흡—에 집중된다.

집과도, 동굴과도 같아진 것을 깨달을 것이다. 그리고 조금 지나면 이리저리 헤매며 뛰어다니던 의식에게 휴식을 주고 그저 호흡과 함께 머물러 있는 것에 만족을 느끼게 된다.

초기 단계에서 그것은 '들이쉼/내쉼', 혹은 '올라옴/내려옴'을 고요히 알아차릴 수 있도록 도와준다. 의식이 주 대상을 떠날 때마다 그것을 알아차리는 즉시 아주 부드러운 방법으로 주의를 '올라옴/내려옴'이나 '들이쉼/내쉼'으로 되돌려놓으라.

명상을 처음으로 하고 있다면 당신은 마음이 한 지점에 머물러 있기를 얼마나 싫어하는지를 알게 될 것이다. 그것은 오랜 세월 동안 제멋대로 이리저리 돌아다녔다. 의식이 주 대상에 머물러 있도록 훈련하는 것은 진척이 매우 느리고 인내심이 요구되는 작업이다. 당신은 자신을 매우 부드럽게 대해야 한다.

통증에 의식이 이끌려간다면 '통증'이라고 알아차리고 주 대상으로 다시 돌아오라. 통증이 계속 남아있다면 통증 자체를 주 대상으로 삼아서 그저 그 통증을 할 수 있는 한 면밀히 알아차리라. 마음이 이리저리 헤매지 못하도록 통증 곁에 붙들어두라. 통증이 해소되면 다시 주의를 호흡으로 돌리라.

졸음이 온다면 의도적으로 몇 번 심호흡을 할 수 있다. 그러면서 매우 주의 깊게 '올라옴/내려옴'이나 '들이쉼/내쉼'을 알아차리라. 그런 다음 다시 자연스러운 리듬으로 되돌아오라.

명상에 관해서, 혹은 명상을 하는 자신의 능력에 관해서 올라오는 생각들은 그저 당신의 의식을 끌어내어 떠나게 만드는 생각일 뿐이다. 그것을 알아차리고 다시금 '올라옴/내려옴'이나 '들이쉼/내쉼'으로 주의를 돌리라.

당신이 택한 지점의 숨을 아주 면밀하게 살피라. '들이쉼'이나 '올라옴'에서 그 과정의 시작과 중간과 끝을 알아차리라. 들숨과 날숨 사이의 공백을 알아차리라. 그다음 '내쉼'이나 '내려옴'에서 날숨 전체, 곧 시작과 중간과 끝을 알아차리라. 날숨과 그다음 들숨 사이의 공백을 알아차리라.

이렇게 몇 분간 명상하는 동안에 당신은 호흡과 함께 머무는 것 외에는 아무런 할 일이 없다. 당신은 자유다. 계획을 짤 필요도, 무엇을 기억할 필요도, 감각을 무마할 필요도 없다. 그저 집과도 같은 호흡으로 돌아오라. 소리나 감각이나 생각, 이것들은 모두가 당신의 의식을 중심부에서 끌어내는 꽃잎과도 같다. 그것을 알아차리고 다시 중심부로 돌아오라.

명상을 마칠 때마다 얼마만큼이든 당신이 얻어낸 그 고요한 상태를 가지고 와서 그 열린 통로가 당신을 하나의 도체로 만들어서 평화와 빛의 메시지를 우주에 전하게 하라. 이를 위해 아래처럼 '자애 명상', 곧 축복 기도를 올려도 된다.

모든 존재가 위험에서 벗어나기를
모든 존재가 마음의 고통에서 벗어나기를
모든 존재가 몸의 고통에서 벗어나기를
모든 존재가 평화를 알게 되기를
옴

B. 음식에 대한 마음 챙김 명상

―조셉 골드스타인

　생각이나 관념의 차원이 아니라 경험적 차원에 뿌리를 내리고 머무는 방법 중의 하나는, 먹는 행위에 관련된 모든 과정에 대한 강력한 알아차림의 능력을 기르는 것이다. 깨어 있는 의식으로 알아차리면서 먹는 법을 배우면 자신의 마음과 몸에 관한 많은 사실을 깨닫게 된다. 먼저, 우리는 욕망이 일어나는 지점을 보기 시작한다. 그러면 욕망과 그에 따르는 반응에 대해 깨어 있게 된다. 그 과정을 관찰하는 동안 우리는 일어나고 있는 그 일이 모두 비개인적인 현상이라는 사실을 깊이 꿰뚫는 통찰을 얻을 수 있다. 음식에는 자아도, 나도, 내 것도 없다. 음식을 먹는 데에도, 먹는 것을 의식하는 데에도, 자아나 나는 없다. 일어나는 것은 모두가 텅 빈, 비개인적인 작용인 것이다.

　명상적인 태도로 먹기란 하나의 심오한 수행이다. 그 속에서 우리는 높은 사마디 상태에 이를 수 있고 먹는 과정 자체를 통해 깨달음을 얻을 수도 있다. 명상센터나 높은 경지의 수행을 하는 곳에서는 일부 사람들이 음식을 집은 손을 들던 중에 사마디에 들어서, 입으로 가져가던 손이 그들이 사마디에 머물러 있는 시간만큼 공중에 그냥 머물러 있는 경우가 많다. 음식을 먹고 있는 동안 열반의 순간, 깨달음의 순간을 경험하기도 한다. 이것은 힘쓸 만한 아주 좋은 수행이다.

　이제 우리가 하려고 하는 것은 음식을 먹는 과정, 그에 관련된 모든 정신적 신체적 과정을 고요한 마음으로 관찰하는 법을 배우는 것이다. 이 연습을 위해 건포도 몇 알을 이용할 수 있다. 맨 먼저 일어나는 일은 음식을 살피려는 의지이다. 그러므로 그 의지를 알아차려야 한다. —'살피려고 함', '살피려고 함'. 그다음에는 음식을 볼 수 있도록 고개가 돌아간다. 고개를 돌리는 것도 거기에 수반되는 모든 과정에 대한 알아차림 속에서 행해져야 한다: '고개를 돌림', '고개를 돌림', '고개를 돌림'.

고개를 돌린 결과 음식의 색깔이 눈에 들어오고, 보는 의식작용이 일어난다. 거기에도 마음의 알아차림, 곧 그것을 보고 있다는 사실에 대한 알아차림의 상태가 있어야 한다: '봄', '봄'. 눈이 보는 것은 색깔뿐이라는 것을 알아차리라. 눈은 '음식'을 보고 있지 않다. 음식은 관념이다. 마음 챙김의 이 수행에서 우리는 그 과정의 **경험적** 차원에 머물기를 원한다. 그래서 우리는 '봄', '봄'을 알아차린다.

그것을 봄으로 해서 그 음식을 집기 위해 손을 움직이려는 의지가 일어난다. 행동하기 전에 마음의 의지를 알아차리기를 주의 깊게 행해야 한다: '움직이려고 함', '움직이려고 함'. 그다음에는 알아차리면서 손을 움직여야 한다: '움직임', '움직임'. 그저 움직이는 느낌을 경험하라. —관념인 '팔'은 없다. 나도 없고 자아도 없고 나의 것도 없다. 그저 비인격적이고 물리적인 움직임의 과정, 그리고 움직임을 인식하는 과정만이 있고, 그 모두가 매우 명상적으로, 알아차림 속에서 행해진다. '움직임', '움직임'.

그다음에는 음식에 손이 닿는 감각의 경험이 있다. 움직임이 시작되기 전에 팔을 들어 올리려는 의지—마음의 의지—를 알아차려야 한다: '들려고 함', '들려고 함'. 그 마음의 의지가 팔이 들어 올려지는 원인이 된다. 그 인과관계가 아주 선명히 보여야 한다.

그다음엔 '올림', '올림'. ―팔의 움직임 전체를 경험하라. 나도 없고 나의 것도 없고 자아도 없다. 단지 움직임과 움직임에 대한 알아차림만이 있다. 팔이 올려졌다. 입을 열려는 의지가 있다: '열려고 함', '열려고 함'. 입을 연다: '엷', '엷'. 관련된 모든 물리적 과정과 그에 대한 인식을 바짝 깨어서 알아차린다.

입을 연 다음 음식을 입안에 넣으려고 한다: '넣으려고 함'. '넣으려고 함'. 음식을 입안에 넣어 내려놓는다. 혀에 음식이 닿는 느낌 ―단지 촉감과 그에 대한 알아차림. 자아도, 나도, 나의 것도 없다. 그저 감각의 알아차림만이 있다.

입을 닫으려는 의지: '닫으려 함'. 그다음엔 입을 닫는다. 팔을 공중에 쳐든 채로 먹고 싶지 않다면 아직 씹지는 말아야 한다. 그리하여 팔을 내리려는 의지, 마음의 의지를 알아차림, 그다음엔 팔의 움직임, 움직임을 알아차림의 대상으로 만들기. 그다음엔 씹기 시작하려는 의지, 그리고 이어지는 씹는 과정, 입과 턱과 이빨의 움직임을 지켜보기. 맛의 인식 ―씹는 과정에서 생기는 맛.

바로 이 지점에서 매우 흥미로운 일이 일어난다. 보통 처음 몇 번 씹은 후에 맛이 느껴지기 시작하고, 다음에 그것은 사라진다! 음식은 아직 입안에 있는데, 맛은 없다. 이 지점에서 혀의 쾌감을 좀 더 느끼려는 욕망 때문에 우리는 종종 손이 다시 음식으로 가고 있는 것을 깨닫게 된다. 아직도 음식이 입안에 있어서 그것을 씹고 있지만, 손은 음식으로 가서 그것을 집어 입에 넣고 있는 것이다. 맛의 감각이 일어나고 지나가는 것과 그다음에 일어나는 모든 과정, 곧 음식이 씹히고 있는 것, 그것을 삼키려는 의지와 삼키는 과정을 알아차리라. 다시 더 많은 음식을 집으려는 의지가 일어난다. 그 의지와 다시 음식에 손을 뻗는 것을, 그리고 그다음 음식을 집고, 팔을 움직이려는 의지, 팔의 움직임, 입을 열려는 의지, 입을 여는 동작, 음식을 입에 넣고 입을 다물고 팔을 내리고 씹고 맛을 느끼고 삼키는 전 과정을 알아차리라. ―저마다 매우 다르고 비개인적인 과정이 일어나고 있는 것이다.

과정에 대한 이처럼 깨어있는 의식을 기름으로써 우리는 음식에 대한 욕망이 어떻게 일어나는지를 알아차리고, 그 욕망과 동화되지 않고 그것을 깨어서 알아차리게 될 뿐만 아니라 마음과 몸의 전체 작용의 아주 기본적인 본성을 꿰뚫어보기 시작한다. 이것을 매우 깨어서 의식적으로 수행하면 그것은 깊은 통찰의 명상이 된다.

음식에 대한 알아차림과 깨어있는 의식을 훈련하고 있는 이들에게 권하고 싶은 것은, 하루에 한 끼(혹은 한 조각의 과일)를 침묵 속에서 먹으면서 그 전체 과정에 대해 깨어서 알아차리는 연습을 하면 도움이 되리라는 것이다. 그러면 연습 전체가 명상이 된다. 이런 방법을 통해 우리는 알아차림의 마음상태가 우리의 모든 활동 경험을 포함하도록 확장시키고, 이로써 우리는 매우 명상적인 공간 속에서 살기 시작한다. 이와 같이 투철하게 알아차리는 능력을 기르는 것은 가치 있는 일이다.

C. 불교식 식사공양 명상

−잭 콘필드

　내가 여러분께 가르쳐주고자 하는 수행법은 불교 전통의 스승에게서 배운 것으로, 모두가 동일한 목적을 위해 고안되었다. 이 수행법은 음식 사이의 분리라는 환영을 깨기 위해, 혹은 욕망이나 집착을 깨기 위한 것이다. 당신을 지혜로워지게 만들고 통찰을 기르도록 이끌어주는 것은 무엇을 먹느냐가 아니라 그것을 먹는 과정의 방식이기 때문이다. 이처럼 불교가 강조하는 것은 언제나 태도, 특정한 마음 상태의 배양, 감각적 욕망에 대한 집착을 놓아 보내는 것이다.

　불교 전통에서 행하는 첫 번째 명상은 자비심과 보살심, 우리의 음식을 존재하는 모든 것들과 나누는 것에 대한 명상이다. 음식을 공양할 때 흔히 팔리어로 된 다음과 같은 내용의 찬가를 부른다.

　　'의식 있는 모든 존재가 이 음식을 나와 나누기를.
　　그리고 공덕의 힘으로 모든 존재가 건강하고 행복하게 살기를.'

　공양을 하는 동안에는 내내 자비심과 우주의 모든 존재들과 거기에 있는 것을 나누는 마음을 유지한다.

　공양에 사용되는 또 다른 수행법은 음식을 4대 원소들로 나누어 바라보는 것이다. 이 수행법의 목적은 집착 없는 마음을 기르고, 자아는 없다는 사실과 자신이 하고 있는 모든 행위의 브라흐만과 같은 본성을 알아차리는 지혜를 기르는 것이다. 그래서 당신은 음식을 한 조각 집어서 쳐들고 바라보면서 그 안에서 흙 원소의 측면 (단단함, 부드러움), 불 원소의 측면 (따뜻하거나 차가운 성질), 공기, 혹은 진동하는 원소의 측면 (그와 같은 형체로 유지시켜 주는 팽창하는 원소), 그리고 그것을 응집되어 뭉쳐 있게 해주는 원소의 측면, 곧 물 원소의 측면을 알아차린다. 당신은 음식 안에서 그것을 보고 느끼면서 살핀다. 그런 다음 자신의 몸을 보면서 이렇게 말한다. "와, 여기에 단단한 원소가 있네… 그리고 따뜻하고 차가운 원소… 진동하고 팽창하는 원소… 응집하는 원소가 있네." 그러니 식사를 할 때 당신이 하고 있는 것은 단지 원소를 집어서 그것을 원소 속으로 넣는 것이다. 그리고 그 원소들을 씹을 때 그것이 변화하는 것을 알아차린다. 다소간 응집성이 증가하고 단단함은 사라진다. 음식을 씹고 삼키는 동안 음식 속의 원소들이 변성해가는 과정을 지켜볼 수 있다.

식사를 대하는 또 다른 방법은 공성空性에 대해 명상하는 것이다. 이것은 음식을 한 조각 집어 들고 음식은 내가 아니고 거기에는 아무도 없고 음식만이 있음을 알아차리는, 앞서 언급되었던 브라흐만 명상과 다시 연결된다. 당신은 손이 음식에 닿아 그것을 집는 것을 보고, 팔과 나머지 몸을 바라보면서 그것이 당신이 아님을 깨닫는다. —그것은 그저 몸일 뿐이다. 그리고 그것을 아는, 그 모든 것을 지켜보고 있는 마음을 바라보면서 그것도 당신이 아님을 알아차린다. 그것은 단지 몸이라는 팩트와 음식에 대한 인식일 뿐이다. 아주 유명한 불교의 한 스승은 이렇게 말했다. '먹는다는 것은 무無를 무 속으로 집어넣는 것과 같다.'

이용할 수 있는 또 다른 수행법으로서 자아라는 환영, 분리라는 환영, 그것이 영속한다는 환영을 깨는 방법은, 먹는다는 행위를 음식을 먹을 때 일어나는 형태의 변화, 느낌의 변화 등 변화의 관점에서 바라보는 것이다. 그 모든 과정을 상상해 보라. 음식이 생겨나는 과정을 상상해 보라. 땅에서 자란 먹거리, 그것의 푸른 싹, 자란 줄기와 열매, 그리고 수확하고 씻어서 식탁까지 가져오는 과정…. 그리고 이제 그것을 눈앞에 바라보고 있다. 그리고 과정을 이어간다. ―먹기를 시작하기 전에 먼저 마음속에서 음식이 변화해가는 과정을 생각해 보라. 음식을 먹고 맛보고 삼켜서 음식이 원소로, 몸의 영양분으로, 변으로, 다시 흙으로 변하고 그리하여 다시 식물이 자라나는 전체 순환 사이클이 다시 시작된다. 그러니 당신은 모든 것을 하나의 흐름, 하나의 과정으로서 바라보고 그것이 모두 변해가고 있음을 알아차린다. 이것이 먹는 행위를 하나의 명상으로 바라보는 또 다른 방법이다.

또 다른 방법은, 감각과 촉각을 알아차리는 것이다. 감각과 감각에 대한 알아차림은 위빠사나, 곧 '알아차리기' 명상법의 기본이다. 왜냐하면 감각은 순간순간 변화해가는 양상, 곧 감각이 일어나고 멎는 것을 매우 또렷이 알아차릴 수 있는 대상이기 때문이다. 그러니 음식을 먹을 때, 당신은 먼저 자신이 거기에 앉아 있는 느낌부터 알아차릴 수 있다. 당신은 내부의 느낌, 곧 허기나 식욕, 몸 안의 느낌 등을 알아차릴 수 있다. 포크를 집을 때는 손이 포크에 닿는 느낌을 알아차릴 수 있다. 팔이 움직이는 감각, 음식을 입으로 집어 올리는 감각을 알아차릴 수 있다. 그리고 음식이 입술에 닿는 느낌을 알아차릴 수 있다. 음식을 씹을 때 혀와 이빨이 닿는 감각을 알아차려라. 감각에 면밀히 주의를 보냄으로써 당신은 마음의 분별을 차단한다. 당신은 자신이 "우와! 맛있는걸." 혹은 "욱, 맛이 형편없군." 하고 소리치게 놔두지 않는다. 먹는 동안 단지 각각의 감각이 일어나고 사라지고 하는 과정을 알아차리고, 그럼으로써 욕망을 차단할 수 있게 된다.

수행처에서 아주 흔히 가르치는 방식이자 불교 전통의 스님들 사이에서 특히 자주 거론되는 방식은, 음식을 그저 생명을 유지하기 위한 자양분의 관점에서 바라보는 것이다. —음식을 생존을 위한 양식으로 대한다. 몸은 잘 돌봐야 할 도구이지 단지 식욕을 채우기 위한 도구가 아니다. 그리고 음식은 영적 수행을 계속해 나갈 수 있도록 생명을 유지시켜 주는 수단일 뿐이다. 당신은 먹는 것을 즐겨서 먹는 것이 아니라, 영적 여정에서 수행을 이어갈 에너지를 유지하기 위한 방법으로서 먹고 있다.

생명 유지를 위한 자양분으로서의 음식에 대한 이 명상에서 궁극적으로 길러야 할 태도가 무엇인지에 관한 이야기가 있다. 한 쌍의 부부와 어린 아이가 광활한 사막을 건너가고 있었다. 그들은 먹을 것을 조금밖에 가지고 있지 않았다. 아직도 갈 길은 먼데 음식은 다 떨어졌고 물도 얼마 남지 않았다. 사실 그들은 자신이 죽게 되리라는 것을 거의 확신하고 있었다. 실제로 사막의 뜨거운 땡볕 아래서 아이가 먼저 죽어버렸다. 부모는 죽지 않고 사막을 건너기 위해서는 아이의 살을 먹어야만 하겠다고 결심했다. 이것이 감각의 즐거움을 위해서나 욕망이나 집착을 채우기 위해서가 아니라, 단지 생명을 유지하기 위해서 음식을 먹는 태도이다. 부모가 자식의 살을 먹는 것과 같이. 이것은 먹는 감각의 즐거움에 대한 욕망과 집착을 깨뜨려주는 매우 강력한 태도로서, 명상의 또 다른 방식이다.

이러한 태도를 기르면, 필요 이상 먹지 않게 된다. 이와 같은 온갖 형태의 명상은 마음의 중심을 잡기 위한 기법이요, 도구에 지나지 않는다. 실로 중심 잡기야말로 다르마의 전부이다. 더 이상 집착이 없는 지점에 다다르기 위해서는 명상을 통해 자신의 욕망과, 쾌락을 즐기는 습관적 패턴과 집착에 자기를 잃지 말고 중심을 잡아야 한다.

내가 처음으로 라오스의 수도원에 갔을 때, 그곳은 금욕 수도원이었다. 나는 거기서 몇 주일을 머물렀는데, 스승이라는 사람이 정말로 깨달은 사람인지, 모든 승려들이 수행을 제대로 하고 있는지 꼼꼼히 체크하고 있었다. 그러다가 마음에 들지 않는 점을 발견했다. 승려들이 음식을 먹는 방식이 뭔가 깔끔치 않았다. 그들은 음식을 받아서는 찬가를 부르고 나서 아주 빠르게 먹어치웠다. 스승이란 사람도 의심스러웠다. 그는 이 사람 저 사람에게 서로 모순되는 말을 해주곤 했다. 그래서 나는 마음이 매우 혼란해져서 그곳을 떠나 스승이란 모름지기 이래야 한다는 내 마음속의 모델에 맞는 더 나은 스승을 찾아가야겠다는 생각까지 했다. 나는 스승에게로 가서 따졌다. "저는 마음이 매우 불편합니다. 당신은 우리가 어떻게 먹어야 하고 어떻게 행동해야 하는지에 대해서 왜 이 사람에게는 이렇게 말하고 저 사람에게는 저렇게 말씀하시지요?" 그의 대답은 이랬다. "내가 가르치는 방법은 아주 단순하다. 누가 밤길을 걸어가다가 오른쪽으로 길을 좀 벗어나서 걷고 있는 것을 보면 나는 '왼쪽으로 가라.'고 말해준다. 또 때로 그가 왼쪽의 구덩이에 빠지려고 하는 것을 보면 '오른쪽으로 가, 오른쪽으로.'라고 말해준다. 그게 내가 하는 것의 전부다. 모든 명상법은 마음과 마음의 요소들에 중심을 잡아주는 데 사용되는 기법이다."

그래서 나는 더 물어보았다. "글쎄요, 전 아직도 마음이 혼란합니다. 어떤 스님들은 음식을 허겁지겁 빠르게 먹는데, 그것이 때로는 깔끔치 않게 보이기도 합니다." 그런 말을 꺼내는 것은 매우 힘든 일이었다. 나는 벼락이라도 내려질지 모른다고 생각했다! 하지만 아무 일도 일어나지 않았다.

그는 너털웃음을 웃으면서 말했다. "자넨 스승이 불완전한 모습을 보여준 것에 감사해야 해. 그가 깨닫지 못한 것처럼 보이는 점들에 대해서 말일세."

내가 말했다. "아, 예?"

그가 말했다. "스승에게 그런 불완전함이 없다면 자넨 스승에게만 더욱 더 매달려 불성이 자네 외부의 어딘가에 있다고 속아 넘어갈 수도 있었을 거야. 그렇지 않나?"

마음의 중심을 잡는 것이 문제의 핵심이다. 중심이 매우 기울어져 있다면 그것을 바로잡아 줄 강력한 약이 필요하다. 우리 중 어떤 사람들은 먹방을 아주 좋아한다. 추수감사절 만찬, 냉장고를 열어서 피클과 올리브유와 치즈 케이크와 온갖 맛있는 것들을 해치우기…. 거기서 중심을 잡기 위해서 사용되는 또 다른 명상법은 음식이 사실은 얼마나 구역질 나는 것인지를 명상하는 것이다. 생각해 보라. 음식이 구역질 나는 것임을 명상하는 것의 이점은, 음식과 그것을 장만하는 과정의 실상을 정말로 알게 된다는 것이다. 당신의 알아차리는 능력이 커진다. 자신의 마음속 갈망을 이해하고, 그것을 놓아 보낼 수 있다. 음식이 구역질 나는 것이라는 사실에 대한 명상은 그것을 구하고 장만하는 것에 대한 명상에서부터 시작한다. 당신이 아직도 육식을 하고 있다면 동물과 그 시체와 그 살과 피와 기름과, 배를 갈랐을 때 흘러나오는 구역질 나는 체액을 생각해 보라. 육식을 하지 않는다면 땅에서 자라는 먹거리를 생각해 보라. 땅의 먼지와 흙, 소똥과 돼지똥, 그밖의 온갖 쓰레기들을. 게다가 이 사회에서는 음식을 깨끗한 상태로 보존하기 위해서 방부제를 첨가한다. 하지만 음식을 햇빛 아래에 조금만 놔둬 보라. 얼마 지나지 않아 냄새를 풍기고, 곰팡이가 피고, 썩고, 발효되고, 지저분해진다.

경전이 제시하는 승려들을 위한 명상법은 이렇다. ―그는 점심을 먹고 있다. 그는 그릇 속에 손을 넣어 손가락으로 음식을 주무른다. '그리고 그의 다섯 손가락에서 흘러내리는 땀은 그나마 남아있는 바삭한 음식을 다 젖어 눅눅해지게 만든다. 그리고 처음에는 보기 좋았던 음식이 주물러져서 외양이 엉망인 덩어리가 되고, 그것이 입안으로 들어가면 아랫니는 맷돌 아래짝, 윗니는 위짝 역할을 하고 혀는 손의 역할을 한다. 이리저리 뒤집히고 갈리기 시작하면 혀끝에서 걸쭉한 침이 흘러나와서 음식을 치댄다. 거기에 칫솔이 닿지 않는 부분의 치석 성분도 함께 섞인다. 그렇게 뒤섞이고 치대어진 이 요상한 덩어리는 이제 처음의 빛깔과 향기를 잃어버리고 개가 개밥그릇에 토해놓은 것처럼 완전히 구역질 나는 형태로 변해버린다. 그럼에도 불구하고 그것은 더 이상 눈에 보이지 않으므로 삼킬 수 있다. 그러면 그것은 어디로 가는가? 그것을 스물다섯이나 서른 살 된 사람이 삼키면 이삼십 년 동안 청소하지 않은 쓰레기 구덩이 같은 곳으로 보내진다.' 이것은 우리 문화 속에서 온갖 진기한 맛을 추구하는 먹방 여행에 대한 집착과 욕망에 효과적으로 중심을 잡아주는 강력한 약이다.

이처럼 음식은 겉보기와 같은 것이 아니다. 위빠사나 알아차림 명상 수행은 일차적으로 중심을 잡은 후에 들어가는 매우 높은 수준의 수행이다. 이것은 식사와 관련된 심신의 모든 과정, 곧 생각, 인식, 느낌, 감각이 일어나는 순간순간의 변화에 대한 알아차림이다. 붓다는 이렇게 말했다. "붓다를 모시고 사원의 모든 승려들에게 천 끼의 식사를 공양하는 공덕도 일어나고 사라지는 현상을 그저 한 순간 또렷이 통찰하는 힘을 기른 자에 비하면 아무것도 아니다."

D. 사트상 명상

사트상이란 진리 안에 모여서 함께함을 뜻한다. 사트상의 아름다운 점은 신께로 가기 위해 서로 돕겠다는 약속을 나누는 데에 있다. 그것은 서로가 상대방을 영혼으로서 바라보기로 의식적으로 노력한다는 뜻이다.

상대방을 하나의 영혼으로 바라보는 가장 좋은 방법은 그냥 마주보고 앉아서 그렇게 바라보는 것이다. 이는 말로써가 아니라 직접 경험해 보아야 알 수 있다. 사람을 영혼으로 보게 되면, 서로 다른 개성의 차이가 배경으로 보이게 되어 상대방이 등장인물로 부각되지 않게 된다. 당신에게 영적인 길을 함께 가는 벗이 있다면, 여기에 함께 시도해볼 만한 작은 사트상이 있다. 그것은 하나의 합동명상 수행과도 같다.

서로 마주보고 앉으라. 편안해지라. 천천히 심호흡을 몇 번 하라. 서로에게 말을 걸지 말라. 이것은 친목 모임이 아니다. 당신의 표정과도 '말을 걸지' 말라. 미소를 짓거나 고개를 끄덕이는 등의 모든 표정 관리는 잊어버리라. 그저 앉아서 상대방을 바라보라.

상대방의 양쪽 눈을 동시에 볼 수 있도록 미간에 시선을 맞추라. 이제 그렇게 마주 앉아서 초점을 상대방의 미간에 맞춘 채로 30분 정도 명상을 하라. 편안히 그렇게 앉아서 그 모든 일이 일어나는 대로 내버려두라. 상대방에게 일어나는 모든 일을 바라보고 있도록 자신을 허용하라. 상대방의 강렬한 시선 앞에 놓여 있는 동안 느껴지는 모든 기분을 경험하도록 자신을 허용하라. 계속 바라보고 또 바라보라.

당신은 금방 상대방의 얼굴이 변화하기 시작하는 것을 발견하게 될 것이다. 때로는 그 얼굴이 믿기지 않게 아름다워 보이기도 하고, 때로는 믿기지 않도록 끔찍해 보이기도 할 것이다. 어느 쪽이든 그것이 당신의 내면에서 반응을 일으키게 내버려두지 말라. 그것이 당신의 주의를 마음속으로 빨아들이게 하지 말라. —그저 시선과 함께 있으면서 '이것도, 이것도'라고 말하라. 무수한 끔찍한 모습을 바라보고, 무수한 아름다운 모습을 바라보라. 그리고 그것들을 모두 지나가게 놓아두라. 그저 바라보고, 바라보고, 또 바라보라.

시간이 흐름에 따라, 당신은 그것의 '본질'이 송두리째 변하기 시작하는 것을 발견하게 될 것이다. 그것은 무대 위의 등장인물이라기보다는 저 뒤의 배경으로 물러나기 시작한다. 좋은 모습, 나쁜 모습, 아름다운 모습, 추한 모습, 그 모두가 그저 지나가는 쇼다. 당신은 점점 더 깊이 깊이 바라보다가 마침내는 당신을 마주보고 있는 맞은편의 존재를 그냥 바라보고 있게 된다. 당신은 영혼을 알아보고 있는 영혼이다.

이것이 친구와 사트상을 할 때 해볼 수 있는 종류의 게임이다.

E. 말라 사용법

말라는 구슬을 한 줄에 꿴 것으로, 신의 이름을 부르며 노래할 때 사용된다. 그것은 기도할 때 쓰는 묵주와 같은 것이다. 힌두교의 말라는 대개 108개(힌두교에서 108은 신성한 숫자로 여겨진다.)나 27개(108의 4분의 1)의 구슬로 이루어져 있다. 말라에는 대개 108개나 27개의 '헤아림용 구슬' 외에 '구루 구슬'이라 불리는 하나의 구슬이 더 있는데, 이것은 헤아림용 구슬로 이루어진 원에 수직으로 달려 있다.

힌두교의 말라는 대개 오른손으로 사용한다. 말라를 오른손 가운뎃손가락 위에 놓아 잡고 엄지손가락으로 구슬을 당신 쪽으로 하나씩 하나씩 굴려 옮긴다. 구슬 하나는 만트라를 한 번 왼 것을 헤아려 준다. 한 바퀴를 돌아 구루 구슬에 이르면 그것은 세지 말고 지나가지도 말라. —거기서 멈추고 마음속으로 구루께 절을 올린 뒤 말라를 뒤집어 잡고 반대쪽으로 굴리라. 구루 구슬에 이를 때마다 당신은 다시 깨어나서 돌아서 왔던 쪽으로 돌아간다.

(나처럼) 왼손잡이인 경우: 인도에서는 특정한 문화 전통 때문에 오른손을 사용하도록 종용받을 것이다. 반대로 티베트에는 그런 룰이 없다. 그들은 아무 쪽 손으로나, 아무 손가락으로나 염주를 굴린다. 인도에서는 집게손가락 외에는 어느 손가락으로 말라를 들어도 상관없다. 집게손가락은 가리키며 '힐난하는' 손가락이라서 사용하지 않는다. 대부분의 사람들이 가운데 손가락을 사용하는 이유는 가운뎃손가락 속에는 척추와 연결된 신경이 있어서 말라를 굴리는 동안 약간의 부가적인 이득을 얻게 되기

때문이다. 그것은 지압 점과도 유사해서 그것이 말라 수행 과정에 약간의 기운을 보태준다.

　만트라 수행에 말라를 반드시 사용해야 하는 것은 아니다. 말라는 수행에 또 다른 차원을 더해줄 뿐이다. 말라가 더해지면 만트라 수행은 입으로 외고 그것을 듣는 외에, 촉감도 동참하는 과정이 되는 것이다. 말라 사용의 심리학적 분석을 원한다면, 그것은 '운동감각에 신호를 주는 도구'라고 할 수 있다. 말라가 없으면 당신은 만트라를 기계적으로 읊조리면서 넋을 놓고 있게 될 수도 있다. 하지만 문득 손가락 사이 구슬의 감각을 느끼면 그것이 당신의 의식을 다시 일깨워준다. 구슬을 하나씩 하나씩 굴릴 때마다 그것은 사다리의 계단과도 같아서 당신을 브라흐만 속으로 곧바로 데려간다.

F. 차크라

    차크라 체계는 우리 신체의 에너지 구조 속에서 작용한다. 차크라 자체는 아스트랄 차원에서 작용하지만 그것은 우리 신체의 에너지 패턴을 통해 자신을 표현한다. 전통적으로 차크라는 일곱 개가 있는 것으로 알려져 있다. 그것은 척추의 기저부에 있는 물라드하라 차크라부터 시작해서 정수리에 있는 사하스라라 차크라로 끝난다. 차크라는 물리적인 형체가 아니다. 에너지 센터에 더 가깝다. 그것은 아스트랄 차원의 척수라고 할 수 있는 수슘나를 따라 놓여 있다. 수슘나는 척주의 중심을 따라 지나가는 것으로 알려져 있지만 X선 촬영으로 발견되는 종류의 것은 아니다. 마찬가지로 '이다'와 '핑갈라'는 수슘나를 따라 지나가는 차크라 계의 '신경'이다. 하지만 그것은 해부실에서 잘라낼 수 있는 그런 종류의 '신경'이 아니다. 모두가 아스트랄 차원의 것이다.

    수슘나를 통과해 움직이는 에너지는 '쿤달리니'로 알려져 있다. 쿤달리니란 문자적으로 '또아리를 튼 것(여성형)'이란 뜻이다. 쿤달리니 에너지는 척추 기저부에 거하는, 또아리를 튼 뱀의 모습으로 표현된다. 그것은 우리의 수행 중 무엇인가가, 혹은 우리의 진화과정 중 무엇인가가 자극하면 또아리를 풀고 수슘나를 타고 올라가기 시작한다. 그 과정에서 그것은 각각의 차크라와 만난다.

    제1차크라인 물라드하라(척추의 기저부, 항문과 생식기 사이에 있다.)는 주로 생존 기능과 연결되어 있다.

    제2차크라인 스와디쉬타나는 성적 차크라이다.

제3차크라인 마니푸라는 신체 중앙 부위 근처인 태양신경총에 위치해 있다. 에고의 힘의 표출에 관여하는 것으로 여겨진다.

제4차크라는 아나하타, 곧 심장 차크라로 불린다. 자비심과 연관된다.

제5차크라인 비슈드하는 목에 위치해 있고 내면의 신을 향하는 것과 연관되어 있다. 고로 그것은 '진실한 목소리', 우리를 통해 말하는 신의 소리를 찾는 일과 관련된다.

제6차크라인 아즈나는 이마의 가운데에 위치해 있다. 일반적으로 제3의 눈 차크라라고 불리며 내면의 구루, 높은 지혜와 연결된다.

마지막으로 정수리에 있는 제7차크라인 사하스라라는 천 개의 잎을 가진 연꽃, 곧 깨달음, 브라흐만과의 합일이다.

쿤달리니 에너지가 또아리를 풀고 척추를 따라 올라갈 때 각 형태의 에너지 중심인 이 차크라들을 차례로 통과한다. 쿤달리니는 각 차크라 지점에서 수슘나로부터 밖으로 방사되면서 그 각각의 육체적/심리적 에너지 장에 에너지를 가하여 장을 활성화시킨다. 하지만 만일 쿤달리니가 상승하기 시작하다가 막혀 있는 차크라를 만나면 에너지는 특정 형태의 태도나 행동으로 나타난다. 마치 물이 관을 타고 올라가는 것과도 같다. 관이 접힌 곳을 만나면 물은 더 이상 올라가지 못한다. 예컨대 에너지가 제2 차크라에 도달하면 성적 차크라인 이 차크라의 이름은 '그녀(쿤달리니)가 좋아하는 리조트'로 번역되는데, 그것은 차크라 세계에서 일종의 해변 휴양지와도 같은 곳이다. 거기에 도착하면 쿤달리니는 잠시 휴가를 내어 놀다 가기로 결정하는 것이다. 용케 그 함정을 피해 간다고 할지라도 제3 차크라에 도달하면 그것은 에고의 그 모든 파워 게임에 붙잡혀서 더 이상 나아가지 못한다.

하지만 현실에서는 그 과정이 말처럼 그렇게 매끄럽고 정연하지 못하다. 제1 차크라를 통과했으니 다음은 제2 차크라… 제2 차크라를 통과했으니 다음엔 제3 차크라, 이런 식이 아니다. 모든 차크라가 늘 조금씩 모든 현상을 겪는다. 이 차크라는 더 막히고 저 차크라는 덜 막히고, 이런 식이다. 차크라 체계에 대해 더 예민해지면 당신은 자신의 문제를 쿤달리니의 움직임의 관점에서 평가하기 시작하게 된다. 당신은 이렇게 말한다. "흠, 내 에너지의 많은 부분이 아직도 제2 차크라에 묶여 있구만. 하지만 제4 차크라는 열리기 시작하고 있어."

나는 차크라 에너지 수행을 좀 했었는데, 어떤 때는 앉아서 누군가와 이야기를 나누는 도중에 갑자기 바로 눈앞에 살아있는 차크라 도표가 보였다. 여러 차크라가 모두 에너지를 '지직, 지직, 지직' 하고 내보내고 있다. 그건 마치 '색욕, 색욕, 색욕', 혹은 '권력, 권력, 권력', 혹은 '자비, 자비, 자비' 하는 것 같았다. 또 어떤 때는 가슴 차크라에서는 아무것도 나오지 않고 있는데 제3의 눈은 마치 헤드라이트처럼 광채를 뿜어내고 있었다.

쿤달리니는 매우 다양한 방식으로 각성된다. 스와미 묵타난다는 쿤달리니를 각성시키는 직접적인 에너지인 샥티파트shaktipat를 주는 능력이 있었다. 그것은 사람들에게 괴이한 영향력을 미치곤 했다. 어떤 이는 갑자기 일어나 춤을 추기 시작했다. —그런 식의 행동을 보이리라고는 결코 예상하지 못했던 사람, 예컨대 파란 양복을 입은 통통하고 귀엽게 생긴 신사가 일어나서는 믿기지 않는 인도 전통 춤사위를 펼친다. 그리고 그 옆에 비단 재킷 차림에 파이프를 물고 앉아있던 교수처럼 보이는 사내는 갑자기 복잡절묘하고 완벽한 무드라 동작을 시작한다. 하지만 그의 얼굴은 완전히 당황한 표정이다. 또 다른 사람은 호흡 수행이 자동으로 되면서 비치볼처럼 마루 위를 통통 튀어 다닌다. 그곳이 온통 정신병동처럼 보이기 시작하는 것이다.

그러는 와중에도 스와미 묵타난다는 그냥 눈을 감은 채 인도 악기를 연주하면서 앉아있곤 했다. 하지만 그의 존재는 엄청난 빛줄기와도 같아서 주변 모든 사람들의 쿤달리니와 에너지 중추를 각성시키고 있었다. 그 샥티파트는 쿤달리니가 또아리를 풀기 시작하게 만들어, 어느 차크라가 막혔느냐에 따라 다양하게 표출되는 행동을 통해 에너지가 분출되게 했다. 여기에 조금 막히고 저기에 조금 더 막혀 있으면 그 조합이 그 사람을 일어나서 춤추게 만드는 것이다. 또 어떤 조합은 자동으로 호흡이 일어나게 한다. 이 체계를 이해하고 있다면, 누구에게 어느 차크라의 작용이 일어나고 있는지를 알 수 있다.

에너지 체계의 이런 작용에 마음이 끌린다면, 당신도 이 차크라 에너지들의 작용을 탐사해 보기로 마음먹을 수 있을 것이다. 그 방법은 다양하다. 예컨대 명상을 통해서도 해볼 수 있다. —에너지를 각 차크라를 통해 상승시켜 정수리로 빠져나가게 하는 것을 심상화할 수 있다. 혹은 티베트 전통의 만달라와 같은 다른 형식의 심상화 연습으로 수행해 볼 수도 있다. 또 어떤 전통에서는 특정 차크라를 열리게 하는 특별한 만트라인 씨앗소리인 '비즈씨'를 받게 될 수도 있다. 에너지를 이 차크라에서 저 차크라로 움직이게 하는 호흡수행인 프라나야마를 이용할 수도 있다. 이 모두가 쿤달리니 에너지를 각성시키는 특정 방식에 작용하는 기법들이다. 당신도 실험해 볼 수 있다. 그런 기법이 차크라 에너지에 어떤 영향을 미치는지, 다른 영적 수행과 어떻게 조화를 이루는지를 알아볼 수 있는 것이다.

Notes

Backward and Foreword

1. This and other quoted information about the workshop was taken from a copy of the program for the Naropa 1974 Summer Session, generously provided by Richard Chamberlain of the Communications Department at Naropa University.

Introduction

1. Jakob Böhme, The Confessions of Jakob Böhme, edited by W. S. Palmer (1954).
2. Kabir, Songs of Kabir, translated by Rabindranath Tagore (1915).
3. Thomas Merton, A Search for Wisdom and Spirit: Thomas Merton's Theology of the Self, edited by Anne E. Carr (1989).
4. Peter Ouspensky, The Psychology of Man's Possible Evolution (1945).

Chapter 2: Karma and Reincarnation

1. Rumi, The Pocket Rumi Reader, edited by Kabir Helminski (2001).
2. Jack London, Star-Rover (1915).
3. Lama Anagarika Govinda, quoted in the foreword to The Tibetan Book of the Dead, by W. Y. Evans-Wentz (foreword by Donald Lopez) (2000).
4. The Buddha, The Words of the Buddha (An Outline of the Teachings of the Buddha in the Words of the Pali Canon), compiled by Nyanatiloka (undated).

Chapter 3: Karma Yoga

1. Plotinus, The Six Enneads, translated by Stephen Mackenna and B. S.

Page (1991).

2. Meister Eckehart, The Essential Sermons, Commentaries, Treatises and Defense, translated and edited by Bernard McGinn and Edmund College (1981).

3. Mohandas Gandhi, The Gospel of Selfless Action, or The Gita According to Gandhi (1946–2000).

4. Carlos Castaneda, Journey to Ixtian: The Lessons of Don Juan (1972).

5. The Book of Tao, translated by R. B. Blakney (1955).

6. Meher Baba, Is That So? (1978).

Chapter 4: Jnana Yoga

1. Gurdjieff quoted in P. D. Ouspensky, In Search of the Miraculous: Fragments of an Unknown Teaching (1974).

2. Ramana Maharshi, in his poem "Reality in 40 Verses (and Supplement)" in The Collected Works of Ramana Maharshi, edited by Arthur Osborne (1972).

Chapter 5: Brahman

1. Janeshwar, Janeshwari (a thirteenth-century commentary on the Gita), quoted at www.sscnet.ucla.edu/southasia/Religions/texts/Janesh.html.

2. Rumi, www.iranonline.com/literature/Articles/Persianliterature/Rumi.

3. Ramana Maharshi, The Collected Works of Ramana Maharshi, edited by Arthur Osborne (1972).

4. Franklin Merrill Wolfe, Consciousness Without an Object (1973).

Chapter 6: Sacrifice and Mantra

1. P. D. Ouspensky, In Search of the Miraculous: Fragments of an Unknown Teaching (1974).

2. The Way of a Pilgrim and The Pilgrim Continues His Way, translated

by Helen Bacovcin (1985).

Chapter 7: Renunciation and Purification

1. Mohandas Gandhi, Epigrams from Gandhiji, compiled by S. R. Tikekar.
2. Mohandas Gandhi, "The Gita According to Gandhi," in a translation which appeared in the columns of Young India on June 8, 1931.

Chapter 8: Devotion and the Guru

1. Hafiz of Shiraz, Divan-y-Hafiz, edited by Mirza Mohammad Qazvini and Dr. Qasem Ghani (1941).
2. For Love of the Dark One: Songs of Mirabai, translated by Andrew Schelling (1993).
3. Ramana Maharshi, Spiritual Instruction of Bhagavan Sri Ramana Maharshi (1974).
4. Swami Muktananda, Play of Consciousness: A Spiritual Autobiography (1978).

Chapter 10: Dying

1. Ramana Maharshi, The Collected Works of Ramana Maharshi, edited by Arthur Osborne (1972).
2. Zen Flesh, Zen Bones, compiled by Paul Reps and Nyogen Senzaki (1994).

용어해설

구나 guna(s) : 힌두철학에서 문자적으로는 '실가닥'을 의미. 자연에 내재한 세 가지 속성: 사트바 sattva(진실성/순수), 라자스rajas(활동성/열정), 타마스tamas(비활동성/미몽)

기야나 gyan(a) : 내적 성찰과 식별을 통한 요가. 마음을 제어하는 것이 목표이다.

기이 ghee : 버터를 정제한 기름. 의식에 잘 이용되며 풍요를 상징한다.

나마스테 namaste : 인사말. 가슴 앞에 두 손을 모으고 말한다. 당신 안의 신성에 경경을 표현한다는 뜻. ('당신은 당신의 그곳, 나는 나의 그곳에 거할 때 우리가 하나가 되게 하는 당신 안의 그곳에 경경을 표합니다.' ― 람 다스)

느리 야갸 nri yagya : 영적 행위, 혹은 수행으로서 손님이나 필요한 사람에게 공양함. (배고픈 사람에게 음식을 공양하듯이.)

니바나/니르바나 nibbana/nirvana : 물질적 존재로부터의 해탈. 붓다의 가르침의 최종목표인 초월적 자유의 경지. 조건 없는 지혜, 한정 없이 깨어 있는 의식.

니브리티 nivritti : 되돌아 흐름. 행위로부터 멀어져 안으로 깃듦. 퇴화. 프라브리티의 반대.

니야마 niyama(s) : 아쉬탕가 요가의 내적 계율. 권계: 사우차saucha(심신의 순수함), 산토샤 santosha(만족), 타파스tapas(자기규율), 스바디야야svadhyaya(헌신과 영적 공부), 흐바 라 프라니다라hvara pranidhara(순복, 신성과의 합일).

다라나 dharana : 하나의 대상에 집중함.

다르마 dharma : 모든 사회적, 윤리적 질서의 밑바탕. 본성적 정의(正義)나 영적 의무에 정합하는 것.

다르샨 darshan : 성자나 성상, 혹은 성지를 친견하여 진리의 은총을 받음.

디야나 dhyana : 명상.

라마야나 ramayana : 문자적으로, 라마의 수레. 발미키 성자가 쓴 것으로 라마야나는 인도에서 가장 오래된 산스크리트 서사시로 알려져 있다. 화신인 라마와 그 동반자 시타가 악마인 라바나를 대항하여 벌이는 모험담이다. 라마야나는 다르마와 자연의 비개인적 법칙 사이의 영원한 투쟁을 생생하게 묘사하고 있다.

라자스 rajas : 에너지. 행위, 활동. 욕망의 자극. 세 가지 구나 중의 하나.

라자 요가 raja yoga : '왕'의 길. 이 수행을 통해 마음은 영혼의 도구가 된다.

로카 loka : 물질세계가 아닌 다른 차원계, 다른 영역.

린포체 rinpoche : 문자적으로, '고귀한 이'. 툴쿠나 높은 영적 성취를 한 이들에게 붙이는 명예로운 호칭.

릴라 lila : 신의 유희. 신이 벌이는 모노드라마로 인식되는 이 현실.

마나스 manas : 낮은 차원의 마음. 감각기관과 행위기관이라는 이원적 역할을 지닌 마음의 이성적 기능. 마나스를 통해 외부세계의 인상이 인식되고(감각) 의식적이고 창조적인 반응이 나온다. (행위)

마야 maya : 문자적으로 '환영幻影'. 창조되고 사라지는 만물(현상계)을 배후에서 지배하는 흐름. 인간의 주의를 영(실재)으로부터 물질(비실재)로 현혹하는 것 — 미망迷妄.

마우나 mauna : 영적 침묵.

마우니 mauni : 수행방법으로서 묵언하는 사두.

무르티 murti : 신이나 신성한 힘이 성상聖像의 형태로 나타난 것. 신상神像.

바르도 bardo : 문자적으로 '섬'. 죽음과 환생 사이의 상태.

바사나 vasana(s) : 깨달음을 방해하는 기억(습관이나 조건화)에서 기인하는 자기제약. 이런 기억을 자각하는 것이 영적 진보에 유용하다.

박티 bhakti : 헌신의 요가. ('박티의 원리—자신과 신이 하나가 될 때까지 그저 사랑하라.' — 람 다스)

베다 vedas : 문자적으로 '지혜'. 힌두 경전의 핵심을 이루는 고대 인도의 신성한 글. 베다는 기원전 2000년부터 쓰이기 시작했다. 네 가지 베다(삼히타samjitas라고도 한다)는, 리그 베다rig-veda, 사마 베다sama-veda, 아유르 베다ayur-veda, 아타르바 베다 atharva-veda이다.

붓디 buddhi akdmadml : 이성적이고 분별하는 기능. 감각과 독립적인 기능이어서 그것을 분별하고 제어할 수 있다.

브라흐마 야갸brahma yagya : 자신을 신께 바침, 특히 경전이나 종교적 사상의 공부를 통해서.

브라흐마차리야 brahmacharya : 순결행. 육체적 순결을 포함하여 순결한 행동을 실천하는 수행자. 금계의 하나.

브라흐만 brahman : 상상할 수 없고 표현할 수 없고 형용할 수 없는 그것. 궁극의 실재. 뭇 현상계가 나오고 돌아가는 근원.

브후타 야갸 bhuta yagya : 영적 수행으로서 새와 짐승들에게 먹이를 공양하는 일.

비구 bhikhu : 세속사의 방해를 떠나 영적인 길을 따르는 일에 헌신한 자.

비차라 아트마 vichara atma : 라마나 마하리쉬가 가르친, '나는 누구인가?' 하는 의문을 파고드는
자아궁구 수행법.

사다나 sadhana(s) : 어근인 'sadh'는 '목표를 향해 곧장 감'을 뜻한다. 궁극적으로 모든 존재를
위한 진화의 에너지를 일구어내는 영적 훈련, 영적 길.

사다크 sadhak : 신, 진리를 열망하여 사다나를 행하는 영적 구도자.

사두 sadhu : 수행자, 성자, 현자.

사마디 samadhi : 집중, 몰입, 합일. 명상자와 명상의 대상이 하나가 된다. 몸과 마음과 영혼과
영이 하나인 실재 속으로 완전히 녹아듦. 일체. 황홀경.

사트바 sattva : 순수함. 평정과 순수의 상태에 있음. 세 가지 구나 중 하나.

사티야 satya : 진실함.

산야스 sannyas : 출가자. 홀로 명상하는 생활을 위해 속세를 떠난 사람.

삼사라 samsara : 문자적으로, '돎'. 카르마(각 생에서의 업)에 의해 촉발되어 반복되는 탄생과
죽음과 환생의 순환에 갇힘.

삿 sat : 절대적 진리의 존재. 이원성 너머.

상키야 sankhya : 인간의 몸과 영혼에 대해 연구하는 힌두 철학의 한 학파.

샥티 shakti : 신성한 에너지, 힘의 여성적 원리. 자신의 내적 힘에 대한 인식.

샤브드 요가 shabdh yoga : 내면의 소리에 대해 수행하는 요가.

스와하 swaha : 신상에 공양하면서 하는 말. '그렇게 되라'는 뜻이 담겨 있다.

스칸다 skandas : 모든 형태의 생명 속에 내재한 영원하지 않은 근원적 요소. 인간의 인격과
일시적 성질을 만들어내는 다섯 가지 요소(스칸다)가 있다: 루파rupa(형상), 베다나vedana
(감각), 산나sanna(인식), 상카라sankhara(반응), 빈나나vinnana(의식).

스투파 stupa : 문자적으로, '꼭대기, 정상'. 영적 스승의 유골이나 재 위에 세워진 기념물.

실라 sila : 정화, 도덕, 덕성.

싯디 siddhi : '얻음'을 뜻하는 'sidh'에서 파생됨. 만트라, 명상 등 요가 수행을 통해 얻는, 인간에게
내재한 초자연적 잠재능력.

싯디 바바 siddhi baba : 여덟 가지 신통력을 통달한 완벽한 요기. — 무한히 작아지는 능력(anima), 무한히 커지는 능력(mahima), 가벼워지는 능력(laghima), 무거워지는 능력(garima), 창조의 능력(ishatwa), 부리는 능력(vashitwa), 어디든 갈 수 있는 능력(prapti), 소원을 만족시키는 능력(prakamya)

아난다 ananda : 절대적 지복

아다르마 adharma : 옳지 못한 행. 영적 의무를 행하지 못함. 가슴속의 진실로부터 행하지 못함.

아르티 arti : 신들을 받들기 위한 의식. 성직자가 램프나 촛불과 장뇌와 신성한 재, 툴라시 잎, 꽃 등을 받쳐 들고 신상 주위를 시계방향으로 돌면서 찬송한다.

아르티 램프 : 아르티 의식을 할 동안 받쳐 들고 다니는 불. 이 불은 신의 화현으로서 육체적 형상을 초월한 신을 상징한다.

아바두타 avadhuta : 육체의식을 초월한 경지에서 사는 존재. 해탈과 초능력을 즐기는 수도자.

아바타 avatar : 지상의 존재로 있으면서 성취할 수 있는 가장 높은 경지. 라마, 크리슈나, 그리스도, 조로아스터, 붓다와 같은 신의 화신.

아비담마 abhidhamma : 테라바다 불교(남방불교) 경전 중 철학적, 우주론적, 심리학적 분석에 관련된 부분

아사나 asana(s) : 문자적으로 '앉는 자리'를 뜻한다. 편안하고 안정된 자세. 아쉬탕가 요가의 팔지(八支) 중의 하나.

아쉬람 ashram(a : 요가를 가르치고 실천하는 영적 공동체. 대개 아쉬람은 특정한 영적 스승을 기려서 세워진다. 또 인생의 단계라는 뜻도 있다. 힌두 사상에 의하면 인생에는 네 단계, 즉 아쉬라마가 있는데 학생, 가장, 구도자, 수행자의 단계가 그것이다.

아쉬탕가 요 가ashtanga yoga : 몸의 균형을 바로잡고 마음을 가라앉히기 위해 자세와 호흡을 조율하는 신체적 훈련. '팔지八支' 요가: 야마, 니야마, 아사나, 프라나야마, 프라트야하라, 다라나, 디야나, 사마디.

아스테야 asteya : 훔치지 않음. 자기에게 속하지 않은 것을 가지지 않음. 금계의 하나.

아트만 atman : 만물 속에 있는 신성의 불꽃, 혹은 숨결.

아파리그라하 aparigraha : 무욕, 무소유, 무집착. 행위와 말과 생각에 절대적으로 필요한 것만을 받아들임. 금계의 하나.

아함카라 ahamkara : 개인이라는 그릇된 믿음. 이 '나', 혹은 '나를 만들어내는 자'가 이기심의 근원이자 이원성의 뿌리이다.

아힘사 ahimsa : 행위와 말과 생각으로 해를 끼치지 않음.(비폭력) 모든 생명체를 포함하여 타인에
        대한 자비가 없는 사람은 어떤 면에서 그들을 해치고 있는 것이다. 금계중 하나.

야나 요가 jnana yoga : 지적 탐구와 분별을 통해 도달하는 지식과 지혜의 길.

야마 yama : 외적 계율 중 하나. 금계. 아힘사ahimsa(비폭력), 사티야satya(진실), 아스테야asteya
        (훔치지 않음), 브라흐마차리야brahmachrya(순결), 아파리그라하aparigraha(무욕).

요가 yoga : 문자적으로 '합치다'. 영혼이 궁극의 실재와 합일함, 혹은 그 길. 명상, 호흡법, 아사나,
        올바른 행위, 헌신 등의 수행이 포함된다.

우파니샤드 upanishad : 문자적으로 '헌신적으로 가까이 다가감'. 가장 중요한 힌두 경전 중의
        하나. 아라냐카스와 브라흐마나스와 함께 우파니샤드는 베다와 힌두 경전의 개념들에 대한
        주요 해설서이다. 중심적 가르침은, 참 자아는 브라흐만과 동일하다는 것이다.

우파야 upaya : 길. 영적 자각을 얻기 위해 사용되는 모든 방법.

유가 yuga : 힌두 연대학에서 43만 2천 년 지속되는 시대. 창조의 주기는 네 유가로 이루어져
        있다. 명상이 강조되는 사티야, 혹은 크리타 유가(진리의 시대, 황금시대), 희생이 강조되는
        트레타 유가(은의 시대), 신에 대한 예배가 강조되는 드바파라 유가(청동시대), 그리고 신성한
        이름의 찬송이 강조되는 칼리 유가(암흑시대, 철의 시대). 현 시대인 칼리 유가는 기원전
        3102년에 시작되었고 이 주기의 네번째 시대이다.

이쉬타 데브 Ishta Dev : 헌신자를 보호하고 도와주는, 개인이 택하는 신. (하누만은 마하라지의
        이쉬타 데브였다. ―람 다스)

자파 japa : 만트라나 기도문, 신의 이름을 헌신적으로 염송하는 것.

지바/지바트만 jiva/jivatman : 화신하여 개체가 된 진아眞我. 영혼은 화현한 상태와 동화된다.

차크라 chakra(s) : 아스트랄 척주를 따라 위치한 일곱 개의 신경총, 혹은 에너지의 소용돌이.
        각각의 차크라는 신체적, 정서적 상응물을 가지고 있다.

칫 chit : 절대적 지식

카르마 karma : 문자적으로 '행위'. 이것은 이 생의 행위만이 아니라 모든 전생의 행위를 포함한다.
        윤회의 연료이다. 카르마의 인과율은 우리 외부에서 일어나는 상벌의 시스템이 아니라
        우주의 중심을 유지하기 위한 자연의 법칙이다.

카르마 요가 karma yoga : 행위의 길. 행위의 결과에 집착하지 않고 일상생활과 일을 영적 수행으로
        의식적으로 전환시키는 수행법.

카야 kaya : 형상, 혹은 몸. 예컨대 다르마의 몸(法身)은 다르마카야라고 한다.

칼파 kalpa : 힌두 연대학에 따르면 43억 2천만 년에 해당하는 세월. 브라흐만의 하루 밤과 낮의 길이.

크샤트리아 kshatria : 인도 아리아인의 네 가지 사회계층 중의 하나. 브라민(경전학자), 크샤트리아(전사), 발시야(상인), 수드라(노동자)가 그것이다. 크샤트리아는 전사로서 백성을 보호한다. 아르주나는 크샤트리아이다.

타파시야/타파스 tapasya/tapas : 영적 성장을 위한 자기단련과 금욕 수행.

테라바다 불교 theravadan buddhism : 문자적으로, '장로의 길'. 오백 명의 장로들이 회합하여 붓다의 가르침을 구전에서 기록으로 전환시켰다. 테라바다 불교는 이 팔리어 경전으로부터 영적 영감을 얻는다. 동남아시아의 주류적인 불교형태로서 남방불교라 불린다. 19세기 이후부터 유럽과 북미지역에 전파되었다.

툴쿠 tulku : 니르바나에 머무는 대신 구도자들을 돕기 위해 환생을 택한 성자.

판다바 pandava(s) : 판두의 아들(들)

프라나야마 pranayama : 몸의 생명력인 프라나를 제어하기 위해 호흡을 통제하는 법. 몸을 정화하고 마음을 집중시키기 위해 요가와 명상에 사용한다.

프라남 pranam : 특히 사두에 대해 존경을 표시하기 위해 절함.

프라브리티 pravritti : 앞으로 흐름. 감각의 자극을 향한 외부로의 진화. 니브리티의 반대.

프라크리티 prakriti : 자연, 현상계. 일체인 그것이 푸루샤purusha(靈)와 프라크리티로 나타난다. 프라크리티는 신성의 종속물이 아니라 신성의 일부이다.

프라티야하라 pratyahara : 마음을 가라앉히기 위해 대상으로부터 감각을 철수함. 아쉬탕가 요가의 팔지八支 중 하나.

프랄라야 pralaya : 시대의 종말을 표시하는 우주의 주기적 붕괴. 모든 형상이 인식 불가능한 전체 속으로 녹아드는 시기.

푸냐 punya : 올바른 이해. 사려 깊게 행위함.

푸루샤 purusha : 영. 순수의식. 일체인 그것이 푸루샤와 프라크리티(현상계)로 모습을 드러낸다.

피트리 야갸 pitri yagya : 죽은 사람에게, 특히 조상에게 밥, 물과 같은 공양물을 바침.

하타 요가 hatha yoga : 신체 훈련과 제어의 길. 호흡법과 자세가 포함된다.